Por Que Gênero Importa?

Um guia lúcido sobre as diferenças nos cérebros masculino e feminino.
— *New York Times*

Até pouco tempo atrás, havia dois grupos de pessoas: o das que diziam que o sexo é inato e deveria ser aceito e o das que insistem que o sexo é cultural e que deveríamos eliminá-los mudando o ambiente. Sax é um dos poucos que veem o meio-termo — ele está convencido de que meninos e meninas são inerentemente diferentes e que temos de mudar o ambiente para que as diferenças não se transformem em limitações.
— *Time*

Convincente (...). O psicólogo e médico da família Leonard Sax, com base em 20 anos de pesquisas, oferece um guia para a montanha crescente de provas de que meninas e meninos são mesmo diferentes (...). É um livro de leitura agradável, com conselhos inteligentes sobre disciplina e sobre como ajudar os jovens a evitar as drogas e a atividade sexual precoce. As descobertas, ideias e opiniões provocativas de Sax são interessantes e devem ajudar muitos pais.
— *New York Post*

Com base em pesquisas, casos que passaram por seu consultório e visitas a escolas, [Sax] traz conselhos sobre temas como prevenção às drogas e motivação aos estudantes (...). É um livro provocativo, e Sax explica bem a ciência por trás de suas afirmações (...). [*Por Que Gênero Importa?*] merece ser lido por aqueles que fazem questão de preparar seus filhos para os desafios que elas enfrentam a caminho da idade adulta.
— *Scientific American*

Por Que Gênero Importa? é um manual instrutivo para pais e professores (...) criarem formas de lidar com as diferenças entre meninos e meninas.

— *Boston Globe*

Por Que Gênero Importa? reúne descobertas abrangentes sobre todos os assuntos relativos à maneira como as meninas lidam com o estresse, como a publicidade antidrogas na verdade estimula os adolescentes a usarem drogas e como essas diferenças estão programadas desde o nascimento.

— *National Post* (**Canadá**)

Um livro novo e poderoso (...). O [dr. Sax] cita várias pesquisas para mostrar as muitas formas pelas quais meninos e meninas são diferentes, desde o funcionamento de seus cérebros até a maneira de lidar com o estresse.

— **Margaret Wente,** *Globe and Mail* (**Canadá**)

[Sax] desafia pais e professores a reconhecer as provas mais recentes das diferenças entre os gêneros, com o objetivo de não colocar em risco o sucesso pedagógico e a saúde emocional das crianças.

— **JoAnne Good,** *Calgary Herald*

Sax apresenta argumentos agradáveis e persuasivos, questionando muitas suposições básicas ao misturar dados e vários estudos de caso.

— **Mary Ward Menke,** *January Magazine*

"Fascinante (...). Este livro assume uma posição "fora da caixa" quanto à questão do gênero. Paradoxalmente, segundo Sax, a educação neutra em relação ao gênero favorece o estilo de aprendizado de um ou outro gênero, o que obrigava homens e mulheres a optar por profissões estereotipadas. A melhor forma de criar seu filho para ser um homem atencioso e cuidadoso, diz Sax, é, antes de tudo, deixar que ele seja um menino. A melhor forma de criar uma menina matemática é deixar que ela seja uma menina (...). O que Sax apresenta é grandioso. Homens e mulheres maduros se inspiram em características que pertencem, de forma estereotipada, ao sexo oposto. Mas a maneira mais fácil de levá-los a esse ponto é torná--los confiantes quanto ao fato de serem homens ou mulheres (...). Sax afirma, ainda, que as crianças são menos felizes e confiantes hoje em dia porque ninguém os ensina a serem homens e mulheres. Essa é uma ideia importante, ainda que óbvia.

– Stanley Kurtz, *National Review Online*

Como diretor de uma escola de ensino fundamental, estou constantemente à procura de artigos e livros sobre as diferenças de aprendizado específicas de cada gênero. *Por Que Gênero Importa?* é o melhor livro que já li sobre o assunto.

– John Webster, diretor de escola, San Antonio Academy

Por Que Gênero Importa? é uma obra incrível de um especialista. Vou torná-lo nossa "leitura obrigatória" neste verão.

– Paul Krieger, diretor da Christ School, Carolina do Norte

Extremamente interessante (...). Questiona muitas das minhas suposições e me ajudou a pensar no gênero de outra forma.

– Joan Ogilvy Holden, diretora da St. Stephen's and St. Agnes School, Alexandria, Virgínia

Por Que Gênero Importa? é uma fonte incrível de estudos para professores e pais. O dr. Sax combina seu amplo conhecimento quanto a pesquisas sobre gêneros e conselhos práticos numa prosa convincente e extremamente agradável. Estou ansiosa para que meus colegas leiam e discutam este livro!

– Martha Cutts, diretora da Agnes Irwin School, Rosemont, Pensilvânia

Neste livro de leitura fácil, o dr. Sax combina seu vasto conhecimento em literatura científica com vários e interessantes estudos de caso para defender a tese de que a educação voltada para um gênero específico é vantajosa.

– Sandra Witelson, PhD, Cadeira Albert Einstein de Neurociência, McMaster University

Jamais serei capaz de expressar quão esclarecedor este livro foi para mim. Sim, eu – mesmo achando que era especialista na criação de meninos. Afinal, gerei quatro atletas inteligentes e saudáveis. Eu devia saber o que estava fazendo. De qualquer forma, em muitos dos meus dias como mãe de meninos, imaginei que fosse enlouquecer. Eu voltava para casa tremendo porque o treinador tinha gritado com meu filho. Eu perguntava a meu marido e seja lá qual fosse o filho naquele dia como eles aguentavam tanta gritaria. Quase sempre meu marido e filho me olhavam e nem lembravam da bronca durante o jogo. Agora eu entendo!

– Janet Phillips, mãe, Potomac, Maryland

Como pai de uma menina de quatro anos de idade e agora de meninos gêmeos, este livro me pareceu intrigante. Bom, eu não conseguia largá-lo. Ele não só é bem escrito, com histórias interessantes, como apresenta as mais recentes descobertas científicas na pesquisa de gênero (com várias notas de rodapé para você procurar os estudos, se tiver vontade) e as relaciona à criação dos filhos. Ajuda bastante o fato de o autor ser um médico da família, testemunha de muitas situações conflitantes que, em retrospecto, talvez pudessem ter sido evitadas com um pouco de conhecimento. O livro é mais do que apenas informativo quanto às diferenças de gênero nas crianças: ele direciona essa informação a temas como disciplina, estratégias específicas de educação de acordo com o gênero, como lidar com crianças problemáticas, drogas (tanto as legais como as ilegais) e sexo na adolescência.

— Phillip Trubey, pai, Rancho Santa Fé, Califórnia

Como diretora de uma escola de ensino médio, estou coordenando neste outono um grupo de estudos sobre *Por Que Gênero Importa?*. Como tia de um recém-nascido, este livro foi o presente do chá de bebê para minha irmã. Como mãe de dois meninos e uma menina, prestei atenção a cada palavra. Simplesmente não há quem tenha contato com crianças de qualquer idade que não devesse ler este livro. Recomendo enfaticamente.

— Leone Langseth, Deer Park, Texas

Leonard Sax, Ph.D.

Por Que Gênero Importa?

O QUE OS PAIS e PROFESSORES NECESSITAM SABER SOBRE *a* EMERGENTE CIÊNCIA *das* DIFERENÇAS SEXUAIS

Tradução de *Paulo Polzonoff*

LVM EDITORA

São Paulo | 2019

Impresso no Brasil, 2019

Why Gender Matters
Copyright © 2005, 2017 by Leonard Sax

Os direitos desta edição pertencem à
LVM Editora
Rua Leopoldo Couto de Magalhães Júnior, 1098, Cj. 46
04.542-001. São Paulo, SP, Brasil
Telefax: 55 (11) 3704-3782
contato@lvmeditora.com.br · www.lvmeditora.com.br

Editor Responsável | Alex Catharino
Tradução | Paulo Polzonoff
Revisão da tradução | Lígia Alves
Revisão ortográfica e gramatical | Márcio Scansani / Armada
Preparação dos originais | Alex Catharino
Revisão final | Larissa Bernardi
Capa, projeto gráfico, diagramação e editoração | Adriana Oshiro
Elaboração do Índice Remissivo e Onomástico | Márcio Scansani / Armada
Produção editorial | Alex Catharino & Fabiano Aranda
Pré-impressão e impressão | Plena Print

Dados Internacionais de Catalogação na Publicação (CIP)
Angélica Ilacqua CRB-8/7057

S286p Sax, Leonard

    Por que gênero importa?/Leonard Sax; tradução de Paulo Polzonoff. – São Paulo: LVM Editora, 2019.

    464 p.

    ISBN: 978-85-93751-87-5.

    Título original: Why Gender Matters

    1. Ciências sociais 2. Psicologia 3. Identidade de gênero 4. Família 5. Educação I. Título. II. Polzonoff, Paulo

19-1878

                                               CDD 305.3

Índices para catálogo sistemático:
1. Ciências sociais: Grupos sociais: Gêneros 305.3

Esta editora empenhou-se em contatar os responsáveis pelos direitos autorais de todas as imagens e de outros materiais utilizados neste livro.
Se porventura for constatada a omissão involuntária na identificação de algum deles, dispomo-nos a efetuar, futuramente, os possíveis acertos.

SUMÁRIO

CAPÍTULO 12
O equívoco masculino/feminino

MATERIAL EXTRA I
Diferenças de sexo na audição

MATERIAL EXTRA II
Diferenças de sexo na visão

Por Que Gênero Importa?

Para minha esposa, Katie
E nossa filha, Sarah

CAPÍTULO 1

Diferenças

Jason tem 16 anos. Sua irmã, Sonya, tem 14. Eles vêm de um lar estável com pais amorosos. Mamãe e papai estão preocupados com Jason: ele não está se esforçando na escola e suas notas estão caindo. Passa boa parte do tempo livre no *videogame*, jogando coisas como *Grand Theft Auto* e *Call of Duty,* ou na *Internet*, em busca de fotos de meninas.

Os pais têm bastante orgulho de Sonya. Ela é uma aluna nota dez e também atleta, e tem muitas amigas. Mas, quando conheço Sonya, ela me diz que não está dormindo direito. Acorda no meio da noite, se sentindo culpada por ter comido uma fatia inteira de pizza no jantar. Costuma ter palpitações e dificuldade para respirar. E começou recentemente, em segredo, a se cortar com uma lâmina de barbear, na parte de dentro da coxa, para que seus pais não vejam. Ela não contou nada disso aos pais. Aparentemente ela é uma menina de ouro. Por dentro, sente que está desmoronando.

Seu irmão Jason, por outro lado, está feliz e tranquilo. Ele é capaz de comer uma pizza inteira sem o menor remorso. Não tem dificuldade para dormir: na verdade, seus pais têm de tirá-lo da cama à força ao meio-dia dos sábados. Ele gosta de passar o tempo livre com dois amigos que são iguaizinhos a ele, jogando videogame e procurando fotos de meninas na *Internet*.

* * *

Matthew completou cinco anos em agosto, pouco antes de começar o jardim de infância. Está ansioso. Pelo que ele ouviu falar, o jardim de infância é igual a ficar brincando na casa dos amiguinhos. Ele não vê a hora. Por isso sua mãe, Cindy, ficou surpresa quando, em outubro, Matthew começou a se recusar a ir para a escola, se negando até mesmo a se vestir pela manhã. Mais de uma vez Cindy teve de vesti-lo e depois arrastá-lo, gritando e esperneando, até o carro, obrigá-lo a ficar na cadeirinha e depois tirá-lo à força do carro e levá-lo até a escola.

Cindy decidiu investigar o que estava acontecendo. Ela entrou na sala do jardim de infância dele. Ela conversou com a professora. Tudo parecia bem. A professora – carinhosa, de fala contida e bem-educada – garantiu que não havia motivo para pânico. Mas Cindy continuou preocupada, e com razão, porque problemas maiores a aguardavam.

* * *

Caitlyn foi uma criança tímida e um pouco acima do peso ao longo da primeira metade do ensino fundamental. Na segunda metade, ela passou por uma metamorfose, de gordinha reclusa a uma garota popular e extrovertida. Ela perdeu peso tão rápido que a mãe, Jill, teve medo de que estivesse anoréxica. Pelos quatro anos seguintes, porém, tudo parecia bem – de um jeito meio louco e frenético. Caitlyn vivia cheia de compromissos escolares, tinha muitos amigos e mantinha uma agenda repleta de atividades extracurriculares, ficando acordada até a meia-noite fazendo a lição de casa. Mas ela parecia bem feliz – geralmente agitada e apressada, claro, mas ainda assim feliz. Pelo menos era o que todo mundo achava até que o telefone tocou às três da manhã naquela horrível e inesquecível noite de novembro. Uma enfermeira contou a Jill que Caitlyn estava na emergência, inconsciente, depois de tentar o suicídio com uma overdose de Vicodin e Xanax.

* * *

Essas histórias têm um elemento em comum. Em cada um dos casos, os problemas surgiram porque os pais não entendiam algumas diferenças entre meninas e meninos. Em cada um dos casos, o problema talvez pudesse ter sido evitado se os pais conhecessem as diferenças entre meninos e meninas a ponto de identificar o que realmente estava acontecendo na vida de seus filhos. Em cada um dos casos, os pais deveriam ter tomado atitudes específicas que talvez evitassem ou resolvessem os problemas.

Voltaremos a essas crianças ao longo deste livro. Neste momento talvez não seja óbvio que essas histórias ilustram a incapacidade de entender as diferenças entre os sexos. Tudo bem. Mais adiante vamos ler mais sobre Jason e Sonya, Matthew e Caitlyn. Munido de algum conhecimento quanto às diferenças entre meninos e meninas, você conseguirá reconhecer em que momento os pais tomaram uma decisão errada ou foram incapazes de agir, e verá que essas histórias poderiam ter um final diferente.

I - A duvidosa virtude da educação com base em gêneros neutros

Eu me matriculei no Ph.D. de Psicologia da Universidade da Pensilvânia em setembro de 1980. O então governador Ronald Reagan estava concorrendo com o presidente Jimmy Carter pela presidência dos Estados Unidos. O computador Apple original tinha acabado de ser lançado. "Minha máquina de escrever funciona bem", foi a resposta que a secretária do departamento me deu quando perguntei se ela teria um computador num futuro próximo. Ninguém que eu conhecia tinha ouvido falar em *e-mail* ou *Internet*. A invenção da *World Wild Web* só aconteceria dali a dez anos.

Entre as aulas nas quais me matriculei estava um seminário em psicologia do desenvolvimento. "Por que meninas e meninos se comportam de formas distintas?", perguntou, retoricamente, meu professor, Justin Aronfreed. "Porque nós *esperamos* que eles ajam assim. Nós *os ensinamos* a agir assim. Imagine um mundo no qual nós criássemos meninas para brincar com tanques de guerra e caminhõezinhos, e no qual estimulássemos meninos a brincar com bonecas. Imagine um mundo no qual propuséssemos jogos violentos para meninas, enquanto abraçássemos e acolhêssemos os meninos. Nesse mundo, muitas das diferenças que hoje vemos no comportamento das meninas e meninos – talvez *todas* as diferenças – desapareceriam".

Em outro curso, meus colegas e eu estudamos o extraordinário trabalho do professor John Money na Universidade Johns Hopkins. O professor Money foi procurado pelos pais de um menininho infeliz cujo pênis tinha sido literalmente cortado durante uma circuncisão malfeita. Por recomendação do dr. Money, o menino foi criado como menina, com excelentes resultados (de acordo com o dr. Money). A criança adorava brincar de se vestir, gostava de ajudar a mãe na cozinha e desprezava os "brinquedos de meninos", como arminhas e caminhõeszinhos. "O trabalho do dr. Money é uma prova de que a maior parte das diferenças observadas entre meninas e meninos são socialmente criadas", disse-nos o professor Henry Gleitman. "Recompensamos crianças que cumprem o papel que criamos para elas e castigamos ou no mínimo não recompensamos as crianças que não se ajustam. Os pais criam e reforçam as diferenças entre meninos e meninas".

Meneamos a cabeça, em sinal de aprovação sábia. Nas visitas clínicas, nos deparávamos com frequência com pais ainda apegados à ideia antiquada de que meninas e meninos são diferentes desde o nascimento. Mas sabíamos que não.

Pelo menos achávamos que sabíamos.

Obtive meu Ph.D. em Psicologia e, também, me formei em Medicina em 1986. Quando deixei a Filadélfia para começar a residência como médico da família, me desfiz da maior parte dos trabalhos que tinha acumulado durante os seis anos que passei na Universidade da Pensilvânia. Mas havia uma pasta da qual não consegui me livrar: uma pasta com artigos sobre as diferenças de sexo na audição, mostrando que meninas e meninos ouvem as coisas de forma distinta.

Quatro anos mais tarde, depois que concluí a residência como médico da família, minha esposa e eu montamos um consultório no condado de Montgomery, Maryland, bem perto de Washington. Vários anos se passaram. Então, em meados da década de 1990, comecei a notar uma procissão de meninos do segundo e terceiro ano entrando no meu consultório, os pais segurando um bilhete da escola. Nele, lia-se: "Estamos preocupados com a possibilidade de Justin (ou Carlos ou Tyrone) ter transtorno do déficit de atenção. Por favor, procure ajuda".

Em alguns casos, descobri que aqueles meninos não precisavam de remédios para TDAH (transtorno do déficit de atenção e hiperatividade), e sim de um *professor* que entendesse as diferenças no modo de aprender entre meninas e meninos. Depois de algumas pesquisas, fiquei sabendo que ninguém naquela escola sabia das diferenças de audição entre meninos e meninas. Reli os artigos naquela pasta, artigos que documentavam as diferenças na capacidade de ouvir, mostrando que um menino tem uma audição menos sensível que a de uma menina. No capítulo seguinte, vamos analisar com mais atenção as provas das diferenças de audição entre os dois sexos.

Imagine uma sala de aula típica do segundo ano. Imagine Justin, com seis anos, sentado no fundo da classe. A professora, uma mulher, está falando num tom de voz que lhe parece adequado. Mas Justin quase não consegue ouvi-la. Por causa disso, ele está olhando pela janela ou vendo uma mosca andar pelo teto. A professora percebe que Justin não está prestando atenção. Justin está demonstrando um déficit de atenção. A professora pode muito bem se perguntar se Justin não tem transtorno do déficit de atenção.

A professora estava certa quanto a Justin ter déficit de atenção. Mas o déficit de atenção dele não se devia a um transtorno, e sim ao fato de Justin não estar ouvindo muito bem a voz baixa da professora. E poucos alunos de seis anos de idade levantarão a mão e dirão "Com licença, senhorita Vozdoce, eu estou ouvindo você, mas não muito bem. Será que você poderia falar um pouco mais alto"? A professora está falando num tom de voz que lhe parece o mais adequado, mas alguns dos meninos estão perdidos. Em determinados casos, talvez seja possível resolver o problema simplesmente colocando o menino na primeira fila.

"Você deveria escrever um livro, dr. Sax", a mãe de uma criança me disse. "Escreva um livro para que mais professores saibam as diferenças entre a audição de meninos e meninas".

Eu me permiti um sorriso paternal. "Tenho certeza de que já existem livros desse tipo para professores e pais", eu disse.

"Não existem", disse a mãe.

"Vou encontrar alguns para você", eu disse.

Essa conversa aconteceu há quase vinte anos. Desde então, li vários livros sobre as diferenças entre as meninas e os meninos. E adivinhe! Aquela mãe estava com a razão. Não só a maior parte dos livros sobre meninas e meninos atualmente em catálogo não consegue descrever os fatos mais básicos sobre as diferenças inatas entre meninas e meninos como muitos deles promovem uma experiência bizarra do politicamente correto, sugerindo que é de alguma forma misógino sugerir qualquer diferença inata entre um homem e uma mulher. Uma professora da Brown University publicou um livro no qual afirma que a divisão dos seres humanos em dois sexos, masculino e feminino, é uma invenção da nossa cultura. "A natureza nos dá mais do que dois sexos", diz ela, acrescentando: "Nossas ideias atuais quanto à masculinidade e à feminilidade são conceitos culturais". A decisão de "rotular" a criança como menina ou menino é uma *"decisão social"*, de acordo com essa especialista. Não rotulamos as crianças como *nem* menina *nem* menino, defende a professora. *"Não há uma ou outra coisa. O que existe são nuances de diferenças*"[1]. Esse livro recebeu menções elogiosas no *New York Times* e no *Washington Post*. O periódico médico mais respeitado dos Estados Unidos, o *New England Journal of Medicine*, elogiou a autora pela abordagem *"cuidadosa e inteligente"* da questão de gênero[2].

Em pouco tempo reuni uma pequena biblioteca que ensina aos pais que o melhor caminho na criação dos filhos é a educação baseada em gêneros neutros. Esses livros dizem aos pais que a verdadeira virtude está em educar seu filho ou filha para ter brinquedos tradicionalmente associados ao sexo oposto. Você deveria comprar bonecas para os filhos e ensiná-los a amamentar[3]. Você deveria comprar um joguinho de montar com peças metálicas para sua filha. As ideias subjacentes – a de que dar bonecas para os meninos os tornará mais maternais ou a de que dar jogos de montar para as meninas melhorará sua habilidade espacial – raramente são questionadas.

Na mesma prateleira você encontra livros que afirmam a existência das diferenças inatas no processo de aprendizagem de meninas e meninos. Mas esses livros geralmente defendem estereótipos antiquados e imprecisos. "As meninas são mais

---

[1] FAUSTO-STERLING, Anne. *Sexing the Body: Gender Politics and the Construction of Sexuality.* New York: Basic Books, 2000, p. 31, 3.

[2] DREIFUS, Claudia. "Anne Fausto-Sterling: Exploring What Makes Us Male or Female". *New York Times*, 2 de janeiro de 2001, p. F3. Ver. também: WEAVER, Courtney, "Birds Do It", *Washington Post*, 26 de março de 2000, p. X6; e BREEDLOVE, Marc, "Sexing the Body". *New England Journal of Medicine*, Volume 343 (August 31, 2000). p. 668.

[3] Essa recomendação é feita em: CRAWFORD, Susan Hoy. *Beyond Dolls and Guns: 101 Ways to Help Children Avoid Gender Bias.* Portsmouth: Heinemann, 1995. Ver, também: ZOLOTOW, Charlotte. *William's Doll.* New York: Harper & Row, 1972.

emotivas que os meninos". "O cérebro dos meninos leva vantagem no que diz respeito ao aprendizado de matemática". Essas ideias são falsas.

De um lado, você tem livros que dizem que não há diferenças inatas entre meninas e meninos e que todos os que pregam o contrário são reacionários presos aos anos 1950. De outro, há livros afirmando as diferenças inatas entre meninas e meninos – mas esses autores interpretam tais diferenças de uma forma que reforça estereótipos de gênero.

Esses livros têm uma única coisa em comum. Eles se baseiam menos em fatos e mais nas crenças pessoais dos autores ou em suas pautas políticas – ou para negar diferenças inatas entre os sexos ou para usar as diferenças no desenvolvimento das crianças como justificativa para manter papéis sexuais tradicionais. Depois de algum tempo esperando que outra pessoa escrevesse um livro sobre meninas e meninos com base em pesquisas científicas reais e em experiências clínicas, finalmente achei melhor eu mesmo escrevê-lo.

Toda criança é única. Não vou dizer que todos os meninos são iguais ou que as meninas são iguais. Eu sei que não são. Sou médico há mais de 30 anos. Já atendi milhares de meninas e meninos. No entanto, o fato de toda criança ser única e complexa não deveria ofuscar o fato de que o gênero é um dos dois maiores princípios organizacionais no desenvolvimento infantil – o outro é a idade. Tentar entender uma criança sem entender o papel do gênero no desenvolvimento infantil é como tentar entender o comportamento da criança sem saber a idade dela. Pegue um livro com um título como *O que esperar de seu filho de dois anos.* Esse livro é bem diferente de *O que esperar de seu filho de oito anos.* Claro que ninguém está dizendo que todas as crianças de dois anos são iguais ou que todas as crianças de oito anos são iguais. Apesar de reconhecer a diversidade entre as crianças de dois anos, ainda podemos discutir como as crianças de dois e as de oito anos são categoricamente diferentes quanto ao que elas conseguem fazer, seus interesses, seu relacionamento com os pais e assim por diante.

Pelo menos em relação à forma como as crianças ouvem e falam, o gênero pode ser até mais importante no aprendizado do que a idade. Quando a notável linguista e professora da Georgetown University Deborah Tannen comparou a forma como meninas e meninos de idades diferentes usam a linguagem, ela *"ficou surpresa diante das diferenças entre meninas e meninos de certa idade e as poucas semelhanças entre as meninas, de um lado, e meninos, de outro, em todas as idades. De muitas maneiras, as meninas do segundo ano são mais parecidas com mulheres de 25 anos do que os meninos do segundo ano"*[4].

A analogia com as diferenças de idade é um bom modo de pensarmos nas diferenças entre os sexos. Duas meninas nunca são iguais, assim como dois meninos nunca são iguais. Stephanie, de sete anos, que gosta de rolar na lama e jogar futebol, é bem diferente de Zoe, também de sete anos. O passatempo preferido de Zoe é brincar com suas Barbies. Zoe insistiu em entrar para a Junior Poms, uma espécie de grupo de líderes de torcida. Zoe pedia para usar batom aos cinco anos. Sua mãe, Barbara, uma feminista à moda antiga, ficou horrorizada. "De onde ela tirou isso?", ela me perguntou, intrigada. "Eu só tenho um batom e

---

[4] TANNEN, Deborah, *You Just Don't Understand: Women and Men in Conversation.* New York: HarperCollins, Ed. rev., 2001. p. 245.

não o uso há seis meses. E eu odeio e desprezo Barbies. Nunca comprei uma para Zoe. Ela ganha esse lixo das tias e tios".

Apesar das diferenças, Stephanie talvez tenha mais em comum com Zoe do que você imagina. Em sua capacidade de ouvir, em seu sistema ocular, em sua disposição de se relacionar com adultos, como veremos, Stephanie talvez tenha mais em comum com Zoe do que tem em comum com seu irmão ou outros meninos.

* * *

A primeira edição deste livro foi publicada em 2005. Desde então, novas pesquisas foram publicadas, demonstrando diferenças importantes e inatas entre meninas e meninos. Mas poucos pais e professores conhecem essas pesquisas, porque poucas delas apareceram no noticiário. Nesta edição atualizada, compartilho alguns desses estudos.

Vamos começar com algumas pesquisas surpreendentes que demonstram grandes diferenças entre os sexos no que diz respeito ao olfato, e também sobre as diferenças de audição e visão entre meninos e meninas. Depois, vamos analisar pesquisas sobre diferenças entre meninos e meninas na capacidade de correr riscos e na agressividade. No capítulo 5, conto um pouco do que aprendi em minhas visitas a mais de 400 escolas ao longo dos últimos 16 anos sobre as diferenças entre meninos e meninas na sala de aula. Quando os professores compreendem essas diferenças, o resultado é mais meninos que amam Emily Dickinson e *Jane Eyre* e mais meninas que querem ser programadoras.

No capítulo 6, analisaremos algumas pesquisas recentes sobre as diferenças entre meninos e meninas no que diz respeito ao sexo em si: como meninas e meninos têm estímulos sexuais diferentes e, geralmente, interesses sexuais diferentes. A conexão entre romance e sexo parece ser algo construído de forma bem diferente para as meninas em comparação com os meninos, como veremos. No capítulo 7, voltaremos nossa atenção para as drogas e o álcool. Meninas e meninos podem se viciar, mas eles se viciam de formas diferentes e geralmente por caminhos distintos. Quanto mais você conhecer essas diferenças, mais capaz será de proteger sua filha e seu filho.

O capítulo 8 é totalmente inédito nesta edição. Ele fala sobre redes sociais e o *videogame*. O *Snapchat* e o *Instagram* não existiam quando a primeira edição foi publicada, em 2005. E, naquela época, "jogar *videogame*" significava brincar num console contra outro jogador usando o mesmo console, ou contra o computador. Os jogos *online* como os conhecemos hoje não existiam. Na última década, muitas pesquisas foram publicadas sobre os efeitos do *videogame* e das redes sociais. Quanto mais tempo as meninas passarem em redes sociais como o *Snapchat* e *Instagram*, maior a probabilidade de elas se tornarem ansiosas e deprimidas; mas isso não se aplica tanto aos meninos. Meninos, por outro lado, têm uma probabilidade maior de passar horas jogando *videogame*, o que pode prejudicar sua vida social.

Os capítulos 9, 10 e 11 são dedicados a meninas e meninos que não se encaixam nos patrões típicos de seus gêneros. No capítulo 9, analisamos as pesquisas mais recentes sobre meninas e meninos atípicos: crianças que eram chamadas de "frescos" e "meninas-machos". As meninas são diferentes entre si. Os meninos são diferentes entre si. Diferenças entre meninas e meninos não são apenas um ruído em meio aos dados. Elas são importantes e têm consequências. Gênero é um tema complicado.

No capítulo 10, nosso foco são as crianças lésbicas, *gays* e bissexuais. E no capítulo 11 eu falo sobre o que entendo das pesquisas sobre intersexos e transgêneros. Esses três capítulos – 9, 10 e 11 – formam uma unidade. A fim de compreender algumas das pesquisas que apresento no capítulo 11 sobre transgêneros, é útil conhecer as pesquisas do capítulo 9 sobre receptores andróginos. Então, se você pretende ler os capítulos 9, 10 e 11, recomendo que os leia na ordem.

No capítulo final, o 12, tento entender como nós, enquanto pais, podemos usar toda essa informação para ajudar nossos filhos a crescer e se tornar o que quiserem. Não há como voltar à década de 1950, quando meninas e meninas eram classificadas em escaninhos azuis e cor-de-rosa. Mas o que significa afirmar e defender as diferenças de gênero hoje em dia, quando as crianças podem ser o que quiserem? Essa é uma das perguntas sobre as quais refletiremos no último capítulo e ao longo de todo o livro.

Nos 12 anos desde a publicação da primeira edição, um mundo de novas pesquisas sobre diferenças de gênero foi publicado. Boa parte desses estudos não é muito conhecida fora do círculo acadêmico. Você vai encontrar essas novas pesquisas aqui. Gênero é um tema complicado, como já disse. Mas é importante.

Há mais em jogo aqui do que a velha dúvida entre natureza e criação. A incapacidade de reconhecer e respeitar as diferenças de sexo no desenvolvimento infantil causa muitos danos – essa será minha posição ao longo do livro. Tentarei convencê-lo de que a falta de conhecimento quanto às diferenças de gênero teve como consequência não intencional a recrudescência dos estereótipos de gênero. O resultado são mais meninas exibindo fotos provocativas e sexualizadas no *Instagram* e no *Snapchat* e mais meninos passando horas e horas diante de jogos violentos nos quais fingem ser machos ou vilões. Talvez você não veja a conexão entre a criação cega para o gênero e o gênero estereotipado como consequência. Neste livro eu vou lhe mostrar essa conexão. Não menos importante, a confusão cada vez maior sobre gênero tem contribuído para um aumento da ansiedade e depressão entre meninas e a apatia entre os meninos.

Fui encorajado por todos os leitores que entraram em contato comigo nos últimos 12 anos para dizer quão importante foi a primeira edição de *Por Que Gênero Importa?* – para criar filhos, para trabalhar com jovens problemáticos, para atuar como pastor e até no sistema legal juvenil. Escrevi esta nova edição tendo vocês em mente: a mãe, o pai, o assistente social, o professor, o diretor de escola, o pastor, o rabino, o líder islâmico. Espero que você o considere útil.

CAPÍTULO 2

Olfato, visão e audição

Casamento é negócio arriscado hoje em dia...
A história e a experiência deixam claro
Que homens e mulheres não ouvem
A música do mundo no mesmo tom...
Talvez apenas o palpite de que metade do mundo
Com um único par de olhos para vê-lo
O que quer que seja invisível para um
É para o outro um enorme leão de ouro...
– Bill Holm, "Wedding Poem for Schele and Phil"

I - Olfato

Durante 18 anos atendi num consultório no condado de Montgomery, Maryland, um subúrbio de Washington. Um casal que eu conhecia – vamos chamá-los de Jennifer e Tom – tirou uma semana de férias em agosto. Assim que retornaram, Jennifer me procurou. "Quando chegamos em casa depois das férias, entrei na cozinha e achei que fosse morrer por causa do cheiro", disse Jennifer. "Fedia muito. É difícil descrever o mau cheiro. Imagine uma carcaça podre em cima de um monte de cocô de galinha". (Na verdade Jennifer não usou bem a palavra "cocô"). "E estava quente. Tínhamos desligado o ar-condicionado enquanto estávamos fora. Quando ligamos de novo, parece que a situação piorou. Ele espalhou o fedor por toda a casa. E tenho certeza de que o que quer que tenha morrido – e alguma coisa deve ter morrido – estava no duto de ar. Acho que senti um fedor, ou só um pouquinho do fedor, antes de sairmos de férias. Seja lá o que for, estava um milhão de vezes pior quando voltamos para casa. Então eu disse ao meu marido: 'Precisamos contratar alguém, um pedreiro ou um especialista em dutos, para vir aqui descobrir o que morreu aí dentro e *limpar* aquilo'. Sabe o que meu marido respondeu"?

"Não", eu disse.

"Ele disse: '*Eu* não estou sentindo cheiro nenhum'. Acredita? Acho que ele só estava querendo me irritar. Ou isso ou então ele é um porco criado num chiqueiro".

Dois dias mais tarde, Tom veio até meu consultório. Ele disse: "Minha esposa está agindo feito uma bruxa". (Na verdade, ele não disse exatamente "bruxa"). "Ela não para de falar que nós temos que contratar alguém para limpar os dutos de ar, abrir a parede ou coisa parecida, para descobrir de onde vem um mau cheiro. Mas *eu não sinto fedor nenhum*. E, desculpe, não vou gastar dinheiro tentando me livrar de um mau cheiro que não sinto". (Ele não disse exatamente "desculpe").

Eu disse a Tom o mesmo que tinha dito a Jennifer. O olfato é diferente entre mulheres e homens. É completamente plausível que uma mulher possa sentir um cheiro que – para a mulher – é insuportavelmente horrível, enquanto o homem não sente cheiro algum. A melhor solução para isso é que os envolvidos se respeitem e confiem um no outro. Se você é mulher e seu marido diz que não sente mau cheiro algum, não o chame de porco. Explique para ele que, apesar de ele não sentir o fedor, você sente.

Se você é homem e sua esposa diz que há um mau cheiro insuportável que está lhe dando dor de cabeça, não a chame de megera. Respeite o fato de que, sob certas circunstâncias, as mulheres sentem cheiros que não sentimos.

Qual a prova?

No laboratório, a dra. Pamela Dalton e seus colegas expuseram homens e mulheres a vários odores. Não uma só vez, mas repetidas vezes. A dra. Dalton e seus colegas descobriram que, com a exposição repetida, a capacidade feminina de detectar o odor melhorava. Em que medida? Cinquenta por cento mais? Ou talvez 500% – cinco vezes mais? Não, a melhora *média* para as mulheres foi de 100 mil vezes: as mulheres eram capazes de perceber odores numa concentração de uma parte em 100 mil em comparação com a concentração de que elas precisavam no começo do estudo.

E quanto aos homens? Eles demonstraram uma melhora semelhante – um aumento de 100 mil vezes na sensibilidade? Não. Certo, e que tal uma melhora de mil vezes? Não. Que tal 100 vezes mais? Sinto muito. Os homens, em média, não demonstraram *melhora alguma* na capacidade de sentir o odor[5].

---

[5] Ver: DIAMOND, Jeanmarie ; DALTON Pamela ; DOOLITTLE, Nadine & BRESLIN, Paul. "Gender-Specific Olfactory Sensitization: Hormonal and Cognitive Influences". *Chemical Senses*, Volume 30 (Suplemento 1), 2005, p. 1224-25. Ver, também: DALTON, Pamela ; DOOLITTLE, Nadine & BRESLIN, Paul. "Gender-Specific Induction of Enhanced Sensitivity to Odors". *Nature Neuroscience*, Volume 5, 2002, p. 199-200; BOULKROUNE, Nassima et alii. "Repetitive Olfactory Exposure to the Biologically Significant Steroid Androstadienone Causes a Hedonic Shift and Gender Dimorphic Changes in Olfactory-Evoked Potentials". *Neuropsychopharmacology*, Volume 32, 2007, p. 1822-29.

Jennifer contratou uma empresa para limpar os dutos de ar. Os homens encontraram dois ratos mortos, que eram a fonte do mau cheiro. Os ratos haviam morrido numa poça de água, o que parecia acentuar o fedor.

Eis o que acho que aconteceu. Os ratos devem ter morrido alguns dias antes de a família sair de férias: Jennifer disse que havia um certo mau cheiro antes de eles saírem de casa. Sempre que entrava em casa antes de sair de férias, ela era exposta ao mau cheiro, da mesma forma que as cobaias no estudo da dra. Dalton. A cada exposição sucessiva, ela se tornava mais e mais sensível ao odor. Então ela, o marido e os filhos saíram de férias. Quando voltaram, o mau cheiro estava muito mais intenso porque os ratos tinham apodrecido em meio ao calor do duto. Mas Tom não sentiu mau cheiro algum.

Como isso é possível? O que está havendo com a anatomia do sistema olfativo – o sistema que usamos para cheirar – e que é capaz de explicar tamanha diferença entre homens e mulheres?

Uma rápida lição de anatomia: os receptores olfativos no nariz enviam sinais por meio do nervo olfativo até o bulbo olfatório. O bulbo olfatório fica na parte de baixo do cérebro. Ele é a primeira parada das informações quanto aos cheiros.

Há dois tipos de células no cérebro: os *neurônios* são considerados mais importantes porque parecem exercer o papel mais relevante de enviar informações por meio de sinais elétricos. Mas as *glias* são fundamentais também, porque dão estrutura e além disso são capazes de modular o processamento de informações no cérebro[6].

---

[6] Para uma introdução aos indícios emergentes sobre a importância da glia, ver a seguinte análise: ALLEN, Nicola & BARRES, Bem. "Glia: More Than Just

Nos dois casos as mulheres ganham dos homens. Elas têm mais células no bulbo olfatório:16,2 milhões, em média, em comparação com os 9,2 milhões de células nos homens. Se você pensar apenas nos neurônios do bulbo olfatório, a mulher tem, em média, 6,9 milhões, em comparação com os 3,5 milhões dos homens. No caso das glias, as mulheres vencem de novo: 9,3 milhões, em média, em comparação com 5,7 milhões nos homens. Todas essas diferenças são estatisticamente muito significativas[7].

Quando li esse relatório sobre as diferenças entre os sexos no que diz respeito ao bulbo olfatório, me lembrei de minha visita a escolas para meninas e meninos perto de Hastings, Nova Zelândia (escolas exclusivas são muito comuns naquele país). Conheci as meninas da escola feminina Nga Tawa. As líderes da escola tinham organizado uma atividade extracurricular opcional com a escola masculina próxima, um baile, que acontecia à noite. Mas os diretores das duas escolas desencorajaram os alunos porque a atividade não era muito popular entre as meninas. Havia muito mais meninos do que meninas entre os participantes. Os meninos se recusavam a dançar com outros meninos, e metade deles estava sentada, vendo os outros garotos dançando com as meninas. A cada semana havia menos meninas no bailinho.

Brain Glue". *Nature*, Volume 457, 5 de fevereiro de 2009, p. 675-677. Ver, também: KHAKH, Baljit & SOFRONIEW, Michael. "Diversity of Astrocyte Functions and Phenotypes in Neural Circuits". *Nature Neuroscience*. Volume 18, 2015, p. 942-52.
[7] OLIVEIRA-PINTO, Ana et alii. "Sexual Dimorphism in the Human Olfactory Bulb: Females Have More Neurons and Glial Cells Than Males". *PLOS One*, 5 de novembro de 2014, <http://journals.plos.org/plosone/article?id=10.1371/journal.pone.0111733>, acesso em 22 de julho de 2019.

Perguntei às meninas: "Por que vocês não querem ir ao baile"? Uma delas respondeu: "Não suporto aqueles meninos *fedidos* colocando as mãos em mim"! Então me reuni com os meninos. Perguntei a eles: "Vocês tomam banho antes de ir ao baile"? Todos os meninos fizeram que não com a cabeça. Perguntei: "Por que não"? Um dos meninos respondeu: "Não preciso. Não cheiro mal". Expliquei a esse garoto e aos demais meninos: "Você *não tem ideia* de como é o seu cheiro para uma menina. Você não é menina. Você não sente os cheiros como uma menina. Você precisa ir para casa e tomar banho, *com sabonete,* antes de ir ao baile"!

Se você é mãe, tem um filho e o quarto dele cheira mal, não diga: "O que há de errado com você? Como você aguenta esse fedor"? Se o quarto do seu filho não cheira bem, comece perguntando a ele se ele acha que o quarto fede. Lembre-se de que "limpo" pode ter um sentido completamente diferente para você, a mãe, e para seu filho. Explique que é a sua definição, não a dele, que servirá como padrão. Explique que se adequar ao padrão feminino de limpeza é uma habilidade útil para a vida de qualquer homem que espere um dia viver com uma mulher.

Como eu disse, trabalho como médico há mais de 30 anos. Vi muitos casamentos terminarem. Na televisão, quando os casamentos chegam ao fim, geralmente há um caso acontecendo: um dos dois está traindo o outro. No mundo real, pelo que vi, casos extraconjugais nem sempre são a causa dos divórcios. Muitos pais ocupados simplesmente não têm tempo para esse tipo de coisa. A desintegração do casamento geralmente começa com falhas de comunicação como a que descrevi entre Jennifer e Tom. Antes de se consultarem comigo, eles tinham raiva um do outro. Jennifer achava que Tom estava desdenhando da preocupação dela com o

mau cheiro. Tom achava que Jennifer estava sendo desnecessa-
riamente exigente, reclamando de um cheiro que ele era incapaz
de sentir. Esse tipo de problema, se repetido demais, pode levar a
uma perda de afeto. Depois que Tom e Jennifer compreenderam o
que estava acontecendo, porém, eles puderam se entender melhor,
com bom humor e percebendo suas diferenças.

II - Audição

Você se lembra da história que contei no capítulo 1 sobre o
menino do segundo ano na sala da "srta. Vozdoce" que não
estava prestando atenção às aulas? Eu me envolvi em muitos
casos semelhantes ao longo dos anos. Alguns daqueles meninos
melhoravam, como mencionei, depois que eram remanejados
para a primeira fila ou transferidos para uma sala com um
professor que falava mais alto. (Simplesmente pedir que a srta.
Vozdoce fale mais alto raramente funciona, eu descobri; a srta.
Vozdoce pode se esforçar por um ou dois dias ou até mesmo
uma ou duas semanas, mas depois ela provavelmente voltará
ao seu tom de voz normal).

Na primeira edição de *Por Que Gênero Importa?*, tentei
entender por que alguns meninos se saem melhor com um professor que fala mais alto. Acho que não consegui. Mencionei
pesquisas sobre *limites* de audição: o tom mais ameno que pode
ser ouvido. O limite para a menina ou mulher média é mais baixo
do que para o menino ou homem médio, mas a diferença entre
menina e menino não é muito grande e há várias sobreposições
entre os sexos. O fato é que as diferenças nos *limites* de audição

entre os sexos não são muito relevantes para as diferenças na maneira como meninas e meninos ouvem sons de alcance médio bem acima do limite.

Em minha defesa, o primeiro estudo a explicar adequadamente esse fenômeno – de meninos não ouvirem professores com voz suave – só foi publicado em 2007, dois anos depois do lançamento de *Por Que Gênero Importa?*. A pesquisa é um tanto quanto técnica, então incluí minha discussão sobre ela na seção *Material extra: diferenças de sexo na audição* no fim deste livro. Eis aqui o resumo: para que o menino médio ouça você tão bem quanto a menina média, você tem de falar cerca de oito decibéis mais alto. Uma diferença de oito decibéis equivale a cerca de três cliques no botão de volume do rádio do carro. Não estou pedindo para você gritar. Estou pedindo para falar mais alto. Se você é mãe e sente que seu filho a está ignorando, tente falar um pouco mais alto.

Isso funciona ao contrário também. Uma menina no meu consultório reclamava que o pai estava sempre gritando com ela. Não era o que ele dizia que a incomodava, e sim como ele falava: ele falava alto demais. "É irritante", disse ela. Ela me contou que simplesmente entrava no quarto e fechava a porta. Ela estava evitando ter contato com o próprio pai porque não gostava de ouvir gritos.

Alguns dias mais tarde, conversei com o pai. Mencionei que a filha dele tinha dito que ele às vezes aumentava o tom de voz com ela. "Eu *NUNCA* ergui a voz para aquela menina! Está me ouvindo" ?!, disse o pai no meu consultório, muito alto, quase gritando. Expliquei que a sensibilidade ao som varia em relação à idade e também ao sexo biológico. Meninas e mulheres são – em média – mais sensíveis aos sons do que meninos e homens da mesma idade (mais uma vez, veja o material extra no fim do livro para mais dados sobre o assunto). Além disso, crianças e adolescentes são mais sensíveis aos sons do que as pessoas de meia-idade. Expliquei que, como um homem de meia-idade falando com uma adolescente, ele era muito menos sensível ao som do que ela. Ele não achava que estivesse gritando. Mas sua filha ouvia algo semelhante a gritos. Sugeri que, da próxima vez que falasse com ela, o pai se esforçasse para falar bem mais baixo.

Algumas semanas mais tarde, recebi a menina novamente. "Incrível", ela disse. "Meu pai consegue mesmo conversar como uma pessoa normal". Ela não o evitava mais.

III - Visão

Há 20 anos, um menininho chamado Andrew Phillips (seu nome real) voltou da escola quase chorando. A professora havia dado a cada criança da sala uma caixinha com giz de cera e uma folha de papel em branco. "Vamos usar um pouco a criatividade. Desenhem o que quiserem", disse a professora.

Andrew usou o giz de cera preto para desenhar dois homens-palito se esfaqueando. As demais crianças da turma (na maioria meninas) desenharam imagens coloridas de pessoas, bichinhos, flores e árvores. As pessoas nas imagens das meninas tinham cabelo; elas usavam roupas sobre o corpo. Os homens-palito de Andrew não tinham nada disso. A professora elogiou os desenhos das meninas, mas não o desenho de Andrew.

Ele voltou para casa triste. Sua mãe, Janet, marcou uma reunião com a professora, que não pediu desculpas. "Na verdade, pensei em fazer uma recomendação", disse a professora.

"Recomendação? O que você quer dizer"?, perguntou Janet.

"Uma recomendação para que você procure um profissional de saúde. Afinal, ele desenhou duas pessoas se atacando com facas".

"Mas ele é um *menino* de seis anos de idade", disse Janet.

"Claro. Foi por isso que achei melhor não fazer a recomendação".

A escolha de uma criança quanto ao que ela quer desenhar diz algo muito importante sobre ela. Um menino que quer desenhar guerreiros é uma criança bem diferente de uma menina (ou menino) que quer desenhar amigas ou bichinhos ou flores.

Eis aqui uma antiga fábula:

> *Nasrudin era o principal cuidador dos pássaros ornamentais de um rei. Um dia, andando pela propriedade real, ele viu um falcão que havia pousado numa árvore. Ele pegou sua tesoura e cortou as garras, as asas e o bico do pássaro. "Pelo menos já melhorou", disse ele. "Seu cuidador evidentemente foi negligente com você".*
>
> *Moral da história: não dá para transformar um falcão num pintarroxo ou num pombo. O máximo que você vai fazer é estragar o falcão[8].*

A professora tinha dito: "Por que você não desenha alguma coisa menos violenta? Alguma coisa mais parecida com o que a Melissa ou a Emily desenharam"? Mas o que Andrew

---

[8] Essa história é adaptada de "The Royal Pigeon", em: MELLO, Anthony de. *The Song of the Bird.* New York: Doubleday, 1982. Agradeço a Philomena Roy por ter compartilhado esse livro comigo.

ouviu foi *Por que você tem que ser assim? Por que você não é outra pessoa? Por que você é um falcão? Por que você não é um pintarroxo ou um pombo?*

A mãe de Andrew o tirou do respeitado jardim de infância particular e o transferiu para a Mater Dei, uma escola só para meninos em Bethesda, Maryland. Em pouco tempo ele estava desenhando novamente. Os professores na escola para meninos não insistiam tanto para que os alunos usassem cores diferentes ou desenhassem rostos com olhos e bocas e cabelo. Ao contrário, os professores ajudavam os meninos a tornar seus personagens mais interessantes, mais vívidos. E pediam que os meninos contassem as histórias por trás das imagens. Andrew adorava contar histórias sobre heróis, dragões e batalhas. Um dos desenhos dele, do segundo ano, é mostrado logo em seguida. Na legenda, lê-se: "Ele pegou a lança, atirou com o *laser* e desintegrou o dragão. Mas ainda era ULIV".

Andrew desabrochou na escola só para meninos. Não só se tornou um artista como também um escritor e atleta. E que atleta! Andrew se transformou no atleta mais talentoso que conheci nas minhas três décadas como médico. Quando ele concluiu o ensino médio, tinha 1,93 m e 130 kg de puro músculo. Ele foi escolhido por vários times de futebol americano da NCAA. Andrew escolheu Stanford porque essa universidade tinha o melhor ensino entre todas as que lhe ofereceram bolsas de estudos. Em Stanford, ele se formou em letras clássicas, estudando latim e grego. E ele foi titular do incrível time de Stanford que ficou entre os dez melhores times durante os seus anos em Stanford, ajudado não só por ele, mas também por seu amigo e xará, Andrew Luck.

Ele pegou a lança, atirou com o laser e desintegrou o dragão.
Mas ainda era ULIV

Você não precisa de uma escola só para meninos para alcançar resultados como os de Andrew. Você precisa é de professores que entendam e respeitem as diferenças entre meninos e meninas.

O que acontece quando você dá a meninas e meninos uma folha de papel em branco e uma caixa de giz de cera e pede que eles desenhem qualquer coisa? Os estudiosos que fizeram esse tipo de pesquisa descobriram que as meninas têm uma tendência maior a desenhar flores, árvores e bichinhos, todos muito coloridos. As pessoas nos desenhos das meninas têm olhos, bocas, cabelo e roupas. Alguns meninos fazem desenhos iguais aos das meninas. No capítulo 9, vamos aprender que esses meninos atípicos – meninos que desenham imagens como as das meninas – têm outras características em comum com outros meninos atípicos.

De qualquer forma, a grande maioria dos meninos faz desenhos bem diferentes dos das meninas: a maior parte deles desenha cenas de ação num momento de mudança drástico, como um monstro comendo um alienígena ou uma rocha atingindo um planeta. Personagens humanos, quando presentes, em geral são figuras de palito, sem olhos, boca, cabelo ou roupas.

Alguns professores percebem sozinhos essas diferenças. Mas muitos não. E não se pode culpar apenas os professores. Conheci professores com diplomas de mestrado em educação infantil por universidades importantes como a Faculdade de Pedagogia de Harvard e da Universidade do Texas, em Austin, e eles nunca tinham ouvido falar dessas diferenças entre meninas e meninos. Ao contrário: eles aprenderam que, quando uma criança de seis anos desenha uma figura humana, essa figura deve ter olhos, boca e cabelo; e que, se essas características não estão presentes, então o aluno deve ser corrigido. A suposição subjacente e não explícita é a de que há só uma maneira de uma criança fazer um desenho: cheio de cores e detalhes. As criações dos meninos geralmente não preenchem tais critérios. Além disso, os meninos que desenham imagens com temas violentos – como um cavaleiro matando um dragão – geralmente escutam, sutilmente ou não, que estão errados. Às vezes a correção é cuidadosa: "Andrew, por que você desenhou uma coisa tão violenta? Olha só o desenho que a Emily fez... Um filhotinho tão bonitinho – por que você não desenha alguma coisa assim"? Às vezes a correção é mais enfática. Um pai me contou que seu filho foi repreendido porque o desenho do menino, de um gladiador romano degolando outro gladiador, violava a política de "tolerância zero" da escola em relação à violência e às representações da violência.

Uma consequência disso é que muitos meninos se afastam das artes visuais. Em certa ocasião, visitei uma turma do segundo ano de uma escola de ensino fundamental dos Estados Unidos. A professora disse: "Intervalo! Podem fazer o que quiserem"! Algumas das meninas no meio da sala começaram a colorir. Um menino começou a correr pela sala, fazendo barulho de motor. Depois de observá-lo por um instante, me aproximei e o detive. Apontei para as meninas e perguntei: "Por que você não se senta e desenha"? O menino respondeu, sem hesitar nem pedir desculpas: "Desenhar é coisa de menina".

Desenhar é coisa de menina. De onde foi que ele tirou isso? Tenho certeza de que a professora nunca disse que desenhar é coisa de menina. Mas ela pode muito bem ter dito. Ao elogiar e *compreender* imagens de pessoas, bichinhos, flores e árvores, tudo muito colorido – sem compreender realmente o porquê de uma imagem em preto de um cavaleiro matando um dragão –, aquela professora estava, sem querer, afirmando que desenhar é coisa de menina. *A falta de conhecimento quanto às diferenças tem a consequência não intencional de* reforçar *os estereótipos de gênero.* O resultado é uma cultura na qual muitos meninos acreditam que "desenhar é coisa de menina". No ano passado, menos de um em cada quatro alunos que se submeteram ao exame AP (preparatório para a admissão em universidades norte-americanas) em arte era menino[9]. Não há nada de inato nisso. Os homens são perfeitamente

---

[9] O College Board oferece três exames avançados no Studio Art: Studio Art Drawing, Studio Art 2-D Design e Studio Art 3-D Design. Em 2015 – ano dos dados disponíveis mais recentes –, 1.504 meninos e 4.059 meninas fizeram o exame avançado em Studio Art Drawing; 2.247 meninos e 7.238 meninas fizeram o exame avançado em Studio Art 2-D Design; 402 meninos e 1.307 meninas fizeram o exame avançado em Studio Art 3-D Design. Somando os três exames, 4.153 meninos e 12.604 meninas fizeram um exame avançado em Studio Art. Os meninos, portanto, representam 24,8% do total, pouca coisa abaixo de um em cada quatro estudantes. Esses números foram retirados do

capazes de criar arte de qualidade. Na cultura norte-americana moderna, contudo, poucos meninos *querem* estudar arte. Eles são rejeitados por uma cultura cega para os gêneros que – por causa dessa cegueira – transmite inadvertidamente a mensagem de que "desenhar é coisa de menina".

Apesar de não haver diferença inata quanto à *habilidade* de desenhar, acho que a história demonstra claramente que há uma diferença enorme no tipo de desenho que as meninas e os meninos *querem* fazer. Em todas as culturas que os pesquisadores estudaram – na África, Ásia, Europa e América do Norte – as meninas têm uma probabilidade maior de desenhar flores e bichinhos, usando muitas cores, enquanto os meninos têm uma probabilidade maior de desenhar cenas de ação, usando menos cores[10]. Em minhas visitas a mais de 400 escolas ao longo dos últimos 16 anos, aprendi que, quando os professores percebem essas diferenças, eles são capazes de romper com os estereótipos de gênero; o mesmo menino que ama futebol americano e *video-game* também vai amar desenhar.

Hoje em dia há mais e mais provas de que essas diferenças no tipo de desenho que os meninos e as meninas gostam de fazer existem, em grande medida, por diferenças programadas em seu aparelho visual. Ao final deste livro apresento algumas dessas provas no *Material extra II: Diferenças de sexo na visão*. Todos nós, seres humanos, temos dois aparelhos visuais em nossas men-

College Board's Program Summary Report de 2015, disponível em: <https://secure-media.collegeboard.org/digitalServices/pdf/research/2015/Program-Summary-Report-2015.pdf>, acesso em 22 de julho de 2019.
[10] Ver, por exemplo: ALTER-MURI, Simone & VAZZANO, Stephanie, "Gender Typicality in Children's Art Development: A Cross-Cultural Study". *Arts in Psychotherapy*, Volume 41, 2014, p. 155-62.

tes. Um deles é dedicado às cores, detalhes e texturas. O outro é dedicado à velocidade e à direção. As provas que menciono nesse *Material extra* sugerem que meninas e mulheres têm mais recursos no aparelho especializado em cores, detalhes e texturas. Meninos e homens têm mais recursos no aparelho especializado em velocidade e direção.

Tem havido um processo de feminização na educação norte--americana, sobretudo nos primeiros anos. O resultado é que a perspectiva feminina virou regra. Essa é uma forma elegante de dizer que a maneira feminina de ver as coisas agora está tão entranhada que as pessoas nem percebem. *Claro* que uma figura humana deveria ter olhos, boca, cabelo e roupas. Como alguém poderia sugerir o contrário?

Mas eis as boas notícias: tenho visto pessoalmente que uma sala de aula pode mudar de forma drástica quando professores (homens e mulheres) se submetem a um dia de curso sobre essas diferenças. Simplesmente explique aos professores que a maioria dos meninos quer desenhar *imagens de ação,* não cores e texturas. Lembre os professores de que seu trabalho é ajudar o menino a desenhar o que *ele* quer: desenhos mais impactantes e sugestivos da ação. Às vezes umas poucas linhas para expressar o vento ou a velocidade de um carro são capazes de deixar o menino feliz. As professoras podem fazer isso tanto como os professores homens. Falaremos mais sobre essas estratégias no capítulo 5.

CAPÍTULO 3

Risco

O segredo de se divertir ao máximo na vida é: viver perigosamente.
Construa suas cidades à beira do Vesúvio! Envie seus navios
para mares desconhecidos! Viva em guerra
com seus pares e consigo mesmo!
— Friedrich Nietzsche, *A Gaia Ciência* (1887)[11]

I - Jogando a argola

Vamos supor que você seja um calouro universitário cursando Introdução à Psicologia. Entre as exigências do curso está "se voluntariar" como cobaia de uma pesquisa. Você escolhe o estudo de lançamento de argola porque o manual do curso diz que vai durar só 20 minutos e que não há nenhuma agulha envolvida.

---

[11] A tradução completa dessa passagem de *Die Fröhliche Wissenschaft* [*A Gaia Ciência*], sessão 283, de Nietzsche, é "O segredo para colher os melhores frutos e o máximo de prazer da vida é: *viver perigosamente*. Construa suas cidades nas encostas do Vesúvio! Mandem seus navios para mares desconhecidos! Vivam em guerra com seus pares e com vocês mesmos"! A tradução é minha. O destaque está no original.

Você aparece para a pesquisa. O técnico mostra o que você tem que fazer. Há um mastro de 30 centímetros. Você recebe seis argolas de borracha, cada qual do tamanho de uma ferradura. O técnico lhe manda jogar as argolas no mastro, um de cada vez. O objetivo do jogo é encaixar as argolas no mastro.

"Onde eu fico"?, você pergunta, notando que o chão contém marcas: 30 centímetros do mastro, 60, um metro e meio, três metros, quatro metros e meio e seis metros.

"Onde você quiser", diz o assistente.

"Você quer dizer que posso jogar todas essas argolas de perto"?, você pergunta.

O técnico faz que sim com a cabeça.

"Tenho que acertar o alvo com alguma frequência"?

"Não", responde o técnico. "Só jogue as argolas e vamos para a próxima parte da experiência. Vou sair da sala para lhe dar um pouco de privacidade".

"Privacidade"?, você pergunta, mas o técnico já foi embora.

O que você faz agora? A maioria das mulheres se põe a 60 centímetros ou um metro do alvo, joga as argolas e segue adiante. A maioria dos jovens fica entre um metro e meio e três metros do alvo, apesar de isso aumentar o risco de errar o alvo[12].

Você joga as argolas.

"Certo, agora vamos para a próxima parte da experiência", diz o assistente. Uma porta se abre e dois dos seus colegas de classe entram. Você os cumprimenta com um meneio de cabeça.

---

[12] Ver: SORRENTINO, Richard ; HEWITT, Erin & RASO-KNOTT, Patricia. "Risk-Taking in Games of Chance and Skill: Informational and Affective Influences on Choice Behavior". *Journal of Personality and Social Psychology*, Volume 62, 1992, p. 522-33.

Os dois colegas são do mesmo sexo que o seu. (Se você é mulher, eles são mulheres). Os dois colegas são instruídos a se sentar em poltronas próximas à parede, de frente para você.

"Certo, agora vamos repetir", diz o assistente, lhe entregando as argolas novamente.

A maioria das mulheres jogará as argolas da mesma forma na presença de outras mulheres, em comparação com a maneira de jogar quando estavam sozinhas. Mas a maioria dos homens se comportará de outro modo. Na presença de outros homens jovens, a maioria deles demonstrará o que os psicólogos chamam de *"tendência ao risco"*[13]. Se o homem jogou as argolas de uma distância de 60 centímetros quando estava sozinho, ele recuará para um metro e meio na presença de outros homens. Se jogou as argolas de uma distância de um metro e meio quando estava sozinho, vai jogar de uma distância de três metros na presença de outros homens – mesmo que não conheça os homens e que não espere revê-los jamais. "Acho que não queria que eles pensassem que sou um fraco", é a justificativa para a mudança de comportamento.

II - Vivendo perigosamente

Muitos meninos gostam de assumir riscos físicos. E a maioria deles fica impressionada com outros meninos que assumem riscos, sobretudo se eles são bem-sucedidos. As meninas têm uma probabilidade

[13] Esse fenômeno é observado tanto em jovens meninas e meninos como em adultos. Os psicólogos David Miller e James Byrnes demonstraram esse efeito em estudantes do terceiro, quinto e sétimo anos no seguinte artigo: MILLER, David & BYRNES, James. "The Role of Contextual and Personal Factors in Children's Risk Taking". *Developmental Psychology*, Volume 33, 1997, p. 814-23.

menor de assumir riscos físicos e de ficar impressionadas com o comportamento arriscado dos outros[14]. Em outra pesquisa, meninos e meninas realizam uma mesma atividade arriscada, mas as meninas percebem o risco como algo menos divertido e mais estressante[15]. As meninas talvez estejam *dispostas* a assumir riscos, mas elas têm uma probabilidade menor de *procurar* situações arriscadas só pelo prazer de viver perigosamente.

Imagine-se de volta aos últimos anos do ensino fundamental. Digamos que você tenha ouvido falar de um amigo que saltou de bicicleta de uma rampa de três metros e meio de altura para pousar na areia da praia. Só para se divertir. Os meninos que se envolvem nesse tipo de comportamento de risco provavelmente subirão de patamar aos olhos de seus pares. "Você ficou sabendo do que o Brett fez? Ele saltou de bicicleta de uma rampa! Incrível"! Mesmo quando não conseguem o feito, aqueles meninos têm uma probabilidade maior de ganhar o respeito dos demais só porque tentaram.

Quando as meninas ficam sabendo de outra menina que saltou de bicicleta de uma rampa de três metros e meio de altura, elas têm uma probabilidade menor de se impressionar. Elas podem até ser críticas. "Ela deve ser louca para fazer uma coisa dessas. Que maluca", uma menina talvez diga.

Outro exemplo, dessa vez com adolescentes do ensino médio. Vamos supor que um menino do décimo segundo ano vá a uma festa na sexta-feira à noite e faça sexo sem proteção com

---

[14] A metanálise mais completa sobre como os sexos assumem riscos de modo diferente continua sendo a apresentada no seguinte artigo: BYRNES, James; MILLER, David & SCHAFER, William. "Gender Differences in Risk Taking: A Meta-analysis". *Psychological Bulletin*, Volume 125, p. 367-83.
[15] KERR, J. H. & VLAMINKX, J. "Gender Differences in the Experience of Risk". *Personality and Individual Differences*, Volume 22, 1997, p. 293-95.

uma universitária que acabou de conhecer, e depois, no sábado à noite, ele vai a outra fez e faz sexo sem proteção com uma mulher diferente. Os amigos dele ficarão impressionados, ainda mais se virem as duas mulheres e as considerarem bonitas. "Você *é o cara*", eles talvez digam, cumprimentando-o entusiasmadamente.

Vamos supor que o mesmo aconteça com alguém do sexo oposto. Uma menina do décimo segundo ano vai a uma festa na sexta-feira à noite e faz sexo sem proteção com um universitário que acabou de conhecer, e depois, no sábado à noite, vai a outra festa e faz sexo sem proteção com um homem diferente. Se as amigas dela ficarem sabendo de suas aventuras, elas provavelmente *não* ficarão positivamente impressionadas, independentemente da beleza dos homens em questão; elas provavelmente pensarão que a amiga é uma vadia ou uma irresponsável ou as duas coisas[16].

Meninas e meninos avaliam os riscos de forma diferente e são diferentes quanto à probabilidade de se envolverem em comportamentos de risco. Assim que as crianças têm idade suficiente para sair andando, os meninos têm uma probabilidade consideravelmente maior de fazer algo perigoso: enfiar os dedos na tomada, tentar subir numa bola de basquete, pular de uma cadeira[17]. E, quando os pais tentam impedir a criança de fazer coisas arriscadas, os meninos têm uma probabilidade menor de

---

[16] Ver, por exemplo: POPPEN, Paul. "Gender and Patterns of Sexual Risk Taking in College Students". *Sex Roles*, Volume 32, 1995, p. 545-55. Ver, também: MURPHY, Debra et alii. "Adolescent Gender Differences in HIV-Related Sexual Risk Acts, Social-Cognitive Factors and Behavioral Skills". *Journal of Adolescence*, Volume 21, 1998, p. 197-208.

[17] MORRONGIELLO, Barbara & DAWBER, Tess. "Toddlers' and Mothers' Behaviors in an Injury-Risk Situation: Implications for Sex Differences in Childhood Injuries". *Journal of Applied Developmental Psychology*, Volume 19, 1998, p. 625-39.

obedecer. Estudos nos Estados Unidos e ao redor do mundo descobriram que meninos têm uma probabilidade maior de se envolver em atividades que trazem algum risco físico[18]. Os meninos têm uma chance maior do que as meninas de se ferir gravemente ou de morrer em acidentes como afogamento e tragédias com armas de fogo ou de ter uma lesão grave na cabeça por andar de bicicleta[19].

A psicóloga Barbara Morrongiello entrevistou crianças de seis a dez anos que se feriram ou chegaram perto disso. Ela descobriu que, em comparação com as meninas,

• Os meninos têm uma probabilidade maior de atribuir os ferimentos *equivocadamente* ao azar do que à falta de habilidade ou de previsibilidade por parte deles;

• Os meninos têm uma probabilidade menor de falar do machucado para os pais;

• Os meninos têm uma probabilidade maior de estar perto de outros meninos na hora do acidente[20]. Um menino tem uma probabilidade maior de fazer algo perigoso ou estúpido quando está em grupo do que quando está sozinho.

---

[18] PICKETT, William et alii. "Multiple Risk Behavior and Injury: An International Analysis of Young People". *Archives of Pediatrics and Adolescent Medicine*, Volume 156, 2002, p. 786-93.

[19] WALLER, Anna et alii. "Childhood Injury Deaths: National Analysis and Geographic Variations". *American Journal of Public Health*, Volume 79, 1989, p. 310-315. Ver, também: SORENSON, Susan, "Gender Disparities in Injury Mortality: Consistent, Persistent, and Larger Than You'd Think". *American Journal of Public Health*, Volume 101, 2011, p. S353-58.

[20] MORRONGIELLO, Barbara. "Children's Perspectives on Injury and Close-Call Experiences: Sex Differences in Injury-Outcome Processes". *Journal of Pediatric Psychology*, Volume 22, 1997, p. 499-512.

Lizette Peterson e seus assistentes na Universidade do Missouri queriam estudar as diferenças de sexo na reação das crianças a situações de risco. Eles criaram um *videogame* no qual pedalavam uma bicicleta ergométrica enquanto um vídeo interativo era exibido na tela. A simulação era tão realista que, quando a bicicleta na tela passava sob um galho de árvore, algumas crianças abaixavam as cabeças. Então as crianças de repente se deparavam com os perigos: em alguns casos apenas uma mangueira de jardim bloqueando o caminho; noutros, situações mais perigosas, como um carro vindo na direção oposta e perdendo o controle, prestes a acertar a criança de frente. A bicicleta foi programada para que Peterson e seus colegas pudessem mensurar a rapidez com que as crianças acionavam os freios para evitar uma colisão.

Eu não queria estar na garupa das bicicletas controladas por meninos. Os meninos demoravam muito mais para frear do que as meninas. Se fosse uma situação real, muitos dos meninos correriam o risco de morrer por causa dos ferimentos. Os meninos também tinham uma probabilidade maior de se sentir *empolgados* com a possibilidade de sofrer uma colisão, enquanto as meninas tinham uma probabilidade muito maior de se sentir *com medo*[21].

Então, um dos motivos para os meninos se envolverem em atividades fisicamente perigosas talvez seja o fato de *o perigo em si* lhes causar prazer. Esse é um fato de difícil compreensão para as mulheres. A mãe que alerta ao filho "Não pule da rampa com a sua bicicleta. Você pode se machucar" não entendeu nada. O filho dela sabe que é perigoso. Ele está saltando da rampa com a bicicleta *porque* é perigoso.

---

[21] PETERSON, Lizette et alli. "Gender and Developmental Patterns of Affect, Belief, and Behavior in Simulated Injury Events". *Journal of Applied Developmental Psychology*, Volume 18, 1997, p. 531-46.

Pesquisadores da Universidade de Boston fizeram uma única pergunta: por que a maioria das vítimas de afogamento é masculina? Os dados são impressionantes. Entre adolescentes de 15 a 19 anos, os meninos têm uma probabilidade 9,8 vezes maior de morrer afogados do que as meninas. Entre os jovens adultos de 20 a 24 anos, os homens têm uma probabilidade 10,4 maior de morrer num afogamento do que as mulheres da mesma idade. Em outras palavras, entre os jovens de 15 a 24 anos, meninos e homens têm uma probabilidade quase *dez vezes* maior de morrer afogados do que meninas e mulheres[22]. Por quê?

Imagine um grupo de mulheres caminhando por uma praia da Flórida no verão. Elas veem um aviso que diz CUIDADO! CORRENTEZA FORTE! NÃO NADE AQUI! SIGA PARA LÁ → E NADE ONDE HÁ SALVA-VIDAS. A maioria das meninas dirá "Ei, acho melhor não nadarmos aqui. Vamos nadar lá, onde é mais seguro". Agora imagine um grupo de meninos adolescentes caminhando pela mesma praia e vendo o mesmo aviso. Há uma boa chance de que um deles dê de ombros e diga: "Correnteza? Há! É só água! Sou mais forte do que a água"! Ele mergulha – e pode acabar morrendo.

Os psicólogos da Universidade de Boston concluíram que um importante fator para esse comportamento talvez seja o fato de que meninos e jovens *"provavelmente superestimem sua capacidade de nadar (...) sujeitando-se a situações aquáticas mais arriscadas*

---

[22] HOWLAND, Jonathan et alli. "Why Are Most Drowning Victims Men? Sex Differences in Aquatic Skills and Behaviors". *American Journal of Public Health*, Volume 86, 1996, p. 93-96. Esses números foram retirados da figura 1 do capítulo 1 do artigo citado, cujo texto completo está disponível em <www.ncbi.nlm.nih.gov/pmc/articles/PMC1380371/pdf/amjph00512-0095.pdf>, acesso em 22 de julho de 2019.

do que as mulheres"[23]. Quando o menino descobrir seu engano, talvez seja tarde demais.

Da mesma forma, epidemiologistas da Universidade de Pittsburgh descobriram que os homens têm uma probabilidade maior de morrer em tempestades elétricas do que as mulheres. Muitas das mortes ocorrem quando uma enchente repentina bloqueia uma estrada. A motorista, ao perceber o caminho submerso, provavelmente age de forma racional: dá a volta e encontra outro caminho. Os motoristas homens, por outro lado, têm uma probabilidade maior de enfrentar a água – e morrer[24].

Então, este talvez seja outro motivo por que os meninos têm uma probabilidade maior de se envolver em atividades fisicamente arriscadas. Parece que os meninos *superestimam* sistematicamente sua habilidade, ao mesmo tempo que *subestimam* os riscos.

Os estereótipos de gênero talvez exerçam um papel aqui. Quando as crianças respondem quais delas – meninos ou meninas – têm mais chance de se machucar andando de bicicleta, subindo em árvores etc., meninas e meninos concordam que a menina tem uma chance maior de se machucar. Na verdade, a realidade é o oposto disso: os *meninos* é que têm uma probabilidade maior de se machucar[25]. A maior parte da nossa cultura de entretenimento,

---

[23] HOWLAND, Jonathan et alli. "Why Are Most Drowning Victims Men? Sex Differences in Aquatic Skills and Behaviors". *Op. cit.*, p. 96.

[24] "Thunderstorm-Related Deaths Occur Mainly in Men and Involve Sports or Vehicles, Reports University of Pittsburgh Researcher". (*release* de imprensa), UPMC/University of Pittsburgh Schools of the Health Sciences Media Relations, 28 de abril de 2003, <www.upmc.com/media/NewsReleases/2003/Pages/thunder-storm-death-study.aspx>, acesso em 22 de julho de 2019.

[25] MORRONGIELLO, Barbara et alli. "Gender Biases in Children's Appraisals of Injury Risk and Other Children's Risk-Taking Behaviors". *Journal of Experimental Child Psychology*, Volume 77, 2000, p. 317-36.

dos filmes, programas de televisão, romances e videogame, insiste em mostrar o menino salvando a menina ou o homem salvando a mulher. Há algumas exceções – uma das minhas preferidas é a personagem Rey nos filmes mais recentes da saga *Star Wars* –, mas elas ainda são exceções. Essa propensão masculina ao risco mostrada na maior parte da produção cultural talvez seja, em parte, responsável pelo fato de os meninos superestimarem suas capacidades.

De qualquer forma, temos que tomar cuidado antes de trilhar o mesmo caminho dos estudiosos dos anos 1970, que acreditavam que as diferenças entre os sexos vinham sobretudo de influências culturais. Primeiro porque um fenômeno seme- lhante – os homens assumindo riscos maiores – foi observado em primatas como macacos, babuínos e chimpanzés. Estudando um refúgio de macacos no Japão, as pesquisadoras Linda Marie Fedigan e Sandra Zohar queriam descobrir por que havia muito mais adultas fêmeas do que machos. Apesar de a proporção en- tre os macacos que nasciam ser de um macho para cada fêmea, na idade adulta havia até *cinco* fêmeas para cada macho. O que aconteceu a todos os outros macacos machos? E por que a mesma proporção desequilibrada não é vista em zoológicos? Fedigan e Zohar consideraram várias explicações possíveis, por exemplo:

- A hipótese do "macho frágil": talvez os machos sejam mais suscetíveis a doenças;
- A hipótese dos predadores: talvez os machos não sejam muito bons em fugir de predadores;
- A hipótese do risco: talvez os machos se envolvam em comportamentos mais arriscados;

• A hipótese mutante: talvez os machos tenham uma tendência maior a carregar mutações danosas (essa na verdade é uma variação da hipótese do "macho frágil").

Depois de analisar cuidadosamente 21 anos de dados, Fedigan e Zohar encontraram bases somente para a hipótese do risco. "Os machos têm um índice de mortalidade maior por causa de seu comportamento mais inclinado ao risco". Macacos machos fazem coisas loucas, assim como meninos adolescentes. Por exemplo, essas pesquisadoras descobriram que macacos machos assumem riscos estúpidos perto das autoestradas: eles tentam atravessar as pistas, só para acabar atropelados por um caminhão. Macacos fêmeas têm uma probabilidade muito menor de correr os mesmos riscos. Elas tentam evitar as autoestradas[26].

Essas diferenças parecem em grande medida inatas. É difícil argumentar que os macacos machos superestimam suas habilidades porque assistem a filmes do James Bond demais ou jogam *videogame* demais. Temos de considerar a possibilidade de que a tendência dos primatas machos – incluindo meninos e jovens homens – a fazer coisas loucas e perigosas pode ser algo ao menos em parte inato, e não algo culturalmente criado.

---

[26] FEDIGAN, Linda Marie & ZOHAR, Sandra. "Sex Differences in Mortality of Japanese Macaques: Twenty-one Years of Data from the Arashiyama West Population". *American Journal of Physical Anthropology*, Volume 102, 1997, p. 161-75.

III - Treinando a ousadia

Se você tem um filho, precisa entender a motivação dele se quiser impedir que ele salte de um penhasco de bicicleta. Os pais de meninas precisam entender isso também, mas de outra perspectiva. A maioria das meninas precisa de estímulo para assumir riscos, os riscos certos, e para melhorar a avaliação delas quanto às suas habilidades.

Muitas desigualdades com base no gênero persistem em nossa sociedade. Os homens têm muito mais chance de se tornar CEOs de grandes empresas, apesar de termos hoje um grupo de mulheres igualmente bem treinadas. Somente 26 das 500 maiores empresas da revista *Fortune* são lideradas por CEOs mulheres, uma proporção que não mudou muito nos últimos 30 anos[27].

Pense na diferença de renda entre os sexos. Em média, uma mulher norte-americana trabalhando em tempo integral ganha menos do que o homem. Algumas dessas diferenças são explicadas por diferenças nas ocupações. Em média, um engenheiro de programação com mestrado ganha mais do que um professor de uma escola de ensino fundamental com mestrado. A maior parte dos engenheiros de programação é formada por homens. A maior parte dos professores primários é formada por mulheres.

Contudo, mesmo quando se leva em conta a ocupação, educação e as horas trabalhadas, a diferença nos salários entre os gêneros persiste: as mulheres ganham cerca de 92 centavos

---

[27] Para uma perspectiva diferente sobre possíveis explicações da pouca representatividade feminina entre CEOs de destaque, ver: HAFFERNAN, Margaret. "Why Do Only 26 Fortune 500 Companies Have Female CEOs?". *Fortune*, 8 de dezembro de 2014, <http://fortune.com/2014/12/08/competition-gap-women-leaders/>, acesso em 22 de julho de 2019.

de dólar para cada dólar que os homens ganham realizando o mesmo trabalho, de acordo com as estimativas mais recentes[28]. Os homens ainda recebem mais do que as mulheres realizando o mesmo trabalho na maioria dos setores, com algumas exceções. A contabilidade e o cálculo atuarial, por exemplo, são dois dos raros ramos nos quais homens e mulheres ganham a mesma coisa[29].

A economista Linda Babcock estudou alunos que se formavam pela Carnegie Mellon University com mestrado em cursos ligados à área econômica. Ela descobriu que os salários iniciais dos homens eram cerca de 8% mais altos, em média, que os das mulheres. Os homens recebiam cerca de quatro mil dólares a mais. Babcock, então, procurou descobrir quem tinha *pedido* um salário maior no processo de contratação. Ela descobriu que apenas 7% das mulheres tinham pedido um salário maior, em comparação com 57% dos homens. Divididos por gênero, Babcock descobriu que alunos que pediam um salário maior recebiam um salário inicial 4.053 dólares maior, em média, do que os alunos que não pediam. Em outras palavras, a diferença salarial talvez possa ser explicada pelo fato de que as mulheres *não pediam* um salário maior[30].

Pedir um salário maior quando você acaba de receber uma oferta de emprego é assumir um risco. Você pode estar violando um

---

[28] SAMUELSON, Robert J. "What's the Real Gender Pay Gap?". *Washington Post*, 24 de abril de 2016.
[29] HEGEWISCH, Ariane & DuMONTHIER, Asha. "The Gender Wage Gap by Occupation 2015 and by Race and Ethnicity". *Institute for Women's Policy Research*, abril de 2016, <www.iwpr.org/publications/pubs/the-gender-wage-gap-by-occupation-2015-and-by-race-and-ethnicity> , acesso em 22 de julho de 2019.
[30] BABCOCK, Linda & LASCHEVER, Sara. *Women Don't Ask: Negotiation and the Gender Divide*. Princeton: Princeton University Press, 2003.

patrão em potencial. Você pode dar a impressão de ser ambicioso demais. Você pode perder a oportunidade ou começar com o pé esquerdo. Por isso a maioria das mulheres não pede um salário maior. E quem não pede não ganha.

Para ser bem-sucedido, *realmente* bem-sucedido, no mundo dos negócios, você tem de estar disposto a assumir esse tipo de risco. E você vai querer que sua filha seja capaz disso. Que ela corra o risco no momento certo. Como empoderá-la para que ela adquira esse tipo de autoconfiança?

Minha primeira sugestão: *não* faça o que seus vizinhos fazem, se seus vizinhos são pais tipicamente norte-americanos. Os pais norte-americanos têm uma tendência maior a proteger as meninas dos riscos e uma tendência menor a elogiá-las por se envolverem em atividades arriscadas como subir em árvores e andar de bicicleta sem as mãos no guidão. Eu mesmo observo diferenças enormes na maneira como os pais reagem quando seus filhos se machucam. Jason, de 14 anos, machucou as costas jogando futebol americano. Ele mal conseguia andar. O papai ajudou seu guerreiro querido a entrar no meu consultório. O papai estava preocupado, claro, mas também notei um quê de orgulho. "Foi uma defesa perto da linha de *touchdown*. Eles estavam com a bola na nossa linha de duas jardas. Quarta descida. O Jason simplesmente se jogou contra o *running back*. Sacrificou completamente o seu corpo. Deteve o cara sem medo. Nós ficamos com a posse da bola e ganhamos o jogo". Verifiquei os exames de raios x: estava tudo bem. O exame neurológico deu normal. Garanti ao papai que Jason tinha tido um espasmo muscular. Recomendei uns dias sem praticar esportes, um banho de água quente e um relaxante muscular. A primeira pergunta do papai foi: "E quando o Jason pode voltar ao campo"?

Vi um ferimento semelhante numa menina de 14 anos que jogava hóquei na grama. Tracy mal conseguia andar. *A mamãe e o papai* acompanharam Tracy até meu consultório. Novamente os exames de raios x estavam normais. O exame neurológico deu normal. Garanti aos pais que Tracy tinha sofrido apenas um espasmo muscular. Recomendei alguns dias sem esportes, um banho de água bem quente e um relaxante muscular, da mesma forma que fiz com Jason. A primeira pergunta dos pais foi: "O senhor acha que a Tracy deveria desistir do hóquei? Talvez ela não tenha nascido para isso. E se ela pelo menos deixasse de jogar pelo resto da temporada"?

A diferença na reação dos pais é impressionante. É tão incrível que comecei a chamar a atenção deles para isso. "Suponha que a Tracy fosse um menino com exatamente a mesma lesão. Vocês estariam pensando em tirar seu filho da prática de esportes"?, perguntei e eles "Não, não estariam", eu mesmo respondi, percebendo que eles hesitavam. "Vocês diriam coisas como 'Levante. Sacuda a poeira. Você consegue'".

Qual a melhor forma de fazer as meninas se sentirem mais à vontade com os riscos? Margrét Pála Ólafsdóttir, pedagoga da Groenlândia, desenvolveu um programa para meninas que ela chama de "treinando a ousadia". A ideia lhe ocorreu durante uma viagem escolar somente com garotas. Era um dia quente e algumas delas tiraram os sapatos e meias. Por impulso, ela encorajou *todas* as meninas a tirar os sapatos e as meias e a correr sobre os pedregulhos do parque (você deve estar pensando se uma professora na sociedade norte-americana, muito mais litigiosa, teria a mesma coragem). Então ela as desafiou a dançar. Uma menina reclamou que uma pedra tinha machucado seu pé.

"O que podemos fazer em vez de reclamar da dor"?, perguntou Ólafsdóttir para as meninas. "Cantar", sugeriu uma delas. "E foi o que fizemos", diz Ólafsdóttir. "Cantamos e dançamos o tempo todo [no caminho de volta até a escola] – com os pés descalços. Nós nos sentíamos como supermulheres".

As meninas "ficaram felizes e sentiram orgulho por terem descoberto um mundo novo", escreveu Ólafsdóttir. Inspirada, ela levou colchões para o jardim de infância feminino. Empilhou os colchões, colocou uma mesinha perto e encorajou as meninas a pular da mesa nos colchões, convidando-as a gritar durante o salto. Porque "uma parte importante do papel feminino [estereotipado] é fazer silêncio, e, como o barulho não está integrado às brincadeiras das meninas, é óbvio que ensiná-las a fazer barulho e a usar a voz deve fazer parte dos nossos 'treinamentos de ousadia'", escreveu Ólafsdóttir. Em pouco tempo a sala das meninas era quase tão barulhenta quanto a dos meninos. Depois que as meninas disseram que pular da mesa era fácil demais, "simplesmente colocamos outra mesa em cima da primeira – e por fim uma cadeira em cima de tudo".

Assim que as meninas entenderam que tinham uma professora que *queria* que elas corressem riscos, começaram a criar seus próprios desafios. Elas jogavam ovos para o alto e os pegavam sem que eles quebrassem (às vezes). Elas se molhavam usando pistolas d´água. Uma menina construiu uma fortaleza com tijolos de esponja. "O que você vai fazer"?, Ólafsdóttir perguntou para a menina. "Pular por cima do muro"!, respondeu a menina, gritando. A muralha era obviamente alta demais. Mas "como eu podia destruir a fé daquela menina depois que ela passou meses e meses desenvolvendo uma nova autoimagem"?, Ólafsdóttir se perguntou.

[A menininha] se levantou, respirou fundo e bateu contra o muro, que desmoronou. Todo o grupo riu, mas nossa heroína não sabia direito como reagir e olhou para mim, pedindo ajuda (...). Eu me lembrei de minhas próprias experiências, de quando eu não me sentia bem, por mais que tentasse, até que finalmente parei de tentar, perdi a confiança e deixei de assumir riscos (...). É assim que ficamos presas ao papel de passividade e paramos de tentar coisas novas (...). [Aquela menininha] descobriu a solução. Temos de afastar o velho medo de errar que nos retarda (...). Falei exatamente isso para as meninas, usando palavras diferentes[31].

A história relatada por Ólafsdóttir enfatiza o problema dessa abordagem. Se uma menina corre um risco e fracassa, pode acabar ficando *ainda mais* avessa a riscos, não menos. A pedagoga da Groenlândia reconhece esse perigo. "A sensação de fraqueza e incapacidade e a tendência à baixa autoestima estão tão integradas ao pensamento das meninas que esse treinamento pode ser contraproducente se não soubermos exatamente o que estamos fazendo". Comece com algo que as meninas sabem que conseguem fazer e depois, aos poucos, vá aumentando a dificuldade. Teste as habilidades delas até o limite.

IV - Freycinet

Vamos voltar ao estudo de Lizette Peterson. Ela instalou uma bicicleta ergométrica na qual as crianças podiam "andar" em meio a cenários perigosos. Peterson, então, perguntou a todos os *pais* se seus filhos tinham se machucado andando de bicicleta, se

[31] ÓLAFSDÓTTIR, Margrét Pála. "Kids Are Both Girls and Boys in Iceland". *Women's Studies International Forum*, Volume 19, 1996, p. 357-69.

machucado a ponto de precisar de cuidados médicos. Ela descobriu que as crianças que tinham se machucado demonstravam um medo *menor* durante a simulação do que as crianças que nunca tinham se machucado – mesmo depois de analisar, para fins de controle, o grau de confiança das crianças quanto ao ato de andar de bicicleta. Ela chama isso de "efeito da invulnerabilidade". Depois que uma criança cai e, digamos, arranha o joelho ou se corta, ela se recupera. Uma semana mais tarde, esse menino ou menina está pensando "Ei, até que não foi tão ruim. Me machuquei e agora estou bem".

As meninas, em específico, tiram proveito do "treinamento de ousadia", para usar o termo de Ólafsdóttir. Tentar pular sobre a muralha, cair, se arranhar e depois descobrir que *consegue saltar* é uma boa forma de dar coragem e força interior à sua filha. Vou dar outro exemplo de um programa de "treinamento de ousadia" que observei em minhas seis viagens à Austrália – só que eles não o chamam de "treinamento de ousadia". Eles chamam de "descer o paredão". Nos Estados Unidos, chamamos isso de "fazer rapel".

Lauriston é uma escola feminina em Melbourne, Austrália, que visitei em duas oportunidades. (As escolas femininas são muito mais comuns na Austrália do que nos Estados Unidos). Quando chegam ao nono ano, as meninas têm de passar um ano nas instalações da escola em Howqua, uma região remota na floresta montanhosa que fica a três horas ao norte de Melbourne, perto de Mansfield. É um ano de caminhadas duras e sem sinal de celular. As meninas moram em cabanas na floresta. E *toda* menina tem de participar do programa de rapel.

Jen Willis, que na época era diretora de educação ao ar livre da escola, me falou de uma aluna que era calada e tímida.

A garota era muito inteligente e ia bem nas atividades de sala, mas não falava muito. Ela não gostava de levantar a mão ou de se manifestar diante das outras meninas, e, quando falava, era numa voz muito baixa, quase um sussurro. Essa menina, vamos chamá-la de Kyra, morria de medo de altura. Ela implorou à sra. Willis para não ser obrigada a descer pelo paredão. Mas a sra. Willis insistiu – além do mais, a srta. Willis não tinha autoridade para isentar Kyra do desafio. *Todas* as meninas tinham de fazer o treinamento para o rapel e o rapel em si. Sem exceções.

Quando chegou o grande dia, a sra. Willis disse a Kyra: "Você primeiro". Para mim isso pareceu uma grosseria, mas a srta. Willis me explicou da seguinte forma: "Ficar no alto de um paredão vendo suas amigas descendo uma a uma pode ser assustador. O paredão é tão íngreme que não dá nem para ver as meninas da beirada, a não ser que você se incline um pouco, o que eu sabia que a Kyra jamais faria. E, se você tem medo de fazer rapel, talvez fique com mais medo ainda observando as outras meninas. Eu sabia que o melhor para Kyra seria descer primeiro".

A sra. Willis talvez tivesse razão. Kyra fez o rapel sem qualquer dificuldade. E, no dia seguinte, os professores começaram a notar uma diferença no comportamento dela em sala de aula. Kyra começou a participar. Ela começou a falar em público – e, quando falava, não era sussurrando; dava para ouvir o que ela dizia. Ela realmente "encontrou sua voz", para usar a expressão de Carol Gilligan. Quando uma professora lhe perguntou por que agora ela estava mais à vontade para levantar a mão e falar, ela respondeu: "Depois do rapel, não tenho mais medo de falar na sala de aula".

Note que o programa de Lauriston em Hawqua é *obrigatório*. Há programas semelhantes nas escolas norte-americanas, mas, até onde sei, os programas norte-americanos são quase sempre opcionais, não obrigatórios. Como consequência, as meninas que mais precisam deles não participam. Kyra jamais teria se matriculado nesse programa. Ao contrário, ela imploraria para ser dispensada. Então, se você acha que sua filha precisa de um impulso para encontrar sua voz, sugiro que encontre um programa como o da Lauriston e a inscreva nele – mesmo que ela diga que não quer. Em meu livro *The Collapse of Parenting* [*O Colapso da Educação Parental*], expliquei que os pais às vezes precisam pressionar os filhos para que eles façam coisas que talvez não queiram fazer. Se sua filha é tímida, inscreva-a num programa de escaladas. (Os pais norte-americanos geralmente ficam horrorizados quando sugiro que eles inscrevam a filha avessa a riscos num programa de escalada, sem se importar com as objeções dela. Analiso essa incapacidade de exercer a autoridade parental e como isso contribui para a fragilidade e ansiedade crescentes das crianças norte-americanas em *The Collapse of Parenting*).

A St. Michael's Collegiate School é uma escola só para meninas na Tasmânia, também na Austrália, onde os diretores se comprometeram realmente com o programa de rapel, mais uma vez acreditando que isso pode empoderar meninas e levá--las a encontrar sua voz e assumir riscos. Novamente, *todas* as meninas têm de participar do programa, que começa quando elas têm seis anos. Nove anos mais tarde, elas podem fazer rapel nos paredões do Freycinet National Park, 1.200 metros acima do nível do Oceano Pacífico. Eis uma das fotos que a escola me deu. Veja a expressão da menina. Ela está calma. Se me colocassem na mesma situação, eu estaria tremendo como um monte de gelatina.

O treinamento certo é capaz de levar as meninas a assumir riscos.
Crédito: cortesia da St. Michael's Collegiate School, Hobert, Tasmânia.

Esses programas são comuns na Austrália. São menos comuns nos Estados Unidos, mas podem ser encontrados. E nem todas as meninas precisam deles. Você precisa conhecer sua filha. Quando se trata de assumir riscos, as diferenças individuais podem ser enormes. Conheci uma menina que anda com seu quadriciclo por um terreno acidentado, íngreme e cheio de árvores a uns sete quilômetros ao norte do meu consultório. Conheço um menino que se recusa a fazer pinturas com os dedos porque tem medo de que a tinta não saia. A menina do quadriciclo poderia ter algumas das precauções que vou descrever em breve. O menino que não quer sujar os dedos de tinta poderia passar por um "treinamento de ousadia" ou participar de algo como o programa da Lauriston em Howqua.

V - Precauções

E quanto ao menino que se empolga em assumir riscos? Ele desce o corrimão de *skate*, ou pelo menos tenta. Ele se joga de bicicleta de uma plataforma e pousa na calçada. Na piscina, tudo o que ele quer fazer é correr e se jogar do trampolim mais alto. Você já o levou para o pronto-socorro três vezes por causa dos ferimentos, mas os ferimentos não o detiveram. Agora ele está fazendo manobras aéreas com o *skate* e pedindo para saltar de paraquedas. A cada ano ele quer fazer algo ainda mais perigoso. Você tem pesadelos pensando em lesões na coluna. O que fazer?

Há ao menos três princípios básicos envolvidos na diminuição do risco de seu filho sofrer um ferimento grave. O primeiro princípio é: *lembre-se da "troca de risco"*. Meninos em grupo fazem coisas idiotas que não fazem, ou que têm uma probabilidade menor de fazer, quando não há outros meninos por perto. Seu filho quer estímulo. Ótimo. Leve a família toda para esquiar ou fazer *snowboarding*. Insista para que todos façam uma aula antes, não importa o nível de experiência deles. Fazer uma aula com um especialista ajudará seu filho a se manter em contato com a realidade e lhe dará uma noção mais precisa de suas habilidades. Ele pode achar que já está pronto para descer pelas encostas dos "feras". O professor pode mostrar que ele na verdade vai se divertir mais e conseguir fazer mais coisas em encostas mais apropriadas ao seu nível de habilidade. Uma viagem familiar a uma estação de esqui é uma atividade mais segura do que um grupo de adolescentes indo para a mesma montanha.

O segundo princípio é: *supervisão é melhor do que não supervisão*. Conheci pais que se recusam a deixar que o filho pratique futebol americano porque consideram esse esporte perigoso demais, mas permitem que o filho ande de *skate* com os amigos no estacionamento. Tenho algo a dizer a esses pais: seu filho corre um risco muito maior de se machucar num ambiente sem supervisão com outros meninos do que em qualquer ambiente onde haja um adulto responsável por perto. Meninos que gostam de assumir riscos assumirão riscos. Sim, há riscos quando seu filho corre por um campo de futebol americano. Ele vai se chocar com jogadores maiores e mais fortes do que ele. Mas um treino de futebol americano supervisionado por um treinador competente é um ambiente de risco menor do que um estacionamento com um bando de meninos e nenhum adulto por perto. O *YouTube* está cheio de vídeos de meninos em estacionamentos fazendo manobras em cima de carros – sem ninguém ao volante. Seu filho vai estar mais seguro num campo de futebol americano do que estaria num estacionamento com outros meninos.

O terceiro princípio: *deixe clara a sua autoridade*. Há alguns anos, o *cornerback* Deion Sanders, do Dallas Cowboys, sofreu uma concussão durante um jogo contra o Washington Redskins. O médico do time, corretamente, aconselhou Sanders a ficar fora de campo até o fim do jogo. Quando você sofre uma concussão, o cérebro incha um pouco. Você pode se sentir melhor uma hora mais tarde. Mas, se você for atingido na cabeça novamente, o inchaço pode ficar enorme, levando à morte em poucos minutos se a pressão fizer a parte traseira do cérebro comprimir a coluna.

Foi por isso que o médico disse a Sanders para ficar no banco pelo restante do jogo.

Sanders ignorou a orientação do médico. Assim que se sentiu melhor, voltou ao campo. Quando Sanders reassumiu a linha lateral, o médico não gritou. Ele simplesmente pegou o capacete do jogador e se afastou. O médico ficou segurando o capacete de Sanders sob o braço por todo o jogo. (E hoje, claro, a NFL tem regras novas que impediriam que um jogador como Sanders voltasse ao jogo – mas isso aconteceu em 1999).

Eis um exemplo de como deixar clara sua autoridade para um menino que gosta de assumir riscos e que não obedece às regras que você estabeleceu. Não discuta. Não negocie. Faça simplesmente o que tem de ser feito. Se você disser a seu filho que ele não pode descer de bicicleta por uma encosta íngreme sem sua permissão e sem a supervisão de um adulto e ele desobedecer, não peça que ele "prometa obedecer". Quando os amigos dele chegarem para convidá--lo a descer o monte de bicicleta novamente, ele vai parecer um fraco se disser "não posso ir porque prometi ao meu pai que só iria se houvesse adultos com a gente". No "código masculino", cumprir uma promessa feita a um pai é um sinal de fraqueza. Mas o "código masculino" respeita um cadeado de aço inquebrável.

Então, vá até a loja de ferragens e compre um cadeado bem firme. Assim, quando os amigos do seu filho aparecerem e o convidarem para sair de bicicleta, ele pode dizer honestamente: *"Não posso. Meu pai pôs um cadeado enorme na minha bicicleta"*. Quando você achar que seu filho pode voltar a andar de bicicleta – e você vai saber quando, onde e *na companhia de quem* ele estará, incluindo ao menos um adulto –, tire o cadeado.

CAPÍTULO 4

Agressividade

Homens de verdade gostam de brigar.
– General George S. Patton[32]

A superfície de uma briga de meninas
pode ser silenciosa e lisa como mármore.
– Rachel Simmons[33]

I - Jeffrey

Jeffrey, de 14 anos, estava mal-humorado, irritado e deprimido. A escola o chateava. Ele não se interessava muito por esportes. Não tinha muitos amigos. O psiquiatra tinha prescrito antidepressivos

---

[32] O general Patton disse essas palavras em um discurso para os soldados americanos na Inglaterra em 5 de junho de 1944, na véspera da invasão da Normandia. O trecho completo diz: *"Vocês estão aqui hoje por três razões. Primeiro, vocês estão aqui para defender suas casas e seus entes queridos. Segundo, vocês estão aqui por respeito próprio, porque não gostariam de estar em nenhum outro lugar. Terceiro, vocês estão aqui porque são homens de verdade, e homens de verdade gostam de lutar"*. O discurso pode ser facilmente encontrado na *internet*, por exemplo, em <www.pattonhq.com/speech.html>, acesso em 22 de julho de 2019.

[33] SIMMONS, Rachel. *Odd Girl Out: The Hidden Culture of Aggression in Girls*. New York: Harcourt, 2002, p. 75.

e Ritalina para o transtorno do déficit de atenção. Mesmo com o medicamento, Jeffrey ficava isolado e apático. Passar o dia todo na escola era difícil, mesmo depois que os pais o matricularam num colégio particular onde as aulas eram mais curtas e os professores eram cuidadosos e atenciosos.

Naquele verão, o pai de Jeffrey conseguiu que ele passasse dois meses no Zimbábue. Jeffrey tinha sido contratado como assistente de Cliff, um caçador profissional. Cliff ganhava a vida levando norte-americanos e europeus para as regiões mais remotas da África para caçar animais selvagens. Os pais de Jeffrey compraram remédios em quantidades suficientes para que ele os tomasse durante todo o verão.

Depois de três dias com Jeffrey, Cliff lhe mandou parar de tomar os remédios. "Você não precisa deles", disse Cliff. E ele tinha razão – ao menos enquanto eles estavam caçando na savana. Jeffrey era capaz de ficar parado durante horas, imóvel em meio ao mato alto, esperando que a caça aparecesse.

Os nativos da tribo Ndebele gostaram de Jeffrey. Eles perceberam que o garoto era diferente dos demais turistas europeus e norte-americanos. Jeffrey ficava à vontade com os nativos e os nativos ficavam à vontade com ele. Mais do que isso, Jeffrey queria aprender a caçar como os membros da tribo Ndebele caçavam. Então, eles o ensinaram a usar a lança de caça.

Você já tentou acertar um alvo com um arco e flecha? Imagine que você esteja tentando atingir aquele alvo, mas, em vez de um arco e flecha, você conte apenas com uma lança de madeira – duas vezes mais comprida que um taco de beisebol – e precise acertar o alvo à distância de 30 metros. Depois de uma hora praticando, Jeffrey disse aos nativos que estava pronto para caçar. Eles riram e mostraram um ganso a uns 30 metros de distância. Jeffrey olhou para a ave, fez que sim com a cabeça e jogou a lança com toda a sua força. O pássaro, atingido em cheio pela lança, morreu instantaneamente. Todos ficaram maravilhados – menos Jeffrey.

Cliff tirou uma foto de Jeffrey sobre um monte de pedra, os braços para o alto, em sinal de vitória, segurando o pássaro numa das mãos e a lança na outra. Jeffrey me deu uma cópia da fotografia quando voltou para casa.

"Aquele verão foi uma reviravolta", me disse mais tarde a mãe dele, Jane. Jeffrey ainda tinha de tomar remédios para acompanhar as aulas. Mas o comportamento dele mudou e a depressão perdeu força. Ele não se via mais como um fracasso. "Aquele verão lhe deu autoconfiança", disse Jane.

Jeffrey, triunfante depois de matar um ganso.

75

Agora suponhamos que os pais de Jeffrey não o tivessem mandado para o Zimbábue. Suponhamos que, em vez disso, ele tivesse sido mandado para um "ACAMPAMENTO TDH", um acampamento onde meninos (e meninas) diagnosticados com déficit de atenção/hiperatividade passam o verão aprimorando suas habilidades de leitura e escrita. Há muitos acampamentos assim. Seis semanas fechados em julho e agosto. Daí você volta para a escola em setembro para a rotina de sempre. Se os pais de Jeffrey tivessem feito isso, ele talvez não tivesse crescido para se tornar o homem amável e extrovertido que é hoje.

"O momento mais importante da nossa vida é quando encontramos coragem para rebatizar nosso 'mau' como o que há de melhor dentro de nós", escreveu certa vez Friedrich Nietzsche[34]. A mesma intensidade e impulsividade que eram problemas para Jeffrey quando ele estava na escola em Maryland se tornaram vantagens quando ele estava caçando no interior do Zimbábue. A experiência de se sentir um caçador realmente talentoso mudou a forma como ele via a vida. Depois que Jeffrey matou o ganso à distância de 30 metros, quando ninguém achava que ele conseguiria, a escola já não lhe parecia tão difícil.

Se você é contra a caça, eis a parte que talvez o deixe incomodado: se Jeffrey tivesse jogado sua lança contra um alvo numa parede, isso não teria o mesmo efeito. Acertar um alvo numa parede não teria mudado a vida dele. O fato de ele ter *matado um ser vivo* foi fundamental. A maioria das mulheres (e alguns homens) rejeitam essa ideia. E não estou necessariamente

---

[34] O original alemão é "Die Großen Epochen unsres Lebens liegen dort, wo wir den Mut gewinnen, unser Böses als unser Bestes umzutaufen", secção 116 de *Jenseits von Gut und Böse* [*Além do Bem e do Mal*], lançado originalmente em 1886.

endossando isso. Mas a realidade é que a maioria das meninas e mulheres se relacionam com a violência de uma forma bem diferente da maioria dos meninos e homens.

II - Lições do *playground*

Você já observou as crianças brincando num parquinho? A psicóloga Janet Lever passou todo um ano no *playground* de uma escola de ensino fundamental observando as brincadeiras de meninos e meninas. Os meninos brigam muito, notou ela: eles se envolvem em violência física com uma frequência 20 vezes maior que as meninas. Para surpresa dela, contudo, Lever descobriu que os meninos que brigam uns com os outros geralmente acabam como *melhores amigos* depois da briga. Eles têm uma probabilidade maior de brincar juntos dias depois da briga do que tinham antes[35].

As meninas raramente brigam, mas, quando brigam – geralmente com palavras, não socos –, o ressentimento permanece. "Eu odeio você! Eu *nunca mais* vou brincar com você de novo"!, diz Katie para Amy; e, quando mais velha é a menina, maior a probabilidade de ela estar falando a verdade. Depois de uma briga feia entre Katie e Amy, o "grupo da Amy" talvez não brinque com o "grupo da Katie" pelo resto do ano letivo.

Antes de dizer que essas diferenças são mero produto da cultura humana, leve em conta o fato de que os relatórios de Lever são semelhantes ao que os cientistas descobriram a respeito dos

---

[35] Veja dois artigos: LEVER, Janet. "Sex Differences in the Games Children Play". *Social Problems*, Volume 23, p. 478-87, 1976; LEVER, Janet. "Sex Differences in the Complexity of Children's Games". *American Sociological Review*, Volume 43, 1978, p. 471-83.

chimpanzés. Os chimpanzés machos têm uma probabilidade 20 vezes maior de brigar do que as fêmeas, mas as brigas não duram mais que uns poucos minutos e raramente resultam em ferimentos graves. Dois chimpanzés machos que brigam numa manhã podem muito bem estar cuidando um do outro à tarde. De acordo com Frans de Wall, primatologista no Centro de Pesquisas de Primatas Yerkes, em Atlanta, "começar uma briga pode muito bem ser uma forma de eles [os chimpanzés machos] se relacionarem uns com os outros, se conhecerem e darem início a uma amizade". As chimpanzés fêmeas raramente brigam, mas, quando brigam, a amizade entre elas termina. A hostilidade resultante pode durar anos. Ferimentos graves têm uma probabilidade *maior* de ocorrer quando as chimpanzés fêmeas brigam. Chimpanzés fêmeas que brigaram umas com as outras são "vingativas e irreconciliáveis", de acordo com o dr. De Waal[36].

Em nossa espécie essas diferenças se tornam aparentes assim que as crianças começam a falar. Meninos de dois anos de idade, se puderem escolher entre historinhas violentas e contos de fadas, geralmente optam pelas histórias violentas. Meninas de dois anos de idade geralmente escolhem os contos de fada[37]. Em outro estudo, os psicólogos descobriram que meninas de cinco a sete anos que gostam de inventar histórias violentas têm uma probabilidade maior de enfrentar problemas de comportamento do que as meninas que preferem historinhas cheias de afeto. Entre os meninos, contudo, a preferência por histórias violentas *não* indica

---

[36] Citado no livro de BLUM, Deborah, *Sex on the Brain: The Biological Differences Between Men and Women*. New York: Penguin, 1998. p. 73-74.
[37] COLLINS-STANLEY, Tracy et alli. "Choice of Romantic, Violent, and Scary Fairy-Tale Books by Preschool Girls and Boys". *Child Study Journal*, Volume 26, 1996, p. 279-302.

a possibilidade de problemas psiquiátricos[38]. A preferência por histórias violentas parece normal para meninos de cinco a sete anos, enquanto a mesma preferência entre as meninas de cinco a sete anos sugere um transtorno psiquiátrico.

Os psicólogos Louise e David Perry entrevistaram meninas e meninos (com idade média de dez anos), perguntando como eles reagiriam a certas situações. Por exemplo, suponha que você esteja jogando futebol com seus amigos e uma criança chegue e roube a bola de vocês. Você bateria na outra criança? Se sim, você acha que, batendo na criança, conseguiria a bola de volta? E como se sentiria depois? A maioria dos meninos disse que bateria na criança que tentasse roubar a bola. Quanto mais velho o menino, mais seguro ele era de que conseguiria recuperar a bola batendo na outra criança. E os meninos que disseram que bateriam na outra criança também disseram que não sentiriam culpa alguma por isso. "Por que *eu* deveria me sentir culpado? Ele pegou a minha bola"! Eles estavam seguros de que os outros meninos aprovariam a atitude. E por um bom motivo: os meninos que agem agressivamente geralmente *aumentam* seu prestígio diante dos outros meninos, desde que a atitude seja provocada, isto é, desde que eles não ajam como valentões.

As meninas reagem de outra forma. Elas não apenas demonstram uma tendência menor a reagir agressivamente contra a criança que roubou a bola de futebol como também têm uma tendência maior a se arrepender por ter reagido agressivamente,

---

[38] KLITZING, Kai von et alli. "Gender-Specific Characteristics of 5-Year-Olds' Play Narratives and Associations with Behavior Ratings". *Journal of the American Academy of Child and Adolescent Psychiatry*, Volume 39, 2000, p. 1017-23.

além de terem uma segurança menor quanto ao sucesso da empreitada. Elas têm uma probabilidade maior de prever sentimentos de culpa e incômodo emocional batendo em outra pessoa, mesmo se estiverem reagindo a alguém que roubou sua bola de futebol. E elas não esperam que as outras meninas aprovem sua atitude, por mais que tenham sido provocadas. As meninas que reagem à provocação com um ato de agressão física podem ter seu prestígio *diminuído* aos olhos de suas semelhantes[39].

Há provas de que pelo menos algumas dessas diferenças sejam biologicamente programadas. Uma parte dessas provas vem de estudos de meninas com hiperplasia adrenal congênita (HAC). Devido a um problema genético nas glândulas adrenais, os tecidos adrenais das meninas com HAC produzem níveis mais altos de hormônios masculinos enquanto a menina ainda se encontra no útero da mãe. Esses hormônios masculinizam parcialmente o cérebro da menina. Quando se oferece a meninas com HAC um brinquedo – seja ele um avião, uma bola, bonequinhos de soldados, Barbies ou canetinhas –, elas têm uma probabilidade maior de escolher um aviãozinho, uma bola ou um soldadinho e uma probabilidade menor de escolher bonecas Barbie ou canetinhas coloridas, em comparação com meninas sem HAC. Submetidas a exames aos quatro anos, descobriu-se que meninas com HAC demonstram preferências que ficam no meio do caminho entre as das meninas sem HAC e os meninos normais: meninas com HAC têm uma tendência maior a escolher jogos de violência simulada, mas uma tendência menor a escolher jogos violentos

---

[39] PERRY, David ; PERRY, Louise & WEISS, Robert. "Sex Differences in the Consequences That Children Anticipate for Aggression". *Developmental Psychology*, Volume 25, 1989, p. 312-19.

em comparação com meninos[40]. Na verdade, a masculinidade da escolha do brinquedo por parte da menina com HAC é proporcional à gravidade do caso. Quanto mais grave – isto é, a quanto mais hormônio masculino o cérebro foi exposto antes do nascimento –, mais masculino o comportamento e suas preferências em relação aos brinquedos[41]. Esses pesquisadores também não encontraram sinais de influência parental no comportamento lúdico das crianças. Pais que estimularam as filhas a ter brinquedos mais "femininos" não causaram efeito algum no comportamento lúdico das crianças.

Estudos com animais de laboratório demonstram diferenças semelhantes. Entre a maioria dos mamíferos mais evoluídos, e sobretudo entre os nossos parentes mais próximos, os machos jovens têm uma probabilidade maior a se envolver em brincadeiras violentas do que as fêmeas. Num estudo com macacos-aranha, por exemplo, os "meninos" tinham uma probabilidade seis vezes maior de se envolver em brincadeiras violentas do que as "meninas"[42]. As "meninas", por outro lado, tinham uma tendência maior a se

---

[40] Ver, por exemplo: BERENBAUM, Sheri & SNYDER, Elizabeth. "Early Hormonal Influences on Childhood Sex-Typed Activity and Playmate Preferences". *Developmental Psychology*, Volume 31, 1995, p. 31-42. Ver, também: BERENBAUM, Sheri & HINES, Melissa. "Early Androgens Are Related to Childhood Sex-Typed Toy Preferences". *Psychological Science*, Volume 3, 1992, p. 203-06.

[41] SERVIN, Anna et alli. "Prenatal Androgens and Gender-Typed Behavior: A Study of Girls with Mild and Severe Forms of Congenital Adrenal Hyperplasia". *Developmental Psychology*, Volume 39, 2003, p. 440-50. Ver, também: HINES, Melissa. "Sex-Related Variation in Human Behavior and the Brain". *Trends in Cognitive Science*, volume 10, 2010, p. 448-56. Texto completo disponível em <https://www.ncbi.nlm.nih.gov/pmc/articles/PMC2951011/>, acesso em 22 de julho de 2019.

[42] NOORDWIK, Maria van et alli. "Spatial Position and Behavioral Sex Differences in Juvenile Long-Tailed Macaques". *In*: PEREIRA, Michael & FAIRBANKS, Lynn (Eds). *Juvenile Primates*. New York: Oxford University Press, 2002. p. 77-84.

envolver no que os primatologistas chamam de *cuidado aloparental*. Elas cuidam dos filhotes das outras[43]. As fêmeas jovens têm uma probabilidade muito maior do que os machos a cuidar de um filhote, permitindo que a mãe saia para encontrar comida. A mãe volta para pegar o filhote com a "babá" quando chega a hora dele mamar.

Entre os outros primatas, saiba que as fêmeas jovens demonstram mais interesse do que os machos em cuidar de filhotes. Isso serve para babuínos[44] e macacos rhesus. Entre os chimpanzés selvagens, as fêmeas jovens têm uma probabilidade maior a segurar um pedaço de pau nos braços da mesma forma que uma chimpanzé adulta segura o filhote; os chimpanzés machos jovens têm uma probabilidade maior de usar o mesmo pedaço de pau como arma[45]. O mesmo acontece com a nossa espécie: em média, as meninas têm uma probabilidade muito maior de se interessar por bebês do que os meninos. E os pesquisadores descobriram

[43] CROCKETT, Carolyn & POPE, Theresa. "Consequences of Sex Differences in Dispersal for Juvenile Red Howler Monkeys". *In*: PEREIRA, Michael & FAIRBANKS, Lynn (Eds). *Juvenile Primates. Op. cit.*, p. 104-18, especialmente a seção "Infant Care by Juvenile Females", p. 112-13. Ver, também: WATTS, David & PUSEY, Anne E. "Behavior of Juvenile and Adolescent Great Apes". *In*: PEREIRA, Michael & FAIRBANKS, Lynn (Eds). *Juvenile Primates. Op. cit.*, p. 148-72, especialmente a seção "Alloparenting", p. 162.
[44] BOLWIG, Niels. "A Study of the Behaviour of the Chacma Baboon". *Behaviour*, Volume 14, 1959, p. 136-62.
[45] KAHLENBERG, Sonya & WRAHNGHAM, Richard. "Sex Differences in Chimpanzees' Use of Sticks as Play Objects Resemble Those of Children". *Current Biology*, Volume 20, 2010, p. R1067-68. Ver, também: LONDSDORF, Elizabeth et alli. "Boys Will Be Boys: Sex Differences in Wild Infant Chimpanzee Social Interactions". *Animal Behavior*, Volume 88, p. 79-83, 2014, texto completo disponível em: <www.ncbi.nlm.nih.gov/pmc/articles/PMC3904494/>, acesso em 22 de julho de 2019.

que a diferença no nível de interesse *diminui* ao longo da vida. As meninas têm uma tendência muito maior a se interessar por bebês em comparação com os meninos. O interesse dos meninos por bebês é praticamente constante ao longo da vida, mas mulheres com mais de 45 anos parecem menos interessadas em bebês do que mulheres mais jovens, adolescentes e meninas. Os pesquisadores que documentaram essa descoberta concluíram que tais diferenças sugerem "uma adaptação evolutiva no cuidado dos filhotes", uma diferença programada[46]. Essa diferença sexual não parece ser afetada pelas atitudes dos pais em relação ao comportamento dos filhos. Meninos cujos pais os encorajam a cuidar de bebês não são mais cuidadosos do que meninos cujos pais não fazem o mesmo esforço[47].

Se um comportamento semelhante é observado em várias espécies de primatas, incluindo os seres humanos, então esse comportamento provavelmente serve a algum propósito biologicamente útil. Não é difícil perceber o propósito biologicamente útil

---

[46] MAESTRIPIERI, Dario & PELKA, Suzanne. "Sex Differences in Interest in Infants Across the Lifespan: A Biological Adaptation for Parenting?" *Human Nature*, Volume 13, 2002, p. 327-44. No texto, sintetizo as descobertas desses autores da seguinte maneira: "mulheres acima de 45 anos têm menos interesse em crianças do que mulheres mais jovens, meninas adolescentes ou meninas mais jovens". Esse resumo baseia-se na figura 1 (a) do estudo. Ver também: CARDENAS, Rodrigo et alli. "Sex Differences in Visual Attention Toward Infant Faces". *Evolution and Human Behavior*, Volume 34, 2013, p. 280-87.

[47] Depois que os psicólogos Hugh Lytton e David Romney analisaram 172 estudos envolvendo 28 mil crianças, não encontraram nenhuma evidência de que a forma como os pais criam seus filhos tem efeito sobre o seu comportamento típico para o gênero. Ver o artigo: LYTTON, Hugh & ROMNEY, David. "Parents' Differential Socialization of Boys and Girls: A Meta-analysis". *Psychological Bulletin*, Volume 109, 1991, p. 267-96.

da tendência entre as jovens primatas fêmeas a cuidar de bebês. Estudos formais demonstram que, quanto mais uma macaca jovem treina cuidar de um bebê, melhor ela será nisso[48].

Mas e quanto às brincadeiras violentas? Qual a utilidade de os jovens machos se perseguirem e brigarem, às vezes por horas a fio? Os primatologistas sugerem dois motivos que explicam por que os jovens machos passam mais tempo em brincadeiras violentas do que as jovens fêmeas. Um motivo é o fato de que em muitas espécies de primatas – incluindo nosso parente mais próximo, o chimpanzé – o macho tem uma probabilidade muito maior de caçar e matar presas de tamanho moderado. Na natureza, o chimpanzé macho adulto geralmente caça, mata e come macacos, enquanto a chimpanzé fêmea raramente caça esse tipo de presa, preferindo castanhas, frutas e pequenos invertebrados, como cupins. Chimpanzés machos adolescentes geralmente matam macacos; chimpanzés fêmeas adolescentes raramente fazem isso[49].

---

[48] MEANEY, Michael ; LOZOS, Elizabeth & STEWART, Jane. "Infant Carrying by Nulliparous Female Vervet Monkeys", *Journal of Comparative Psychology*, Volume 104, 1990, p. 377-81.

[49] Ver, por exemplo, o artigo: GOODALL, Jane et ali. "Patterns of Predation by Chimpanzees on Red Colobus Monkeys in Gombe National Park, 1982-1991". *American Journal of Physical Anthropology*, Volume 94, 1994, p. 213-28. Eles descobriram que machos adolescentes e adultos de chimpanzés frequentemente matam macacos colobos. Goodall e seus colegas nunca viram uma fêmea adolescente de chimpanzé matar outro macaco, e mesmo fêmeas adultas de chimpanzé raramente matavam macacos. Os antropólogos identificaram 15 machos de chimpanzé que mataram, cada um, três ou mais macacos, e nove machos de chimpanzé que mataram mais de dez macacos cada. Um macho matou 76 macacos. Por outro lado, apenas duas fêmeas de chimpanzé mataram mais do que dois macacos: uma matou quatro e a outra (uma fêmea que nunca teve um parceiro ou engravidou) matou dez macacos. Veja a Tabela 3, p. 220. Ver, também, o artigo: HOPKIN, Michael. "Girl Chimps Learn Faster than Boys". *Nature*, 15 de abril de 2004, disponível em: <www.nature.com/news/2004/040412/full/ news040412-6.html>, acesso em 22 de julho de 2019.

Mas os pesquisadores acreditam que haja outro motivo que explique por que é útil os machos jovens se envolverem em brincadeiras de briga. A luta com os outros machos ensina a eles as regras do jogo. Se os primatas machos jovens não têm a oportunidade de brigar uns com os outros, acabam crescendo e se tornando *mais* violentos quando adultos, não menos[50]. Isso porque eles nunca aprenderam a conviver com outros machos de uma forma divertidamente agressiva. A raiva parece se acumular até explodir. E, se isso serve para nossos primos, talvez sirva para nós. Daqui a pouco vamos refletir sobre propostas de reformistas bem-intencionados para que se proíba o jogo de queimada ou a guerra de bolas de neve com a justificativa de que essas atividades são "violentas" e "agressivas". A ironia é que, se nossos filhos têm alguma semelhança com os primos primatas, tais medidas talvez não diminuam a probabilidade de comportamentos violentos; talvez elas *aumentem* a probabilidade de existir o tipo de violência que os reformistas estão tentando evitar.

III - Consagre o cavalheiro

Agressão significa uma coisa diferente para as meninas em comparação com os meninos. Para muitos meninos, esportes agressivos – como futebol americano, boxe, luta greco-romana – não são

---

Nesse artigo o primatologista Andrew Whiten é citado: *"Enquanto cupins são um alimento valioso para as fêmeas, os machos frequentemente capturam animais maiores, como macacos. Sua brincadeira bruta pode ser uma forma de aprimorar as habilidades de caça"*.

[50] HIGLEY, J. Dee. "Aggression". *In*: MAESTRIPIERI, Dario (Ed.). *Primate Psychology*. Cambridge: Harvard University Press, 2003. p. 17-40. O Dr. Higley me explicou sua descoberta em detalhes quando éramos vizinhos em Montgomery County, Maryland.

apenas divertidos; eles podem servir de base para uma amizade duradoura. O conceito "agressão = diversão" não é algo natural para a maior parte das meninas. A agressão entre as meninas não cria amizades; ela as destrói. Então, é difícil para as meninas verem qualquer consequência positiva nas brincadeiras agressivas.

Essas diferenças também afetam a forma como as crianças *conversam* umas com as outras, sobretudo entre seus semelhantes do mesmo sexo. Coloque um gravador no vestiário dos meninos e ouça a confusão.

"Sua mãe é tão gorda que usaram o Google Earth pra tirar a foto dela do álbum da escola".

"Sua mãe é tão idiota que acha que Taco Bell é uma empresa de telefonia no México".

"Sua mãe é tão velha que eu disse para ela agir de acordo com a idade e ela morreu"!

A agressão divertida como forma de se relacionar é natural para muitos machos, não apenas em nossa espécie, mas também entre outros primatas. As diferenças entre as meninas e os meninos são naturais. Indícios em macacos e chimpanzés sugerem que essas diferenças estão substancialmente programadas e devem ser reconhecidas, aceitas e usadas de acordo. Em vez disso, muitos pedagogos de hoje buscam erradicar os comportamentos específicos de cada gênero.

Não são poucas as escolas hoje que desestimulam e punem brincadeiras "agressivas". Muitos distritos educacionais proibiram os alunos de brincar de queimada na escola por acreditar que isso estimula um comportamento violento[51]. Algumas escolas têm

---

[51] Ver, por exemplo: "Dodgeball Banned After Bullying Complaint", *Headline News*, 28 de março de 2013, disponível em www.hlntv.com/article/2013/03/28/

levado essas proibições ao extremo, vetando até mesmo brincadeiras como pega-pega. "O contato corporal é inapropriado para as atividades do recreio", diz Doris Jennings, diretora da Escola Fundamental Woodlin, em Silver Spring, Maryland[52]. Outros distritos educacionais ameaçam expulsar crianças que brincam de guerra de bola de neve[53].

É uma loucura. Johnny Jones, de dez anos, foi até a parte da frente da sala de aula para pegar um lápis. Ao voltar, um amigo fingiu "atirar" em Johnny. Como reação, Johnny fingiu pegar um arco e flecha e atirar de volta no amigo. Uma menina imediatamente contou à professora que os meninos estavam atirando um no outro. A professora levou os dois para o corredor e os repreendeu. Depois a professora mandou Johnny para a diretoria. O diretor suspendeu Johnny e disse à mãe do menino, Beverly, que o filho dela deveria ser *expulso* porque Johnny havia violado as diretrizes da escola quanto a armas. Beverly Jones contratou um advogado. Depois de três meses de confusão jurídica, a escola concordou em recuar e tirar a suspensão de

---

school-dodgeball-ban-new-hampshire-district, com acesso em 22 de julho de 2019. Para um artigo anterior, ver: EDWARDS, Tamala. "Scourge of the Playground: It's Dodgeball, Believe It or Not. More Schools Are Banning the Childhood Game, Saying It's Too Violent". *Time*, 21 de maio de 2001, p. 68.

[52] FISHER, Marc. "Skittish Schools Need to Take a Recess". *Washington Post*, 23 de novembro de 2003, p. C1.

[53] GEHRING, John. "Snowball's Chance". *Education Week*, 21 de janeiro de 2004, p. 9. Por, exemplo, a Escola Pública Morning Glory, do Conselho Educacional Distrital de York, na região de Ontário, no Canadá, ensina os estudantes que "a neve deve ficar longe das mãos e no chão o tempo todo". Essa regra foi estabelecida em um memorando da escola Morning Glory em dezembro de 2013, postado em <www.yrdsb.ca/schools/morningglory.ps/NewsEvents/Documents/Dec%202013%20vol%201%20mgps.pdf>, acesso em 22 de julho de 2019.

Johnny de seu arquivo permanente. John Whitehead, defensor da criança, disse que a atitude da escola era o mesmo que *"criminalizar a imaginação"*[54]. Whitehead também aconselha as crianças: "Não brinquem na escola". Ser menino – isto é, fazer coisas que meninos sempre fizeram, como dizer *"pow, pow*, você morreu" – agora pode causar graves problemas.

A premissa básica dos argumentos contra a queimada, as brincadeiras de polícia e ladrão e as guerras de bola de neve é esta: se você impedir que os meninos finjam que estão sendo violentos, eles *serão* menos violentos. Em meu livro *Boys Adrift* [*Meninos à Deriva*], exploro os indícios desse fato com maior profundidade, dando atenção a meninos que se envolveram em violência de verdade, como Dylan Klebold e Eric Harris, os dois atiradores do massacre de Columbine, em abril de 1999. Na verdade, não há provas de que evitar que os meninos finjam violência diminua de qualquer forma a probabilidade de eles se envolverem em violência de verdade, como no massacre perpetrado por Klebold e Harris na escola Columbine. Ao contrário, proibir diversões masculinas realmente aumenta a probabilidade de que essa agressão reprimida se manifeste de formas menos saudáveis. "Você pode tentar espantar a natureza com um tridente,

---

[54] THE RUTHERFORD INSTITUTE. "Victory: School Officials to Lift Suspension from 10-Year-Old Who Shot Imaginary Arrow at Pennsylvania Elementary School", 6 de janeiro de 2014. <www.rutherford.org/ publications_resources/Press% 20Release/victory_school_officials_to_lift_ suspension_from_10_year_old_who_shot_imagi>. Ver, também: KLIMAS, Liz. "10-Year-Old Suspended for an Imaginary Weapon", *The Blaze*, 9 de dezembro de 2013, <www.theblaze.com/stories/2013/12/09/10-year-old-suspended-for- shooting-imaginary-bow-and-arrow/>. Ambos os acessos em 22 de julho de 2019.

mas a natureza sempre retornará", diz um provérbio latino[55]. O menino se desinteressa pela escola e dedica sua energia a chegar ao nível seguinte de *Call of Duty* ou *Grand Theft Auto,* jogos que recompensam o entusiasmo masculino por brincadeiras agressivas.

A solução para conter o ímpeto agressivo de um menino não é reprimi-lo sempre que ele se manifesta. Proibir a queimada no pátio da escola faz tanto sentido como a proibição de bebidas alcoólicas no início do século XX. Em vez disso, você precisa *transformar* o ímpeto agressivo do menino. Sublimá-lo em algo construtivo. Julie Collins, conselheira na Georgetown Prep, escola de ensino médio que visitei, explica da seguinte forma: "Não dá para transformar um valentão numa criança boazinha. Mas dá para transformar o valentão num cavalheiro".

O lema dela: consagre o cavalheiro.

Eis uma história real que ilustra o princípio de Julie Collins. Uma cidadezinha da região rural de Illinois estava sendo aterrorizada por uma gangue local de adolescentes. Os comerciantes que se recusavam a pagar uma taxa tinham as lojas vandalizadas. Um lojista propôs que um de seus funcionários conseguiria vencer o líder da gangue numa luta. O líder da gangue aceitou o desafio.

Boa parte da cidade apareceu para assistir ao combate. O funcionário do comerciante e o líder da gangue lutaram por horas. Finalmente o funcionário recuou e propôs que fosse declarado um empate. "A luta terminou em amizade", nos disseram, e o funcionário "não só conquistou o respeito do grupo como se transformou no líder informal deles". O nome do funcionário era Abraham Lincoln[56].

---

[55] Essa frase é uma citação das *Epístolas* de Horácio (I, 10). O original em latim é *"Naturam expellas furca, tamen usque recurret".*
[56] BELLOW, Adam. *In Praise of Nepotism: A Natural History*. New York: Doubleday, 2003. p. 341-42.

Em 1831, a cidade organizou uma milícia para lutar na Guerra de Black Hawk. A milícia, composta sobretudo por jovens membros de gangues, elegeu Lincoln como seu capitão. Eles permaneceram leais a ele ao longo de 30 anos, à medida que ele passava de funcionário de uma loja a presidente dos Estados Unidos[57].

Essa história real e arquetípica do jovem Abe Lincoln ecoa antigas tradições de amizade masculina. "O jovem líder geralmente estabelece sua autoridade favorecendo o jovem mais forte das cercanias", observa um escritor. "O Rei Artur vence o até então invencível Lancelot e Robin Hood joga João Pequeno de uma ponte"[58]. Eu diria que essa tradição é ainda mais antiga do que a história do Rei Artur e de Robin Hood. Ela remonta às raízes da história escrita. O Épico de Gilgamesh, escrito há cerca de cinco mil anos, começa com uma disputa semelhante entre Gilgamesh e Enkidu. Como em todas essas histórias, os dois protagonistas se tornam amigos depois da luta. Na verdade, a luta estabelece as bases sólidas de uma amizade que dura por toda a vida.

É coisa de menino. Muitos jovens se entusiasmam com o confronto violento ou que se finge ser violento. A maioria das jovens meninas não. Não estou dizendo que as meninas nunca sejam violentas e agressivas, e sim que elas raramente *gostam* de agressões físicas e confrontos da mesma forma que os meninos. As meninas são agressivas de uma forma muito própria. Falaremos disso daqui a pouco.

---

[57] BEVERIDGE, Albert. *Abraham Lincoln, 1809-1859*. Boston: Houghton-Mifflin, 1928, p. 120-221.
[58] BELLOW, Adam. *In Praise of Nepotism. Op. cit.*, p. 342.

IV - As diferenças entre os sexos diminuem com a idade

Eu estava fazendo uma apresentação noturna a pais sobre esse assunto. Mais de 300 pais estavam na plateia. Quando disse que "muitos meninos gostam do confronto num ambiente agressivo, mas a maioria das meninas não", vi uma mulher da minha idade erguer a mão. Mas não lhe dei voz; com uma plateia de mais de 300 pessoas, você tem de deixar as perguntas para o fim da palestra. Se você aceitar perguntas no meio da palestra, pode não conseguir chegar ao último *slide* antes dos 90 minutos.

Assim que a mulher viu que eu não ia lhe dar a vez, ela se levantou e desceu o corredor até o auditório onde eu falava. O corredor não era acarpetado e os calçados dela faziam barulho à medida que ela descia os degraus em minha direção. Por fim, parei de falar e esperei até que ela chegasse ao palco.

"Sim"?, perguntei.

"Dr. Sax, eu só quero que você saiba de uma coisa", disse ela, se aproximando bastante de mim. "Sou advogada. Eu *gosto* de confronto. Eu *gosto* de ser agressiva. E sou mulher! Então, acho que isso praticamente destrói sua teoria, não"?

Eu não sabia direito o que dizer. "Me deixe fazer uma pergunta", respondi, tentando elaborar a pergunta mentalmente. "Quando você tinha nove ou dez anos, quando estava no ensino fundamental, você gostava de confrontos"?

Ela fez uma cara estranha. Achei que ela fosse querer dizer É isso mesmo, eu gostava! Mas ela não poderia dizer isso. Por fim, a mulher fez que não com a cabeça. Entreguei o microfone a ela.

"Eu era diferente quando criança. Não gostava que as pessoas gritassem comigo. Se minha professora me lançava um olhar de reprovação, eu chorava", disse ela. "Quando comecei a trabalhar como advogada, eu não era boa. O advogado da parte contrária ria de mim no tribunal. Eu ia até o banheiro, me escondia numa cabine e chorava". Ela respirou fundo. "Mas então eu via que aqueles advogados que se atacavam nos tribunais saíam juntos para o bar depois, contando piadas. Uma tarde eles me convidaram para ir junto, e eu fui. Foi aí que comecei a entender: aqueles insultos e zombarias são *um jogo*. E eu comecei a jogar. Comecei a tirar sarro deles no tribunal, assim como eles faziam comigo. E comecei a ganhar alguns casos. Isso foi há uns dez anos. Agora eu sou praticamente a melhor na minha área. E gosto disso. Mas entendo o que você quer dizer. Levei... algum tempo para chegar aonde estou".

As diferenças entre os sexos diminuem com a idade. Como médico, vejo mulheres de meia-idade que são ousadas e agressivas e vejo homens de meia-idade que não são. Mas é difícil encontrar uma menina de dez anos de idade que goste de confrontos físicos ou que costume passar o tempo jogando games violentos como *Call of Duty* ou *Grand Theft Auto*.

V - Violência de menina

Mary é mãe de Julie, de 15 anos. Ela me contou que sua filha um dia voltou da aula de equitação com uma expressão estranha. Durante o jantar, Mary perguntou o que estava acontecendo.

"Nada", respondeu Julie.

"Ah, fale. Você está irritada. Me conte".

Julie parecia prestes a chorar. "São as meninas no haras. Elas *me odeiam.*

"Bobagem. Elas são algumas de suas melhores amigas", disse a mãe.

Julie não disse nada. Pegou a colher e ficou olhando para a sopa.

"Vocês saíram juntas no sábado passado, foram ao *show* de cavalos e depois foram jantar", lembrou Mary. "Você me disse que tinham se divertido. E isso foi há apenas cinco dias. Por que de repente você está achando que elas não gostam mais de você"?

"Foi assim que eu entrei na coxia. Elas estavam todas falando de mim. Assim que me viram, pararam de falar", disse Julie.

"Como você sabe que elas estavam falando de você"?, perguntou a mãe.

Julie revirou os olhos. "É óbvio"!, disse ela. A menina afastou a sopa sem tocá-la. "*Todas elas* me odeiam agora. Eu disse 'oi' para a Lisa e ela agiu como se não tivesse ouvido. A Lisa! Você acredita? Se não fosse por mim, a Lisa não teria amigas no haras. Ela nem estaria *no* haras". Lágrimas se acumularam em seus olhos. "A culpa é toda da Karen. A Karen me odeia. Ela *sempre* me odiou. Ela tem inveja de mim porque eu cavalgo melhor e o meu cavalo é mais bonito. E agora ela convenceu as outras meninas a serem más comigo".

Na manhã seguinte, Julie disse que não queria continuar cavalgando. Ela cavalgava desde os seis anos. "Não me obrigue a voltar para o haras", implorou ela à mãe.

Muitos pais nessa situação talvez cometessem o erro de supor que o problema era coisa da cabeça da filha. Eles acham que, já que não há sinais de agressão, nada está de fato acontecendo. Mas é provável que sua filha tenha razão.

Meninas e meninos brigam, mas eles tendem a brigar de formas diferentes. Os meninos podem ser maus uns com os outros, mas a maldade deles é bem evidente. Riley coloca um chiclete mascado na cadeira de Mike no refeitório sem que Mike perceba. Mike se senta, percebe que está com o chiclete de alguém grudado na bunda e olha em volta para descobrir quem fez aquilo. Alguém aponta para Riley. Mike se levanta e o ataca. Os dois meninos rolam pelo chão, trocando socos e chutes, até que Mike consegue imobilizar Riley. Os professores os separam e os mandam para a sala da diretora. No dia seguinte, Mike e Riley são vistos sentados juntos durante o almoço – mais amigos do que antes.

Provocação que leva a uma reação violenta e a uma solução. Esse é o padrão para muitos meninos. Mas esse padrão simples é menos comum entre meninas. "Na superfície, uma briga entre meninas pode ser tão silenciosa e lisa quanto o mármore", observa Rachel Simmons[59]. A tensão pode aumentar de uma forma tão sutil que as meninas que estão por perto às vezes não sabem dizer como tudo começou. Uma reação violenta raramente é adequada e levada a cabo porque talvez seja difícil definir a provocação:

- Ela me ignorou no corredor depois que eu disse "oi";
- Ela se sentou com a Sophia e não comigo durante o lanche, e ela sabe que a Sophia me odeia;
- Ela soltou um suspiro quando falei na aula de inglês, como se eu tivesse dito uma bobagem.

---

[59] SIMMONS, Rachel. *Odd Girl Out: The Hidden Culture of Aggression in Girls*. New York: Harcourt, 2002. p. 75.

A tensão pode se acumular por semanas ou meses, corroendo a amizade até que ela seja destruída.

Simmons usa a expressão "agressão alternativa" para descrever essas batalhas contínuas entre as adolescentes. É um termo útil, porque nos lembra que essas tensões contínuas *são* uma forma de agressão. Os pais às vezes não percebem o dano que a agressão alternativa é capaz de provocar. Antes de mais nada, o perpetrador é geralmente uma "menina boazinha", educada com os adultos e inteligente o bastante para esconder os sinais da agressão. A menina que vitimiza outras meninas dessa forma geralmente é a que tem as maiores habilidades sociais e talvez ela esteja até mesmo entre as mais populares – exatamente o contrário do menino valentão típico.

As meninas valentonas são diferentes dos meninos valentões. Os meninos que provocam os outros geralmente têm poucos amigos, não socialmente inaptos e não se saem muito bem nos estudos. Os meninos valentões escolhem sua vítima como uma forma de melhorar sua imagem, ao menos para si mesmo. *Se Jacob morrer de medo de mim, não vou ser mais o maior perdedor da escola,* ele pensa. Mas ele provavelmente nem conhece Jacob direito. Suas provocações não são motivadas por nada que Jacob tenha feito ou dito, e sim por *suas próprias* inseguranças, sua esperança vã de que se sentirá melhor fazendo alguém sofrer. Ele talvez também tenha esperança de agradar os outros meninos ao escolher uma vítima. "Quando um menino não popular é perseguido por alguém de um grupo popular, os mais ambiciosos e metidos podem ver o caso como um sinal de que a imagem deles também pode melhorar se eles encontrarem uma vítima", observa o professor John Bishop, da Cornell University[60].

[60] BISHOP, John et alli. "Nerds and Freaks: A Theory of Student Culture and Norms". *In*: RAVITCH, Diane (Ed.). *Brookings Papers on Education Policy.*

A situação é quase completamente oposta para as meninas. Enquanto os meninos geralmente provocam outros meninos que eles mal conhecem, as meninas quase sempre provocam outras meninas dentro de seu grupo. Elas são inimigas íntimas. Elas se conhecem. Elas sabem o que machuca mais[61].

Eis um resumo

MENINAS valentonas geralmente...	MENINOS valentões geralmente...
têm muitas amigas	têm poucos amigos
são socialmente hábeis	são socialmente inaptos
têm bom desempenho na escola	são alunos abaixo da média
conhecem as meninas que provocam	não conhecem os meninos que provocam

Meu *workshop* para escolas sobre esse assunto é intitulado "Os Quatro Valentões". Nesse *workshop*, identificamos os quatro tipos diferentes de *bullying*:

Washington, DC: Brookings Institution Press, 2003. p. 141-213. A citação é da página 158.

[61] Ver a análise: SUTTON, Jon et alli. "Bullying and 'Theory of Mind': A Critique of the Social Skills Deficit View of Anti-Social Behaviour". *Social Development*, Volume 8, p. 117-27, 1999. Os autores observam que *"o estereótipo do valentão como uma pessoa poderosa, mas imbecil e com pouca capacidade de compreender os outros"*, pode ser uma boa descrição do típico menino que procura briga, mas raramente descreve a menina que faz o mesmo. Meninas que procuram briga *"precisam de boa cognição social e controle das habilidades mentais a fim de manipular e organizar os outros, provocando sofrimento de formas sutis e prejudiciais, ao mesmo tempo que cuidam para não serem descobertas"*. Para uma perspectiva diferente sobre as diferenças de sexo no *bullying*, ver: VOLK, Anthony et alli. "Is adolescent bullying an evolutionary adaptation?". *Aggressive Behavior*, Volume 38, p. 222-38, 2012.

1) Menino contra menino;
2) Menina contra menina;
3) Assédio sexual;
4) *Bullying* de ódio.

O *bullying* de menino contra menino é o que você poderia chamar de "*bullying* clássico", no qual o valentão imprensa o *nerd* contra a parede ou o tranca no armário. O *bullying* de ódio se refere à violência baseada na raça, etnia, orientação sexual etc. Quando crianças brancas numa escola de maioria branca provocam uma criança hispânica por causa de sua origem (ou se crianças hispânicas numa escola de maioria hispânica provocam uma criança não hispânica), esse é um exemplo de *bullying* de ódio. Mesmo que sejam todos meninos, não se trata de *bullying* de menino contra menino. As estratégias eficientes para deter a violência entre meninos não servem para conter o *bullying* de ódio. A violência entre meninos quer dizer que um menino típico para o gênero está provocando outro menino típico para o gênero: o atleta batendo no estudioso, por exemplo. No capítulo 9 falaremos mais sobre meninos atípicos para o gênero e por que eles geralmente são alvo de *bullying*.

O *assédio sexual* é uma forma de violência, mas a motivação é diferente. A forma mais comum de assédio sexual é a do menino que assedia a menina que rejeita as investidas dele. Em minhas observações em mais de 400 escolas, as mais eficientes na prevenção ao assédio sexual são aquelas que ensinam as meninas e meninos a serem damas e cavalheiros. Um cavalheiro não assedia uma dama e uma dama não tolera assédio. No capítulo 12 falaremos mais sobre isso.

Nosso foco no momento é o *bullying* entre meninas. Por que as meninas fazem isso?

Tive o prazer de jantar sozinho com Rachel Simmons, autora do livro *Odd Girl Out* [*Garota Fora do Jogo*][62]. Eu lhe disse que meu capítulo preferido do livro dela era "A agressora no espelho", no qual ela admite ter sido *bully* na escola. "Sim, todos dizem que este é seu capítulo preferido", Rachel respondeu. Mas ela reconheceu que foi o capítulo mais difícil de escrever, porque Rachel teve de se exibir sob uma luz nada favorável, como a menina má. Ainda assim, é um capítulo extremamente importante porque ensina uma lição importante: *qualquer menina pode ser uma agressora*. Somente um subgrupo bem limitado de meninos jamais se envolverá em agressão. Mas qualquer menina pode ser uma agressora.

A motivação para a agressão entre meninos é bem simples: o *bully* tem um prazer visceral ao espancar o menino mais fraco. Sempre houve uma minoria de meninos e homens que gostam de causar sofrimento. Há algumas meninas que gostam de causar sofrimento, mas elas são raras, muito mais raras do que meninos que gostam de causar sofrimento[63]. E qualquer menina pode ser uma agressora. Por que essa menina age assim?

A resposta: para defender seu nicho social. Digamos que você seja uma menina popular, envolvida em esportes e também muito engraçada. Esse é seu nicho. Então, outra menina se muda para a sua cidade e se matricula em sua escola. Ela também está envolvida em esportes e também é divertida. Todos estão falando

---

[62] Disponível em português como: SIMMONS Rachel. *Garota Fora do Jogo: A Cultura da Agressão Oculta entre Meninas*. Trad. Talita M. Rodrigues. Rio de Janeiro: Rocco, 2004. (N. E.)

[63] Veja meu artigo: SAX, Leonard. "The Unspeakable Pleasure". *The World & I*, February 2000.

que a menina é engraçada e uma atleta muito boa. Você talvez sinta que seu nicho está ameaçado. Então você talvez se sinta tentada a começar a espalhar histórias dizendo que a menina nova é arrogante e falsa, a jogar suas amigas contra ela.

Um adulto entenderia que há espaço para mais de uma menina atleta e engraçada na estrutura social de qualquer escola. Mas uma menina de 13 anos não é adulta. Ela é uma menina de 13 anos.

As estratégias mais eficientes para evitar e corrigir a agressão entre meninas são, de acordo com o que observei, as estratégias empregadas nas escolas. Falo de algumas dessas estratégias no capítulo 5 do meu livro *Girls on the Edge* [*Meninas à Beira de um Ataque de Nervos*]. Se você é professor, orientador ou diretor de uma escola, ou pretende conversar com um funcionário da escola, espero que dê uma olhada nas estratégias que compartilho naquele livro. Mas o que você deve fazer se é pai ou mãe e descobre que sua filha é a "menina fora do jogo" que está sendo ignorada e isolada pelas outras?

Comece levando o problema a sério. Não ignore nem menospreze isso dizendo que sua filha está imaginando coisas. Talvez ela esteja exagerando um pouco, talvez não. Vale a pena investigar. Quando os problemas começaram? Quem são as "inimigas" da sua filha – quem está envolvido na campanha contra ela? O que pode estar motivando essas meninas? Lembre-se de que as outras talvez estejam ignorando sua filha não por algo que ela tenha feito, e sim porque ela despertou a inveja de outras meninas. Como observa Simmons: *"as meninas ignoradas são geralmente aquelas que têm o que a maioria das outras meninas desejam: beleza, namorado, dinheiro e roupas legais"*[64]. Marque

---

[64] SIMMONS, Rachel. *Odd Girl Out: The Hidden Culture of Aggression in Girls*. Boston: Mariner, Rev. ed., 2011. p. 162.

uma reunião para conversar diretamente com o orientador da escola. Às vezes esse profissional conhece a situação da escola. Às vezes, infelizmente, o orientador não tem nenhuma ideia do que está acontecendo. De qualquer forma, você precisa se certificar de que ele entende sua preocupação.

Pense em matricular sua filha em atividades extracurriculares que a façam ter contato com um grupo diferente de meninas. Esportes são uma alternativa, se ela gostar. Dança ou aulas de teatro podem ser boas escolhas. Ou equitação e natação. Claro que as meninas nessas atividades podem igualmente tender a rivalidades e fofocas, tanto como as meninas da escola. Mas elas precisam se conectar umas com as outras. Ao mostrar à sua filha que você entende a situação dela e está levando o problema a sério, fazendo seu melhor para ajudá-la – e não está tentando fazê-la mudar de ideia –, você já a está ajudando a se sentir melhor.

Em casos extremos, você pode precisar conversar com sua filha sobre outras opções. Pergunte como ela se sentiria se você a trocasse de escola. Se você está no sistema público de educação, o orientador pode facilitar a transferência. Eis outro motivo pelo qual você pode querer estar em contato com o orientador durante todo o processo. Às vezes uma transferência pode ser realizada sem traumas durante as férias semestrais.

Procure por sinais de depressão clínica. Se sua filha tem chorado incontrolavelmente, se perdeu o interesse em fazer as coisas de que gostava ou se (Deus nos livre!) começar a falar em suicídio, você deve buscar ajuda profissional. A experiência de ser ignorada por outras meninas *pode* levar a uma depressão clínica e ao risco de suicídio a ela associado. Não hesite em marcar uma consulta com um psicólogo ou psiquiatra qualificados se você tiver alguma dúvida. Não espere.

CAPÍTULO 5

Escola

I - Melanie

Melanie foi uma estrela dos estudos ao longo de todo o ensino médio. No décimo-primeiro ano ela cursou inglês avançado, espanhol avançado, história norte-americana avançada, biologia avançada e trigonometria. Ela não só tirou dez o ano inteiro como parecia gostar de todas as matérias. Ela se interessava sobretudo por ciência ambiental em sua aula de biologia. A professora de biologia, sra. Griffith, percebia o talento de Melanie e a encorajava. Com a ajuda da sra. Griffith, Melanie elaborou um projeto de ciências para testar e relacionar os níveis de poluentes em amostras de água tiradas de diferentes pontos do rio Potomac, de Harpers Ferry, na Virgínia Ocidental, até Georgetown e Anacostia, em Washington. O projeto dela tirou o segundo lugar numa feira de ciência ambiental. "Você é mais do que inteligente", disse a professora a Melanie depois da feira de ciências. "Muitos cientistas são apenas inteligentes. Os grandes cientistas são os que têm imaginação". Melanie sorriu.

Por sugestão da sra. Griffith, Melanie se matriculou na aula de física avançada no ano seguinte. A professora lhe garantiu que ela não teria problemas. "A física será algo natural para você", disse a sra. Griffith. "Você tem um intelecto analítico".

No primeiro dia da aula de física, tudo pareceu transcorrer bem. O professor, sr. Wallace, mergulhou no assunto, apresentando fórmulas e equações que falavam de distância, velocidade e aceleração. No fim da aula, enquanto os outros alunos se levantavam e pegavam os livros para sair, ele disse: "Os primeiros sete problemas do capítulo 1 são para amanhã". A turma resmungou. "Manuscrito! Demonstrem seu raciocínio e entreguem o trabalho no começo da aula"!

Melanie analisou os problemas naquela mesma noite. Os primeiros cinco não eram tão difíceis. Os dois últimos eram mais. Eles não pareciam se adequar a nenhuma das fórmulas do livro.

Naquele semestre, Melanie também estava cursando espanhol, inglês, história da Europa e cálculo avançados. Havia lição de casa em todas essas matérias também. Ela escreveu as respostas para os cinco primeiros problemas de física. Depois, em vez de perder tempo tentando resolver os dois problemas restantes, achou melhor fazer a lição de outra matéria e pedir ajuda ao sr. Wallace pela manhã.

Ela não demorou para encontrar o sr. Wallace na manhã seguinte, depois do intervalo. Ele estava no laboratório de física, checando o equipamento para as primeiras experiências. Ela se apresentou e perguntou: "Sobre a lição de casa... Tenho uma pergunta. Os primeiros cinco problemas eram bem fáceis, mas tive dificuldade com os dois últimos. Eles não são como os outros problemas que resolvemos no capítulo. Como o problema no qual o menino tenta pegar o ônibus. O ônibus está se afastando do ponto; está acelerando a uma taxa constante, o que significa que a velocidade dele está aumentando, e temos que descobrir se o menino vai ou não conseguir pegar o ônibus e, se sim, quanto tempo ele levará para pegar o ônibus". Ela parou para dar ao sr. Wallace a oportunidade de dizer algo, de sugerir como resolver o problema.

O sr. Wallace não disse nada. Ele olhou para ela e depois para a janela. Era quase como se ele não tivesse ouvido nada do que ela dissera.

"O senhor gostaria que eu lhe mostrasse o problema"?, perguntou Melanie, pegando o livro e o abrindo na página.

Ele fez que não.

"Está bem aqui na página 22", disse ela.

O sr. Wallace a interrompeu. "Acho que talvez você esteja na aula errada", disse ele.

"O quê"?, perguntou Melanie.

"A física não é para todos", disse o professor. "A sra. Griffith me disse que você é uma aluna muito esforçada. Em matérias como biologia, alunos que se esforçam se dão bem. Mas na física é diferente. Ou você tem a mente certa para ela ou não".

"Mas você nem me conhece", reclamou Melanie. "Como pode saber que tipo de mente eu tenho"?

"Só não quero que você prejudique a sua nota média", disse o sr. Wallace. "A sra. Griffith me disse que você é uma aluna nota 10, que você talvez seja oradora da turma. Eu odiaria que você perdesse isso por cursar a minha aula".

"Você está dizendo que eu deveria desistir"?, perguntou Melanie, sem acreditar. "Depois de um dia? Depois de uma lição de casa? Uma lição de casa sobre um assunto que nós nem discutimos"?

O sr. Wallace fez que sim. "Sinto muito", disse ele.

Melanie fechou o livro com força e deixou a sala sem falar mais nada. Ela queria procurar a sra. Griffith e dizer: *Que tipo de gente é esse cara?* Ou talvez ela devesse procurar o orientador e fazer uma reclamação.

Mas ela não fez nada disso. Ao contrário, ela simplesmente desistiu da matéria. "Se ele não me quer na turma, então não vou cursar a matéria dele", Melanie me contou mais tarde. "Digo, e se ele me der nota baixa só porque não gosta de mim? Tenho que pensar no meu histórico escolar. Não quero uma nota 8 no último semestre. As faculdades vão ver".

Algumas pessoas diriam que esse incidente ilustra a maneira como professores homens sexistas excluem meninas capacitadas das aulas de física. Esses críticos citariam o fato de Melanie ser uma das seis meninas da turma de 23 alunos como prova de que a escola é contra meninas que cursam física. Esses críticos talvez até mencionassem o fato de que os problemas da lição de casa naquele livro didático em específico fazem referência a meninos, e quase nunca a meninas, correndo atrás de ônibus, rebatendo bolas, dirigindo carros de corrida, e assim por diante.

Essa análise tem lá o seu mérito, mas acho que ela não conta a história toda, em parte porque conheço Melanie. Ela era vítima, sim, mas não vítima de sexismo. Ela era mais uma vítima da falta de entendimento, por parte do sr. Wallace, de como as meninas e os meninos aprendem.

Eis minha avaliação do que aconteceu e por quê.

Primeiro, eis o porquê: meninas e meninos, em média, têm expectativas diferentes quanto à relação aluno-professor. Como os professores em geral desconhecem essas diferenças, os professores homens comumente se equivocam ao interpretar o comportamento de suas alunas. A maioria das meninas naturalmente busca uma afinidade com o professor. Elas esperam que o professor esteja ao lado delas, que seja um aliado delas. Pesquisadores descobriram que as meninas são mais preocupadas do que os meninos em agradar o professor e têm uma probabilidade maior de seguir o exemplo dele. Incrivelmente, uma pesquisa descobriu algo semelhante quanto ao nosso parente mais próximo, o chimpanzé. Antropólogos que passaram anos observando chimpanzés nas florestas da Tanzânia relataram diferenças de sexo semelhantes às que vemos em crianças humanas. Os chimpanzés fêmeas seguem o exemplo do professor – neste caso, quanto à melhor forma de procurar cupins –, enquanto os chimpanzés machos desprezam o professor, preferindo aprender sozinhos – ou ignoram completamente o exemplo do professor e saem para ficar pulando numa árvore próxima ou para lutar com outro chimpanzé. Os chimpanzés machos, por consequência, demoram muito mais para aprender do que as fêmeas – um ou dois anos a mais, em média[65].

As diferenças de sexo na forma como os alunos se relacionam com seus professores dão origem a diferenças de sexo na motivação educacional e no peso que os alunos dão às opiniões dos professores. Como resultado, de acordo com a psicopedagoga Eva Pomerantz, as meninas correm um risco maior de serem prejudicadas por conta de uma avaliação negativa de um professor.

As meninas generalizam o significado de seus fracassos porque elas os interpretam como um indicativo de que elas decepciona-

---

[65] LONSDORF, Elizabeth ; EBERLY, Lynn & PUSEY, Anne. "Sex Differences in Learning in Chimpanzees". *Nature*, Volume 428, 2004, p. 715-16. Ver, também: LONSDORF, Elizabeth et alli. "Boys Will Be Boys: Sex Differences in Wild Infant Chimpanzee Social Interactions". *Animal Behaviour*, Volume 88, 2014, p. 79-83; LONSDORF, Elizabeth et alli. "Sex Differences in Wild Chimpanzee Behavior Emerge During Infancy". *PLOS One*, July 9.

ram os adultos e, portanto, não têm muito valor. Os meninos, por outro lado, parecem ver seus fracassos como algo importante somente para determinada área do conhecimento na qual eles fracassaram; isso talvez se deva à sua relativa falta de preocupação em agradar os adultos[66].

As meninas têm uma probabilidade maior do que os meninos de fazer a lição de casa mesmo que o assunto não lhes desperte nenhum interesse. As meninas têm notas melhores do que os meninos em todas as matérias, mas não porque tenham QIs maiores – não há diferenças de sexo na inteligência[67] –, e sim porque *se esforçam mais* do que os meninos; elas não querem decepcionar o professor[68]. Os meninos, por sua vez, têm uma motivação menor para estudar, a não ser que considerem a matéria intrinsecamente interessante. Da mesma forma, a maioria dos meninos só pede a ajuda do professor em último caso, depois de exauridas todas as opções.

O professor que descrevi no início deste capítulo, que chamei de sr. Wallace, também já foi aluno, claro. Quando estudava, ele provavelmente quase nunca pedia a ajuda do professor, e mesmo assim só depois de passar horas tentando resolver o problema. Quando Melanie lhe pediu ajuda no segundo dia de aula, o sr. Wallace talvez tenha suposto que ela passou horas

---

[66] POMERANTZ, Eva et alli. "Making the Grade but Feeling Distressed: Gender Differences in Academic Performance and Internal Distress". *Journal of Educational Psychology*, Volume 94, 2002, p. 396-404, cit. p. 402.
[67] HALPERN, Diane & LeMA, Mary. "The Smarter Sex: A Critical Review of Sex Differences in Intelligence". *Educational Psychology Review*, Volume 12, 2000, p. 229-46.
[68] DUCKWORTH, Angela & SELIGMAN, Martin. "Self-Discipline Gives Girls the Edge: Gender in Self-Discipline, Grades, and Achievement Test Scores". *Journal of Educational Psychology*, Volume 98, 2006, p. 198-208.

tentando resolver o problema. Ele sabia que, de acordo com a sra. Griffith, Melanie era uma aluna inteligente e esforçada. Ele deve ter pensado: *Se essa aluna inteligente e esforçada passou horas tentando resolver o problema e ainda assim não conseguiu, então ela provavelmente não pertence à minha turma.* Quando sugeriu que Melanie desistisse da matéria, ele talvez estivesse sinceramente tentando ajudá-la.

Se o sr. Wallace tivesse gastado uns minutinhos para perguntar a Melanie quanto tempo ela passou tentando resolver o problema sozinha, teria percebido seu erro. Ela não tinha passado nem cinco minutos tentando. Mas o sr. Wallace e Melanie ainda teriam de entrar num acordo quanto a seus estilos pedagógicos conflitantes. Se ela tivesse explicado ao sr. Wallace que estava lhe pedindo ajuda *antes* de se esforçar para resolver o problema sozinha, ele talvez ficasse surpreso e até irritado. Ele talvez tivesse concluído que ela não era muito de se esforçar. Melanie provavelmente teria percebido a irritação dele e se irritado também. *Por que eu* não deveria *pedir a ajuda a um professor? Não é para isso que eles servem? Por que eu deveria passar horas tentando resolver um problema da forma errada sendo que um professor pode me mostrar a forma certa?* Foi isso o que outras meninas me disseram em situações semelhantes.

Melanie continuou tirando notas dez por todo o semestre. Ela foi aceita pela universidade que mais queria, a Universidade de Maryland, e continuou até obter um diploma em administração. Não há nada de errado com isso, só que Melanie nunca expressou qualquer interesse pelo assunto durante o ensino médio. Ela realmente adorava as aulas de biologia. Não posso deixar de imaginar se ela poderia ter se tornado a grande cientista que a sra. Griffith previu que seria se pelo menos o seu professor de física do ensino médio soubesse mais sobre os estilos de aprendizado diferentes para meninas e meninos – se ele a tivesse estimulado em vez de praticamente tirá-la da turma.

II - Cara a cara, ombro a ombro

As amizades entre as meninas são geralmente diferentes das amizades entre os meninos. As amizades entre as meninas têm a ver com companhia, com passar um tempo juntas, com conversar, com ir a alguns lugares juntas. As amizades entre meninos, por outro lado, geralmente nascem de interesses em comum em determinado jogo ou atividade. Podemos classificar a diferença dessa forma: amizades entre meninas são *cara a cara,* duas meninas conversando entre si. Amizades entre meninos são *ombro a ombro,* um grupo de meninos compartilhando determinado interesse em comum[69].

A conversa é essencial para a maior parte das amizades femininas em qualquer idade. Meninas adoram conversar umas com as outras. Quando começam a ter problemas para conversar, é porque a amizade corre perigo. O sinal de uma amizade realmente íntima entre duas meninas ou duas mulheres é quando elas podem contar uma para a outra segredos que não contam para mais

---

[69] Essa observação – de que amizade entre meninas é face a face e que entre meninos é ombro a ombro – tem sido feita por muitos estudiosos, sobretudo em: TANNEN, Deborah. *You Just Don't Understand: Women and Men in Conversation.* New York: Harper Collins, ed. rev., 2001; FISHER, Helen. *Why We Love: The Nature and Chemistry of Romantic Love.* New York: Henry Holt, 2004.

ninguém. Elas confidenciam entre si suas dúvidas e dificuldades mais íntimas. *Confiança* é a coisa mais preciosa numa amizade entre mulheres. Quando ela lhe conta um segredo que nunca contou a ninguém, então você sabe que é amiga dela mesmo.

Com os meninos é diferente. A maioria dos meninos não quer ouvir os maiores segredos uns dos outros[70]. Com os meninos, a atenção está mais voltada para a atividade, não para a conversa. Quatro meninos podem passar horas jogando *videogame* sem concluir uma frase sequer uns para os outros. Você talvez ouça gritos de agonia e de alegria, mas é possível que não ouça outra coisa que se assemelhe a uma conversa.

A amizade entre meninas é, em geral, mais íntima e pessoal do que a amizade entre meninos. Isso tem vantagens e desvantagens. A vantagem, claro, é que as meninas ganham força com a intimidade na relação. Quando uma menina está estressada, ela procura pelo apoio e consolo das outras meninas. Quando estão sob estresse, elas querem *mais do que nunca* estar perto das amigas. Quando os meninos estão estressados, só querem ficar sozinhos[71]. (Muitas mães não sabem dessas diferenças. Quando a mãe vê o filho estressado, ela geralmente tenta consolá-lo. Ela geralmente será rechaçada e talvez leve isso para o lado pessoal.

---

[70] Veja a análise de 205 estudos sobre esse tópico feita em: DINDIA, Kathryn & ALLEN, Mike. "Sex Differences in Self-Disclosure: A Meta-analysis", *Psychological Bulletin*, volume 112, 1992, p. 106-124. Ver, também: YU, Tong. "Gender Differences on Self-Disclosure in Face-to-Face Versus E-mail Communication". *International Conference on Education, Language, Art and Intercultural Communication*, 2014, disponível em: <www.atlantis-press.com/php/download_paper.php?id=12632>, acesso em 22 de julho de 2019.

[71] Ver, por exemplo: BELLE, Deborah & BENENSON, Joyce. "Children's Social Networks and Well-Being". *In*: BEN-ARIEH, A. et ali. *Handbook of Child Well-being*. New York: Springer, 2014.

E não deveria). A psicóloga Shelley Taylor, especializada no estudo das diferenças de gênero no que diz respeito à reação ao estresse, resume suas descobertas desta forma:

> *As mulheres mantêm mais amizades com o mesmo sexo do que os homens; elas recorrem mais ao apoio social em situações de estresse do que os homens; elas procuram mais as amigas; e elas relatam mais benefícios do contato com suas amigas e parentes[72].*

A amizade entre meninas tem valores diferentes em comparação com a amizade entre meninos

	Meninas	Meninos
O foco das amizades é...	Uma em relação à outra	Um interesse comum num jogo ou atividade
Jogos e esportes são...	Uma desculpa para se reunir	Geralmente fundamentais para a relação
A conversa é...	Fundamental para a amizade	Geralmente desnecessária
A hierarquia...	Destrói a amizade	Organiza a camaradagem
A confiança é...	Um sinal precioso de amizade	Algo a ser evitado, se possível

Essas diferenças são importantes para a educação por vários motivos. O principal deles é que meninas e meninos se relacionam de forma diferente com os professores. Para muitos meninos, ser amigo do professor pode ser um sinal de submissão intelectual. (O professor de educação física é uma exceção a essa regra. Geralmente não há nada de mau em ser amigo do professor de educação física – desde que ele seja um verdadeiro atleta, não um *nerd* ou um "certinho").

---

[72] TAYLOR, Shelley et alli. "Biobehavioral Responses to Stress in Females: Tend-and-Befriend, Not Fight-or-Flight". *Psychological Review*, Volume 107, 2000, p. 411-29. Cit. p. 418.

O professor John Bishop, da Universidade de Cornell, escreve:

Aos olhos da maioria dos alunos, os nerds exemplificam o comportamento do tipo "confio que meus professores me ajudarão a aprender" que prevalece em boa parte das turmas do ensino fundamental. A maioria dos alunos da parte final do ensino fundamental lhes diz que confiar em professores é "coisa de bebê". É a coisa do "nós" [meninos] contra "eles" [professores]. A amizade com o professor geralmente faz de você um alvo de assédio por seus pares (...). Os meninos não devem puxar o saco dos professores. Você evita ser visto como puxa-saco evitando contato visual com os professores, não levantando a mão na aula com frequência e conversando ou trocando bilhetes com os amigos durante as aulas (isso demonstra que você valoriza mais a amizade do que sua reputação em relação ao professor)[73].

As meninas têm uma probabilidade menor de relacionar a amizade com os professores ao fato de ser *nerd*. Ao contrário, uma aluna pode na verdade aumentar seu prestígio aos olhos das amigas se tiver uma relação próxima com um professor – sobretudo se o professor for jovem, "legal" e mulher. Conheci uma jovem professora numa escola só para meninas que às vezes convidava sua aluna preferida da turma para ir ao cinema com ela. Ser convidada para ver um filme com uma professora é um grande impulsionador do prestígio. (Ser amiga de um professor não aumenta o prestígio da menina se ele for homem, já que outras meninas podem suspeitar que ela está usando sua sexualidade

---

[73] BISHOP, John et alli. "Nerds and Freaks: A Theory of Student Culture and Norms". *In*: RAVITCH, Diane (Ed.). *Brookings Papers on Education Policy*. Washington, DC: Brookings Institution Press, 2003. p. 141-213. Cit. p. 182-83.

para conseguir notas melhores). Mas acho que aquela professora estava cometendo um grande erro. Não é bom ter alunas "preferidas" porque, se você tiver, toda criança que não é a preferida pode se afastar. Se Sonia é sua preferida, Vanessa talvez sinta e até diga em voz alta: "Você não se importa *comigo*, então eu não me importo com a porcaria da sua álgebra". Por outro lado, se a menina acredita que você realmente se importa com ela, então ela provavelmente vai se esforçar mais em sua matéria, não porque de repente adora álgebra, e sim porque não quer decepcionar você.

Com os meninos é diferente. Um menino que seja amiguinho do professor não ganha prestígio aos olhos dos seus pares. Ao contrário, a amizade com o professor pode fazer o menino *perder* prestígio aos olhos dos amigos, se o menino acabar sendo visto como o queridinho do professor. E o menino médio geralmente está menos preocupado em decepcionar as expectativas do professor em comparação com a menina média.

As meninas têm uma probabilidade maior de supor que o professor é um aliado e um amigo. Os meninos têm uma probabilidade menor de supor isso. Então, quando se deparam com dificuldades, as meninas geralmente consultam o professor. Os meninos, como já disse, geralmente só procuram o professor em último caso. E as meninas têm uma probabilidade muito maior do que os meninos de pedir conselhos a um professor sobre assuntos pessoais, sem relação alguma com a questão acadêmica.

A amizade entre meninas funciona melhor quando é uma relação entre iguais. Se você é menina ou mulher e acha que sua amiga acredita que é "melhor" do que você, então sua amizade com ela provavelmente terminará. Os meninos têm uma probabilidade maior de se sentir à vontade numa relação entre desiguais, mesmo que sejam a parte inferior. O defensor de terceira linha pode adorar ser melhor amigo do *quarterback*, a estrela do time. Ele talvez não se ofenda com o prestígio maior do *quarterback*. Ele pode até mesmo tentar aumentar o prestígio do amigo aos olhos dos outros. Essa característica masculina tem raízes profundas. Se você conhece as histórias de Gilgamesh e Enkidu, Aquiles e Pátroclo, Davi, filho de Jessé, e Jônatas, filho de Saul, ou Dom Quixote e Sancho Pança, então já ouviu essa história antes. Essas amizades não são mais frágeis por causa da diferença hierárquica entre os amigos. Ao contrário, o caráter hierárquico da relação define e até enobrece a amizade. "Jônatas fez um pacto com Davi porque o amava", lemos em Samuel I, na Bíblia. "Jônatas tirou o traje que vestia o entregou a Davi, juntamente com sua túnica e sua espada, seu arco e seu cinto". Davi não lhe deu nada em troca, e Jônatas não esperava que ele o fizesse. Jônatas disse para Davi: "Você reinará sobre Israel e *eu estarei abaixo de você*" (grifos meus)[74]. O sonho de Jônatas era um mundo onde seu herói, Davi, reinasse e ele, Jônatas, seria o braço-direito do rei. E Jônatas não se importava com isso.

Essas diferenças explicam uma dica que muitos professores compartilharam comigo. Se você está trabalhando com uma menina, *sorria e olhe nos olhos dela* quando a estiver ajudando com um assunto[75]. É assim que as meninas interagem com as

---

[74] Samuel I 18,3-4 e 23,17 (NIV).

[75] Essa regra funciona para todas as meninas brancas e para a maioria das meninas negras. Ela é menos confiável com meninas latinas, especialmente aquelas com ancestralidade indígena, em contraponto às de origem espanhola. Essa estratégia também é menos confiável com meninas do leste, sudeste e sul da Ásia, especialmente aquelas criadas em famílias tradicionais e com laços estreitos com a cultura asiática.

amigas. Muitos professores, sobretudo homens, não olham nos olhos das alunas. "Fiz uma pergunta e ele respondeu, mas ele parecia estar falando para o nada. Ou ele estava olhando para os sapatos. Ele não olhou *para mim*", me disse uma menina. "Ele não se importava *comigo*. Era quase como se eu não estivesse lá".

Eu estava ministrando um *workshop* para professores de Yuba City, na Califórnia, falando da importância do contato visual com os alunos. Um jovem professor levantou a mão. "Desculpe, mas não vou fazer isso. Acho que é inadequado", disse ele.

"Inadequado"?, perguntei.

"Sim". O jovem explicou que é solteiro e heterossexual. Ele dá aulas para o último ano do ensino médio, isto é, para meninas de 17 e 18 anos. O rapaz explicou seu temor de que, se fosse visto sorrindo e olhando nos olhos de uma menina de 18 anos, os outros pudessem pensar que ele estava flertando com ela.

"Entendo o que você está dizendo", respondi. "Mas não estou sugerindo que você *a toque*. Você pode ficar a três metros dela e sempre tomar cuidado para que haja outras pessoas em volta. Mas você tem de olhar nos olhos e sorrir". Com o apoio de outros professores, aos poucos convencemos o jovem professor a não olhar para os sapatos quando estiver conversando com uma aluna.

Se você está trabalhando com um menino, sente-se *ao lado* dele e espalhe os materiais diante de vocês, para que os dois analisem tudo ombro a ombro. Não olhe nos olhos de um menino que você não conhece bem. Há diferentes tipos de contato olho no olho, claro. Mas manter esse tipo de contato entre os homens que não são exatamente amigos pode ser visto como o prelúdio de uma briga. Isso pode deixar o menino incomodado ou até provocar uma reação hostil.

Outra aplicação dessas diferenças é que grupos menores de aprendizado podem ser uma boa estratégia para meninas, mas não para meninos. Eu estava visitando uma turma da oitava série em Columbia, na Carolina do Sul. Aula de ciências. A professora disse: "Agora eu gostaria que vocês se reunissem em pequenos grupos. Gostaria que vocês discutissem as diferenças entre as *paredes* celulares nas plantas e as *membranas* celulares nos animais".

Eu estava ao lado de uma mesa com quatro meninos, no fundo da sala. Os quatro meninos se entreolharam. Um deles disse para outro, que aparentemente era novo na turma: "E aí, há quanto tempo você mora em Columbia"?

Imagine se o menino respondesse: "Ah! Não podemos ficar conversando sobre isso! Temos que falar sobre as paredes celulares nas plantas e as membranas celulares nos animais"! Se um menino dissesse isso, os outros ficaram de boca aberta diante de tamanha exibição de nerdice. O menino seria chamado de "o queridinho da professora". Mas claro que o menino não disse isso. Ele disse: "Eu e os meus pais viemos de Dallas e, vou te falar, sinto falta de Dallas. Vocês não têm futebol americano por aqui"!

Os outros meninos ficaram passados. Então, um deles disse: "Como assim não temos futebol americano? E o Clemson? E o time da USC"?

O menino de Dallas fez um sinal de desprezo superior com a mão. "Isso é só futebol americano universitário. Não é futebol americano *de verdade*".

Agora os quatro meninos estavam envolvidos num animado debate sobre os méritos da Divisão I da NCAA contra os da NFL. E isso encerrava a discussão quanto às paredes celulares nas plantas e as membranas celulares nos animais.

Por que o trabalho em grupos pequenos é uma estratégia pouco eficiente para meninos, ao menos no ensino fundamental, em comparação com as meninas?

Primeiro motivo: as meninas se sentem mais à vontade pedindo ajuda ao professor quando precisam. Se você der uma tarefa para um grupo de quatro meninas, pode ter certeza de que, se elas não entenderem, pelo menos uma delas vai procurá-lo em busca de ajuda.

O mesmo não se dá com os meninos. Se quatro meninos não entendem um problema, não há garantia de que um deles vá pedir ajuda ao professor, a não ser que um dos garotos seja um *nerd*, e até mesmo os *nerds* sabem que pedir ajuda ao professor diminui o prestígio deles aos olhos dos demais. Se os meninos ficarem sem saber o que fazer, eles provavelmente vão se distrair com outra coisa em vez de pedir ajuda.

O que nos leva ao segundo motivo pelo qual grupos de aprendizado menores funcionam melhor com as meninas do que com os meninos. Os meninos podem aumentar seu prestígio aos olhos dos demais atrapalhando a programação do professor. Se o professor divide a sala em pequenos grupos e dois meninos de um grupo começam a fazer bagunça, aqueles meninos aumentam seu prestígio aos olhos de pelo menos um dos outros meninos na sala, por mais pueril que seja seu comportamento. (Por acaso, a palavra "pueril" vem do latim *puer*, que significa menino. Não há uma palavra pejorativa correspondente à palavra latina *puella*, menina).

Assim como muitas das diferenças de sexo relevantes para a educação, essas diferenças diminuem com a idade. Você geralmente pode formar grupos menores a partir do último ano do ensino médio. Mas não pode ter certeza de que essas estratégias funcionarão com meninos do ensino fundamental.

III - Ouvindo a diferença

No capítulo 2 aprendemos que as meninas, em média, ouvem melhor do que os meninos, em média. Sempre que você tiver um professor de um gênero lecionando para crianças do sexo oposto, existe o potencial de um desencontro, nem que seja uma questão de volume. Se um professor fala num tom de voz que lhe parece normal, a menina da primeira fila pode sentir que ele está gritando com ela. Por outro lado, se um menino está no fundo de uma sala com uma professora de voz amena, ele talvez não a ouça muito bem.

Lembre-se da nossa discussão anterior sobre o diagnóstico equivocado e exagerado de transtorno do déficit de atenção. Alguns meninos que não estão prestando atenção podem precisar que a professora aumente um pouco o tom de voz – algo em torno de oito decibéis, como discutimos no capítulo 2. Esse fato fundamental não é ensinado na maioria das escolas. Quando converso com professores, eles ficam fascinados ao aprender que meninas e meninos realmente ouvem de formas diferentes. Professores experientes geralmente descobrem isso sozinhos – depois de cinco ou dez anos lecionando. Uma professora veterana me contou que coloca os meninos na parte da frente da sala e as meninas no fundo. Isso é praticamente o oposto de como meninas e meninas normalmente se sentam na sala de aula. Eis a disposição mais comum quando as crianças têm permissão para escolher seus lugares: você terá dois ou três meninos extremamente motivados sentados na primeira fila, o restante dos meninos nos fundos e as meninas no meio. Essa é a forma "natural" de as crianças se sentarem, porque a maioria das meninas gosta de criar uma relação com o professor e a maioria dos meninos não. (No capítulo 9 falaremos mais sobre os dois ou três meninos que gostam de criar uma relação com o professor).

IV - O segredo do professor

A diferença entre a maneira como meninas e meninos ouvem é um dos motivos pelos quais tanto meninas como meninos saem prejudicados por conta da falta de conhecimento quanto a diferenças de gênero. Outro motivo tem a ver com a diferença na forma como meninas e meninos reagem a ameaças e ao confronto.

"Gritei com um dos meus alunos outro dia", me confessou Kate, professora do ensino fundamental. "Eu estava indo de carteira em carteira, recolhendo a lição de casa. Cheguei à carteira dele e ele me disse: 'Eu não fiz'. Havia algo de estranho no tom de voz dele. Era insolente demais. Eu estava brava com ele porque Sam é um menino inteligente, mas ele não estava fazendo a lição de casa. Ele nunca fazia a lição de casa. E naquele dia ele parecia se orgulhar disso. Então eu perdi a cabeça. Realmente perdi. Gritei com ele na sala de aula, diante dos outros alunos. Não queria ter feito aquilo, mas fiz".

"Pouco depois, tive medo de que ele nunca mais falasse comigo", disse Kate. "Esperei receber um telefonema furioso dos pais dele. Sendo honesta, tive medo de ser demitida. Sabe, eu gritei com ele na frente da turma. Mas no dia seguinte Sam me entregou a lição de casa, perfeita e em dia, pela primeira vez. Ele até me perguntou se eu queria ver a coleção de cartões de beisebol dele. Aqueles cartões eram o que ele tinha de mais precioso. Ele nunca tinha me mostrado e nunca tinha mostrado para nenhum adulto da escola antes".

"Então, três semanas mais tarde, a mãe dele finalmente me ligou. Eu estava tão nervosa! Eu tinha certeza de que ela ficaria furiosa comigo por ter gritado com o filho dela. Mas não. Ela me ligou para agradecer. Ela não parecia saber nada daquele episódio. Ela queria saber que tipo de mágica eu havia usado para deixar Sam tão entusiasmado com a escola. Eu não sabia o que responder. Achei que não podia contar a verdade a ela".

Não estou recomendando que você grite com um aluno na sala de aula. Você não deve nunca perder a calma diante dos alunos. Mas acho que essa situação ilustra algumas das diferenças entre meninos e meninas que os professores precisam entender. "Se eu tivesse feito aquilo com uma menina, tenho certeza de que ela não falaria comigo por todo o semestre, no mínimo", acrescenta Kate. "Além disso, ela faria metade das amigas deixar de falar comigo também".

V - Cérebros femininos, cérebros masculinos?

Recentemente, a imprensa foi inundada por matérias sobre um estudo israelense sobre os cérebros de homens e mulheres. De acordo com os autores do estudo, não existe isso de "cérebro masculino" e "cérebro feminino". Somos todos um mosaico, uma mistura de masculino e feminino[76]. O artigo teve ampla divulgação na imprensa. Kate Wheeling, repórter da revista *Science,* disse, toda entusiasmada, que o estudo *"podia mudar a forma como os cientistas pesquisam o cérebro e como a sociedade define o gênero"*[77].

Outros cientistas são mais críticos em relação ao estudo israelense. Pesquisadores de Yale e do Hospital Geral de Massachusetts disseram que quem aplicasse o estudo israelense aos animais acharia difícil diferenciar cães de gatos. Afinal, há poucas características que diferenciam todos os cães de todos os gatos. E as diferenças entre um São-Bernardo e um Chihuahua são, em vários sentidos, maiores que as diferenças entre um Chihuahua e um Siamês. Apesar disso, os pesquisadores de Yale e do Hospital Geral de Massachusetts, usando dados semelhantes aos usados pelos pesquisadores israelenses, conseguiram classificar 92% de cérebros como femininos ou masculinos, mesmo depois de fazer o controle para diferenças gerais de tamanho[78]. Outro israelense, o dr. Marek Glezerman, criticou o estudo de forma mais estrutural. O estudo original era tão somente uma pesquisa sobre a *anatomia* do cérebro, não as *funções* cerebrais. Não se pode tirar nenhuma conclusão quanto ao *funcionamento* do cérebro com base num estudo sobre

---

[76] JOEL, Daphna et alli. "Sex Beyond the Genitalia: The Human Brain Mosaic". *Proceedings of the National Academy of Sciences*, Volume 112, 2015, p. 15468-73.

[77] WHEELING, Kate, "The Brains of Men and Women Aren't Really That Different, Study Finds". *Science*, November 30, 2015.

[78] CHEKROUD, Adam et alli. "Patterns in the Human Brain Mosaic Discriminate Males from Females". *Proceedings of the National Academy of Sciences*, Volume 113, 2016, p. E1968.

sua *anatomia,* observou o dr. Glezerman. Só porque eu e você somos donos de Toyotas Camrys não significa que dirigimos da mesma forma. Você pode muito bem ser irresponsável, geralmente dirigindo acima do limite de velocidade, enquanto eu posso dirigir com cuidado, abaixo do limite. Nenhuma análise superficial da *estrutura* dos nossos carros revelará as diferenças significativas na forma como *usamos* os carros[79].

Mas o mais importante problema do tão propagado estudo israelense era o fato de ele se basear quase que totalmente em dados de *adultos.* As maiores diferenças entre as meninas e meninos não estão na anatomia ou na função cerebral, e sim na velocidade e sequência do desenvolvimento. Hoje temos boas provas de que diferenças relativamente pequenas de idade podem se traduzir em grandes diferenças de resultado. Por exemplo, num estudo nacional com mais de 11 mil estudantes norte-americanos, os mais novos da turma tinham, na oitava série, uma probabilidade duas vezes maior de serem diagnosticados com TDAH em comparação com as crianças mais velhas da turma, ainda que nesse estudo a diferença entre as crianças mais novas e as mais velhas fosse de menos de um ano[80]. Mas a diferença no desenvolvimento cerebral entre meninas e meninos é consideravelmente maior do que um ano, em média. Por exemplo, num grande estudo sobre

---

[79] GLEZERMAN, Marek. "Yes, There Is a Female and a Male Brain: Morphology Versus Functionality". *Proceedings of the National Academy of Sciences*, Volume 113, 2016, p. E1971.
[80] ELDER, Todd, "The Importance of Relative Standards in ADHD Diagnoses: Evidence Based on Exact Birth Dates", *Journal of Health Economics*, Volume 29, 2010, p. 641-56. Texto completo disponível em: <www.msu.edu/~telder/2010-JHE.pdf>, acesso em 22 de julho de 2019.

o desenvolvimento cerebral, as meninas atingiram o ponto de inflexão – aproximadamente o estágio intermediário do desenvolvimento cerebral indicado pela flecha no gráfico da página seguinte – por volta dos 11 anos, cerca de *quatro anos* antes do menino médio, como mostrado no mesmo gráfico[81]. Estudos diferentes exibiram resultados diferentes, mas todos os estudos do desenvolvimento cerebral em crianças mostram que os meninos ficam atrás das meninas na velocidade do desenvolvimento cerebral.

No capítulo 1 eu contei que – há 20 anos – comecei a ver uma onda de meninos entrando no meu consultório. Todos os pais traziam um bilhete de alguém da escola (professor, orientador, especialista em leitura) sugerindo que Justin ou Brett ou Carlos ou Simon tinham TDAH. Avaliei todas aquelas crianças para determinar quais cumpriam os requisitos do diagnóstico de TDAH. Algumas realmente cumpriam; outras não. Já mencionei que alguns meninos que foram mandados para meu consultório supostamente com TDAH na verdade eram meninos normais que estavam sentados no fundo da sala de aula com uma professora jovem que não falava muito alto.

---

[81] LENROOT, Rhoshel et alli. "Sexual Dimorphism of Brain Developmental Trajectories During Childhood and Adolescence". *Neuroimage*, Volume 36, 2007, p. 1065-73. O gráfico mostrado é a Figura 2 (a) do artigo.

O cérebro feminino se desenvolve mais rápido do que o masculino

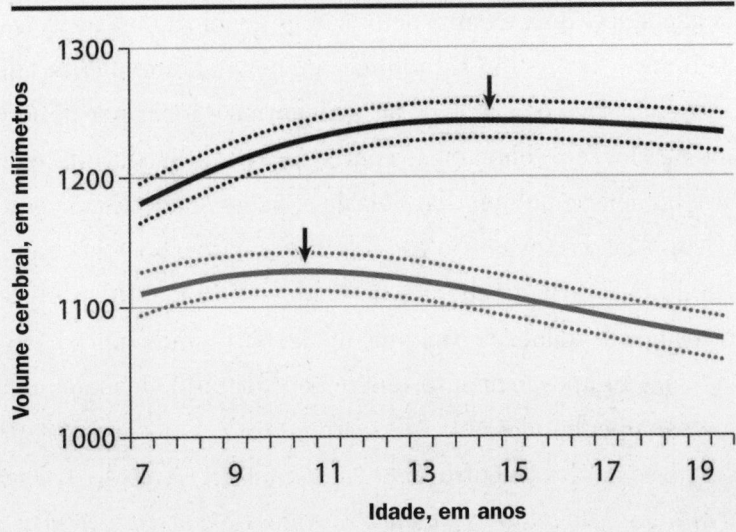

A linha mais escura mostra o volume médio do cérebro dos meninos, com 95% de precisão para mais e para menos. A linha mais clara mostra o volume médio do cérebro das meninas, com 95% de precisão para mais ou para menos. As flechas indicam os pontos de inflexão, o estágio intermediário no desenvolvimento cerebral. Meninas alcançam o ponto de inflexão quatro anos antes dos meninos.

Fonte: LENROOT, Rhoshel et alii. "Sexual Dimorphism of Brain Developmental Trajectories During Childhood and Adolescence". *Neuroimage*, Volume 36, 2007, p. 1065-73, Figura 2 (a).

Mas havia outra diferença importante que as escolas ignoravam. Meninos e meninas são diferentes na velocidade em que amadurecem. Por exemplo, pesquisadores da Wellesley College descobriram que meninas de três anos e meio eram capazes de interpretar expressões faciais tão bem ou melhor do que meninos de cinco anos de idade[82]. Comparar um menino de cinco anos e

---

[82] BOYATZIS, Chris, CHAZAN, Elizabeth & TING, Carol. "Preschool Children's Decoding of Facial Emotions". *Journal of Genetic Psychology*, Volume 154, 1993, p. 375-82.

uma menina de cinco anos pode, de certa forma, parecer o mesmo que comparar uma menina de três anos e meio a uma menina de cinco anos. O menino vai parecer menos maduro, menos auto-controlado, menos capaz de se concentrar e focar por períodos prolongados, em comparação com as meninas. Não há diferenças entre homens e mulheres adultos na capacidade de se concentrar e focar. Mas crianças não são adultos. Quando você compara o menino médio de cinco anos de idade com a menina média de cinco anos de idade, ou o menino médio de 11 anos com a menina média de 11 anos, o menino tem uma probabilidade maior de ter um desempenho pior em vários parâmetros.

Isso nos leva a outro ponto importante. *As diferenças de sexo na infância são maiores e mais relevantes do que as diferenças de sexo na idade adulta.* Aos 30 anos, tanto homens como mulheres já alcançaram a maturidade em todas as áreas do cérebro. Quando as pessoas com mais de 30 anos pensam em suas experiências como adultos, elas talvez não percebam diferenças significativas na forma como mulheres e homens aprendem coisas novas ou dominam novas atividades. Então, alguns adultos supõem que, se não conseguem ver diferenças na maneira como homens e mulheres aprendem a fazer coisas novas, é porque provavelmente não existem diferenças na forma como meninas e meninos de seis anos aprendem. Essa suposição é um equívoco.

VI - Aceleração

Há 30 anos, quando o jardim de infância se resumia a pinturas com os dedos, cantorias e brincadeiras de lenço-atrás, as diferenças de sexo no amadurecimento do cérebro não eram tão importantes. Há 30 anos, ninguém esperava que as crianças do jardim de infância ficassem sentadinhas em carteiras, fazendo atividades com papel e lápis durante boa parte do dia. Os alunos do primeiro ano talvez tivessem de fazer isso, mas o jardim de infância tinha a ver mais com a socialização, com aprender a conviver com as outras crianças.

Não mais. Os pedagogos de hoje em dia em toda a América do Norte não escondem o caráter acadêmico do jardim de infância do século XXI. O currículo do jardim de infância de hoje é, em essência, o currículo do primeiro ano de três décadas atrás[83]. O principal objetivo da maior parte das escolinhas norte-americanas hoje é simples: alfabetizar e ensinar os numerais. Isso pode parecer bom, mas há um problema. Muitos meninos de cinco anos de idade não têm paciência para ficar sentados durante uma aula de 60 minutos sobre ditongos, tampouco têm capacidade motora fina para escrever as letras do alfabeto tão bem quanto as meninas. No jargão da psicopedagogia, os objetivos do jardim de infância academicamente orientado de hoje não são *desenvolvimentalmente apropriados* para muitos meninos.

A ideia por trás da pressão para ensinar leitura e escrita no jardim de infância é que uma exposição precoce a esses temas significa uma garantia de desempenho melhor. Mas essa ideia só vale se o que você está ensinando é desenvolvimentalmente apropriado para seus alunos. Se você tentar ensinar uma criança

---

[83] Para uma análise de como o currículo do jardim de infância foi ampliado entre 1980 e 2000, e de como essa mudança tem prejudicado especialmente os meninos, ver meu artigo: SAX, Leonard. "Reclaiming Kindergarten: Making Kindergarten Less Harmful to Boys". *Psychology of Men and Masculinity*, Volume 2, 2001, p. 3-12.

de sete anos a dirigir um carro, não vai ter um motorista melhor no futuro. É bem capaz de você acabar com a cerca quebrada e a criança machucada. Tentar ensinar crianças a ler antes de elas estarem preparadas para ler pode provocar um efeito bumerangue que as *afastará* da leitura.

Quando digo isso a professores do jardim de infância, alguns me dizem: "Ah, nós entendemos isso! Entendemos que nem todas as crianças de cinco anos estão preparadas para ler, para fazer atividades com papel e lápis e tudo o mais. Nós adaptamos o que fazemos de acordo com as necessidades individuais de cada criança".

Parece bom. Mas o que isso quer dizer na prática? O que isso quer dizer, às vezes, é que o jardim de infância se divide em dois. De um lado, perto da professora, estão as crianças capazes de absorver o currículo acadêmico da escolinha acelerada de hoje em dia. Essas crianças dividem palavras, escrevem frases curtas, se lembram de começar a frase com letra maiúscula e de pôr um ponto final nelas. Esse grupo geralmente tem muitas meninas e poucos meninos.

Do outro lado estão as crianças que não estão preparadas para absorver o currículo acadêmico acelerado. Essas crianças brincam com blocos ou montam quebra-cabeças – atividades que a maioria de nós reconhece como típicas do jardim de infância da nossa própria infância.

Um menino de cinco anos talvez não tenha habilidade motora fina suficiente para escrever as letras do alfabeto, e talvez não esteja desenvolvimentalmente preparado para aprender as vogais e consoantes. Mas há uma coisa na qual a maioria dos meninos de cinco anos é muito boa: entender que eles foram colocados no "grupo dos atrasados". E eles não gostam nada disso.

Eis o que aconteceu com Matthew, o menino cuja história dá início ao capítulo 1. Antes de entrar no jardim de infância, Matthew era uma estrela, o protagonista no drama da sua própria vida. "Ele estava sempre disposto a tentar qualquer coisa", contou sua mãe. "Em julho eu sugeri ao meu marido que nós remássemos pelo rio Potomac, em White's Ferry. Meu marido não queria. Mas o Matthew queria, então nós alugamos uma canoa, só eu e o Matthew, de cinco anos, e nos divertimos muito. O lugar que alugava canoas deu um remo de plástico para o Matthew. Ele adorou. Ficou falando daquilo por dias. Mas agora é diferente. É como se ele tivesse se transformado numa criança completamente diferente. Antes ele não fazia birra, e agora ele faz todas as manhãs, sem motivo algum, se recusando a se vestir, se recusando a ir para a escola. Eu tenho de carregá-lo, chorando e gritando, até o carro e depois tenho que tirá-lo à força do carro até a escola. Você talvez ache que eles o estão torturando ou fazendo alguma outra coisa horrível. Mas não. Já fiquei com ele na escola e não há nada de errado lá. A professora, na verdade, é maravilhosa. Ela é carinhosa, muito paciente. Conversei com ela e ela me garantiu que não tem nada de extraordinário nisso. Ela insiste em dizer para eu não me preocupar. Mas ainda assim estou preocupada. O Matthew está começando a odiar a escola".

Apesar de a reação de Matthew ser extrema, muitos estudos têm mostrado que, quando o jardim de infância dá ênfase demais à alfabetização à custa de outras atividades menos estruturadas e mais desenvolvimentalmente apropriadas, muitos meninos perdem o interesse e se afastam. Esses meninos desenvolvem sentimentos negativos em relação à escola, sentimentos que provavelmente persistirão e contaminarão toda a carreira acadêmica da criança[84]. Deborah Stipek, que trabalhou por mais de uma década como diretora da Faculdade de Educação da Universidade de Stanford, mostra que crianças que não vão bem no jardim de infância desenvolvem "sensações negativas de incompetência" e que essas atitudes negativas "são difíceis de serem revertidas à medida que as crianças avançam na escola"[85].

Quando a mãe de Matthew, Cindy, me disse que seu filho estava fazendo birra todas as manhãs, eu a aconselhei a tirá-lo do jardim de infância e colocá-lo de volta na pré-escola. Imediatamente. Mais um mês de jardim de infância e toda a visão dele quanto à escola poderia ser irreversivelmente prejudicada.

Cindy se recusou a fazer isso. Ela insistia em dizer: "Mas ele é inteligentíssimo. Nunca ouvi falar de uma criança inteligente que tenha abandonado o jardim de infância".

Ele não o estava abandonando, expliquei. Aquele jardim de infância só não era desenvolvimentalmente apropriado para ele.

Cindy insistiu em manter Matthew no jardim de infância. Um mês mais tarde, ela me disse que o problema tinha sido

---

[84] Ver: STIPEK, Deborah et alli. "Good Beginnings: What Difference Does the Program Make in Preparing Young Children for School?" *Journal of Applied Developmental Psychology*, Volume 19, 1998, p. 41-66. Ver, também: BURTS, D. et alli. "Observed Activities and Stress Behaviors of Children in Developmentally Appropriate and Inappropriate Kindergarten Classrooms". *Early Childhood Research Quarterly*, Volume 7, 1992, p. 297-318.

[85] Ver: VALESKI, Tricia & STIPEK, Deborah. "Young Children's Feelings About School". *Child Development*, Volume 72, 2001, p. 1198-213. Cit. p. 1199. Ver, também: STIPEK, Deborah. "Pathways to Constructive Behavior: Importance of Academic Achievement in the Early Elementary Grades". *In*: STIPEK, Deborah. (Ed.). *Constructive and Destructive Behavior: Implications for Family, School, and Society*. Washington, DC: American Psychological Association, 2001.

resolvido: Matthew não estava mais fazendo birra. A professora disse que ele estava se comportando melhor na sala.

Um ano mais tarde, Cindy voltou com Matthew, agora no primeiro ano. Dessa vez Cindy trouxe com ela aqueles papéis da escola. "Matthew não presta atenção e se distrai facilmente na sala (...). O senhor poderia, por favor, avaliar se Matthew satisfaz os critérios para o diagnóstico de TDAH"? É claro que a professora estava certa quanto a Matthew não prestar atenção. Matthew *estava mesmo* distraído em sala. Agora ele estava convencido de que a escola era um tédio, um incômodo a ser suportado por algumas horas por dia até aquele momento maravilhoso em que a escola terminava e ele podia voltar para casa e fazer todas as coisas divertidas de que gostava. Para Matthew, a vida só começava mesmo depois que a escola acabava.

"Qual sua matéria preferida na escola"?, perguntei.

"O recreio", disse ele.

"Qual à sua segunda matéria preferida na escola"?, perguntei.

"O almoço", disse ele.

Nesse ponto, os pais têm poucas escolhas. A reprovação, isto é, manter Matthew na mesma série na mesma escola, não resolvera o problema nesse estágio. Você já desperdiçou sua melhor chance. Há uma grande diferença entre *atrasar* a entrada de uma criança no jardim de infância e obrigá-lo a *repetir* o primeiro ano. Se você atrasa a entrada de um menino como Matthew no jardim de infância para que ele comece a estudar aos seis anos, ele se sairá melhor do que se você o colocar no jardim de infância aos cinco anos. Mas, se você obrigá-lo a ir para o jardim de infância e ele não estiver preparado e daí você o fizer repetir o primeiro ano na mesma escola, ele talvez tenha um desempenho *pior* do que teria se você não o obrigasse a repetir de ano[86]. O estigma de ter de repetir de ano exerce um efeito duradouro sobre a criança que não é facilmente resolvido. O menino começa a se considerar "burro" e a acreditar nisso, e não há conversa no mundo que o faça mudar de ideia.

No caso de Matthew, a melhor intervenção foi matriculá--lo numa escola diferente, num bairro diferente e com um novo grupo de amigos, onde ele repetiu o primeiro ano – mas sem que seus amiguinhos soubessem disso. Ele se saiu bem. Ele não tinha TDAH nem qualquer outro transtorno psiquiátrico. Só não estava adaptado ao ritmo acelerado da educação básica de hoje em dia.

A história de Matthew é bem comum atualmente. Como demonstrei no meu livro *The Collapse of Parenting* [*O Colapso da Educação Parental*], uma criança norte-americana tem uma probabilidade muito maior hoje em dia de ser submetida a me-dicamentos para TDAH do que uma criança britânica[87]. Eu me pergunto quantas dessas crianças, sobretudo meninos, não estão prestando atenção às aulas porque se sentem presas a uma es-cola que simplesmente não está adaptada às suas necessidades, aprendendo num ritmo que não está em sincronia com o desen-volvimento cerebral delas.

---

[86] Para uma breve análise, ver o artigo: HOLLOWAY, John. "When Children Aren't Ready for Kindergarten". *Educational Leadership*, April 2003, p. 89-90. Ver, também, o meu artigo: SAX, Leonard. "Reclaiming Kindergarten: Making Kindergarten Less Harmful To Boys". *Psychology of Men and Masculinity*, Volume 2, 2001, p. 3-12.

[87] Para cálculos de apoio e fontes, ver: SAX, Leonard. *The Collapse of Parenting: How We Hurt Our Kids When We Treat Them Like Grown-Ups*. New York: Basic Books, 2015. p. 59-61.

VII - A medicação do mau comportamento

Por que as crianças norte-americanas, sobretudo os meninos, têm uma probabilidade muito maior de serem tratadas com remédios para TDAH do que as crianças de outras partes do mundo? Um dos motivos é o que chamo de *"medicação do mau comportamento"*[88]. Em vez de corrigir o mau comportamento das nossas crianças, nós, os pais norte-americanos de hoje em dia, geralmente medicamos nossos filhos, na esperança de resolver o problema com um comprimido.

Não estou dizendo que os meninos se comportam melhor em outros países. Atendi vários meninos na Austrália, Nova Zelândia e Reino Unido e eles ficavam pulando de um lado para o outro e fazendo barulho quando deveriam ficar imóveis. Mas o professor lá não manda o menino ser avaliado por um psiquiatra. Em vez disso, o professor diz ao menino, com a voz firme, que já chega de bobeira, obrigado, e que é hora de parar.

Imagine um menino de oito ou dez anos que se comporta mal. Ele responde aos professores. Ele é deliberadamente arrogante

---

[88] Embora eu acredite que a "medicação do mau comportamento" tenha um papel importante, ela não é de forma alguma o único fator que tem levado a um aumento na proporção de crianças americanas que tomam remédio para controlar o Transtorno do Déficit de Atenção com Hiperatividade. Outro fator é o colapso do modo como os americanos criam seus filhos. No capítulo 3 do livro *The Collapse of Parenting*, eu mostro como a abdicação da autoridade parental cria um vácuo: o médico, munido de um receituário, entra nesse vácuo. A medicação é usada para regular o comportamento. Outro fator é a venda de medicamentos prescritos como Adderall e Vyvanse diretamente aos consumidores, uma prática que é proibida por lei em todos os outros países desenvolvidos, exceto a Nova Zelândia.

e vingativo. Ele não ouve. Uma vez ele cuspiu na professora. Ele parece não ter autocontrole. Há 30 anos, ou talvez 20, o psicólogo da escola ou o diretor poderiam dizer aos pais: *Olha, seu filho não respeita ninguém. Ele é mal-educado. Ele não demonstra nenhum autocontrole. Vocês precisam ensinar e ele algumas regras básicas do comportamento civilizado se querem que ele continue nesta escola.* Hoje é muito menos comum que o orientador ou diretor de uma escola norte-americana seja assim tão direto com os pais. Ao contrário disso, o orientador ou diretor sugerirá aos pais que eles procurem um médico ou psicólogo. E o médico ou psicólogo analisará os relatórios da escola e falarão em Transtorno Desafiador Opositivo ou Transtorno do Déficit de Atenção/Hiperatividade ou ainda Transtorno Bipolar Pediátrico.

Qual a diferença entre dizer "Seu filho não respeita ninguém" e dizer "Seu filho talvez satisfaça os critérios para ser diagnosticado com um transtorno psiquiátrico"? Há uma diferença enorme. Quando digo "Seu filho não respeita ninguém", o peso da responsabilidade recai sobre você, o pai ou mãe, e não sobre seu filho. Com essa responsabilidade vem a autoridade de fazer algo para resolver o problema. Mas quando digo "Seu filho talvez satisfaça os critérios para ser diagnosticado com um transtorno psiquiátrico", o peso da responsabilidade é retirado dos pais e da criança e é colocado sobre o médico que vai prescrever o remédio ou sobre todo o complexo médico-psiquiátrico-terapêutico. E a pergunta mais sensata para os pais fazerem não seria "O que deveríamos fazer para mudar o comportamento dele"?, e sim "Ele deveria começar a tomar remédios"?

A medicação funciona. Ela altera o comportamento da criança. É isso o que considero tão assustador. Esses medicamentos estão sendo usados na América do Norte como um meio de alterar o comportamento em um nível que é praticamente inimaginável em outras partes do mundo[89].

Os remédios são fortes. Os mais comuns para o TDAH são estimulantes vendidos mediante retenção de receita como Adderall, Vyvanse, Concerta, Metadate, Focalin, Daytrana, Ritalina e Quillivant. Todos esses medicamentos funcionam da mesma forma: eles aumentam a ação da dopamina nas sinapses cerebrais[90]. A dopamina é um neurotransmissor fundamental para o núcleo *accumbens*, o centro motivacional do cérebro. Sendo mais preciso, o núcleo accumbens é a parte do cérebro responsável por traduzir as motivações em ações. Se o núcleo accumbens de um menino estiver danificado, ele talvez sinta fome, mas provavelmente não vai preparar uma refeição para si mesmo. Se você danificar o núcleo accumbens, o resultado será menos motivação, menos envolvimento, menos energia para realizar algo no mundo real.

---

[89] Essa parte é adaptada da discussão sobre o tópico feita no capítulo 3 do meu livro *The Collapse of Parenting*.

[90] Quando cito a lista de medicamentos estimulantes – Adderall, Vyvanse, Concerta, Focalin, Metadate, Daytran, Ritalin e Quillivant –, parece que estou mencionando oito tipos diferentes de remédios. Na verdade, esses oito medicamentos são apenas dois. Adderall e Vyvanse são duas anfetaminas comerciais. Ritalin, Concerta, Focalin, Metadate, Quillivant e Daytrana são todos versões diferentes de metilfenidato. Acredita-se que o metilfenidato aumente a ação da dopamina nas sinapses. Ver, por exemplo: VOLKOW, Nora et alli. "Imaging the Effects of Methylphenidate on Brain Dopamine: New Model on Its Therapeutic Actions for Attention – Deficit/Hyperactivity Disorder". *Biological Psychiatry*, Volume 57, 2005, p. 1410-15. Reconhece-se há tempos que a anfetamina imita a ação da dopamina no cérebro, e que a dopamina é um elemento-chave no Transtorno do Déficit de Atenção com Hiperatividade. Ver, por exemplo: SWANSON, James et alli. "Dopamine and Glutamate in Attention Deficit Disorder". *In*: SCHMIDT, Werner & REITH, Maarten (Ed.). *Dopamine and Glutamate in Psychiatric Disorders*. New York: Humana Press, 2005. p. 293-315.

Muitos dos estudos aqui mencionados se baseiam em pesquisas com animais de laboratório, não com seres humanos. Recentemente, porém, os pesquisadores descobriram que medicamentos estimulantes como Adderall e Vyvanse, prescritos para TDAH, podem até reduzir o núcleo accumbens e estruturas a ele relacionadas no cérebro *humano*[91]. O tamanho reduzido do núcleo accumbens em pessoas tratadas com medicamentos para TDAH não pode ser atribuído ao TDAH em si, porque o TDAH em si está associado a um núcleo accumbens ligeiramente *maior* do que a média[92]; depois do tratamento, o núcleo accumbens fica *menor* do que a média. Parece, pois, que medicamentos estimulantes para TDAH podem causar uma redução do núcleo accumbens em seres humanos. Isso é perturbador, ainda mais porque há pesquisas que descrevem uma correlação quase linear entre o núcleo accumbens e a motivação individual. Esses estudos sugerem que, quanto menor o núcleo accumbens, maior a probabilidade de a pessoa ficar apática e sem iniciativa[93].

[91] Ver: EMCH, Mónica Franco. "Ventro-Striatal/Nucleus Accumbens Alterations in Adult ADHD: Effects of Pharmacological Treatment. A Neuroimaging Region of Interest Study" (bachelor's thesis, Universitat Pompeu Fabra, 2015). Ver, principalmente, a Figura 2 desse estudo. O texto completo está disponível em <http://repositori.upf.edu/bitstream/handle/10230/24651/Franco_2015.pdf ?sequence=1>, acesso em 22 de julho de 2019. Ver, também: HOEKZEMA, Elseline et alli. "Stimulant Drugs Trigger Transient Volumetric Changes in the Human Ventral Striatum". *Brain Structure and Function*, Volume 219, 2013, p. 23-34.

[92] SEIDMAN, L. J. et alli. "Dorsolateral Prefrontal and Anterior Cingulate Cortex Volumetric Abnormalities in Adults with Attention Deficit/Hyperactivity Disorder Identified by Magnetic Resonance Imaging". *Biological Psychiatry*, volume 60, 2006, p. 1071-1080. Ver, também: EMCH, Mónica Franco. "Ventro-Striatal/Nucleus Accumbens Alterations in Adult ADHD: Effects of Pharmacological Treatment. A Neuroimaging Region of Interest Study". *Op.cit.*

[93] Ver: CARRIERE, Nicolas et alli. "Apathy in Parkinson's Disease Is Associated with Nucleus Accumbens Atrophy: A Magnetic Resonance

Os pais norte-americanos de hoje em dia adoram explicações baseadas no estudo do cérebro e, em consequência, às vezes desprezam o senso comum. Pense no problema cada vez mais disseminado da falta de sono nas crianças. Em vez de desligar o *videogame* para que o filho tenha uma boa noite de sono, muitos pais norte-americanos estão medicando os filhos com Adderall, Concerta, Vyvanse ou Metadate para compensar os sintomas da falta de sono (como desatenção), geralmente sem perceber que a falta de sono é o problema original. Assim, a incapacidade de prestar atenção do menino é equivocadamente diagnosticada como TDAH. Da mesma forma, em vez de reconhecer o mau comportamento do filho, muitos pais norte-americanos preferem que um médico diagnostique um desequilíbrio químico cerebral e prescreva Risperdal, Seroquel, Adderall ou Concerta.

O TDAH é real. Mas seu diagnóstico é exagerado. O TDAH é, antes de mais nada, um transtorno cognitivo: crianças que têm mesmo TDAH *não conseguem* prestar atenção muito bem, mesmo quando querem. Em geral as crianças deixam de prestar atenção na escola não porque *não conseguem* e sim porque *não querem*. A pergunta que fiz a Matthew – qual sua matéria preferida na escola? – é útil para distinguir uma criança que tem mesmo TDAH de uma criança que só odeia a escola. Pergunte: "Qual sua *matéria* preferida na escola"? Dê ênfase à palavra *matéria*. Se a resposta for "o recreio" ou "a hora do almoço", dê um passo atrás e reavalie a situação. Esse menino sabe que o recreio não

---

Imaging Shape Analysis". *Movement Disorders*, Volume 29, 2014, p. 897-903. Ver, também: PAUL, Robert, BRICKMAN, Adam, NAVIA, Bradford et alli. "Apathy is associated with volume of the nucleus accumbens in patients infected with HIV". *Journal of Neuropsychiatry and Clinical Neuroscience*, Volume 17, 2005, p. 167-71.

é uma matéria. Se ele diz que sua matéria preferida na escola é o recreio, está querendo me dizer que não se interessa pela escola. Ele está desmotivado. Talvez odeie a escola. Odiar a escola é um problema grave, mas não é TDAH nem outro transtorno psiquiátrico qualquer. A intervenção mais apropriada não é dar remédios fortes à criança, e sim entender *por que* ela odeia a escola. Às vezes você vai descobrir que o problema não é a criança, e sim a escola. Outras vezes o problema é que a criança não aprendeu a se comportar direito.

Não ceda à "medicação do mau comportamento". Ensine seu filho que cavalheiros não respondem às professoras, não falam palavrão, não cospem, mordem, chutam ou atrapalham a aula. Considere a medicação não a primeira alternativa, e sim o último recurso, quando todas as outras medidas já foram tentadas, sem sucesso.

VIII - Meninas também são menosprezadas

Até aqui, neste capítulo, expus minhas experiências quanto à maneira como a educação alheia às diferenças de sexo é danosa para os meninos. Mas as meninas são menosprezadas também. A educação isenta tende a perpetuar os estereótipos de gênero, e, como consequência, poucas meninas, em comparação com os meninos, realmente gostam de matérias como física, ciência da computação e matemática avançada. Os resultados de longo prazo não são bons. Em 1995, as mulheres eram 37% dos profissionais trabalhando com ciência da computação. Hoje elas são apenas

24% da força de trabalho no setor, número que deve cair para 22% até 2025[94]. Em 2015, 78% dos alunos que faziam o teste de aptidão em ciência da computação eram meninos e apenas 22% eram meninas[95]. Quando os professores usam estratégias de ensino da ciência da computação voltadas para meninas, os resultados podem ser bem diferentes: num estudo, o uso de estratégias voltadas para meninas mais do que triplicou a proporção de meninas da sexta série que queriam passar o tempo livre fazendo programação de computadores, de 16% para 51%[96]. A educação alheia aos gêneros é danosa tanto para meninas como para meninos. (Percebi que há outros fatores além da educação isenta que desestimulam as meninas a entrar para a ciência da computação, mas o fato de elas serem minoria entre os que estudam o assunto é, com certeza, um importante fator a contribuir para esse número).

Quando uso a expressão "estratégias de ensino voltadas para meninas", algumas pessoas ficam irritadas. Elas acham que estou recomendando que você traga coelhinhos fofos para ensinar biologia a meninas ou que tente ensinar física a meninas falando sobre namorados. Também me irrito diante dessas coisas.

---

[94] PRICE, Susan. "The Tech Gender Gap Is Getting Worse". *Forbes*, October 29, 2016.

[95] Em 2015, 48.994 estudantes fizeram o exame avançado em ciência da computação: 10.778 meninas e 38.216 meninos. Os meninos representaram, portanto, 78% do total e as meninas, 22%. Os dados foram retirados do site do College Board: <https:/secure-media.collegeboard.org/digitalServices/pdf/research/2015/Program-Summary-Report-2015. Pdf>, acesso em 22 de julho de 2019.

[96] KELLEHER, Caitlin. "Barriers to Programming Engagement". *Advances in Gender & Education*, Volume 1, 2009, p. 5-10, disponível em <www.mcrcad. org/Web_Kelleher.pdf>, acesso em 22 de julho de 2019.

Minhas estratégias voltadas para meninas se baseiam no que realmente funciona na sala de aula, não em estereótipos. Aos *workshops* para os professores, compartilho com eles o que aprendi em visitas a mais de 400 escolas nos últimos 16 anos. Descobri que não há uma receita única para lecionar. Há abordagens mais simpáticas às meninas e abordagens mais simpáticas aos meninos. Você pode usar as duas, mesmo numa sala de aula lotada, mas precisa saber o que está fazendo e como fazer.

Em meus *workshops*, abordo cada uma das áreas do conhecimento – matemática, ciência, línguas, escrita criativa, escrita expositiva, estudos sociais, história, música e artes visuais – e mostro como você pode lecionar um tema específico de forma mais adequada a meninas ou meninos. O objetivo é entender as duas abordagens e envolver todos os alunos da sala de aula: todas as meninas e todos os meninos. Permita-me dar um exemplo concreto: a teoria dos números para crianças do ensino fundamental.

Em geral, descobri que os meninos se interessam pela teoria dos números "por conta própria" antes das meninas. Você consegue deixar um grupo de meninos de 12 anos fascinado só por fazê-los pensar em números transcendentais como o Φ (pronuncia-se "fi", não confundir com π, o mais conhecido "pi"). Eis uma boa forma de apresentar o Φ aos meninos de 12 anos. Aprendi esta técnica com professores da Fairfield Country Day School, uma escola só para meninos no oeste de Connecticut:

Estou pensando num número entre 1 e 2.
O equivalente desse número é igual ao mesmo número menos 1.
Sabe me dizer de que número estou falando?

A professora chama um menino. "Hummm... Um e meio"?, diz ele. O professor explica que não. O equivalente a 1½ é ⅔, e ⅔ não é igual a ½ (que é 1½ menos 1). Ela chama outro menino. Ele diz: "Você não tem que escrever uma equação"?

"Excelente", diz ela. "Por que você não vem até o quadro e escreve a equação"? Com um pouco de ajuda, ele escreve:

$$1/x = x - 1$$

Com um pouco mais de ajuda, outro menino percebe que essa equação pode ser simplificada se você multiplicar ambos os lados por x, o que dá

$$1 = x^2 - x$$

Subtraindo 1 dos dois lados, temos

$$x^2 - x - 1 = 0$$

Aí você pode usar a equação quadrática para resolver x:

$$x = (1 \pm \sqrt{5})/2$$

Estamos procurando um número entre 1 e 2, então optamos pela solução positiva:

$$x = (1 + \sqrt{5})/2$$
$$= 0,5 + 1,11803398874989...$$
$$= 1,61803398874989...$$

Você pode dizer aos meninos que os matemáticos chamam esse número de Φ. O número Φ, claro, tem as características que estamos procurando: o equivalente desse número é exatamente igual a esse número menos 1:

$$1/1,61803398874989... = 0,61803398874989...$$

Nenhum dos meninos fica entusiasmado com isso. Mas agora você muda de assunto (ou parece mudar de assunto). Você fala para eles sobre a sequência de Fibonacci. Uma sequência de Fibonacci é formada pela soma de dois números para dar um terceiro número, reiterando o processo para formar uma sequência. A sequência Fibonacci mais simples é:

$$1 + 1 = 2$$
$$1 + 2 = 3$$
$$2 + 3 = 5$$
$$3 + 5 = 8$$
$$5 + 8 = 13$$
$$8 + 13 = 21$$
$$13 + 21 = 34$$

Isso gera a sequência 1, 1, 2, 3, 5, 8, 13, 21, 34, 55, 89, 144...

Agora peça aos meninos para pegar cada um dos números da sequência Fibonacci e dividi-los pelo número anterior, começando com o 3:

$$3/2 = 1,5$$
$$5/3 = 1,666...$$

$$8/5 = 1,6$$
$$13/8 = 1,625$$
$$21/13 = 1,61538\ldots$$
$$34/21 = 1,61905\ldots$$
$$55/34 = 1,61764\ldots$$
$$89/55 = 1,61818\ldots$$
$$144/89 = 1,617977\ldots$$
$$233/144 = 1,61805\ldots$$

Agora você pode dizer aos meninos (se é que eles não notaram ainda) que esse processo parece convergir para Φ. Por quê?, você pergunta.

Enquanto eles pensam, você lhes mostra um círculo com um pentágono dentro e um triângulo dentro do pentágono. Faça-os verem o triângulo. Faça-os verem que os lados do triângulo são exatamente iguais a Φ vezes a base. Por quê? Por que Φ insiste em aparecer sem que você espere?

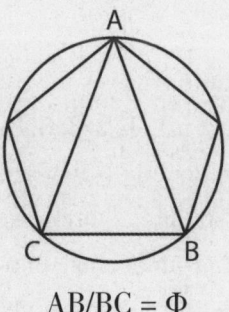

$$AB/BC = \Phi$$

Universitárias podem demonstrar o mesmo interesse pela teoria dos números e os números transcendentais que os universitários. Como eu disse antes, as diferenças de sexo diminuem com a idade. No entanto, se você quer que meninas de 12 anos demonstrem entusiasmo com a sequência de Fibonacci, a estratégia que acabei de apresentar não é eficiente. Para conseguir que todas as meninas de 12 anos demonstrem interesse pela teoria dos números, você precisa conectar o assunto ao mundo real. Foi o que observei na sala de aula. Em escolas onde a maioria das meninas de 12 anos se empolga facilmente com a teoria dos números, elas aprendem o Φ e Fibonacci, mas de um jeito diferente. Você começa explicando como a sequência é formada:

$$1 + 1 = 2$$
$$1 + 2 = 3$$
$$2 + 3 = 5$$
$$3 + 5 = 8$$
$$5 + 8 = 13$$
$$8 + 13 = 21$$
$$13 + 21 = 34$$

E assim por diante. Você escreve os 12 primeiros números da sequência de Fibonacci: 1, 1, 2, 3, 5, 8, 13, 21, 34, 55, 89, 144...

Antes da aula, você já tinha pedido às meninas que trouxessem algo desta lista: alcachofras, girassóis, abacaxis, pinhas, delfínios, margaridas-amarelas, margaridas e malmequeres. Comece com as flores. (Professoras me explicaram que começam com as flores não porque flores sejam "femininas", e sim porque é mais fácil contar as pétalas numa margarida do que contar as fileiras numa pinha). Conte a quantidade de pétalas. Você descobrirá que a quantidade de pétalas é quase sempre um número da sequência de Fibonacci: oito pétalas para as margaridas, 13 para delfínios, 21 para margaridas-amarelas e 34 para malmequeres[97].

Depois, você pode passar para as alcachofras, girassóis, pinhas e abacaxis. Estes são mais complicados. Neles, você estudará a quantidade de fileiras, ou brácteas, e não a quantidade de pétalas. A quantidade de fileiras, contada verticalmente ou obliquamente, será mais um número da sequência de Fibonacci. Você encontrará mais exemplos como esses no livro *Fascinating Fibonaccis: Mystery and Magic in Numbers* [*Fibonaccis Fascinantes: Mágica e Mistério em Números*] de Trudi Hammel Garland. Meninas mais velhas talvez gostem de *The Golden Ratio: The Story of Phi, the World's Most Astonishing Number* [*Razão Áurea: A História de Phi, o Mais Surpreendente Número do Mundo*], de Mario Livio. Você pode ainda aconselhar que elas leiam o romance *The Da Vinci Code* [*O Código Da Vinci*] de Dan Brown, e pedir que atestem a veracidade ou não de tudo o que o livro diz sobre o Φ e a sequência de Fibonacci. Mostre a elas exemplos dos fenômenos naturais que exibem o Φ, como uma folha seca ou uma galáxia espiral. Nesse momento, você também pode mencionar que

$$\Phi - 1 = 1/\Phi$$

Não espere das meninas gritinhos entusiasmados por causa disso. Meninas de 12 anos provavelmente se interessarão mais pelas aplicações da teoria dos números no mundo real do que por abstrações. Elas também provavelmente demonstrarão mais interesse nas crenças dos antigos pitagóricos quanto às propriedades mágicas e misteriosas do Φ.

---

[97] GARLAND, Trudi Hammel. *Fascinating Fibonaccis: Mystery and Magic in Numbers*. Parsippany: Pearson, 1987.

Agora as meninas começarão a fazer perguntas. Por que os números da sequência de Fibonacci aparecem quando você conta as pétalas de um delfínio ou as fileiras de uma pinha? Por que uma folha seca e uma galáxia espiral manifestam o Φ? Como a teoria abstrata dos números explica essas semelhanças? Você terá conseguido algo raro nas salas de aula dos Estados Unidos: meninas de 12 anos se empolgando com a teoria dos números.

Gosto desse exemplo porque ele ilustra um argumento importante: *Há poucas diferenças quanto ao que meninos e meninas são capazes de aprender. Mas há diferenças enormes na melhor forma de ensinar.* No fim do dia, você terá ensinado tanto para as meninas como para os meninos as propriedades do Φ, usando a sequência de Fibonacci como uma introdução à teoria dos números. Entretanto, se você lecionar isso do jeito de sempre (da forma como se leciona aos meninos no meu exemplo acima), muitas das meninas vão se distrair e ficar entediadas.

IX - Quando um dez não é um dez?

Você se lembra de Melanie, a menina talentosa que queria estudar física no último ano do ensino médio? Uma das coisas sobre Melanie que sempre me impressiona é sua disposição de tentar coisas novas. Ela é extremamente autoconfiante. Nesse sentido, Melanie infelizmente não é a menina típica.

Beth foi outra menina que conheci. Ela é tão inteligente quanto Melanie, mas não tem a autoconfiança desta. Assim como Melanie, Beth tirava 10 em Biologia e era a aluna preferida da srta. Griffith. Mas, quando a srta. Griffith sugeriu a Beth que ela se matriculasse em Física, ela hesitou. "Não acho que eu seja inteligente o bastante para estudar física", disse Beth. "Nunca fiz nada parecido e não quero arriscar tirar uma nota oito ou pior no meu boletim". Ela acabou estudando Psicologia no último ano, e não Física.

Em média, as meninas se saem melhor do que os meninos na escola (como demonstrado pelos boletins), na maior parte das matérias e em todos os grupos etários; e essas diferenças estão aumentando[98]. Como as meninas se saem melhor na escola, é de imaginar que tivessem mais autoconfiança no que diz respeito à sua capacidade acadêmica e que elas mostrassem mais autoestima acadêmica. Mas não é o caso. Paradoxalmente, as meninas têm uma probabilidade maior de serem excessivamente críticas na avaliação de seu desempenho acadêmico. Por outro lado, os meninos têm uma tendência maior a avaliar bem suas capacidades e realizações escolares[99].

Esses são alguns dos paradoxos que os professores têm de enfrentar: a menina igual a Beth, que tinha notas dez mas não confia em sua habilidade; o menino que tira oito ou seis, mas acha que é brilhante. Isso nos leva a uma diferença básica no estilo de ensino para meninas e meninos. Muitas meninas precisam de estímulo. Alguns meninos, por outro lado, precisam encarar a realidade, precisam de alguém que lhes diga que não são tão bons quanto pensam.

---

[98] FORTIN, Nicole et alli. "Leaving Boys Behind: Gender Disparities in High Academic Achievement", *The Journal of Human Resources*, volume 50, 2015, p. 549-579.

[99] POMERANTZ, Eva et alli. "Making the Grade but Feeling Distressed: Gender Differences in Academic Performance and Internal Distress". *Op. cit.*. Veja também FORTIN et alli. "Leaving Boys Behind".

X - Uma mancada em Harvard

As diferenças entre os gêneros ganharam as manchetes na época do lançamento da primeira edição de *Por Que Gênero Importa?* O motivo foram alguns comentários pouco inteligentes do então reitor da Universidade de Harvard: Larry Summers. Em 14 de janeiro de 2005, o dr. Summers deu várias explicações para o porquê de haver poucas mulheres como professoras em cursos como ciência da computação e física. Summers começou reconhecendo que o sexismo talvez tenha um papel nisso – mas ele não considerava o sexismo o fator predominante. Depois, ele disse que mulheres têm estilos de vida diferentes dos homens. Sobretudo (de acordo com o dr. Summers), as mulheres com crianças pequenas em casa talvez não estejam tão dispostas a trabalhar tanto quanto os homens.

Se ele tivesse parado por aí, talvez não tivesse se encrencado tanto. Mas o dr. Summers continuou, e afirmou que talvez houvesse um terceiro fator para isso, sobretudo no que diz respeito a cursos como Ciência da Computação e Física. O terceiro fator, disse o estimado professor, tem a ver com diferenças inatas na *"aptidão intrínseca"*[100]. Em outras palavras – de acordo com o reitor da Universidade de Harvard –, as mulheres simplesmente não eram inteligentes o bastante para se destacar no mundo da Física.

Quando o reitor da Universidade de Harvard diz que mulheres são menos capazes para estudar ciência, claro que vai haver barulho. Pelo lado dos conservadores, cronistas como

---

[100] Você pode ler o texto completo com as observações do professor Summers em <www.harvard.edu/president/speeches/summers_2005/nber.php>, acesso em 22 de julho de 2019.

Linda Chavez e Cathy Young saíram em defesa de Summers. Elas sugeriram que, como meninos preferem brincar com carrinhos e não bonecas, eles estão destinados a se sair melhor em física. Elas também invocaram a ideia de que os meninos são mais inconstantes do que as meninas: assim como o retardo mental é mais comum entre os meninos do que entre as meninas, os gênios também são mais comuns entre meninos do que entre meninas (de acordo com essas cronistas)[101]. Por outro lado, a maioria do corpo docente da Faculdade de Artes e Ciências de Harvard ficou furioso com o reitor. Um professor de física disse que era loucura sugerir que há diferenças inatas relevantes entre meninos e meninas[102]. Em 15 de março de 2005, o corpo docente deu um voto de desconfiança ao reitor Summers[103].

Na verdade, os dois lados do embate entenderam tudo errado. Os liberais revoltados estavam errados ao dizer que não existem diferenças inatas importantes entre meninas e meninos.

---

[101] Ver: CHAVEZ, Linda, "The Shibboleths of Academe". January 19, 2005, disponível em: <https://townhall.com/columnists/lindachavez/2005/01/19/the-shibboleths-of-academe-n1062361>, com acesso em 22 de julho de 2019. Ver, também, o ensaio: YOUNG, Cathy. "Summers Spoke the Truth". *Boston Globe*, February 28, 2005.

[102] O professor de física de Harvard, Howard Georgi teria dito: *"É loucura pensar que seja uma diferença inata. É socialização. Nós treinamos as mulheres jovens para serem medianas. Nós treinamos os homens jovens para serem aventureiros"*. Citado em: RIMER, Sara & HEALY, Patrick. "Furor Lingers as Harvard Chief Gives Details of Talk on Women". *New York Times*, February 18, 2005.

[103] O voto de desconfiança de 15 de março de 2005 marcou a primeira vez na história de 370 anos (à época) de Harvard em que um grupo de professores tomou uma atitude do tipo contra o presidente da faculdade ou da universidade. Os professores não têm autoridade para apontar ou depor o presidente. Mais de um observador chamou a atenção para a coincidência, se é que foi coincidência, de a votação ter ocorrido nos idos de março.

Se você não concorda, por favor, leia o capítulo 2 deste livro. Mas o dr. Summers errou ao sugerir que as *diferenças* implicam uma *hierarquia*. Uma faca é diferente de uma colher. Isso não significa que a faca seja melhor ou pior do que a colher. Meninas e meninos são diferentes. Isso não quer dizer que os meninos estejam necessariamente destinados a serem físicos melhores – a não ser que a física seja ensinada de uma forma que dê aos meninos uma vantagem à custa das meninas.

No meu livro *Girls on the Edge,* conto algumas das coisas que aprendi em duas visitas a Korowa, uma escola só para meninas em Melbourne, na Austrália. Lá, mais da metade das meninas fazem a prova para cursar física avançada. É um feito e tanto. Como eles conseguem? Eles ensinam física de um jeito diferente.

Na maioria das escolas de ensino médio, o ensino de física começa com a física cinética, isto é, velocidade, aceleração e as leis de Newton. Isso significa que você está falando sobre carros de corrida acelerando ou jogadores de futebol colidindo um contra o outro.

Nas minhas duas visitas a Korowa, me encontrei com Jenn Alabaster, a principal professora de física da escola. "Onde está escrito que o ensino de física tem que começar com cinética"?, ela me perguntou. Não é com esse assunto que ela começa o ano letivo. Ela começa com o caráter duplo (onda e partícula) da luz: o fato de a luz às vezes se comportar como onda e às vezes como partícula, dependendo de como você a analisa. A professora descobriu que praticamente todas as meninas ficam fascinadas com o caráter duplo da luz – até mesmo aquela que tem uma foto de Kylie Jenner como tela inicial do celular. Claro que a srta. Alabaster ensina cinética, mas ela ensina isso já no fim do ano letivo. Na maioria das escolas que visitei, a aula de física *começa* com cinética e a dualidade da luz é deixada para as últimas semanas do ano letivo, pouco antes das provas finais[104].

Então, um aspecto da física voltada para meninas talvez seja algo tão simples quanto a sequência na qual os vários itens do currículo são ensinados. Começar o ano letivo com a dualidade onda-partícula da luz é uma abordagem mais sensível às meninas do que começar com cinética e transferência de energia. Não é melhor. Não é pior. Só é diferente. A maioria das escolas ensina física usando a sequência de temas voltada para meninos, começando com jogadores de futebol americano colidindo um contra o outro e bombas explodindo. Depois eles se perguntam por que não há mais meninas querendo cursar física. As meninas talvez não se matriculem em física porque não sabem como a física pode ser fascinante depois que você passa da fase das colisões e explosões. "Se você não sabe que uma coisa depois de um tempo pode ser interessante, como vai optar por ela"?, pergunta Karen Peterson, pesquisadora do projeto financiado pela Fundação Nacional da Ciência que busca entender por que meninas e mulheres ainda são minoria em matérias como física[105].

---

[104] Refiro-me ao exame avançado em Física C, que tem duas partes: Mecânica em uma e Eletricidade e Magnetismo na outra. Na maioria das escolas de ensino médio, a parte de Mecânica do teste avançado de Física C é ensinada no outono, enquanto Eletricidade e Magnetismo são ensinados na primavera. O caráter ambíguo da luz como onda e partícula é frequentemente ensinado, como eu disse, apenas uma ou duas semanas antes de o exame ser aplicado. Mas não existe nenhuma razão para uma escola não ensinar Eletricidade e Magnetismo no outono e Mecânica na primavera, e para não começar com o caráter ambíguo da luz como onda e partícula. Korowa, em Melbourne, junto com outras escolas de ensino médio em New South Wales, na Austrália, começam com Electricidade e Magnetismo e então passam para a Mecânica Newtoniana no segundo semestre.
[105] Citado em: VIADERO, Debra. "New Studies Suggest Why Women Avoid STEM Fields". *Education Week*, June 17, 2009, p. 15.

Não acho que você tem de ter uma sala só de meninas a fim de fazê-las interessar-se por física, ainda que isso possa ajudar. Mas você definitivamente precisa de um professor que entenda e respeite as diferenças entre o ensino voltado para meninas e o voltado para meninos. Se você se lembra do que discutimos no capítulo 2 sobre as diferenças de sexo no sistema visual – como o sistema dos meninos é mais voltado para objetos em movimento e o das meninas é mais voltado para cores e detalhes –, então as diferenças de sexo nas estratégias de ensino começam a fazer sentido num contexto mais amplo.

Um pouco do que estamos descobrindo a respeito do ensino voltado para meninas talvez não seja exatamente uma descoberta, e sim uma redescoberta. O historiador Kim Tolley mostra que, ao longo do século XIX, era comum que as meninas se saíssem melhor do que os meninos em física e astronomia. Naquela época, os meninos eram melhores do que as meninas em línguas estrangeiras, sobretudo grego e latim. As diferenças no desempenho eram enormes. As meninas geralmente tiravam notas melhores do que os meninos por margens enormes – 70% das meninas eram aprovadas, em comparação com 30% dos meninos – quando meninas e meninos faziam a mesma prova de física. Essas diferenças eram vistas por todos os Estados Unidos, em todas as camadas sociais, desde escolas privadas da elite até escolas para órfãos e nativos norte-americanos. As diferenças de desempenho eram tão consistentes – favorecendo as meninas na ciência e os meninos em línguas clássicas – que os educadores do século XIX tinham um ditado: *"Ciência para as damas, línguas clássicas para os cavalheiros"*[106].

---

[106] TOLLEY, Kim. *The Science Education of American Girls: A Historical Perspective*. New York: Routledge Falmer, 2003. "Science for the Ladies, Classics for Gentlemen" é o título do capítulo 2 do livro de Tolley.

O que estava acontecendo?

Quanto aos meninos, eles podiam ser melhores do que as meninas no aprendizado de grego e latim naquela época por vários motivos. Primeiro, nos textos mais antigos em grego e latim que eram ensinados, como a *Ilíada,* de Homero, e a *Eneida,* de Virgílio, os principais personagens são homens envolvidos em atividades masculinas, como guerras. Depois, as estratégias de ensino empregadas até então, como o aprendizado por repetição, talvez fossem mais interessantes para os meninos do que para as meninas. Em terceiro lugar, ao que parece se aceitava melhor o estereótipo de que "meninas não conseguem aprender grego". A proficiência em grego e latim era exigência para que se entrasse nas principais faculdades, como as da Ivy League, que só aceitavam homens. As faculdades femininas da época não exigiam conhecimento de grego ou latim para a admissão.

E por que as meninas da época eram melhores do que os meninos em matérias como Física e Astronomia?

Em parte, porque matérias como Física e Astronomia eram ensinadas de uma forma bem diferente no século XIX, mesmo que assuntos reais, como força e as leis de Newton, fossem os mesmos de hoje. No século XIX, dava-se mais ênfase à *compreensão* do assunto: como o Universo é organizado? Que leis governam o movimento dos objetos no espaço e na Terra? Aprender física era considerada uma forma de compreender a mente de Deus e, portanto, era algo visto mais como uma atividade religiosa adequada a jovens mulheres. (No começo do século XIX, a física era também chamada de "teologia natural"). Num livro didático da época vê-se a figura de uma mulher ensinando uma jovem a usar um telescópio. A mensagem implícita na imagem, para as jovens daquele tempo era *você pertence aqui. A física é uma matéria para você estudar.*

Compare essa imagem com a fotografia típica de um livro didático de física do século XX. Já vi a foto da página seguinte em vários livros da nossa época. Se você a mostrar para meninos, a reação deles em geral vai ser positiva: "Que legal! Isso parece divertido! Podemos fazer isso? Atirar numa maçã com um rifle"? Mostrei essa foto para as alunas da Branksome Hall, uma escola só para meninas de Toronto. Uma delas levantou a mão e perguntou: "Quem teve que limpar toda aquela sujeira?" As meninas têm uma probabilidade menor do que os meninos de se empolgar com a ideia de atirar numa fruta indefesa.

Há mais de uma forma de apresentar o conteúdo. No começo deste capítulo, refletimos sobre as várias abordagens no ensino da sequência de Fibonacci. Os pesquisadores Anat Zohar e David Sela descobriram que o mesmo serve para a física. Falar de bombas, balas e colisões é uma boa maneira de lecionar física para meninos. E geralmente é assim que se pensa[107].

> *Um* quarterback *está parado. Ele está olhando para o recebedor. Um* cornerback *vindo na direção contrária pelo lado cego tem uma massa de 80 quilos e está correndo a uma velocidade de 8 metros por segundo. Supondo que o* quarterback *tem uma massa de 90 quilos e que a colisão é perfeitamente inelástica com um ângulo de incidência de 30 graus, calcule o movimento do* cornerback *e do* quarterback *imediatamente depois da colisão.*

---

[107] ZOHAR, Anat & SELA, David. "Her Physics, His Physics: Gender Issues in Israeli Advanced Placement Physics Classes". *International Journal of Science Education*, Volume 25, 2003, p. 245-68.

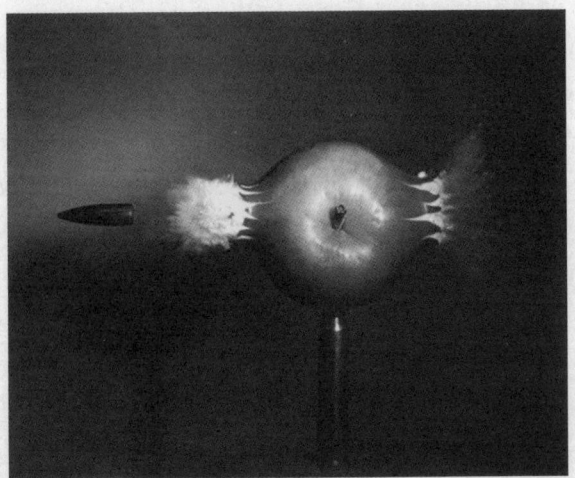

Meninos têm maior chance de se empolgar com a ideia de atirar numa fruta indefesa. Essa foto é reproduzida com permissão da Harold and Esther Edgerton Family Foundation.

Esse tipo de pergunta interessa a muitos meninos. Mas é menos eficiente com as meninas. E não só porque fala de futebol americano. Você pode tentar a mesma coisa com vagões de trem e ainda assim as meninas provavelmente vão se empolgar menos do que os meninos, em média. Zohar e Sela descobriram que simplesmente inserir números em fórmulas é insatisfatório para a maioria das meninas nas aulas de física avançada que eles pesquisaram. As meninas estavam mais interessadas em saber *por quê*.

Uma menina perguntou: por que a força gravitacional entre dois objetos é inversamente proporcional ao *quadrado* da distância entre eles? Por que não é inversamente proporcional ao cubo ou à quarta potência? O fato é que temos um conjunto de livros didáticos de introdução à física voltados ao *porquê*, escritos pelo vencedor do Prêmio Nobel Richard Feynman. Não se trata de algo menos intenso; é algo rigoroso e racional. Mas é uma física mais atraente para meninas, porque sempre remonta à pergunta *por quê*. Jenn Alabaster me disse que sempre tem uma cópia do *Lições de Física* de Feynman por perto para mostrá-lo às meninas que querem se aprofundar na questão do *porquê*.

A maior missão da educação é permitir que toda criança alcance seu potencial. Mas o que a menina precisa alcançar geralmente é diferente do que o que o menino precisa alcançar. Há 30 anos, a educação alheia aos sexos não diminuiu as diferenças entre eles no que diz respeito a importantes resultados acadêmicos; em alguns casos, a educação alheia aos sexos exacerbou os estereótipos usando métodos de ensino que favorecem determinada matéria para um único gênero. Ignorar as diferenças de gênero prejudica meninas e meninos.

CAPÍTULO 6

Sexo

I - Tina e Jimmy

Tina Jimenez tinha diante de si, potencialmente, três problemas ao começar o nono ano. O nono ano em uma escola nova não é fácil para ninguém. Todos estão tentando descobrir quem são e quem é legal. Onde *eu* me encaixo? Além do desafio da nova escola, Tina tinha também o problema de ter acabado de se mudar para a região, sem conhecer ninguém e pertencendo a um grupo minoritário praticamente sem representantes na nova escola. A família dela tinha acabado de se mudar para um subúrbio de Maryland, vinda de Miami, na Flórida. Os pais dela tinham imigrado para os Estados Unidos nos anos 1970, vindos da República Dominicana.

Ser uma menina hispânica de pele escura na Seneca Valley High – que é majoritariamente branca – talvez fosse um grande problema para algumas meninas, mas Tina fez amigos rapidamente. Depois de três semanas na nova escola, ela parecia ter começado com o pé direito. As colegas do time de futebol estavam impressionadas com o destemor dela no campo. Ela era uma atleta habilidosa, mas não se importava muito com isso. As outras meninas do time em pouco tempo a estavam incluindo em tudo o que faziam, adotando-a como uma das suas.

Ela e a maioria das outras jogadoras de futebol foram convidadas para uma festa no último sábado de setembro numa casa enorme no bairro rico de Germantown. Tina ficou perto de sua amiga e colega de futebol Jennifer, que estava no décimo ano. Depois de meia hora na festa, Tina notou um menino mais velho a encarando. "Quem é ele"?, perguntou a Jennifer.

"Quem é quem"?, gritou Jennifer em meio à música alta.

"O loiro ali, usando uma blusa dos Redskins", respondeu Tina.

"Ah. É o Jimmy. Jimmy Mandeville. Último ano. Jogador de futebol americano. Não é um jogador muito bom. Mas em outros departamentos dizem que ele *é um monstro*", disse Jennifer, dando uma piscadinha.

Tina revirou os olhos e fez que não com a cabeça. "Não estou *nada* interessada", disse ela.

Jimmy se aproximou delas, os olhos vidrados em Tina. "Oi", disse ela. O hálito dele cheirava a cerveja – o que não era de surpreender, já que ele segurava uma lata de Budweiser.

"Oi", disseram as duas meninas.

Jimmy olhou Tina de cima a baixo, seus olhos vítreos se detendo sobre os seios dela. Ele meneava a cabeça ao ritmo da música. "Quer ficar comigo"?, perguntou ele diretamente a Tina.

Tina arregalou os olhos.

"Ei, Jennifer"! Outro menino apareceu do nada e a segurou pelo braço. "Você tem que ver isso! Venha"! Jennifer lançou um olhar triste para Tina, como se quisesse dizer *Desculpe por deixá-la sozinha*. E Jennifer se afastou.

Por favor, não me deixe aqui sozinha, Jennifer, pensou Tina. Ela sentiu um frio na barriga. Jimmy estava de pé diante dela. A forma como ele balançava a cabeça ao ritmo da música começou a irritá-la. E ela estava com medo de que derramasse cerveja na blusa dela.

"Quer ficar comigo", perguntou ele de novo, mais uma afirmação do que uma pergunta.

"Como assim"?, perguntou ela, querendo ganhar tempo. Ela sabia muito bem o que ele queria dizer. Mas ela não sabia como dizer "não" sem ofendê-lo ou parecer uma idiota. E, na condição de caloura conversando com um veterano popular, não tinha autoconfiança para simplesmente lhe dar as costas e se afastar.

Ele bufou, apalermando, e então arrotou alto. "Caloura. Venha, vou te mostrar". Ele a segurou pelo braço, jogou a lata de cerveja semivazia no tapete e a puxou até um quartinho iluminado apenas por um abajur de mesa. Tina viu outro casal já no outro canto do quartinho, se amassando. Antes que ela pudesse dizer algo, Jimmy a deitou no chão ao lado da mesinha.

Jimmy segurou os seios dela com uma das mãos e, com a outra, começou a tirar a calça da menina. A mente de Tina era um redemoinho. *Isso é uma loucura. Como é que isso pode estar acontecendo?* Ela quis empurrá-lo, gritar... mas o que aconteceria em seguida? Os outros jovens ririam dela. *Caloura. Pudica. Idiota.*

"Vamos lá", disse Jimmy. "Qual o seu problema"?

"Eu... eu não sei...", disse Tina.

"Sério mesmo? Vou te mostrar", disse Jimmy. "Vamos"!, gritou ele, se levantando e a colocando de joelhos, de frente para ele. Jimmy abriu o zíper.

Tina nunca tinha feito sexo oral antes. Ela ouvira outras meninas falarem disso, claro, mas a ideia lhe causava repulsa. Por que uma menina iria querer colocar aquilo do menino *na boca?* Eca. E ainda mais um estranho, um menino que ela nunca vira antes, alguém por quem ela nem sentia atração...

Três minutos mais tarde, tudo acabou.

"Legal. Meio atrapalhada, mas legal", disse Jimmy. "Com um pouco mais de experiência, você vai ser incrível, maninha. Até mais". Fechando o zíper, ele saiu do quarto sem olhar para trás.

"Não deu para ver. Você cuspiu ou engoliu"? A pergunta veio de um menino magrinho que Tina nunca visto antes e que aparentemente estava vendo tudo do outro lado do quarto. Ele riu.

Tina achou que fosse vomitar.

II - Ficar

Meninas e meninos enfrentam desafios diferentes quando se trata de sexo. A maioria das mulheres jovens gosta mais da intimidade física quando ela ocorre no contexto de uma relação amorosa. Poucas mulheres e meninas realmente entendem como o sexo é diferente para muitos homens e a maioria dos meninos. E o tipo de intimidade mais comum entre os adolescentes de hoje – ficar – alimenta o pior tipo de sexualidade masculina. "Ficar", caso você não saiba, significa fazer sexo sabendo que *não há* um relacionamento amoroso envolvido, e nem se espera nada disso. É sexo sem amor, sexo sem o "incômodo" de uma relação.

"Não sei lhe dizer quantas meninas me confessam que odeiam a ideia de fazer sexo cedo demais", diz a psicóloga nova-iorquina Marsha Levy-Warren. Ela atende cada vez mais adolescentes e pré-adolescentes cuja vida emocional está arrebentada depois de algum tipo de relação sexual. "Elas foram a uma festa... Elas ficaram e fizeram o que achavam que todos estavam fazendo. Depois elas se sentem péssimas". Professores e orientadores ouvem falar cada vez mais de atividade sexual "descolada, apática, estranha" entre pré-adolescentes e adolescentes. *"Chamo isso de sexo do corpo"*, diz a dra. Levy-Warren. *"Os jovens nem se olham. É uma coisa mecânica e desumanizante. A consequência é que mais tarde eles têm problemas para estabelecer relações. Eles ficam esgotados"*[108].

"Sexo oral é certamente uma tendência", diz o professor Peter Leone, da Universidade da Carolina do Norte em Chapel Hill. *"E acontece em público, porque os adolescentes acham que não é tão importante"*. Em alguns lugares, *"o sexo oral é tão comum que é visto como uma versão mais pesada de um jogo da verdade"*[109]. *"Uma menina fez sexo oral no namorado dentro do ônibus escolar e ficou com raiva porque descobriu uma fila de*

---

[108] JARRELL, Anne. "The Face of Teenage Sex Grows Younger". *New York Times*, Aplil 2, 2000.

[109] Esse parágrafo foi retirado das páginas 218 e 219 de uma matéria sobre sexo oral intitulada *Oral Report* e publicada pela revista *Seventeen* em agosto de 2003. O autor principal era Noelle Howey. Há referências mais recentes disponíveis. Por exemplo, o livro: ORENSTEIN, Peggy. *Girls and Sex: Navigating the Complicated New Landscape*. New York: Harper, 2016. O trabalho foi muito elogiado, e merecidamente, por mostrar como a cultura do "ficar" e sua ênfase no sexo oral transformaram a experiência vivida por adolescentes americanos em relação à experiência que a própria Orenstein viveu quando adolescente na década de 1970 (ela nasceu em 1961). Mas a cultura do "ficar" e a prática frequente do sexo oral não são exatamente novas: ambas já eram dominantes no início dos anos 2000, quando eu estava escrevendo a primeira edição de *Por Que Gênero Importa?*. Mantive deliberadamente algumas referências mais antigas neste capítulo justamente para destacar o fato de que essas questões, embora ainda importantes, estão presentes pelo menos desde o ano 2000.

meninos da escola, na semana seguinte, querendo que ela fizesse sexo oral neles", diz Tamara Kreinin, presidente do Conselho de Educação e Informações sobre a Sexualidade. Outra menina *"fez sexo oral com vários meninos numa festa e na semana seguinte, na aula de educação sexual, ouviu um menino dizer: 'Amy fez sexo oral em vários meninos numa festa – ela é quem deveria dar aula'. A menina não estava preparada para aquilo. Várias jovens me dizem que se sentem enojadas no dia seguinte"*[110].

Eis o que outra menina de 16 anos de idade me disse: "Eu estava ficando com um cara chamado Zachary. Tentei beijá-lo, mas ele não deixou. Aquilo foi estranho. Quer dizer, nós estávamos fazendo coisas bem piores do que beijar, mas ele não queria beijar. Perguntei por que ele não queria beijar e ele disse: 'não beijo meninas na boca porque, se não estou namorando, que sentido faz beijar'"?

Vários meninos já me disseram, usando palavras semelhantes às de Zachary, que evitam beijar uma menina quando só estão ficando com ela. Esses meninos acreditam que estão sendo virtuosos – de uma forma estranha, típica do século XXI – ao *não beijar* a menina com a qual estão ficando. Esses meninos acreditam que beijar uma menina na boca é como se eles dissessem *"Estou interessado em ter uma relação amorosa com você"*. Eles não querem dizer isso. Ao manter as interações cara a cara *fora* da relação, ao restringir a intimidade ao sexo oral e a uma "sensação rápida" de apalpação, esses meninos acreditam que pelo menos estão sendo honestos quanto a suas intenções – que são meramente físicas.

---

[110] HOWEY, Noelle et alli. "Oral Report". *Seventeen*, August 2003, p. 220.

Outra menina disse: "Eu sei que eu era só um caso. Mas foi tão bom, eu tinha certeza de que ele me ligaria. Não acreditei quando não me ligou. Duas semanas mais tarde, sem ter notícia alguma dele, eu o vi numa festa e ele quis ficar de novo. Aquilo me fez sentir suja. Como se ele só quisesse, tipo, *me usar*, usar meu corpo. Como se eu nem mesmo estivesse ali. Como se ele estivesse apenas se masturbando, mas me usando em vez de usar pornografia".

No capítulo 10 voltaremos nossa atenção para lésbicas, *gays* e bissexuais. Nosso foco neste capítulo são as meninas e meninos "héteros". Porém, quando faço apresentações sobre as diferenças de gênero entre meninas e meninos quanto ao sexo e à motivação sexual, alguém sempre levanta a mão em determinado momento com uma pergunta mais ou menos assim: *"Isso pode ser verdade para jovens héteros, mas e quanto às lésbicas e aos gays"?* A resposta mais curta é que meninos *gays* são meninos e meninas lésbicas são meninas. Meninos jovens *gays*, assim como meninos jovens heterossexuais, geralmente estão interessados no sexo pelo sexo, e não necessariamente como parte de uma relação amorosa. Meninas jovens lésbicas, assim como meninas jovens heterossexuais, provavelmente dizem que o sexo é mais prazeroso no contexto de uma relação amorosa. As diferenças entre meninos e meninas são mais profundas e relevantes do que a orientação sexual. Darei mais destaque a este assunto no capítulo 10.

III - A opção pela virgindade

O Centro de Controle de Doenças (CDC) relatou que a quantidade de adolescentes entre 15 e 19 anos que tiveram relações sexuais diminuiu drasticamente entre 1988 e 2010[111]. A queda foi relevante sobretudo entre os meninos. Em 1988, 60% dos jovens entre 15 e 19 anos diziam que já tinham feito sexo; em 2010, esse número caiu para apenas 42%. O que aconteceu? Os meninos estão se guardando mais para o casamento? Eles descobriram a religião? (Neste capítulo, "relação sexual" significa relação entre pênis e vagina; quando eu falar de "sexo oral", falarei "sexo oral").

Menos adolescentes estão tendo relações sexuais

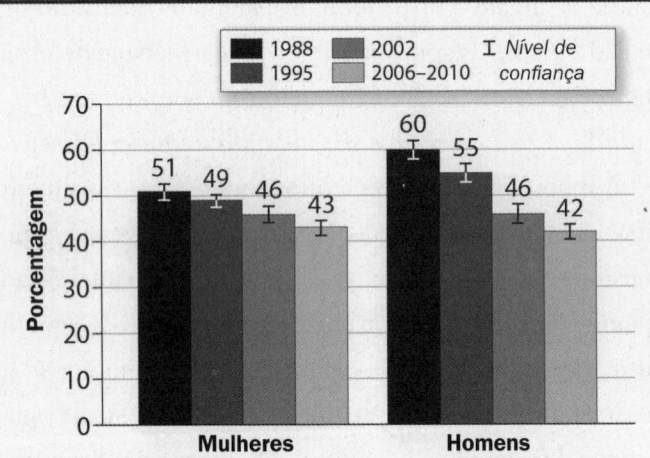

A proporção de adolescentes entre 15 e 19 anos que já fizeram sexo diminuiu entre 1988 e 2010.

Fonte: Centro de Controle e Prevenção de Doenças.

---

[111] MARTINEZ, Gladys et alli. "Teenagers in the United States: Sexual Activity, Contraceptive Use, and Childbearing, 2006-2010 National Survey of Family Growth". Hyattsville, Maryland: National Center for Health Statistics, *Vital Health Statistic*, Volume 23, Number 31, 2011, disponível em <https://www.cdc.gov/nchs/data/series/sr_23/sr23_031.pdf>, acesso em 22 de julho de 2019.

Mais adiante analisaremos o estudo do CDC. Os pesquisadores da instituição entrevistaram uma amostra demograficamente considerável de 4.662 adolescentes de todo o país, perguntando a cada um deles – numa entrevista individual estruturada – se ele ou ela já tinha feito sexo. Depois os pesquisadores compararam os resultados com os resultados de estudos anteriores. Em 1988, 51% das meninas entre 15 e 19 anos disseram que tinham feito sexo pelo menos uma vez; em 2010, esse número caiu para 43%. Como já foi dito aqui, a queda entre os meninos foi ainda maior (de 60 para 42%).

O que aconteceu? E por que a redução entre os meninos – uma redução de 18 pontos percentuais, de 60 para 42% – foi mais do que o dobro da redução de 8 pontos percentuais entre as meninas, de 51 para 43%?

Como já mencionei antes, visitei mais de 400 escolas nos últimos 16 anos. Conversei com jovens nas cidades, nas periferias, nas regiões rurais. Posso pensar em duas explicações para o porquê de menos adolescentes estarem fazendo sexo em comparação com o cenário de 30 anos atrás. O primeiro motivo é que o sexo oral vem substituindo a antiga relação sexual vaginal. Os entrevistadores do CDC não mencionam o sexo oral exceto para garantir que o adolescente tenha entendido que o entrevistador se referia ao sexo vaginal, não ao sexo oral. Entre adolescentes sexualmente ativos dos anos 1980 e 1990, o sexo vaginal era muito mais comum do que o sexo oral. Hoje em dia, o sexo oral é um hábito mais disseminado do que há 20 ou 30 anos.

"O sexo oral é a nova 'segunda base'", diz Alexandra Hall, jornalista que passou semanas entrevistando alunos de escolas de ensino médio nos subúrbios de Boston. *"As coisas são bem*

diferentes nas escolas de hoje do que costumavam ser (...). Houve uma profunda mudança na cultura dos namorados e do sexo na escola, sendo que o sexo casual substituiu o namoro"[112]*. "Os jovens não namoram hoje em dia"*, concorda o médico e bioético Leon Kass[113]. *"O namoro tradicional está morto"*, concorda a jornalista e escritora Barbara Dafoe Whitehead[114].

Nos anos 1980, a intimidade sexual adolescente *"tinha um contexto diferente. Esse contexto era chamado 'namoro'"*, diz Hall.

> *Hoje em dia, outra coisa é muito mais comum. Meninas e meninos solteiros num grupo vão à casa de um amigo (os pais podem ou não estar em casa), bebem e fumam maconha, depois formam pares e se envolvem em "sexo sem compromisso". Uma semana mais tarde, quando o cenário se repete, eles ficam com outras pessoas.*

Michael Milburn, professor da Universidade de Massachusetts, concorda que *"a época em que um menino aparecia na porta da menina e conhecia os pais dela antes de levá-la para jantar está praticamente obsoleta. O namoro foi substituído por festas e pela cultura do 'ficar'"*[115]. Concordo com o professor Milburn. A cena do menino conhecendo os pais da menina antes de levá-la para sair

---

[112] HALL, Alexandra. "The Mating Habits of the Suburban High School Teenager". Boston, May 2003.

[113] O dr. Kass fez essa observação em uma entrevista ao programa *The Merrow Report*, da PBS, em 29 de novembro de 2000, "Lessons in Courtship and Marriage".

[114] Essa citação foi retirada do artigo: WHITEHEAD, Barbara Dafoe. "Forget Sex in the City, Women Want Romance in Their Lives". *Washington Post*, February 9, 2003, p. B2.

[115] HALL, Alexandra. "The Mating Habits of the Suburban High School Teenager". *Op. cit.*

está mesmo obsoleta, juntamente com o telefone de disco. Se isso *deveria* ter se tornado obsoleto é outra questão. Ninguém duvida que o telefone sem fio de hoje seja uma melhora significativa em relação ao antigo telefone de disco. Mas a mudança na cultura do namoro para a cultura do sexo casual significa uma mudança do romance para o sexo impessoal. Essa mudança não deve ser comemorada, mesmo que seja associada a uma queda nas taxas de relações sexuais vaginais (e uma queda correspondente na taxa de gravidez na adolescência).

Então: um grande motivo por trás da queda nas relações sexuais vaginais é a onipresença do sexo oral. Outro importante fator é a normalização da pornografia e a tendência cada vez maior de alguns meninos a preferir a masturbação às relações sexuais com meninas de verdade (veja meus comentários na p. 170 sobre John Mayer). Ouvindo adolescentes, meninos e meninas, fica cada vez mais claro que eles vivem suas experiências na *Internet* ou por meio de uma tela. Se sua prioridade na vida é conseguir dez mil seguidores no *Instagram* ou ser o primeiro do grupo a terminar todas as missões de *Grand Theft Auto* ou outro *videogame*, então o sexo vaginal talvez seja deixado de lado.

Para muitos adolescentes meninos, o sexo é um objeto em si. O desafio para um adolescente assim é integrar os desejos da alma e do espírito às necessidades do corpo, direcionar seu desejo sexual para o desejo por amizade e companhia. Para muitos meninos adolescentes (e para muitos adultos), isso não é fácil. Alguns nunca alcançam esse nível de maturidade. Mas há determinadas coisas que os pais podem fazer para ajudar. Primeiro, acho, precisamos analisar melhor as diferenças básicas na sexualidade entre meninas/mulheres e meninos/homens.

IV - Oxitocina não é testosterona

Qual a relação entre amor e sexo? A base neuroquímica para o amor e o sexo nas mulheres envolve o hormônio oxitocina, o mesmo hormônio liberado quando a mãe amamenta o filho recém-nascido. "Os efeitos da oxitocina tanto no relacionamento [amoroso] quando no comportamento sexual dependem do estrogênio e do gênero", observa a neuropsicóloga Lisa Diamond, acrescentando que parece haver "circuitos de oxitocina mais amplos nos cérebros femininos do que nos masculinos"[116]. Nos homens, por outro lado, o hormônio subjacente ao desejo sexual não é a oxitocina, e sim a testosterona, o mesmo hormônio que determina a agressividade nos homens.

Muitos pesquisadores usaram exames de ressonância magnética para analisar a atividade cerebral em mulheres e homens durante a excitação sexual. Eles descobriram consistentemente que homens demonstram uma atividade maior, comparativamente, em regiões mais antigas e primitivas do cérebro, como na amígdala, tálamo e hipotálamo, enquanto as mulheres demonstram uma atividade maior, proporcionalmente, no córtex cerebral. Isso se aplica até mesmo para quando as mulheres se dizem mais sexualmente excitadas do que os homens[117]. E essas diferenças

---

[116] DIAMOND, Lisa. "What Does Sexual Orientation Orient? A Biobehavioral Model Distinguishing Romantic Love and Sexual Desire". *Psychological Review*, Volume 110, 2003, p. 173-92.

[117] Os dois artigos mais antigos são: KARAMA, Sherif et alli. "Areas of Brain Activation in Males and Females during Viewing of Erotic Film Excerpts". *Human Brain Mapping*, Volume 16, 2002, p. 1-13; HAMANN, Stephan et alli. "Men and Women Differ in Amygdala Response to Visual Sexual Stimuli". *Nature Neuroscience*, Volume 7, 2004, p. 411-16. Artigos mais recentes confirmaram e ampliaram essas conclusões. Ver, por exemplo:

de sexo aparentemente não são afetadas pela orientação sexual: os pesquisadores não encontraram diferenças significativas nos padrões de atividade cerebral de homens héteros em comparação com *gays*, mas diferenças maiores entre homens e mulheres, independentemente da orientação sexual[118].

Essas diferenças de sexo sugerem que a experiência sexual feminina "acontece" mais no córtex cerebral e, portanto, está mais conectada com tudo o mais que esteja passando por sua mente. A experiência sexual dos homens está menos conectada ao córtex, menos conectada ao mundo externo. Um estudo recente mostrou que, em homens jovens, a excitação sexual diminui a sincronização funcional entre as áreas córticas do cérebro. Essa é uma forma mais elegante de dizer que, quando o homem está sexualmente excitado, seu cérebro se desprende e as partes diferentes do cérebro não falam umas com as outras[119].

O peso das provas sugere que homens e mulheres sentem o desejo sexual de formas diferentes. Como observa a psicóloga da UCLA Anne Peplau:

STOLERU, Serge et alli. "Functional Neuroimaging Studies of Sexual Arousal and Orgasm in Healthy Men and Women: A Review and Meta-analysis". *Neuroscience & Biobehavioral Reviews*, Volume 36, 2012, p. 1481-1509. Ver, também: SYLVA, David et alli. "Neural Correlates of Sexual Arousal in Heterosexual and Homosexual Women and Men". *Hormones and Behavior*, Volume 64, 2013, p. 673-84.

[118] Ver: STOLERU, Serge et alli. "Functional Neuroimaging Studies of Sexual Arousal and Orgasm in Healthy Men and Women". *Op. cit.*; SYLVA, David et alli. "Neural Correlates of Sexual Arousal in Heterosexual and Homosexual Women and Men". *Op. cit.*

[119] HERNANDEZ-GONZALEZ, Marisela et alli. "Sexual Arousal Decreases the Functional Synchronization Between Cortical Areas in Young Men". *Journal of Sex & Marital Therapy*, Volume 39, 2013, p. 264-79.

A sexualidade feminina tende a ter uma ligação maior com uma relação de intimidade. Para as mulheres, um objetivo importante do sexo é a intimidade; o melhor contexto para o sexo prazeroso é uma relação de compromisso. Isso é menos verdade para os homens[120].

Dá para dizer de novo. Para muitos meninos e alguns homens, sobretudo os mais jovens, o desejo sexual está intimamente relacionado à agressão. Isso não surpreende quando você lembra que, nos homens, tanto o desejo sexual como a agressividade são mediados pela testosterona. Num estudo cuidadosamente planejado, uma porcentagem surpreendentemente alta – 35% – de universitários "normais" disse que eles não só já tiveram fantasias quanto a estupros como também estuprariam uma mulher se tivessem a oportunidade e se tivessem certeza de que não seriam pegos[121]. Em outro estudo de universitários "normais", mais da metade disse que estupraria uma mulher se tivesse certeza de que não seriam punidos[122]. Pesquisadores descobriram que mais de 80% dos vídeos pornográficos populares incluem alguma forma de violência degradante contra as mulheres: em geral a mulher está sendo estapeada, engasgada ou espancada ou tem o cabelo puxado[123]. Mas homens que assistem a esses

---

[120] PEPLAU, Letitia Anne. "Human Sexuality: How Do Men and Women Differ?". *Current Directions in Psychological Science*, Volume 12, 2003, p. 37-44.

[121] MALAMUTH, Neil. "Rape Proclivity Among Males". *Journal of Social Issues*, Volume 37, 1981, p. 138-57.

[122] MALAMUTH, Neil. "Testing Hypotheses Regarding Rape: Exposure to Sexual Violence, Sex Differences, and the 'Normality' of Rapists". *Journal of Research in Personality*, Volume 14, 1980, p. 121-37.

[123] BRIDGES, Ana et alli. "Aggression and Sexual Behavior in Best-Selling Pornography Videos: A Content Analysis Update". *Violence Against Women*, Volume 16, 2010, p. 1065-85.

vídeos não são necessariamente Neanderthais. Na verdade, os pesquisadores não descobriram relação entre as crenças quanto aos papéis dos gêneros por parte do homem e a probabilidade de ele considerar o estupro como algo sexualmente excitante. Alguns homens que defendem fervorosamente direitos iguais entre homens e mulheres, que aprovam a presença de mulheres em papéis de liderança e assim por diante, também dizem que estuprariam uma mulher se tivessem oportunidade. Num estudo recente, homens que assistiam a pornografia na verdade tinham uma probabilidade maior de apoiar os direitos iguais para as mulheres em comparação com os homens que não assistem a pornografia[124]. Tampouco existe qualquer relação, positiva ou negativa, entre a inteligência do homem e a probabilidade de ele se sentir sexualmente excitado por imagens de estupro[125]. Homens extremamente inteligentes não têm uma probabilidade menor de fantasiar que estão estuprando uma mulher em relação a homens com inteligência abaixo da média[126].

Homens e mulheres vivem a sexualidade de formas diferentes. Uma quantidade significativa de homens talvez se sinta tentada a realizar um ataque sexual, mesmo sendo inteligentes e acreditando em direitos iguais para as mulheres. As mulheres têm uma probabilidade muito menor de sentir uma vontade in-

---

[124] KOHUT, Taylor et alli. "Is Pornography Really About 'Making Hate to Women'?: Pornography Users Hold More Gender Egalitarian Attitudes Than Nonusers in a Representative American Sample". *Journal of Sex Research*, Volume 53, 2016, p. 1-11.

[125] MURNEN, Sarah et alli. "A Meta-analytic Review of the Research That Relates Masculine Ideology to Sexual Aggression". *Sex Roles*, Volume 46, 2002, p. 359-75.

[126] BOGAERT, Anthony et alli. "Intellectual Ability and Reactions to Pornography". *Journal of Sex Research*, Volume 36, 1999, p. 283-91.

controlável de se envolver num ataque sexual. Essas diferenças entre homens e mulheres têm, em parte, causas biológicas, incluindo diferenças entre níveis de testosterona e oxitocina. Uma abordagem razoável para evitar ataques sexuais seria começar a reconhecer essas diferenças programadas. No capítulo 12 falarei mais dessa abordagem.

Homens jovens têm uma probabilidade muito maior do que as jovens mulheres de considerar a pornografia algo agradável e satisfatório. Poucas mulheres jovens usariam a palavra "satisfatória" para descrever a experiência de se masturbar usando pornografia. Mas a pornografia se tornou algo comum. O *pop star* John Mayer disse, todo orgulhoso, à revista *Rolling Stone* que faz parte "de uma nova geração de masturbadores": ele *prefere* se masturbar usando pornografia a fazer sexo com uma mulher[127]. Nunca ouvi falar de uma celebridade feminina que se orgulhe de preferir se masturbar consumindo pornografia a fazer sexo com pessoas de verdade.

A motivação para o sexo é diferente para a maioria dos meninos adolescentes em relação às meninas adolescentes. Muitos meninos querem fazer sexo para satisfazer um desejo sexual. É um impulso instintivo, não muito distante da necessidade de ir ao banheiro quando sente vontade. Muitos meninos dirão que a vontade é praticamente irresistível.

O mesmo não se aplica às meninas. Como observou o psicólogo Roy Baumeister, *"o desejo masculino busca a atividade*

---

[127] HEDEGAARD, Erik. "The Dirty Mind and Lonely Heart of John Mayer". *Rolling Stone*, June 6, 2012, disponível em: <www.rollingstone.com/music/news/the-dirty-mind-and-lonely-heart-f-john-mayer-20120606>, acesso em 22 de julho de 2019.

sexual em si, enquanto o desejo feminino busca algo além disso, algo com outros resultados e consequências"[128].

A professora Joan Jacobs Brumberg, que escreveu dois livros sobre o desenvolvimento psicossexual em meninas adolescentes, concorda. O prazer sexual geralmente não é o fator motivador quando as meninas fazem sexo, descobriu Brumberg. Isso é verdade sobretudo para o sexo oral. As meninas de hoje fazem muito mais sexo oral nos meninos do que as gerações anteriores, mas Brumberg diz que *"elas fazem sem sentir prazer"*[129]. É simplesmente algo que se faz se você é uma menina norte-americana hoje em dia. É parte da sua função, sobretudo se você quer ser popular. Deborah Tolman, diretora do Centro de Pesquisas Femininas da Wellesley College, concorda que o sexo ainda tende mais para a satisfação e necessidade dos meninos. Quanto ao sexo oral, diz Tolman, *"os meninos recebem, mas não as meninas. Este é o roteiro heterossexual que privilegia os meninos em detrimento das meninas"*[130]. Em seu livro *Girls and Sex [Garotas e Sexo]*, de 2016, Peggy Orenstein descreve uma conversa com uma menina que lhe explicou que fazer sexo oral num menino não era algo especialmente íntimo ou pessoal. Orenstein observa objetivamente: *"Posso fazer parte de outra geração, mas, sinceramente, para mim é difícil pensar num pênis na minha boca como algo 'impessoal'"*[131].

[128] BAUMEISTER, Roy. "Gender Differences in Erotic Plasticity: The Female Sex Drive as Socially Flexible and Responsive". *Psychological Bulletin*, Volume 126, 2000, p. 247-74.

[129] BRUMBERG, Joan Jacobs. *The Body Project: An Intimate History of American Girls*. New York: Random House, 1997. p. 190.

[130] JARRELL, Anne. "The Face of Teenage Sex Grows Younger". *New York Times*, April 12, 2000.

[131] ORENSTEIN, Peggy. *Girls and Sex: Navigating the Complicated New Landscape*. New York: Harper, 2016. p. 54.

Quando você pergunta a adolescentes, tanto meninas como meninos, por que eles fazem sexo, você recebe respostas bem diferentes de cada um dos gêneros. Os meninos geralmente respondem com um quê de desprezo. "Por que eu *não faria* sexo? Desde que a menina também queira – digo, desde que ela não me chute nem grite por socorro –, por que eu não deveria fazer"? Os meninos querem fazer sexo porque se sentem sexualmente excitados. Simples assim.

Para a maioria das meninas é diferente. Num grande estudo, as meninas sequer citaram a excitação sexual como um motivo para fazer sexo[132]. As adolescentes geralmente têm relações íntimas por motivos não relacionados à satisfação sexual. As meninas talvez esperem que fazer sexo lhes garanta pontos no concurso de popularidade ou talvez só queiram agradar o menino com o qual estão ficando, ou ainda podem se sentir pressionadas pelo menino ou por outras meninas que já estão tendo relações sexuais.

Uma mudança fundamental que ocorreu ao longo dos últimos 30 anos é a mudança no paradigma feminino para o masculino. Há três décadas, um menino tinha pelo menos de tentar convencer a menina de que estava apaixonado para esperar que ela mantivesse relação sexual com ele. Hoje não mais. Eis a importância do "ficar" substituindo a relação amorosa como incentivo sexual primário na cultura adolescente.

Qual a consequência? Barbara Dafoe Whitehead concluiu que o efeito da cultura adolescente imersa em sexo de hoje *"não é ajudar os jovens a aprender a escolher um parceiro para a vida*

---

[132] EYRE, Stephen & MILLSTEIN, Susan. "What Leads to Sex? Adolescent Preferred Partners and Reasons for Sex". *Journal of Research on Adolescence*, Volume 9, 1999, p. 277-307.

futura". Na melhor das hipóteses, isso só os ajuda a *"administrar suas vidas sexuais"*[133]. Mas uma vida sexual sem conexão emocional não é a melhor forma de se preparar para um compromisso duradouro com um parceiro amoroso.

A satisfação sexual talvez seja outra baixa da mudança para a cultura do "ficar", ao menos para meninas e jovens mulheres. Num estudo com 24 mil meninas de 21 universidades, somente 40% delas disseram alcançar o orgasmo quando a "ficada" envolve relação vaginal, em comparação com 80% dos homens. (E isso somente para as "ficadas" que envolvem sexo vaginal). Em comparação, os mesmos pesquisadores descobriram que cerca de três quartos das mulheres alcançaram o orgasmo em sua relação sexual vaginal mais recente quando o episódio ocorreu no contexto de um relacionamento amoroso[134].

O dr. Drew Pinsky fez uma observação importante quanto à relação entre o álcool e as diferenças de gênero no que diz respeito às "ficadas". Meninas e meninos estão em geral parcial ou totalmente bêbados quando fazem sexo casual (Você se lembra do ataque sexual que Jimmy perpetrou contra Tina? Ele estava bêbado ao fazer aquilo. Não é uma justificativa, só um fato). O dr. Pinsky descobriu que meninas e meninos dão justificativas completamente diferentes para o *porquê* de ficarem bêbados antes

---

[133] Essa citação é do artigo: WHITEHEAD, Barbara Dafoe. "Forget Sex in the City, Women Want Romance in Their Lives". *Washington Post*, February 9, 2003, p. B2.

[134] KITROEFF, Natalie. "In Hookups, Inequality Still Reigns". *New York Times*, November 11, 2013, disponível em: <http://well.blogs.nytimes.com/2013/11/11/women-find-orgasms-elusive-in-hookups/_r=0>, acesso em 22 de julho de 2019. Ver, também: ARMSTRONG, Elizabeth ; ENGLAND, Paula & FOGARTY, Alison. "Orgasm in College Hookups and Relationships". *Families As They Really Are*. New York: W. W. Norton, 2009. p. 362-77.

de transar. Os meninos gostam de beber porque isso retarda sua reação sexual, permite que eles relaxem e diminui a probabilidade de uma ejaculação precoce. As meninas gostam de beber porque isso anestesia a experiência para elas, tornando-a menos constrangedora e menos emocionalmente dolorosa[135]. Entre os universitários, mais da metade das "ficadas" é precedida pelo uso de álcool ou outras drogas[136].

V - Bom ou ruim?

Na primeira edição deste livro, publicado em 2005, chamei a atenção para o fato de a "ficada" estar substituindo o relacionamento amoroso e de o sexo oral estar substituindo a relação sexual vaginal. Em meu livro *Girls on the Edge,* publicado em 2010, defendi os mesmos argumentos de forma mais enfática, apontando as maneiras pelas quais as redes sociais estavam contribuindo para a auto-objetificação das meninas. Recentemente, vários livros novos, como *American Girls*, de Nancy Jo Sales, e o já mencionado *Girls and Sex,* de Peggy Orenstein, defendem os mesmos pontos de vista. Mas um tom diferente tem se insinuado no debate público. Em vez de lamentar as mudanças e tentar

---

[135] O dr. Pinsky fez essas observações como convidado no programa *Fresh Air*, da NPR, em 24 de setembro de 2003. Para ouvir, acesse: <http://www.npr.org/programs/fresh-air/archive?date=9- 24-2003>, desça até "Dr. Drew Pinsky" e clique no botão *"play"*. Ver, também, o livro: PINSKY, Drew. *Cracked: Putting Broken Lives Together Again.* New York: HarperCollins, 2003. Especialmente o capítulo 10, p. 111-17.

[136] GRELLO, Catherine ; WELSH, Deborah & HARPER, Melinda. "No Strings Attached: The Nature of Casual Sex in College Students". *Journal of Sex Research*, Volume 43, 2006, p. 255-67.

conter o dano, alguns escritores estão aplaudindo as mudanças e desprezando os danos.

Hanna Rosin escreveu um longo artigo para a *Atlantic* sobre a nova realidade das relações sexuais, de acordo com a qual jovens norte-americanos lhe narraram. Ela questiona a ideia, que reconhece estar disseminada, de que a nova cultura da "ficada" é socialmente corrosiva e em última análise tóxica para as mulheres. Rosin diz que "ficar" é "um mecanismo do progresso feminino". Os argumentos dela, em essência, se resumem a isto: *As meninas e jovens mulheres hoje em dia estão ocupadas demais.* Elas querem realizar coisas demais. Elas não têm tempo para namorar. Ficar é mais conveniente e menos exigente. "Muitas mulheres gostam de sexo casual", disse uma jovem de Yale para ela[137].

O antropólogo Peter Wood leu o artigo de Rosin, mas não ficou convencido. Numa resposta para a jovem de Yale que disse que muitas mulheres gostam de sexo casual, Wood disse:

> *Apesar de o custo dessa ideia não ser imediatamente aparente, ele ainda assim é real. A mulher que trata sua sexualidade como algo separado de uma relação mutuamente forte com um único parceiro cedo ou tarde descobre que os homens a consideram desprezível. Rosin e os apologistas da cultura do sexo casual dão de ombros. Desde quando o que os homens pensam importa? Mas a ideia do sexo apenas como sexo não é verdadeira (...). Não existe sexo sem consequências. A experiência delas talvez seja mais bem resumida na fala de uma personagem feminina do filme Vanilla Sky, de 2001:*

[137] ROSIN, Hanna. "Boys on the Side". *The Atlantic*, September 2012, <www.theatlantic.com/magazine/archive/2012/09/boys-on-the-side/309062/>, acesso em 22 de julho de 2019.

> *Você não sabe que, quando dorme com alguém, seu corpo faz uma promessa, quer você queira, quer não? Promessas não cumpridas como essa se acumulam.*

Wood conclui:

> *Os sexos são complementares. A distorção da sexualidade feminina distorce a sexualidade masculina também, ainda que de uma forma mais lenta. Os homens, em vez de aprenderem a serem parceiros mais responsáveis e comprometidos e, no futuro, maridos e pais, aprendem que a dimensão da busca pelo prazer por meio da sua sexualidade é algo que pode ser mantido com relativa facilidade. Como consequência, os homens adiam a maturidade social. As mulheres que são veteranas da cultura do sexo casual descobrem que, uma vez nela, as chances de sair se reduzem (...). Tudo isso distorce e menospreza a vida daqueles que se veem presos na busca pelo sexo sem compromisso. Eles acabam se tornando pessoas para as quais o compromisso de verdade é muito mais difícil (...). O [verdadeiro] sentido do sexo é que ele leva a algum lugar – algum lugar para além do orgasmo e da excitação de estranhos. Uma geração mais antiga chamaria esse "outro lugar" de casamento[138].*

O resultado final de várias relações sexuais fora do contexto de um relacionamento amoroso talvez seja uma diminuição na capacidade de formar e manter relacionamentos amorosos saudáveis e duradouros. E isso serve para meninas e meninos, mulheres e homens. Não podemos ter certeza disso. Não temos pesquisas de décadas nas quais meninas e meninos se oferecem aleatoriamente para participar da cultura do sexo

---

[138] WOOD, Peter, "The Meaning of Sex". *Weekly Standard*, May 4, 2015, <www.weeklystandard.com/the-meaning-of-sex/article/928461>, acesso em 22 de julho de 2019.

casual ou da cultura do namoro. E não anseio por tal estudo. Eu não falaria para minha filha se oferecer para participar. Você falaria para a sua?

Acho que não.

VI - Interpretando um papel

Muitos jovens não namoram mais. Ficar se tornou muito mais comum. Como resultado, descobriram os estudiosos, a intimidade sexual na adolescência é hoje geralmente determinada não pela atração romântica, e sim pela filiação a um grupo. O que isso quer dizer?

Para usar o jargão empregado por psicólogos que estudam os relacionamentos adolescentes: "Pares românticos geralmente se formam com base na hierarquia da popularidade, e não em características pessoais". Eis o que isso quer dizer: quando jovens de 14 anos ficam, eles ficam menos com base na atração romântica e mais com base em quão popular o adolescente é dentro do grupo de adolescentes. O menino mais popular do grupo fica com a menina mais popular, o segundo menino mais popular fica com a segunda menina mais popular, e assim por diante[139]. E o principal fator de popularidade entre adolescentes é a atração física.

Há alguns anos, eu estava conduzindo uma discussão entre alunos do ensino médio sobre intimidade sexual e namoro.

[139] BROWN, B. Bradford. "'You're Going Out with WHO?' Peer Group Influences on Adolescent Romantic Relationships". *In*: FURMAN, Wyndol ; BROWN, B. Bradford & FEIRING, Candice (Ed.). *The Development of Romantic Relationships in Adolescence*. New York: Cambridge University Press, 1999. p. 291-329.

Perguntei ao grupo o que eles pensavam sobre o namoro. "Só pessoas feias namoram", disse um menino, cheio de autoridade. Impressionado, pedi que as pessoas no grupo levantassem as mãos se concordassem com o menino. A maioria levantou a mão. "Agora levantem as mãos aqueles que *não* concordam", pedi. Ninguém levantou a mão. É assim que os alunos de ensino médio veem a coisa: se você é popular e bonito, não terá dificuldade para encontrar alguém numa festa com quem ficar. Se você não é atraente, mas quer alguma coisa física, sua melhor aposta é encontrar alguém tão feio quanto você e namorá-lo.

Durante mais de 150 anos – desde o epidemiologista britânico William Farr, em 1858 –, pesquisadores têm descoberto com alguma consistência que o casamento traz benefícios tanto para homens como para mulheres. Homens e mulheres casados são mais saudáveis e têm uma probabilidade menor de apresentar quadros de depressão, em média, em comparação com homens e mulheres solteiros[140]. Então, é tentador dizer que os jovens que seguem o roteiro antiquado talvez tirem proveito de um estilo de namoro mais focado no compromisso.

O mesmo talvez não se possa dizer sobre as relações amorosas adolescentes, com ou sem sexo. Adolescentes que começaram um relacionamento amoroso no ano passado têm uma probabilidade maior de se dizer deprimidos em comparação com adolescentes que não estão num relacionamento amoroso; e o efeito é maior para

---

[140] Para uma abordagem lúcida e extensa dos benefícios do casamento à saúde, chamados pelos pesquisadores de "vantagens do casamento", ver o livro: PARPER-POPE, Tara. *For Better: How the Surprising Science of Happy Couples Can Help Your Marriage Succeed*. New York: Plume, 2011. Parker-Pope destaca que a vantagem do casamento não se aplica a casais infelizes ou a casais em processo de divórcio.

meninas do que para meninos[141]. Da mesma forma, adolescentes que tiveram relações sexuais têm uma chance maior de se tornar deprimidos; e esse efeito é *muito maior* em meninas do que em meninos[142]. Ficar – ter relações sexuais fora de um relacionamento amoroso – provavelmente leva mais à depressão do que a relação sexual no contexto de um relacionamento amoroso[143]. Num estudo, adolescentes meninas que fizeram sexo com meninos tinham uma chance maior de ficar deprimidas do que meninas que não fizeram sexo, mas meninos adolescentes que fizeram sexo com meninas não têm uma probabilidade maior de ficar deprimidos[144]. Em alguns estudos, jovens mulheres que se envolvem em sexo correm um risco maior de ficar deprimidas, mas jovens homens que fazem sexo na verdade têm um risco *menor* de ficar deprimidos[145].

---

[141] JOYNER, K. & UDRY, J. "You Don't Bring Me Anything But Down: Adolescent Romance and Depression". *Journal of Health and Social Behavior*, Volume 41, 2000, p. 369-91. Ver, também: DAVILA, Joanne, "Depressive Symptoms and Adolescent Romance: Theory, Research, and Implications". *Child Development Perspectives*, Volume 2, p. 26-31, 2008; STARR, Lisa & HAMMEN, Constance. "Genetic Moderation of the Association Between Adolescent Romantic Involvement and Depression: Contributions of Serotonin Transporter Gene Polymorphism, Chronic Stress, and Family Discord". *Development and Psychopathology*, Volume 28, 2016, p. 447-57.

[142] HALLFORS, Denise et alli. "Which Comes First in Adolescence – Sex and Drugs or Depression". *American Journal of Preventive Medicine*, Volume 29, 2005, p. 163-70.

[143] MENDLE, Jane et alli. "Depression and Adolescent Sexual Activity in Romantic and Nonromantic Relational Contexts: A Genetically-Informative Sibling Comparison". *Journal of Abnormal Psychology*, Volume 122, 2013, p. 51-63.

[144] Ver, por exemplo: SPRIGGS, Aubrey & HALPERN, Carolyn. "Sexual Debut Timing and Depressive Symptoms in Emerging Adulthood". *Journal of Youth and Adolescence*, Volume 37, 2008, p. 1085-96.

[145] Ver, por exemplo: GRELLO, Catherine ; WELSH, Deborah & HARPER, Melinda. "No Strings Attached: The Nature of Casual Sex in College Students". *Op. cit.*

Por que a relação sexual entre os adolescentes leva à depressão mais meninas do que meninos? As meninas são simplesmente mais frágeis do que os meninos?

Acho que não.

Pesquisadores descobriram que os adolescentes, meninas e meninos, geralmente veem as relações sexuais por um prisma diferente. As meninas provavelmente procuram mais uma relação estável e veem a relação sexual como um passo importante para cimentar o namoro. Os meninos conhecem bem esse roteiro. Um menino pode interpretar um papel, enganando a menina com a promessa de um relacionamento que ele talvez não cumpra. Quando o menino abandona a menina depois de algumas relações sexuais, ela provavelmente fica deprimida, mas o menino nem tanto[146]. Isso também ajuda a explicar por que as relações românticas na adolescência estão associadas a um risco maior de depressão, enquanto o casamento na idade adulta está geralmente associado a um risco menor de depressão. Muitos meninos fingem: eles fingem ser parceiros duradouros num relacionamento quando, na verdade, não são. Um homem que se casa com uma mulher não está, espero, fingindo: ele realmente pretende (na maioria dos casos e pelo menos no início) ser um parceiro duradouro numa relação.

Então, o menino engana a menina a fim de fazer sexo. Mas nem sempre é assim. Conheço um menino que estava extremamente comprometido com uma menina que era mais popular e mais bonita do que ele. Tais relacionamentos tendem a ser instáveis: namoros adolescentes duram mais quando são uma

---

[146] SOLLER, Brian. "Caught in a Bad Romance: Adolescent Romantic Relationships and Mental Health". *Journal of Health and Social Behavior*, Volume 55, 2014, p. 56-72.

combinação de adolescentes de mesma popularidade e beleza. De qualquer forma, quando a menina terminou com o menino, depois de apenas oito semanas de namoro, ele ficou desesperado e se convenceu de que sua vida tinha acabado. Ele começou a se cortar com lâminas de barbear.

Todos queremos que nossos filhos cresçam e vivam um namoro cheio de amor, de apoio mútuo e *duradouro*. Muitos pais imaginam, com alguma base na realidade, que os namoros na adolescência são um bom "treino" para relações mais sérias na idade adulta. Mas não dá para pôr a carroça na frente do cavalo. A prática leva à perfeição.

Alguns psicólogos que estudam relações amorosas na adolescência estão chegando a uma conclusão diferente. A prática só leva à perfeição se você estiver praticando a coisa certa. A maioria dos adolescentes não está. Os psicólogos Wyndol Furman e Elizabeth Wehner estudam relacionamentos amorosos entre adolescentes há anos. Quanto a jovens do fim do ensino fundamental e quanto à maioria das escolas de ensino médio, eles dizem que "os adolescentes não estão muito preocupados com a satisfação das relações ou com as necessidades de carinho (...). Ao contrário, a atenção deles está voltada apenas para o que são, quão atraentes são (...) e como todo o grupo vê isso". Adolescentes geralmente desenvolvem maus hábitos em seus namoros. Um menino pode adquirir o hábito de considerar sua namorada uma fonte de prazer sexual sem se conectar com ela enquanto ser humano. Uma menina pode adquirir o hábito de ver seu parceiro como um "namorado-troféu" sem ter ideia de como integrá-lo à sua vida. E os dois podem adquirir o hábito de abandonar o parceiro atual sempre que um parceiro mais bonito ou popular se tornar disponível. Com o tempo, Furman e Wehner descobriram que "esses indivíduos podem se tornar mais habilidosos, mas mais habilidosos quanto a desenvolver relações pelas quais eles anseiam"[147]. Ao chegarem à idade adulta, na hora de construir um casamento que durará a vida toda, eles já acumularam todos os tipos de maus hábitos com os quais precisam romper. Talvez tivesse sido melhor se não tivessem vivido todas aquelas experiências.

Há outros motivos para ser cético quanto ao valor da relação romântica na adolescência. De acordo com uma grande pesquisa, jovens que se tornam sexualmente ativos antes dos 15 anos têm três vezes mais chance de ser fumantes regulares, quatro vezes mais chance de experimentar maconha e seis vezes mais chance de beber álcool uma vez por semana ou mais[148].

Talvez devêssemos pensar nas relações sexuais da mesma forma que pensamos nas bebidas alcoólicas: como um prazer adulto a ser usufruído apenas por adultos. Assim como as bebidas alcoólicas, os relacionamentos amorosos podem ser maravilhosos quando adultos responsáveis estão envolvidos. Se adolescentes despreparados as usam, elas podem ser fatais. Dirigir sob efeito de álcool mata. Assim como a AIDS/HIV. E o menino que adquire

---

[147] FURMAN, Wyndol & WEHNER, Elizabeth. "Adolescent Romantic Relationships: A Developmental Perspective". *In*: SHULMAN, Shmuel & COLLINS, Andrew (Ed.). *Romantic Relationships in Adolescence: Developmental Perspectives*. San Francisco: Wiley / Jossey-Bass, 1997. p. 23, 27.

[148] National Campaign to Prevent Teen Pregnancy, *14 and Younger: The Sexual Behavior of Young Adolescents*. Washington, DC: 2003, resumo disponível em: <http://thenationalcampaign.org/resource/14-and-younger-sexual-behavior-young-adolescents>, acesso em 22 de julho de 2019. Ver, também: Conduct Problems Prevention Research Group. "Trajectories of Risk for Early Sexual Activity and Early Substance Use in the Fast Track Prevention Program". *Prevention Science,* Volume 15, 2014, p. 33-46.

o hábito de explorar sua namorada sexualmente, ignorando suas necessidades emocionais, está se preparando para toda uma vida de frustração e solidão. Da mesma forma, a menina que faz sexo com um menino depois do outro, mês após mês, ano após ano, sem manter um compromisso amoroso sério, pode perceber que para ela é difícil estabelecer um relacionamento duradouro com intimidade sexual – se satisfazer com um único parceiro romântico – se um dia ela quiser se casar.

CAPÍTULO 7

Drogas e álcool

I - Caitlyn

Caitlyn nunca foi popular. Caçula de três filhos, ela sempre pareceu feliz nos bastidores, enquanto seus dois irmãos mais velhos brilhavam sob os holofotes. Alex, o primogênito, era o inteligente. Ele tirava dez em todas as matérias sem nem precisar estudar e foi aceito precocemente na instituição que era a sua primeira escolha, a Universidade da Pensilvânia.

Aaron, o filho do meio, era um atleta. Futebol no outono, basquete no inverno, lacrosse na primavera. Aaron foi o primeiro aluno do segundo ano do ensino médio a se tornar titular na seleção de futebol da escola. No ano seguinte, foi o artilheiro do time. Em dezembro do seu ano como calouro, ele já tinha recebido convites para conhecer alguns programas da liga norte-americana de futebol, incluindo Clemson e Virginia Tech.

Jill, a mãe deles, era mãe em tempo integral, e ia a todos os jogos de Aaron. Caitlyn parecia feliz em acompanhá-la e torcer pelo irmão.

Como Caitlyn era bastante reservada e tímida, seus pais, Jill e Harry, temiam que ela pudesse ter problemas quando

terminasse o ensino fundamental. Jill lera *Odd Girl Out* e vá-
rios outros livros que pais de meninas têm de ler hoje em dia.
Nas noites em que Jill e o marido iam para a cama ao mesmo
tempo, Jill lia para Harry trechos desses livros sobre educação.
Se Harry reclamava, ela dizia: "Você precisa estar preparado.
Ela é sua filha também".

As últimas séries do ensino médio são difíceis para as
meninas – mas Caitlyn passou incólume. Na oitava série, ela
desabrochou. Ao longo de um período de cerca de dez meses, ela
perdeu peso e se transformou numa adolescente esguia e atraente.

Quando entrou para o ensino médio, no ano seguinte, sua
popularidade explodiu e sua agenda de atividades sociais ficou
cheia. Todos os fins de semana ela recebia uma enxurrada de
convites – para ir ao *shopping*, para festas ou simplesmente para
ir à casa das amigas. Ainda assim, as notas dela melhoraram.
Ela se tornou obcecada com as lições de casa. No segundo ano
do ensino médio, Caitlyn passava em média três horas por noite
fazendo o dever. Seus pais, sobretudo Jill, ficaram maravilhados
por sua força e disciplina. "Ela é nossa flor que demorou para
desabrochar", Jill dizia ao marido.

Caitlyn passava os fins de semana fazendo a lição de casa
durante o dia e depois indo a festas ou saindo em grupo para ir ao
cinema nas noites de sexta-feira ou sábado. Caitlyn pedia dinheiro
aos pais para comprar as roupas da moda. Harry reclamava que o
orçamento de Caitlyn para roupas era exagerado. "Gastamos mais
com as roupas dela do que com as roupas de Alex e Aaron *juntos*",
dizia ele. "E o que ela está comprando não é nada fabuloso, para
dizer a verdade. Estamos pagando o preço de Neiman Marcus por
roupas do Walmart. Cem dólares por uma calça jeans desbotada"?

"Mas ela é menina. Roupas de menina custam mais. E as meninas se importam mais com roupas", dizia Jill. "Os meninos usam a mesma coisa várias vezes e ninguém se importa. Se uma menina usa a mesma roupa duas vezes no mês, as outras notam". Secretamente, porém, Jill admitia que os gastos de Caitlyn eram excessivos e que a filha não tinha muita noção dos preços. Mas Jill estava tão feliz em ver a filha finalmente saindo do casulo, finalmente ocupando o centro do palco, que não conseguia conversar com Caitlyn sobre o assunto. *Ela só vai ser adolescente uma vez na vida,* pensava Jill. Que ela tivesse sua oportunidade.

O orientador vocacional dizia que Caitlyn era a candidata certa para a Universidade de Maryland, mas ela queria sair do estado. Assim que começou o último ano do ensino médio, a maior preocupação de Jill e Harry era se eles conseguiriam pagar uma faculdade de elite para Caitlyn sem tirar dinheiro de suas contas de aposentadoria.

Em retrospecto, todos os sinais positivos estavam lá. Mas um dia o telefone tocou às três da manhã de um domingo no começo de novembro e Jill não tinha ideia de que Caitlyn escondia um segredo.

A princípio, Jill pensou que a ligação fosse um engano ou um trote. "Alô"?, murmurou ela para o telefone.

"Alô. Meu nome é Cathy. Sou enfermeira na emergência do Shady Grove Hospital. A senhora é a mãe de Caitlyn Morrison"?, perguntou a enfermeira.

"Sim, claro", respondeu Jill.

"As amigas de Caitlyn a trouxeram para cá há umas duas horas", disse a enfermeira. "Caitlyn ainda está inconsciente. Ela tentou cometer suicídio".

"Impossível", disse Jill imediatamente, despertando no mesmo instante. "Como... por que você está dizendo isso"?

"Encontramos frascos vazios de Xanax e Vicodin na bolsa dela", disse a enfermeira, bem direta. "O exame toxicológico dela deu positivo para Xanax e Vicodin. E encontramos um bilhete de suicídio".

"Um bilhete de suicídio? Como... O que está escrito nele"?, perguntou Jill. Depois, antes que a enfermeira pudesse responder, ela disse: "Não, espere! Como ela está? Como ela está"? *Por favor, que ela esteja bem,* orou Jill. De repente ela sentiu dificuldade para respirar. Lágrimas se acumularam em seus olhos. "Ela vai ficar bem"?

"O dr. Sorenson acabou de me dizer que Caitlyn está estável o bastante para ser transferida para a unidade de terapia intensiva", disse a enfermeira. "Normalmente colocamos os adolescentes numa parte especial da UTI pediátrica, mas essa ala está lotada, então ela vai ficar na UTI normal".

"Ah, meu Deus", disse Jill, tentando entender o que estava acontecendo. Harry ainda roncava.

"Recebemos duas meninas na semana passada com a mesma história e exatamente a mesma combinação de medicamentos", disse a enfermeira. "Overdose de Xanax e Vicodin. Aquelas meninas chegaram aqui exatamente como Caitlyn e posso lhe dizer que as duas ficaram bem. Então, espero que Caitlyn fique bem também".

"Estou indo para aí", disse Jill.

* * *

Quando Jill chegou ao hospital, Caitlyn já estava na unidade de terapia intensiva. "Desculpe, mas o horário de visita só começa às oito", informou o atendente da unidade.

"Mas eu sou a *mãe dela*", disse Jill impacientemente.

"Entendo", disse o atendente. "Se a senhora puder se sentar, vou ver se a enfermeira pode vir conversar com a senhora agora mesmo".

A enfermeira, uma mulher agradável de meia-idade chamada Rosemary, explicou que as regras da UTI não permitiam visitas no meio da noite, nem mesmo dos pais. "Mas não se preocupe. Assim que a Caitlyn começar a acordar, eu aviso a senhora, mesmo que não seja no horário de visita", disse Rosemary.

"Ela ainda está dormindo"?, perguntou Jill.

"Ela está inconsciente", respondeu Rosemary. "Mas o dr. Feingold espera que ela recupere a consciência de manhã".

"Quem é o dr. Feingold"?, perguntou Jill.

"O dr. Feingold é o médico de plantão. Ele é o intensivista".

"O que é um intensivista? Não podemos fazer nada para acordá-la *agora*"?, perguntou Jill.

"Vou lhe dizer uma coisa, Jill", disse Rosemary, pacientemente. "Não se preocupe com os detalhes dos cuidados com a sua filha. Deixe isso com a gente. A Caitlyn vai ficar bem, no sentido médico. Você precisa se preocupar com outras coisas".

"Como o quê"?, perguntou Jill, com sinceridade.

"Como o que você vai dizer para a Caitlyn quando entrar no quarto".

"Eu só vou dizer que a amo...", disse Jill, perdendo a voz. Ela percebeu que não tinha ideia do porquê de sua filha ter feito aquilo.

"Esta é a carta de suicídio que nós encontramos com ela", disse Rosemary. "Estava na bolsa dela, por cima das outras coisas, onde ela sabia que você a encontraria". A enfermeira entregou uma folha de papel dobrada para Jill.

Jill assentiu e pegou o papel sem abri-lo. "Obrigada", disse ela.

"Peça ao atendente que me chame se você tiver perguntas", disse Rosemary. "O meu turno é de 12 horas, então eu vou estar aqui quando começar o horário de visita".

Jill esperou Rosemary se afastar para ler a carta da filha. Depois dos dois primeiros parágrafos, começou a chorar, por isso foi com dificuldade até o banheiro feminino. Por sorte, não havia ninguém lá, então Jill teve privacidade para ler a confissão da filha:

Mamãe e papai,
Desculpe por estar fazendo isso. Eu sei o quanto isso os magoará. Mas não existe alternativa para mim.
Acho que vocês não sabem que ando usando drogas já faz algum tempo. Comecei na oitava série. Primeiro usei só Adderall, para perder peso. E deu certo. Eu realmente achava que ninguém iria descobrir. Era fácil enganar vocês e todo mundo. Todo mundo só repara nas aparências. As pessoas viram que eu emagreci e todo mundo achou legal. Eles tinham inveja de mim. Ninguém nunca se perguntou como foi que aquela menina gorda emagreceu tanto.
O Adderall foi maravilhoso – exceto pelas palpitações e náusea e dor de cabeça. Mas aquilo me parecia um preço baixo a pagar. Então, comecei a ter ataques de pânico. Foi aí que entrou o Xanax. Mas nem com o Xanax eu conseguia me acalmar por dentro. Foi quando descobri o Vicodin.
Durante algum tempo achei que poderia sair dessa. Principalmente porque outras meninas também estavam usando. Eu

me sentia como se estivesse equilibrando dez bolas no ar ao mesmo tempo. Talvez eu conseguisse equilibrá-las para sempre. Eu tinha uma rotina: Adderall de manhã, Adderall e Xanax no almoço, Xanax depois da escola, Xanax e Vicodin antes de dormir. Sem problemas.

Aí as drogas deixaram de fazer efeito. Não de uma só vez. Aos poucos. Tentei tomar mais. Aumentei o Vicodin para dois por dia. Depois quatro. Depois seis. Depois dez. Os efeitos colaterais pioraram muito. Pensei em parar de tomar todas as drogas, simplesmente parar de uma hora para outra. Mas isso significaria voltar a engordar e ficar burra. Eu jamais tiraria as notas que estava tirando sem o impulso das drogas. E não suportava a ideia de ser gorda, feia e burra de novo. Depois de experimentar a glória de ser a menina preferida de todo mundo, como se joga tudo isso para o ar?

A verdade é que o meu eu verdadeiro é feio, gordo e burro. Eu me odeio. E não suporto continuar fingindo, tomando drogas e tentando enganar as pessoas. E odeio ter que mentir para vocês – sobre como eu gasto todo o meu dinheiro, sobre como eu consigo ficar a noite toda acordada estudando, sobre como eu perdi todo aquele peso.

Eu não quero ser a pessoa que na verdade sou. Não gosto dessa pessoa. Ela é feia, burra e gorda.

Por favor, me perdoem.

Com amor,

Caitlyn.

II - Drogas diferentes, efeitos diferentes

Meninas e meninos usam drogas por motivos distintos. Por exemplo, as meninas têm uma probabilidade muito maior de usar medicamentos estimulantes como Adderall, Vyvanse, Concerta e

Metadate com o objetivo específico de perder peso[149]. As meninas usam drogas como Xanax e Vicodin para aliviar o estresse, para se acalmar e também porque as amigas usam.

A maioria dos meninos se envolve com drogas por motivos diferentes. A maioria dentre os que abusam de drogas o faz em busca de emoção. Eles querem a emoção de estar fazendo algo perigoso. Você se lembra do capítulo sobre o risco, sobre o comportamento capaz de assumir riscos dos meninos? Os meninos têm mais chance de comprar drogas ilegais de estranhos, enquanto as meninas têm mais chance de comprar drogas de pessoas que elas conhecem[150].

O que os adolescentes dizem a respeito disso? Numa pesquisa nacional com 6.748 adolescentes – escolhidos para serem geográfica e etnicamente representativos de todos os Estados Unidos –, pesquisadores descobriram diferenças de gênero consistentes nas motivações dadas pelos adolescentes para usar drogas, álcool e cigarros. As meninas têm uma probabilidade 16 vezes maior do que os meninos de dizer que fumam para manter o peso, por exemplo. Os meninos têm três vezes mais chance do que as meninas de dizer que fumam para parecer legais[151]. O

[149] CASA: Center on Addiction and Substance Abuse. *The Formative Years: Pathways to Substance Abuse Among Girls and Young Women Ages 8-22*. No capítulo 5, veja o título "Concerns about Weight and Appearance Increase Risk", p. 42-45. O estudo está disponível em: <www.centeronaddiction. org/addiction-research/reports/formative-years-pathways-substance-abuse-among-girls-and-young-women-ages>, acesso em 22 de julho de 2019.
[150] MOON, Dreama et alli. "Ethnic and Gender Differences and Similarities in Adolescent Drug Use and Refusals of Drug Offers". *Substance Use and Misuse*, Volume 34, 1999, p. 1059-83.
[151] SIMANTOV, Elisabeth : SCHOEN, Cathy & KLEIN, Jonathan. "Health-Compromising Behaviors: Why Do Adolescents Smoke or Drink?". *Archives of Pediatrics and Adolescent Medicine*, Volume 154, 2000, p. 1025-33.

mesmo serve para o álcool: meninos adolescentes bebem mais porque querem se sentir bêbados ou para impressionar os amigos; meninas bebem como uma forma de lidar com o estresse[152].

Vamos começar analisando alguns dos motivos por que meninas e meninos usam drogas e álcool. Depois vamos analisar o que é possível fazer, como pai e mãe, para impedir que seu filho ou filha experimente drogas e álcool ou para fazê-los parar de usar se já começaram.

III - Fatores de risco

A história de Caitlyn ilustra alguns dos principais fatores de risco para o uso de drogas entre meninas: uma autoimagem negativa, juntamente com ansiedade e/ou depressão. Por outro lado, os meninos têm uma chance maior de usar drogas – e de ficar bêbados – porque estão em busca de uma sensação de euforia, de uma emoção. (Atendi alguns meninos que usam drogas e/ou álcool como forma de lidar com o estresse, mas isso é menos comum entre os meninos do que entre as meninas. Entre adultos, por outro lado, vi muitos homens que usam drogas ou álcool como forma de lidar com o estresse, mas este é um livro sobre crianças e adolescentes, não sobre adultos).

Caitlyn se via como uma menina estúpida e gorda. Ela se comparava negativamente com seu irmão brilhante, Alex, e seu

---

[152] KUNTSCHE, Emmanuel et alli. "Drinking Motives Mediate Cultural Differences but Not Gender Differences in Adolescent Alcohol Use". *Journal of Adolescent Health*, Volume 56, 2015, p. 323-29. Ver, também: KUNTSCHE, Emmanuel et alli. "Disentangling Gender and Age Effects on Risky Single Occasion Drinking During Adolescence". *European Journal of Public Health*, Volume 16, 2016, p. 670-75.

irmão atleta, Aaron. Não havia nada que a deixasse orgulhosa de si mesma. O Adderall a ajudava a perder peso e lhe dava energia para ficar acordada até tarde, a fim de que ela pudesse passar várias horas fazendo a lição de casa, noite após noite.

Meninas que se sentem estressadas e deprimidas têm uma probabilidade maior de começar a usar drogas e álcool; mas isso não serve para os meninos[153]. Mais tarde neste capítulo vamos explorar alguns dos motivos para essa diferença.

A história de Caitlyn também ilustra como o estresse acadêmico pode precipitar e perpetuar o uso de drogas por parte das meninas. Não subestime o problema do qual sua filha de 12 anos está reclamando. Olhando como adulto, o fato de ela tirar dez ou nove em espanhol não é uma questão de suma importância, mas no mundo dela talvez seja.

A melhor forma de proteger uma menina como Caitlyn e impedi-la de cair na armadilha das drogas é encontrar formas de reforçar sua autoestima e autoimagem e de tornar o ambiente dela menos estressante. Lembre-se daquelas palavras emocionantes no fim do bilhete de suicídio de Caitlyn: *"Meu eu verdadeiro é feio, gordo e burro (...). Eu não quero ser a pessoa que na verdade sou. Não gosto dessa pessoa. Ela é feia, burra e gorda"*. Seu trabalho é mudar a forma como Caitlyn se vê, a fim de que ela não se atenha tanto a como ela *se parece* e sim a como ela é.

---

[153] Ver, por exemplo; KUMPULAINEN, Kirsti e ROINE, Saija, "Depressive Symptoms at the Age of 12 Years and Future Heavy Alcohol Use". *Addictive Behaviors*, Volume 27, 2002, p. 425-36. Ver, também: HOFFMANN, John & SU, Susan. "Stressful Life Events and Adolescent Substance Use and Depression: Conditional and Gender Differentiated Effects", *Substance Use and Misuse*, Volume 33, 1998, p. 2219-62.

Uma boa educação parental requer conhecimento, inteligência e compreensão. Sua missão como pai ou mãe é conhecer sua filha – não só saber onde ela está neste momento, e sim perceber no que ela vai se transformar e onde os pontos fortes dela se escondem. Você tem de conhecer sua filha melhor do que ela mesma se conhece. E você tem de resistir à tendência de colocá-la num caminho que deu certo para você ou para outros de seus filhos.

Neste caso, os pais de Caitlyn estavam "programados", por assim dizer, por seus filhos mais velhos, Alex e Aaron. Eles achavam que todas as crianças eram ou atletas ou superinteligentes. Caitlyn não era nem uma coisa nem outra, então – com todo o respeito aos pais dela, Jill e Harry – eles supuseram que Caitlyn não tinha nenhum talento especial.

Eles tinham razão?

Rosemary, a enfermeira da unidade de tratamento intensivo, estava certa sobre o prognóstico de Caitlyn. Caitlyn recuperou a consciência na manhã seguinte, como Rosemary tinha previsto. Jill estava ao lado do leito de Caitlyn quando ela acordou. "Eu não morri", foram as primeiras palavras da menina para a mãe. Jill não sabia dizer se Caitlyn estava aliviada ou decepcionada.

Dois dias mais tarde, o dr. Feingold lhe deu alta e Caitlyn foi transferida para o Potomac Ridge, uma instituição psiquiátrica. Depois de duas semanas de terapia de grupo – e também com Wellbutrin e Lexapro (dois antidepressivos) –, o médico disse que Caitlyn podia voltar para casa. "Ela está muito mais relaxada agora", Jill me disse. "Não sei se a calma é resultado apenas dos remédios ou se Caitlyn é assim mesmo sem tomar Adderall. Eu queria que ela não tivesse que tomar medicamento nenhum".

O psiquiatra, dr. Himmelfarb, insistiu para Caitlyn continuar tomando medicamentos por pelo menos seis meses, provavelmente mais. Aqueles eram justamente os seis meses durante os quais ela tinha de decidir para que universidade ir. Ela teve de deixar de concluir duas matérias naquele outono. Caitlyn temia que suas inscrições nas universidades corressem risco por causa disso, mas eu enviei cartas para as universidades dizendo que ela tinha ficado hospitalizada durante três semanas por causa de uma doença (sem especificar a causa). Por fim, ela foi aceita na maioria das universidades nas quais se inscrevera.

Enquanto isso, Caitlyn descobriu algo de que gostava, algo no que ela era boa. Com a aprovação do dr. Himmelfarb, ela começou a trabalhar como voluntária no Potomac Ridge. Como tinha sido paciente lá, e como ainda era adolescente, tinha credibilidade com os pacientes adolescentes.

Certa noite os ajudantes do hospital Potomac Ridge estavam conversando sobre Malia, uma menina de 14 anos que fora colocada em isolamento novamente por ter batido numa ajudante. Malia estava internada fazia cinco dias. Essa era a terceira vez que ela era deixada isolada. "Aquela menina é má, realmente má", disse Sophie, uma das ajudantes. "Ela é aquele tipo que pode te matar só de olhar para você". Duas outras ajudantes, Taneesha e Ruthanne, concordaram com a cabeça.

"Vocês se importam se eu for conversar com ela"?, perguntou Caitlyn.

Sophi, Taneesha e Ruthanne a encararam. "Você está louca? Quer morrer"?, perguntou finalmente Sophie. "Aquela menina vai te comer viva e cuspir seus ossos".

Caitlyn deu de ombros. "Vocês se importam se eu tentar"?, perguntou.

Sophie e Ruthanne ficaram olhando pela janelinha da solitária enquanto Caitlyn se sentava na cama diante de Malia. Elas não conseguiam ouvir o que Caitlyn dizia e a princípio aquilo não parecia estar fazendo efeito algum. Malia continuava sentada num cantinho no chão, encolhida em posição fetal, com a cabeça entre os joelhos. Mas, depois de um minuto de conversa com Caitlyn, Malia ergueu a cabeça. Sophie e Ruthanne ficaram maravilhadas ao verem o sorriso encantado no rosto de Malia. "Sabe de uma coisa? Aquela menina é quase bonita quando sorri", comentou Sophie.

Caitlyn ficou no quarto com Malia por duas horas. Quando bateu na porta pedindo para sair, Malia estava ao seu lado. "A Malia vai sair comigo", disse Caitlyn, sem perguntar, e sim afirmando. "Ela não vai mais precisar ficar trancafiada".

Sophie olhou com desconfiança para Malia. Malia meneou a cabeça. "Não vou bater em ninguém", disse ela. "Desde que eu possa conversar com a Caitlyn nas noites em que ela estiver aqui".

Caitlyn fui ao hospital Potomac Ridge todas as noites nas duas semanas seguintes, passando uma hora ou mais com Malia, em geral ouvindo, às vezes falando. Ninguém jamais soube o que elas diziam uma para a outra, mas todos percebiam que Malia havia mudado. Ela não era mais violenta. Ela não gritava mais. E ela começara a dormir à noite.

"Sobre o que vocês conversam"?, perguntou o dr. Osenick, psiquiatra de plantão, a Caitlyn pouco antes de Malia receber alta.

"Nada demais", disse Caitlyn. "Eu conto um pouco da minha história para ela. Digo que eu me sentia muito mal, que odiava meu corpo, odiava minha vida".

"Sabe, se um dia você se tornar uma terapeuta profissional, uma das primeiras coisas que você vai aprender é que você não

197

deve falar muito ao paciente sobre si mesma", disse o dr. Osenick. "O foco da terapia deve ser o paciente, não o terapeuta".

"Então acho que nunca vou ser terapeuta profissional", disse Caitlyn, calmamente.

* * *

Caitlyn foi aceita em Cornell. Ela foi visitar o *campus* no fim de abril. Ainda não havia decidido para qual universidade ir, mas Cornell era a única da Ivy League para a qual ela havia se inscrito. Ela passou uma noite num dos dormitórios.

"Gostou"?, perguntou sua mãe.

"Foi assustador", disse Caitlyn. "Todos os jovens parecem tão adultos. E algumas das meninas são magras demais. E fica no meio do nada. Digo, Ithaca fica a um trilhão de quilômetros de qualquer lugar".

Quando Caitlyn disse que algumas das meninas eram magras demais, Jill sentiu um aperto no coração. Caitlyn tinha ganhado 15 quilos nos meses que se seguiram à sua tentativa de suicídio. Ela estava com mais de 70 quilos (com 1,62 m de altura). Jill achava que Caitlyn era linda, mas estava preocupada. Por outro lado, que pai não iria querer que a filha entrasse para uma universidade Ivy League?

Em maio, Caitlyn decidiu não ir para Cornell e cursar Towson. "Preciso ficar perto de casa", disse ela. "E quero continuar como voluntária em Potomac Ridge pelo menos alguns dias por mês. Vou ser terapeuta um dia".

Acho que hoje está claro que os talentos de Caitlyn estavam em sua capacidade de cuidar das pessoas. É fácil ser crítico depois do ocorrido, mas talvez Caitlyn não tivesse começado a usar drogas se seus pais tivessem se esforçado mais e mais cedo a procurar os pontos fortes de Caitlyn em vez de simplesmente levá-la para ver Aaron jogar futebol e lacrosse. Quando Caitlyn era mais nova, adorava estar perto de animais. Vamos supor que os pais de Caitlyn a tivessem inscrito para trabalhar como voluntária num zoológico ou num abrigo de animais da cidadezinha, um abrigo onde nenhum animal fosse submetido a eutanásia. Crianças solidárias como Caitlyn geralmente amam cuidar de animais. Se sua mãe a tivesse levado para ser voluntária no zoológico, mesmo que isso significasse perder alguns jogos de Aaron, Caitlyn teria entendido que seus interesses eram tão importantes quanto as vitórias do irmão em campo.

Em termos mais gerais: se os pais de Caitlyn tivessem priorizado passar mais tempo com ela, só com ela, Caitlyn talvez não tivesse se sentindo um fracasso em relação aos irmãos. Sendo específico: se os pais de Caitlyn soubessem mais o que estava acontecendo na vida da filha, incluindo cobrar pelos gastos dela – algo simples como pedir para ver os recibos das roupas que ela havia comprado –, teriam descoberto que ela não estava comprando roupas caras. Ela estava usando o dinheiro para comprar drogas, depois pegava roupas velhas na Legião da Boa Vontade e dizia que tinha gastado o dinheiro em roupas novas. Em retrospecto, os pais dela ficaram impressionados com a própria ingenuidade ao permitir ser enganados assim.

Mencionei pouco antes como o estresse quanto a altas expectativas pode levar as meninas a usar drogas. O que você pode fazer a respeito disso? Você tem que mostrar para sua filha que há outras formas de relaxar que não envolvem tomar Xanax, beber ou fumar um baseado. Junte-se a ela numa caminhada pelo parque ou a ensine a rezar ou meditar. Compartilhe com ela suas formas de lidar com o estresse. Você pode criar laços e, com sorte, diminuir o risco de ela recorrer a drogas quando precisar relaxar. Uma mãe que conheço gosta de preparar bolos quando fica estressada, e ensinou as filhas a fazer o mesmo. Talvez não seja a forma mais saudável de relaxar, mas é muito mais seguro do que usar drogas ilegais. "Consolo na cozinha", é como ela chama isso.

Essas medidas geralmente não funcionam para os meninos. Eles são diferentes.

IV - Ethan

Mike e Uta adotaram Ethan quando ele tinha quase dois anos de idade. A mãe biológica do menino foi presa depois de ser condenada por tráfico de drogas. Além de vender tóxicos, a mulher admitiu ter usado *crack*, heroína e meta-anfetamina durante a gestação. Ela entregou Ethan para a adoção assim que ele nasceu. O menino esteve em vários abrigos desde o nascimento até o momento em que Mike e Uta o adotaram.

Mike era físico pesquisador no National Institute of Standards and Technology. Sempre foi *nerd*. Ele conheceu a esposa alemã, Uta, durante o pós-doutorado de três anos no Instituto Max Planck, na Alemanha. Mike e Uta compartilhavam o amor pelos romances de Thomas Mann, a música de Gustav Mahler e vinho Mosel. Eles se referiam a si mesmos como a Dupla 3M: Man, Mahler, Mosel. Mike acreditava no poder da boa criação. Ele tinha certeza de que seria capaz de criar o filho adotado a ponto de ele compartilhar de seus gostos e passatempos.

Ele estava errado. Uta e Mike logo tiveram uma prova de fogo em masculinidade infantil. Ethan adorava quebrar coisas, jogar comida para o alto e bater de cabeça contra os móveis, a toda a velocidade. Poucas semanas depois da chegada de Ethan, Uta colocou tudo o que era frágil em caixas, identificando-as cuidadosamente e depois as guardando no porão. Ethan descobriu o caminho até o porão, abriu uma das caixas e pisou na porcelana que Uta tinha embalado com todo o cuidado. Depois disso, eles começaram a chamar Ethan de "o bandidinho" e o tratavam como tal. Eles trancavam as partes da casa de acesso proibido a Ethan e o mantinham numa coleira – literalmente – em seus passeios pelo *shopping*. Uta e Mike tinham planejado adotar mais duas ou três crianças, mas, depois da chegada de Ethan, chegaram à conclusão de que uma só bastava.

Conheci Ethan quando ele tinha 15 anos, 1,78 m, 90 quilos e estava no nono ano. Ele já era uma estrela do basquete e do futebol americano. Até ficamos sabendo que havia rumores de que grandes escolas do ensino médio do país queriam roubá-lo para que ele jogasse por seus times. Ethan tirou notas medíocres ao longo de toda a parte final do ensino fundamental: setes e seis em todas as matérias, exceto por um dez em educação física. Quando saíram as notas do primeiro bimestre do nodo ano, tinham piorado: ele tirara zero em espanhol e inglês, com notas na média para as outras disciplinas. Ainda tinha seu dez em educação física. Seu pai, Mike, achou que era hora de uma mudança.

"Ele pode concluir a temporada de futebol americano", me disse Mike. "Só faltam dois jogos. Mas nada de basquete. Os esportes estão consumindo o tempo dele. Não há como ele passar duas ou três horas por dia praticando esportes e continuar tirando nota baixa em inglês e espanhol. Não concorda?

Fiquei em silêncio por um tempo. "Sinceramente, não sei se concordo", disse. "Não estou convencido de que tirar Ethan dos esportes vai melhorar o desempenho o acadêmico dele. Na verdade, tenho medo de que o tiro saia pela culatra".

"Doutor, com todo o respeito, isso não faz sentido", disse Mike. "Quanto mais tempo ele passa praticando esportes, menos tempo tem para estudar".

* * *

Mike e Uta tiraram Ethan das práticas esportivas. "Queremos o seu melhor", Uta disse a Ethan. "Queremos que você consiga entrar em uma universidade".

"Não quero entrar em uma universidade", disse Ethan.

"Às vezes você tem que fazer coisas das quais não gosta para conseguir aquilo que quer mais tarde", disse Mike.

"Mas o que eu quero é jogar basquete *agora*", reclamou Ethan. "Como é que me tirar do time de basquete vai me ajudar a jogar basquete"?

Uta e Mike se entreolharam, o mesmo olhar de desespero que tinham trocado tantas vezes ao longo dos anos. *Como Ethan não consegue entender?*, era o que o olhar dizia.

Quando entrou no ensino médio, Ethan se misturou aos outros atletas. Mas você não pode conviver com atletas se não faz parte de um time – ou melhor, isso é difícil, ainda mais sendo um calouro. Um mês depois de iniciada a temporada de basquete – temporada da qual Ethan não fazia mais parte –, ele estava à deriva. Ele tinha de ir diretamente para casa todos os dias depois da escola e fazer a lição, mas não fazia isso. Ao contrário, ele ficava no estacionamento da escola, pegando carona para Rockville e para Washington com os meninos mais velhos, e chegava em casa tarde.

Na primeira semana de dezembro, Uta sentiu o cheiro doce e marcante de maconha nas roupas de Ethan. Ela conversou com Mike naquela noite. Eles decidiram confrontar Ethan. Para surpresa de seus pais, o menino não negou estar usando maconha.

"Sim, eu fumei maconha. E daí"?, perguntou ele.

"Mas você nunca fumou maconha antes", disse Mike.

"Porque *nenhum* atleta fumaria maconha, já que a maconha interfere no reflexo", disse Ethan, erguendo a voz. "E *reflexo* é uma coisa importante, sabe? Mas vocês me obrigaram a abandonar o basquete. Então, por que é que eu não fumaria maconha, porra"?

"Por favor, não fale palavrão, Ethan", disse Mike.

"Certo. Não se pode nem falar uma merda de um palavrão nesta casa", disse Ethan. "Não se pode fazer *nada* nesta casa".

"Ethan, nós só estamos preocupados com você, porque maconha faz mal ao cérebro. Você mesmo acabou de dizer isso. A maconha afeta o seu reflexo", disse Uta.

"Eu não preciso dessa merda", disse Ethan, saindo.

Eles não o viram pelos três dias seguintes.

No segundo dia, o casal notificou a polícia. "Nosso filho está desaparecido", disse Mike ao policial na delegacia.

O policial ouviu a história que Mike lhe contou. Depois, disse: "Ele não está desaparecido. Ele fugiu de casa".

"Qual a diferença"?, perguntou Mike.

"Desaparecer significa que você não sabe o que aconteceu com a pessoa. Talvez ela tenha sido abduzida. Você não tem ideia. Fugir de casa significa que um menor de idade deliberadamente saiu de sua casa. Seu filho fugiu de casa".

"Fuga" parecia a palavra certa para descrever a torrente de eventos dos seis meses seguintes. Ethan começou a roubar dinheiro de seus pais rotineira e ousadamente; uma vez até pegou dinheiro da bolsa de Uta na frente dela. Uta e Mike compraram um cofre. Eles começaram a trancafiar seus itens de valor no cofre o tempo todo, sobretudo quando não estavam em casa.

Ethan reprovou no nono ano. Mike e Uta consultaram um psiquiatra especializado em adolescentes viciados em drogas. O psiquiatra recomendou que Mike e Uta permitissem que Ethan jogasse futebol americano. "De acordo com as regras da escola, Ethan só poderá entrar para o time se conseguir manter notas mínimas. Neste momento, Ethan não tem motivação para continuar estudando", disse o psiquiatra. "Entrar para o time pelo menos vai lhe dar alguma motivação. E nós vamos colocá-lo num programa de exames toxicológicos aleatórios. Se der positivo, ele vai ficar fora do time".

Com mais de um metro e oitenta e cem quilos, Ethan se impôs aos outros jogadores do time de juniores no outono seguinte. Mas o treinador o manteve no time de juniores assim mesmo. "Ele precisa aprender a ser mais disciplinado", disse o técnico. Claro que as notas de Ethan melhoraram – para sete, em média. Ele não roubava mais, porém ainda usava drogas. Uta sentia o cheiro da maconha nas roupas dele e encontrou vestígios de instrumentos usados para fumar maconha – em geral papel de seda – nas suas coisas.

"Onde ele está arranjando dinheiro"?, perguntou Uta a Mike certa noite, deitados na cama. "E como ele consegue passar nos exames toxicológicos".

"Não quero nem saber" disse Mike, virando-se de lado e se afastando da esposa. "Vou dormir".

V - Este é o seu cérebro quando você usa drogas

Você se lembra do que falamos no capítulo sobre assumir riscos? Não se pode contar com o perigo para deter os meninos. Ele pode até mesmo estimulá-los. Educar os meninos sobre os "perigos das drogas" pode ser contraproducente. Você pode acabar estimulando o comportamento que está tentando desestimular.

Você já viu aquele velho comercial no qual um homem mostra um ovo intacto e diz "Este é o seu cérebro"? Depois ele quebra o ovo e o coloca numa frigideira, e diz: "Este é o seu cérebro quando você usa drogas". Esse tipo de comercial causa algum efeito em meninas. Meninas assistem ao comercial e pensam *Hmmm, não quero que o meu cérebro acabe como um ovo na frigideira.*

O mesmo não acontece com os meninos – sobretudo com meninos que gostam de emoções e de correr riscos, os mais vulneráveis. Esses meninos veem o ovo fritando, ouvem o narrador dizer "Este é o seu cérebro quando você usa drogas" e pensam: *Que legal! Quero* muito *fritar o meu cérebro! Onde é que eu consigo isso?* Conheço um adolescente que forrou as paredes do quarto com cartazes do tipo "Este é o seu cérebro quando você usa drogas" e outros do gênero, todos alertando para os perigos das drogas.

Esse menino usa drogas e quer que todos fiquem sabendo.

Mike e Uta tinham as melhores intenções quando alertaram o filho sobre os perigos das drogas. Uta, como a maioria das mulheres, achava que falar dos perigos esse assunto para o filho diminuiria a probabilidade de ele usar tóxicos. Afinal, qualquer pessoa sensata evitaria usar uma substância que prejudica o cérebro, certo?

Certo. Mas muitos meninos de 15 anos não são pessoas sensatas. Eles são meninos de 15 anos.

O que Mike e Uta poderiam ter feito de diferente? Acho que eles deveriam ter seguido meu conselho quanto a manter Ethan no time. Isso teria evitado que ele usasse drogas? Talvez. Talvez não. A participação em esportes competitivos já provou ser uma estratégia eficiente para diminuir o risco de que *meninas* adolescentes usem drogas. Mas a mesma estratégia não revelou ter qualquer efeito protetor sobre meninos.

Pesquisadores descobriram que meninas que participam de esportes escolares femininos têm uma probabilidade significativamente menor de usar drogas e álcool. Mas meninas que participam de esportes fora da escola por algum motivo têm uma probabilidade *maior* de usar drogas e álcool, sobretudo se o esporte for cooperativo, como o surfe. Por outro lado, meninos que participam de esportes masculinos dentro da escola, como o futebol americano, têm uma chance *ligeiramente maior* do que os outros meninos de usar drogas e álcool[154].

---

[154] MOORE, Michele & WERCH, Chad, "Sport and Physical Activity Participation and Substance Use Among Adolescents". *Journal of Adolescent Health*, Volume 36, 2005, p. 486-93. Em um estudo anterior, Deborah Aaron e outros pesquisadores da Universidade de Pittsburgh detectaram que meninos que praticavam esportes eram ligeiramente mais inclinados ao consumo

Por que a diferença? Por que os esportes escolares diminuem a chance de as meninas usarem drogas e álcool, mas isso não se aplica aos meninos? Acho que isso remonta a aspectos da autoidentidade. A participação em atividades extracurriculares, sobretudo esportes competitivos, aumenta a autoestima das meninas: elas sentem que estão no controle da própria vida. A baixa autoestima é um importante fator de risco para o uso de drogas e álcool entre *meninas,* então aumentar a autoestima diminui o risco de que *meninas* usem drogas e álcool.

Mas com os meninos é diferente. Muitos meninos bebem e usam drogas porque buscam certa emoção e querem parecer legais. Praticar esportes não é algo que diminua o interesse deles por essa busca por uma sensação ou por querer parecer legal. Talvez alguns meninos que gostam de assumir riscos também tenham uma probabilidade maior de participar de esportes competitivos, e nesse caso a prática de esportes pode ser um marcador para aqueles que têm uma chance maior de usar drogas e álcool – sem que isso seja a *causa* do aumento do risco.

Por outro lado, acho que Ethan estava certo quando disse aos pais que um atleta não fumaria maconha. Como ele disse, já que não era mais um atleta, então ele não tinha mais problemas em fumar maconha. Claro que havia algo mais do que um cálculo frio por parte de Ethan ao destacar os lados bom e ruim de fumar maconha. Ele estava com raiva dos pais. Depois de conversar com Ethan sozinho, concluí que ele estava fumando maconha

---

de álcool, ao passo que a prática de esportes tinha um efeito protetor nas meninas. Praticar esportes reduzia a probabilidade de uma menina fumar cigarros, por exemplo. Ver: AARON, Deborah et alli. "Physical Activity and the Initiation of High-Risk Health Behaviors in Adolescents". *Medicine and Science in Sports & Exercise*, Volume 27, 1995, p. 1639-45.

por vários motivos: para relaxar, para se divertir com os amigos e também porque sabia que isso incomodaria seus pais. Ethan estava fumando maconha, em parte, como forma de expressar sua raiva em relação aos pais. Muitos pais acham que o filho adolescente está usando drogas como uma forma de expressar rebeldia contra os pais. Isso não é tão frequente quanto os pais pensam. E, mesmo que seja verdade, raramente é a principal motivação. Mas pode ser um elemento da história, como era no caso de Ethan.

VI - Olhe-se no espelho

Estabelecemos algumas diferenças básicas entre meninas e meninos quanto ao porquê de eles usarem drogas e álcool e também expusemos alguns dos fatores de risco e medidas protetivas que aumentam ou diminuem a probabilidade de eles usarem drogas e álcool. Agora vamos falar de atitudes concretas que você pode tomar para diminuir a chance de *seu filho ou filha* usar drogas e álcool.

Olhe-se no espelho. Se você tem problemas com bebida, não perca tempo conversando com seu filho ou filha sobre drogas ou álcool. Você não tem credibilidade. Como escrevi no meu livro *The Collapse of Parenting*, você não pode ensinar ao seu filho uma virtude que não tem.

Se você fuma cigarro, as chances estão contra você. "Você fuma dez cigarros por dia. Eu fumo dois baseados por semana. E fumar maconha é legal em vários estados hoje em dia. O que lhe dá o direito de me dizer que o que estou fazendo é errado"? Foi isso o que um adolescente disse à mãe depois que ela o alertou dos perigos da maconha. A mãe tentou explicar que a maconha é mais perigosa do que o tabaco. O filho respondeu com fatos e números que mostravam que o tabaco é mais perigoso do que a maconha. A mãe achou que o filho estivesse inventando os fatos e os números, e talvez estivesse mesmo. Mas você não vai querer ser manipulado por uma comparação entre os riscos da maconha e dos cigarros, não é?

Se você já usou drogas, não mencione isso, a não ser que não tenha escolha. Não tente dizer "Já usei maconha quando tinha sua idade, então sei como isso faz mal". Seu filho adolescente tem várias boas respostas preparadas para isso, entre elas:

- "Talvez tenha sido ruim para você. Talvez não seja ruim para mim. Eu não sou você".
- "Por que eu não posso fazer algo que você mesmo já fez"?
- "Você se deu bem, não é? Então talvez não seja tão ruim assim".

Se seu filho ou filha adolescente o confrontar e exigir saber se você já fumou maconha, diga a verdade. Mas não se vanglorie. Reconheça seu erro, mas não tente usar sua experiência anterior como uma vantagem ao conversar com seu filho.

VII - Álcool

Quando eu estava na escola, nos anos 1970 e 1980, era comum ouvir falar de meninos que ficavam bêbados; de meninas, nem tanto. Hoje, em todo o mundo anglofônico, meninos e meninas têm praticamente a mesma chance de usar e abusar do álcool: a diferença de gênero no uso do álcool entre adolescentes caiu para quase zero[155]. Mas os riscos do uso de álcool são maiores para as meninas do que para os meninos[156].

As meninas e jovens mulheres parecem estar mais vulneráveis aos efeitos tóxicos do álcool do que os meninos e jovens homens, mesmo depois de compensadas as diferenças de peso e altura[157]. Beber muito afeta o cérebro das meninas de uma forma diferente e mais grave do que o mesmo grau de abuso alcoólico entre meninos da mesma faixa etária[158]. Estudos que analisaram os

---

[155] KEYES, Katherine M. ; LI, Guohua & HASIN, Deborah S. "Birth Cohort Effects and Gender Differences in Alcohol Epidemiology: A Review and Synthesis". *Alcoholism: Clinical and Experimental Research*, Volume 35, 2011, p. 2101-12.

[156] Minha argumentação sobre o consumo de álcool nessa seção é uma adaptação e atualização do capítulo 3 de meu livro: SAX, Leonard. *Girls on the Edge*. New York: Basic Books, 2011.

[157] Ver: EROL, Almila & KARPYAK, Victor. "Sex and Gender-Related Differences in Alcohol Use and Its Consequences: Contemporary Knowledge and Future Research Considerations". *Drug and Alcohol Dependence*, Volume 156, 2015, p. 1-13. Ver, também: BARAONA, Enrique et alli. "Gender Differences in Pharmacokinetics of Alcohol". *Alcoholism: Clinical and Experimental Research*, Volume 25, 2001, p. 502-07; National Institute on Alcohol Abuse and Alcoholism. "Are Women More Vulnerable to Alcohol's Effects?" *Alcohol Alert*, Number 46 (1999), disponível em <http://pubs.niaaa.nih.gov/publications/aa46.htm>, acesso em 22 de julho de 2019. Para uma investigação sobre diferenças de sexo semelhantes em animais de laboratório, ver: ALFONSO-LOECHES, Silvia et alli. "Gender Differences in Alcohol-Induced Neurotoxicity and Brain Damage". *Toxicology*, volume 311, 2013, p. 27-34.

[158] Ver, por exemplo: MEDINA, Krista et alli. "Prefrontal Cortex Volumes in Adolescents with Alcohol Use Disorders: Unique Gender Effects". *Alcoholism: Clinical and Experimental Research*, Volume 32, 2008, p. 386-94. Esses pesquisadores descobriram que meninas adolescentes (entre 15 e 17 anos) com transtornos por consumo de álcool tinham o córtex pré-frontal menor do que as meninas que não bebiam; mas não se podia afirmar o mesmo de meninos

cérebros de adolescentes que bebem mostraram algumas diferenças impressionantes entre os sexos. Por exemplo, o córtex pré-frontal é a parte do cérebro envolvida na tomada de decisões, analisando os riscos e os benefícios. Meninas que bebem têm um córtex pré-frontal significativamente menor do que meninas que não bebem; mas meninos que bebem na verdade têm o córtex pré-frontal ligeiramente *maior* do que adolescentes que não bebem[159]. Estudos mais recentes confirmaram e ampliaram essas descobertas; o álcool afeta o cérebro das meninas e dos meninos de formas diferentes[160]. Em outro estudo, pesquisadores acompanharam adolescentes que consomem álcool dos 17 aos 29 anos. Eles descobriram que, mesmo que uma menina deixe de beber totalmente aos 20 anos, a que bebia aos 17 tem uma chance maior do que um menino de enfrentar problemas de longo prazo com drogas, doenças psiquiátricas e de fazer escolhas ruins na vida em geral[161].

---

adolescentes. Entre adultos, homens e mulheres que abusam de álcool têm o córtex pré-frontal menor do que o de pessoas que não bebem. Ver, também: MANN, K. et alli. "Neuroimaging of Gender Differences in Alcohol Dependence: Are Women More Vulnerable?" *Alcoholism: Clinical and Experimental Research*, Volume 29, 2005, p. 896-901. Eles concluíram que *"a atrofia cerebral* [causada pelo álcool] *parece se desenvolver mais rápido em mulheres"*.

[159] MEDINA, Krista Lisdahl et alli. "Prefrontal cortex volumes in adolescents with alcohol use disorders: unique gender effects". *Alcoholism: Clinical and Experimental Research*, Volume 32, 2008, p. 386-94.

[160] Ver: KVAMME, Timo et alli. "Sexually Dimorphic Brain Volume Interaction in College-Aged Binge Drinkers". *NeuroImage: Clinical*, Volume 10, 2016, p. 310-17. Descobertas de dimorfias similares foram descritas por: SQUEGLIA, Lindsay et alli. "Binge Drinking Differentially Affects Adolescent Male and Female Brain Morphometry". *Psychopharmacology*, Volume 220, 2012, p. 529-39. Para uma análise, ver; SHARRETT-FIELD, Lynda, "Sex Differences in Neuroadaptation to Alcohol and Withdrawal Neurotoxicity". *European Journal of Physiology*, Volume 465, 2013, p. 643-54.

[161] FOSTER, K. T. et alli. "Gender Differences in the Structure of Risk for Alcohol Use Disorder in Adolescence and Young Adulthood". *Psychological Medicine*, Volume 45, 2015, p. 3047-58.

As diferenças de sexo hoje são conhecidas entre os pesquisadores que estudam o alcoolismo, mas não são muito conhecidas entre a população leiga. Descobri que algumas pessoas se incomodam com essa informação. Para elas, parece sexista sugerir que o álcool é mais tóxico para mulheres do que para homens. Mas fingir que meninas não são diferentes dos meninos as coloca em risco. E isso está claro quando falamos do abuso do álcool.

VIII - O dia em que tudo muda

Quando você conversar com seus filhos a respeito de drogas, atenha-se aos fatos. Mas tenha em mente que os fatos considerados relevantes dependem se você está conversando com sua filha ou filho.

Lembre-se de que meninas geralmente conseguem drogas com as amigas e que o tráfico ocorre na casa de alguém. Saiba onde sua filha está. Saiba quem são as amigas dela. Converse com os pais das amigas dela. Peça que ela dê notícias frequentemente ao longo do dia. Mantenha contato com ela. Certifique-se de que ela saiba que você a estará observando. E confirme o que ela diz abertamente, com a ajuda dela. Se ela diz que está na casa da Melissa, peça que ela lhe ligue usando o telefone fixo da casa da Melissa, e não o celular. Veja seu identificador de chamadas: o número é o mesmo do da casa da Melissa? Certifique-se de que sua filha entende o que você está fazendo e por quê. Isso na verdade vai empoderar sua filha a ponto de ela recusar convites que não sejam seguros. Se as amigas dela a convidarem para ir à casa de alguém no centro da cidade, ela pode dizer: "Não, não posso, porque a minha mãe me obriga a ligar para ela da casa de todo mundo e ela vai ver pelo identificador de chamadas que eu não estou onde disse que estaria". Para meninas de 13, 14 ou 15 anos, essa técnica realmente funciona. "Eu queria que a *minha* mãe se importasse assim *comigo*", é o que uma menina disse depois que outra menina que conheço lhe explicou as exigências da mãe.

E quanto aos meninos? Minha experiência me diz que a abordagem que acabo de descrever para meninas não funciona para meninos. Primeiro, a ideia de pedir ao seu filho adolescente que ligue da casa do amigo é inútil para a maioria dos meninos. Meninos que "dão notícias" para os pais serão ridicularizados pelos demais meninos, e seu filho vai perceber isso rapidamente. Depois, lembre-se de que os meninos têm uma probabilidade maior de comprar drogas de estranhos, ao ar livre, num parque ou na rua. Então, saber exatamente a casa de quem seu filho está visitando não é tão importante.

Quanto ao ensino sobre o uso de drogas: informações dos últimos 30 anos sugerem que ensinar aos meninos sobre os perigos das drogas é perda de tempo. Ao contrário: dar ênfase aos efeitos danosos das drogas pode ter um efeito bumerangue. Essa abordagem vai despertar o interesse entre os meninos que buscam correr riscos. Lembre-se de que esses meninos descem montanhas íngremes em *snowboards* sem fazer aula antes.

Afinal, o que funciona com os meninos? Minha recomendação é uma disciplina clara e consistente. Diga a seu filho de 14 anos: "Se eu pegar você bebendo, fumando ou usando qualquer um dos meus medicamentos, vou tirar seu PlayStation durante os três meses em que você vai ficar de castigo". Muitos adolescentes prezam a mobilidade e a independência. Diga a seu filho de 15 anos: "Se eu pegar você usando drogas, você só vai poder pegar o carro depois dos 18 anos, não dos 16". Diga a seu filho de 17 anos: "Se eu pegar você bebendo ou usando drogas, você vai entregar as chaves do carro por seis meses. *No mínimo* seis meses". Essas medidas podem parecer extremas, mas também podem salvar vidas. E essas estratégias funcionam para os meninos.

Muitos pais acham que os filhos não estão usando drogas. Outros jovens talvez, mas não os filhos *deles*. Daí chega o dia em que descobrem. As mães descobrem instrumentos de consumo de drogas nos bolsos dos filhos. Ou o pai encontra um *e-mail* incriminador no computador da filha.

O que você faz nessa hora?

Primeiro: proíba. Depois: ofereça alternativas.

Proíba. Tenha você uma filha ou filho, você precisa deixar claro que proíbe o uso de drogas ilegais.

Ofereça alternativas saudáveis. Mas a alternativa certa talvez dependa se você está falando com um menino ou menina. Se sua filha está fumando para relaxar, você precisa ajudá-la a encontrar outras formas de se desestressar. Se sua filha está usando o Vyvanse da amiga para perder peso, você precisa lhe oferecer formas mais seguras de perder peso. Ou melhor, ajude-a a se aceitar como é, a deixar de prestar tanta atenção à aparência. (Consulte meu livro *Girls on the Edge* para mais estratégias que aprendi quanto a agir de forma eficiente com meninas que se preocupam demais com a aparência).

Se você tem um filho que gosta de correr riscos, que está usando drogas porque busca uma emoção diferente, você precisa ajudá-lo a explorar formas mais seguras, mais saudáveis de alcançar essa emoção do risco. Você e ele podem esquiar, andar de bicicleta, fazer motocross, alpinismo ou escalada.

Espere um pouco, você deve estar pensando. Você acabou de descobrir que seu filho está usando cocaína. Estou mandando você comprar um *snowboard* ou uma bicicleta para ele? Estou dizendo que você deveria recompensar seu filho por usar drogas?

Não estou dizendo que você não pode disciplinar seu filho ou sua filha. Mas não basta simplesmente tirar o celular da sua filha ou as chaves do carro do seu filho. Você tem de oferecer alternativas. Alternativas positivas para diminuir a ansiedade dela e para satisfazer a necessidade de emoção dele.

Outra objeção que ouço dos pais de meninos nessa situação é que as alternativas que sugiro são arriscadas demais. Seu filho pode quebrar uma perna fazendo *snowboard.* Ele pode quebrar uma costela fazendo *mountain bike.*

Isso tudo é verdade. Mas esses riscos são riscos saudáveis. Quando seu filho permite que um traficante enfie uma agulha no braço dele, é porque acabou de entrar num mundo muito mais sombrio.

CAPÍTULO 8

Redes sociais e *videogame*

Jason tem 16 anos. A irmã dele, Sonya, tem 14. Eles vêm de um lar estável, com pais amorosos. A mãe e o pai estão preocupados com Jason: ele não está se esforçando na escola e suas notas estão diminuindo. Ele passa boa parte do dia jogando *videogame*, em jogos como *Grand Theft Auto* ou *Call of Duty*, ou navegando na *Internet* atrás de fotos de meninas.

Os pais se orgulham bastante de Sonya. Ela é uma aluna nota dez e também uma atleta, e tem muitos amigos. Mas, quando conheço Sonya, ela me diz que não está dormindo bem. Ela acorda no meio da noite se sentindo culpada por ter comido um pedaço inteiro de pizza no jantar. Ela tem taquicardia e falta de ar frequentemente. Começou a se cortar, em segredo, com uma lâmina de barbear, na parte de dentro da coxa, a fim de que seus pais não vejam. Ela não contou aos pais nada disso. Aparentemente ela é uma menina de ouro. Por dentro, sente que está desmoronando.

Por outro lado, o irmão dela, Jason, é extremamente feliz. Ele é capaz de comer uma pizza inteira sem o menor remorso. Ele não tem dificuldade para dormir: na verdade, seus pais têm de tirá-lo da cama ao meio-dia dos sábados. Ele gosta de passar o tempo livre com dois amigos que são exatamente como ele, jogando *videogame* e vendo fotos de meninas na *Internet*.

Jason e Sonya passam boa parte do tempo livre diante de telas, de uma forma que era impossível há 20 anos. Jason joga *videogames* velocíssimos e procura fotos de meninas em alta resolução. Sonya publica fotos no *Instagram* e troca fotos pelo *Snapchat*; nada disso existia antes de 2010. Houve uma mudança enorme na vida das crianças e adolescentes, tudo aconteceu muito rápido e isso tem afetado meninas e meninos de formas diferentes.

Imagine uma menina que vivia na Antiguidade, digo, em 1992. Ela está no quarto. Ela está escrevendo no seu diário, o que quer dizer que está usando uma caneta num caderno grosso cheio de páginas em branco. Ela está escrevendo sobre as pessoas de quem não gosta, sobre por que não gosta delas, sobre o tipo de meninas de que ela gosta, sobre a mulher que espera se tornar um dia. Ela pode escrever até cinco páginas numa noite. Ela não vai mostrar aquelas cinco páginas a ninguém. Se ela tem um irmão mais novo, talvez até mesmo mantenha o diário num lugar trancado. Mas ela está fazendo algo importante. Ela está tentando descobrir quem é e o que realmente quer.

Descobrir o que você realmente quer não é uma coisa trivial. O psicólogo norte-americano Abraham Maslow acreditava que muitos adultos jamais descobrem. E eles são infelizes porque trabalham pesado em empregos de que não gostam, em busca de objetivos que não são importantes para eles. Então, essa menina que vive na década de 1990 e está escrevendo no diário está fazendo algo importante. Ela está se conectando consigo mesma.

Agora, avancemos para a nossa época. É incomum, hoje, encontrar jovens escrevendo em seus diários. Quando me reúno com alunos do ensino fundamental ou médio, geralmente pergunto: "Quem aqui está no *Instagram*"? Quase todos levantam a mão. "Quem aqui está no *Snapchat*"? Todos levantam a mão. "Quem aqui tem um diário"? Ninguém levanta a mão. Daí eu digo: "Vamos ampliar a definição de diário. Não precisa ser um caderno grosso com páginas em branco. Vamos definir diário como qualquer coisa que você escreva de tempos em tempos, mesmo que seja apenas um arquivo no seu *tablet*, uma coisa que seja *só para você*. Não é uma lição de casa. Ninguém jamais vai ver. Definindo o diário assim, dessa forma bem ampla – qualquer coisa que você escreve de tempos em tempos, eletronicamente ou de outro modo, algo que ninguém verá –, quem aqui tem um diário"?. Ainda assim ninguém levanta a mão. Então, num auditório com 300 crianças, uma menina levanta a mão[162]. (Aliás, não estou dizendo que haja qualquer coisa de errado em escrever *blogs* públicos. Mas esses *blogs* não são diários. Eles têm uma função diferente; ainda são uma espécie de apresentação pública, não uma autodescoberta privada).

As redes sociais substituíram os diários na vida de muitas meninas. Não há tempo suficiente para as duas coisas. Todo mundo está ocupado. E as redes sociais são mais importantes, porque as outras crianças estão observando.

---

[162] Tive algumas conversas interessantes com alunos sobre esse assunto. Algumas vezes, depois das minhas conversas públicas com eles, uma estudante vinha me contar que mantinha um diário, mas que não queria levantar a mão e admitir aquilo publicamente, na frente dos outros estudantes, porque manter um diário agora é visto como algo que só os *nerds* fazem. É possível, então, que o número de mãos erguidas nos encontros públicos leve a uma estatística subestimada dos jovens que mantêm diários.

Meninas e meninos usam as redes sociais de formas diferentes. Um menino e uma menina vão a um jogo de futebol americano. Ambos tiram fotos do jogo. Mas o menino provavelmente vai tirar uma foto de uma jogada ou de uma líder de torcida. A menina vai virar o telefone para si mesma e tirar dezenas de *selfies* durante o jogo. Naquela noite, a menina vai ver as *selfies* e procurar duas ou três nas quais esteja rindo com as pessoas em volta, e são essas que ela vai publicar no *Instagram. Aqui estou eu no jogo. Nós nos divertimos muito.* Se você não gostar da foto que Jacob fez da líder de torcida bonita, ele talvez não se importe. Mas, se você não gostar da foto que Michelle fez de si mesma, ela vai levar isso para o lado pessoal. Por isso Michelle vai ficar acordada até a meia-noite, tratando a foto no *Photoshop* para publicá-la no *Instagram*.

Essas diferenças são evidentes sobretudo no reino da sexualidade. Uma menina tem uma chance muito maior do que um menino de publicar uma foto de si mesma usando biquini; os meninos têm mais chance de publicar *selfies* de si mesmos com um novo troféu ou uma outra foto na qual a ênfase está em algo que o menino *fez,* não em sua *aparência.* Se você não gostar da *selfie* de Jake mostrando sua nova TV de cinquenta polegadas, ele talvez não se importe. Mas, se você não gostar da foto de Ashley mostrando seu novo biquíni, ela provavelmente vai levar isso para o lado pessoal.

As meninas cada vez mais publicam fotos provocativas de si mesmas em redes sociais como o *Instagram*. E têm uma probabilidade maior do que os meninos de publicar fotos sexualmente apelativas ou provocativas de si mesmas[163]. O padrão

---

[163] HERRING, Susan & KAPIDZIC, Sanja. "Teens, Gender, and Self-Presentation in Social Media". *In*: WRIGHT, J. D. (Ed.). *International*

sexual é agora evidente nas redes sociais; meninas se sentem pressionadas a se mostrar sensualmente; meninos não[164]. Num estudo recente de *selfies* publicadas no *Instagram*, meninas adolescentes apresentaram uma chance muito maior de publicar poses sexualizadas (deitadas de bruços etc.), enquanto meninos têm uma chance muito maior de publicar *selfies* erguendo algo pesado, mostrando os músculos etc. As meninas têm uma chance maior do que os meninos de mostrar seus corpos do pescoço para baixo, sem o rosto. No *Instagram*, se você é menina, parece que o que realmente importa está abaixo do seu pescoço[165]. De certa forma, as redes sociais criaram uma situação sem vencedores para as meninas. Se uma menina não cede à pressão e publica fotos sugestivas, os meninos talvez a chamem de pudica. Mas, se uma menina publica fotos sexualizadas de si mesma, estudos recentes sugerem que outras meninas a considerarão menos atraente como amigas e menos competente do ponto de vista social[166].

Encyclopedia of Social and Behavioral Sciences. Oxford: Elsevier, 2ª ed., 2015, p. 146-52. Texto completo disponível em <http://info.ils.indiana.edu/~herring/teens.gender.pdf>, acesso em 22 de julho de 2019.

[164] RINGROSE, Jessica et alli. "Teen Girls, Sexual Double Standards, and Sexting: Gendered Value in Digital Image Exchange". *Feminist Theory*, Volume 14, 2013, p. 305-23.

[165] DORING, Nicola et alli. "How Gender-Stereotypical Are Selfies? A Content Analysis and Comparison with Magazine Adverts". *Computers in Human Behavior*, Volume 55, 2016, p. 955-62. Esses acadêmicos descobriram que, sob muitos aspectos, a autorrepresentação das meninas no *Instagram* era mais sexista e objetificada do que em anúncios publicitários de revistas. Ver, também, o seguinte artigo acadêmico: SARABIA, Izaskun & ESTEVEZ, Ana. "Sexualized Behaviors on Facebook". *Computers in Human Behavior*, Volume 61, 2016, p. 219-26.

[166] DANIELS, Elizabeth & ZURBRIGGEN, Eileen. "The Price of Sexy: Viewers' Perceptions of a Sexualized Versus Nonsexualized Facebook Profile Photography". *Psychology of Popular Media Culture*, Volume 5, 2016, p. 2-14.

Os meninos têm uma probabilidade maior do que as meninas de publicar coisas variadas de suas experiências de vida nas redes sociais. As meninas publicam algo mais restrito de suas vidas. Um menino e uma menina adoecem. Os dois vomitam. Os meninos publicam uma foto do próprio vômito no *Instagram*. As meninas quase nunca fazem isso.

E ainda há outro elemento em ação no que diz respeito a entender as diferenças entre meninas e meninos nas consequências do uso das redes sociais. Os meninos tendem a superestimar a própria beleza; eles acham que são mais bonitos do que seus semelhantes os veem[167]. As meninas têm uma chance maior de se considerar *menos* atraentes do que suas amigas as consideram. À medida que as crianças entram na adolescência, as meninas ficam mais insatisfeitas com seus corpos, enquanto os meninos ficam *mais* satisfeitos com os corpos *delas*[168]. Os meninos têm uma chance maior do que as meninas de superestimar quão interessantes suas vidas são para as outras pessoas[169].

Agora junte todas essas descobertas. Imagine uma menina. Talvez ela tenha 11 anos de idade, ou 14, ou 17. Ela está sentada

---

[167] GABRIEL, Marsha et alli. "Narcissistic Illusions in Self-Evaluations of Intelligence and Attractiveness". *Journal of Personality*, Volume 62, 1994, p. 143-55.

[168] BEYER, Sylvia. "Gender Differences in Self-Perception and Negative Recall Biases". *Sex Roles*, Volume 38, 1998, p. 103-33.

[169] GRIJALVA, Emily. "Gender Differences in Narcissism: A Meta-analytic Review". *Psychological Bulletin*, Volume 141, 2015, p. 261-310. Os pesquisadores têm percebido que o substrato neural para o narcisismo pode diferir, muito radicalmente, entre mulheres e homens. Ver o artigo: YANG, Wenjing et alli. "Gender Differences in Brain Structure and Resting-State Functional Connectivity Related to Narcissistic Personality". *Scientific Reports*, Volume 5, artigo número 10924, 2015, disponível em: <www.nature.com/articles/srep10924>, acesso em 25/jul/2019.

no quarto. Sozinha. Ela está olhando o que as outras meninas publicaram no *Instagram* e enviaram pelo *Snapchat*. Ali está a Emily no jogo de futebol. Ali está a Ashley numa festa. Ali está a Vanessa com um cachorrinho; ele não é lindo? E ela pensa: *eu estou aqui sozinha no meu quarto, sem fazer nada. Minha vida é uma droga.* Quanto mais tempo você passa nas redes sociais, se comparando com as outras pessoas, maior a probabilidade de se deprimir. Isso serve para meninas e meninos, mas o efeito disso é muito maior para as meninas do que para os meninos[170].

Quando você analisa todas as pesquisas, entende por que as redes sociais são mais tóxicas para as meninas do que para os meninos. As meninas têm uma chance maior do que os meninos de publicar fotos sexualmente provocativas de si mesmas[171]. Mulheres e meninas se interessam mais pelas redes sociais: elas passam mais tempo lá e mais tempo trocando mensagens do que os meninos e homens[172]. Meninos têm mais chance de passar o tempo livre jogando *videogame* em vez de aplicando filtros e editando suas *selfies* no *Instagram*[173]. (O *videogame* tem

---

[170] NESI, Jacqueline & PRINSTEIN, Mitchell. "Using Social Media for Social Comparison and Feedback Seeking: Gender and Popularity Moderate Associations with Depressive Symptoms". *Journal of Abnormal Child Psychology*, Volume 43, 2015, p. 1427-38.

[171] HERRING, Susan C. & KAPIDZIC, Sanja. "Teens, Gender, and Self-Presentation in Social Media". *International Encyclopedia of Social and Behavioral Sciences*, 2ª edição, 2015, p. 146-52.

[172] KIMBROUGH, Amanda et alli. "Gender Differences in Mediated Communication: Women Connect More Than Do Men". *Computers in Human Behavior*, Volume 29, 2013, p. 896-900.

[173] FAIRLIE, Robert, "Do Boys and Girls Use Computers Differently, and Does It Contribute to Why Boys Do Worse in School Than Girls?". *IZA Discussion Papers*, Number 9.302, 2015, disponível em <www.econstor.eu/bitstream/10419/120955/1/dp9302.pdf>, acesso em 22 de julho de 2019.

seus próprios perigos, e vamos chegar lá daqui a pouco). E um menino, ao olhar a foto do vômito de Jacob, tem menos chance de querer ser como Jacob; enquanto isso, uma menina, ao ver o cachorrinho de Vanessa ou a *selfie* de Emily no jogo de futebol, talvez acredite que Vanessa e Emily realmente tenham vidas mais felizes e interessantes do que a dela.

Então, o que você deveria fazer se tiver uma filha?

Comece explicando a ela que a vida de todo mundo é uma mistura de momentos felizes e tristes, de sucessos e decepções. E que, para a maioria dos seres humanos, há mais momentos tristes do que felizes, mais decepções do que sucessos. Explique que isso serve para quase todo mundo, até mesmo para Emily, que só publica coisas divertidas e felizes no *Instagram*. Essa não é uma ideia nova. A Primeira Verdade Nobre do Budismo é a de que a vida é sofrimento. Sócrates, enfrentando sua própria morte iminente, ensinava a seus alunos que a verdadeira filosofia consiste na contemplação *alegre* da própria morte[174]. Paulo, escrevendo aos Coríntios, disse a eles que ele tinha *"motivos para estar triste, mas sempre cheio de alegria"* (2 Coríntios 6,10).

Como se consegue isso? Como é possível estar alegre sendo que há motivos para estar triste? Você vai sofrer muitas decepções na vida. Você vai ver pessoas amadas morrerem. E depois você mesmo vai morrer. Isso é uma verdade para você. É uma verdade para mim. Então, como podemos optar por atravessar a vida com alegria? Essa, acho, é a primeira pergunta de qualquer

---

[174] Em *Fédon*, Sócrates diz a Símias que *"um verdadeiro filósofo partirá* [da vida] *com alegria"* e que a filosofia em si é *"a prática da morte"*, ou seja, é encarar alegremente a aproximação da própria morte. O texto completo de *Fédon* em inglês pode ser acessado em: <http://classics.mit.edu/ Plato/ phaedo.html>, acesso em 25 de julho de 2019.

filosofia séria ou qualquer religião de adulto. Mas aquela menina, sentada no quarto e navegando pelo *Instagram* ou *Snapchat* de outras meninas, não vai dar o primeiro passo na estrada para a maturidade, porque ela ainda acha que Vanessa e Emily estão se divertindo, que só ela está entediada. Frustrada. Sozinha.

Então, parte da sua estratégia é ter a Conversa, explicando que a vida de todos é uma mistura de momentos tristes e felizes, e que ela não deve se deixar levar pela forma como as meninas se mostram nas redes sociais. Mas a Conversa em si não basta. Você também tem de controlar e orientar o uso que sua filha faz das redes sociais (e seu filho também). Eu o encorajo a instalar aplicativos e programas de monitoramento como o Net Nanny ou o My Mobile Watchdog. Esses programas permitem que você ajude seu filho ou filha a desenvolver bons hábitos e não passar muitas horas por dia nas redes sociais. Você pode configurar esses aplicativos e limitar o tempo que seu filho ou filha passa em qualquer site ou aplicativo específico, como *Instagram* ou *Snapchat*. Sugiro não mais de 20 a 30 minutos por dia.

Alguns pais proíbem o acesso a todos esses *sites*. Entendo o raciocínio deles, mas não acho que essa abordagem funciona para todas as famílias, ou nem mesmo para a maioria delas. Para muitas meninas de hoje, o *Instagram* é uma das principais formas de comunicação com as amigas. Vinte minutos por dia é tempo o suficiente para entrar, ler as mensagens, responder e sair.

Os pais têm de chamar para si a responsabilidade por estabelecer limites. Não é sensato depositar essa responsabilidade em sua filha de 14 anos. O que ela vai dizer para a amiga, que pergunta: *Ei, por que você não curtiu a foto que eu publiquei no* Instagram *ontem à noite?* Não é sensato esperar que sua filha de

14 anos diga algo como *Pesquisadores descobriram que, quanto mais tempo uma menina passa nas redes sociais, maior a probabilidade de ela ficar deprimida.* Você tem que permitir que ela diga: *Sabe, os meus pais chatos instalaram um aplicativo no meu celular que interrompe o acesso depois de 20 minutos. Vou curtir a sua foto quando entrar de novo hoje à noite, prometo.*

Se você não se sente à vontade controlando e orientando o uso que seu filho ou filha faz das redes sociais, então o encorajo a ler meu livro *The Collapse of Parenting*. Nele, exploro os argumentos a favor e contra a autoridade parental. Não vou repetir os argumentos aqui, exceto para dizer que não cabe a você ser a melhor amiga da sua filha. Há muitas meninas por aí dispostas a serem a melhor amiga da sua filha. Mas uma amiga não pode limitar o tempo que sua filha passa nas redes sociais. Você pode e deve.

Além de limitar esse tempo, também recomendo que você "proíba o quarto". Nada de telas no quarto. Nada de aparelhos eletrônicos no quarto. Na casa norte-americana típica de hoje, quando os filhos chegam em casa, geralmente vão para o quarto e só são vistos de novo durante as refeições. Isso é uma loucura. Uma família não pode ser uma família se os filhos passam mais tempo sozinhos no quarto do que com seus familiares. Insista para sua filha ou filho fazer o que quer que esteja fazendo num espaço público: na cozinha ou na sala de estar. Não deve haver nada no quarto além de uma cama: nada de televisão, nada de PlayStation, nada de Xbox, nada de telas. Nada de aparelhos eletrônicos no quarto. E essa não é apenas minha opinião. É a recomendação da Academia Norte-americana de Pediatria[175].

---

[175] Este é o *link* com as diretrizes mais recentes da AAP para crianças abaixo de cinco anos: "Media and Young Minds": <http://pediatrics.aappublications.org/

Há vários lados bons surpreendentes em proibir o quarto. Muitos pais já me disseram que a filha ou filho deles dizia que ficariam acordados até a meia-noite ou mais tarde para terminar toda a lição de casa pedida pela escola, e muito dessa lição de casa tinha de ser feita no computador, via *Internet*. Quando o computador está na cozinha, com o pai respondendo seus *e-mails* no próprio aparelho do outro lado da mesa, diante da filha, que está fazendo a lição de casa em seu próprio computador, ela termina a lição de casa até as 20h30. A filha não está mentindo quanto a ficar acordada até meia-noite; ela simplesmente não percebia quantas horas passava nas redes sociais ou fazendo compras *online*. Com o pai no mesmo ambiente, a um metro dela, contudo, ela entra na *Internet*, faz a lição de casa e já está pronta para dormir.

I - *Videogame*

Já vimos que as meninas são mais suscetíveis aos efeitos tóxicos das redes sociais. Por outro lado, os meninos talvez sejam mais vulneráveis do que as meninas aos efeitos nocivos do *videogame*. Para começo de conversa, em média os meninos passam muito mais tempo jogando do que as meninas[176]. Os meninos têm mais

content/pediatrics/138/5/e20162591.full.pdf>. Este é o link com as diretrizes da AAP para crianças entre cinco e 17 anos: "Media Use in School-Aged Children and Adolescents": <http://pediatrics.aappublications.org/content/pediatrics/138/5/e20162592.full.pdf>. Ambos os acessos em 22 de julho de 2019.
[176] FAIRLIE, Robert, "Do Boys and Girls Use Computers Differently, and Does It Contribute to Why Boys Do Worse in School than Girls?". *IZA Discussion Papers*, Number 9302, 2015, disponível em: <www.econstor.eu/bitstream/10419/120955/1/dp9302.pdf>, acesso em 25 de julho de 2019. Ver, também: HAMLEN, Karla. "Re-examing Gender Differences in Video

chances do que as meninas de sacrificar atividades sociais no mundo real a fim de brincar de *videogame* e mais chances de deixar de fazer a lição de casa para jogar[177]. Os meninos têm o dobro de probabilidade, em relação às meninas, de preferir jogos *violentos*[178]. E até mesmo nos casos em que meninas e meninos passam a mesma quantidade de tempo jogando os mesmos jogos, diferentes áreas do cérebro são estimuladas nos meninos em comparação às meninas, o que leva os pesquisadores a concluir que o *videogame* pode ser mais recompensador para os meninos, causando mais emoções neles, do que para as meninas[179].

Se você não joga *videogame* há dez anos, talvez não entenda quão viciante ele pode ser, devido aos avanços na tecnologia. Hoje um menino pode disputar um jogo no qual ele sobe num

Game Play: Time Spent and Feelings of Success". *Journal of Educational Computing Research*, Volume 43, 2010, p. 293-308.

[177] GRIFFITHS, Mark & HUNT, Nigel. "Dependence on Computer Games by Adolescents". *Psychological Reports*, Volume 82, 1998, p. 475-80. Ver, também: DESAI, Rani et alli. "Video Game Playing in High School Students: Health Correlates, Gender Differences and Problematic Gaming". *Pediatrics*, Volume 126, 2010, p. e1414-24; GRIFFITHS, Mark et alli. "Video Game Addiction: Past, Present, and Future". *Current Psychiatry Reviews*, Volume 8, 2012, p. 308-18; HYUN, Gi Jung et alli. "Risk Factors Associated with Online Game Addiction: A Hierarchical Model". *Computers in Human Behavior*, Volume 48, 2015, p. 706-13; TOKER, Sacip & BATURAY, Meltem. "Antecedents and Consequences of Game Addiction". *Computers in Human Behavior*, Volume 55, 2016, p. 668-79.

[178] YAU, Yvonne et alli. "Are Internet Use and Video-Game-Playing Addictive Behaviors? Biological, Clinical, and Public Health Implications for Youths and Adults". *Minerva Psichiatrica*, Volume 53, 2012, p. 153-70. Ver, também: FUNK, Jeanne et alli. "Preference for Violent Electronic Games, Self-Concept and Gender Differences in Young Children". *American Journal of Orthopsychiatry*, Volume 70, 2000, p. 233-41.

[179] HOEFT, Fumiko. "Gender Differences in the Mesocorticolimbic System During Computer Game-Play". *Journal of Psychiatric Research*, Volume 42, 2008, p. 253-58.

tanque de guerra, sente o ribombar de um *subwoofer* de 300 watts à medida que seu tanque passa por cima dos destroços de uma casa destruída e dispara rajadas de urânio contra postos inimigos, ao mesmo tempo sentindo a emoção da vitória – ou a agonia da derrota quando três tanques inimigos o explodem quase que simultaneamente. Mas a agonia da derrota diminui assim que ele percebe que basta apertar "recomeçar" para jogar tudo de novo[180].

Hoje em dia qualquer menino com banda larga consegue jogar em tempo real contra outro jogador do outro lado da cidade ou do outro lado do planeta. Fones de ouvido e microfones sofisticados permitem que meninos se envolvam em combates simulados em equipes, coordenando emboscadas aos inimigos usando armas virtuais de alta tecnologia. Depois que seu filho passa duas horas liderando um esquadrão num ataque a um quartel-general terrorista, dando ordens pelo *headset* para seus camaradas virtuais e correndo em meio a uma chuva de balas a fim de destruir o gerador de força inimigo, bom, estudar gramática espanhola num livro didático pode ser bem chato. O mundo virtual é movimentado, interativo, colaborativo. E divertido.

E é *heroico*. Durante anos, o *slogan* da Sony para o PS4 foi "A grandeza o aguarda". O comercial oficial da Sony nos dá algumas dicas quanto a isso. O ator, um jovem olhando diretamente para a câmera enquanto explosões ocorrem ao redor dele, diz: "Quem você pensa que é para ser uma pessoa comum? Quem você pensa que é para ser um anônimo? Seu nome deveria ser reverenciado ou dito num sussurro de medo"[181]! No mundo real

---

[180] Muitas das informações desta seção eu adaptei do capítulo 3 do meu livro *Boys Adrift: The Growing Epidemic of Unmotivated Boys and Underachieving Young Men*. New York: Basic Books, Second Edition, 2015.

[181] A forma mais fácil de assistir ao comercial é procurar por "Greatness Awaits, PS4" no sistema de busca do *YouTube*.

talvez você seja apenas um menino comum e anônimo que não está vai muito bem na escola. Mas no mundo dos *videogames* você pode ser grandioso. Você pode ser um herói.

Tive a honra de dar uma palestra numa conferência estadual para profissionais do sistema para jovens delinquentes do Novo México. O tema era "meninos à deriva" – meninos que não estão se saindo bem no mundo real, meninos que não estão fazendo seu melhor, meninos que não se envolvem. (O título do meu segundo livro era *Boys Adrift.*). Depois da minha apresentação, houve um debate. Um dos debatedores era o juiz John Romero, presidente do Tribunal da Juventude em Albuquerque. Na época, Romero também presidia um programa terapêutico para meninos sob vigilância. O juiz Romero falou dos muitos meninos adolescentes que ele conheceu e que tinham sido condenados por crimes violentos, geralmente relacionados às gangues. Ele contou que conversava com esses meninos no ambiente menos formal da terapia, sem a toga e as armadilhas do tribunal. O juiz Romero perguntava aos meninos: *Por que você está fazendo isso? Você parece ser um menino inteligente. Você não entende que entrar para uma gangue e se envolver na violência entre as gangues aumenta imensamente suas chances de ser morto ou preso? E diminui sua chance de se formar no ensino médio ou de arranjar um bom emprego?* O juiz Romero reconhecia que ele levou algum tempo, mais de um ano ouvindo os meninos, até entender o que estavam lhe dizendo. Ele nos contou que *aqueles meninos querem ser vistos como heróis aos olhos dos seus pares e por si mesmos.* A gangue entende isso. A gangue dá ao menino uma arma e uma missão: matar o líder da gangue rival. Se o menino é bem-sucedido, ele é um herói. Se é morto tentando, ainda assim ele é um herói. Se é preso pela polícia e mandado para a cadeia, ainda assim ele é um herói. Se se acovardar, ele é um perdedor. Esse tipo de desafio um menino é capaz de entender.

Todos concordamos com a cabeça. Mas então o juiz Romero encarou a plateia. "A maioria de vocês aqui não vive no *barrio*", disse ele, se referindo aos bairros pobres de pessoas que falam espanhol onde a maioria das gangues de Albuquerque atua. "Muitos de vocês podem estar pensando *Que bom que isso não tem a ver comigo. Meu filho passa a noite no quarto, no andar de cima.* Mas as diferenças entre seu filho que vive nos subúrbios e os meninos nos *barrios* não é tão grande quanto você acha. A maior diferença talvez seja que o menino no *barrio* está envolvido em violência de verdade, com uma arma de verdade. Seu filho lá em cima, jogando *Grand Theft Auto* ou *Call of Duty*, está envolvido em violência de mentira, com uma arma de mentira. Mas a dinâmica subjacente é a mesma. Nos dois casos, o menino está menos preocupado com realizações no mundo real, na escola, e mais preocupado em cumprir sua missão – no *videogame* ou no mundo das gangues – e em impressionar os amigos. Nos dois casos, o menino está tentando provar para os amigos e para si mesmo que é um homem de verdade".

Os meninos querem se tornar homens e se ver como homens. Se não os orientamos melhor sobre como fazer isso de forma construtiva, eles vão procurar por isso entre seus pares. O resultado pode ser violência de gangues para meninos que se percebem morando no *barrio*. Em ambientes mais sofisticados, o resultado pode ser meninos que passam tempo demais jogando jogos violentos. No capítulo final falo mais sobre o que podemos fazer, individualmente e como sociedade, para ajudar meninos a se tornar bons homens.

II - A decisão do tribunal

Já vimos que meninos têm pelo menos duas vezes mais chances do que as meninas de jogar jogos *violentos*. E hoje em dia há provas de que jogos violentos como *Grand Theft Auto* e *Call of Duty* têm efeitos qualitativamente diferentes em comparação a jogos não violentos como *Suma* e *Tetris*[182]. Jovens que disputam jogos violentos mudam seus cérebros e se tornam insensíveis à violência de formas não vistas em jovens que jogam jogos não violentos[183]. Quanto mais realista a violência, maiores os efeitos[184]. Jogar jogos violentos ao longo de meses e anos parece causar comportamentos, pensamentos e sentimentos mais agressivos, além de diminuir a empatia; o mesmo não serve para jogos não violentos[185].

[182] SESTIR, Marc & BARTHOLOW, Bruce. "Violent and Nonviolent Video Games Produce Opposing Effects on Aggressive and Prosocial Outcomes". *Journal of Experimental Social Psychology*, Volume 46, 2010, p. 934-42. Ver, também: SALEEM, Muniba ; ANDERSON, Craig & GENTILE, Douglas. "Effects of Prosocial, Neutral, and Violent Video Games on College Students' Affect". *Aggressive Behavior*, Volume 38, 2012, p. 263-71.

[183] BARTHOLOW, Bruce et alli. "Chronic Violent Video Game Exposure and Desensitization to Violence: Behavioral and Event-Related Brain Potential Data". *Journal of Experimental Social Psychology*, Volume 42, 2006, p. 532-39. Ver, também: HUMMER, Tom et alli. "Short-Term Violent Video Game Play by Adolescents Alters Prefrontal Activity During Cognitive Inhibition". *Media Psychology*, Volume 13, 2010, p. 136-54.

[184] BARLETT, Christopher e RODEHEFFER, Christopher, "Effects of Realism on Extended Violent and Nonviolent Video Game Play on Aggressive Thoughts, Feelings, and Physiological Arousal", *Aggressive Behavior*, volume 35, 2009, p. 213-224.

[185] ANDERSON, Craig et alli. "Violent Video Game Effects on Aggression, Empathy, and Prosocial Behavior in Eastern and Western Countries: A Meta-

Meninas que passam muitas horas por semana em jogos violentos correm um risco maior de se afastar do mundo real. Um dos mais respeitados pesquisadores nesse campo, o professor Craig Anderson, sustenta que as provas que relacionam jogos violentos ao comportamento antissocial são tão fortes quanto as provas que relacionam o fumo involuntário ao câncer de pulmão e o envenenamento por chumbo na infância a QIs menores. O professor Anderson também diz que a controvérsia em torno do *videogame* hoje em dia lembra a controvérsia em torno dos cigarros nos anos 1960 e do envenenamento por chumbo nos anos 1970. Afinal, muitos fumantes não têm câncer de pulmão. E algumas pessoas que têm câncer de pulmão não são fumantes e nunca estiveram expostas à fumaça de cigarros. Da mesma forma, nem todos os meninos que passam 20 horas por semana na frente do *videogame* se descolarão da vida real e nem todos os meninos que se descolam da vida real são jogadores de *videogame*. Mas o professor Anderson insiste que não se ignorem os riscos gerados pelo *videogame*[186].

* * *

analytic Review". *Psychological Bulletin*, Volume 136, 2010, p. 151-73. Para um comentário inteligente sobre esse artigo – considerando que alguns questionadores jamais serão persuadidos, não importa a força das provas –, ver: HUESMANN, L. Rowell. "Nailing the Coffin Shut on Doubts That Violent Video Games Stimulate Aggression: Comment on Anderson et al. 2010". *Psychological Bulletin*, Volume 136, 2010, p. 179-81.

[186] Ver: ANDERSON, Craig. "Violent Video Games: Myths, Facts, and Unanswered Questions". *Psychological Science Agenda*, Volume 16, October 2003. Texto completo disponível em: <www.apa.org/science/about/psa/2003/10/anderson.aspx>, acesso em 22 de julho de 2019.

Deputados estaduais da Califórnia ouviram falar dessa pesquisa. Eles estão preocupados sobretudo com estudos que mostram que os jogos mais violentos podem mudar a personalidade de crianças e adolescentes, levando as crianças a se tornar menos carinhosas e mais hostis. Eles pensaram: É preciso criar uma lei sobre isso. Então eles redigiram a lei, tornando crime civil – punível com multa de até mil dólares – vender jogos violentos para menores de 18 anos. Os pais, se quiserem, podem comprar jogos violentos para as crianças jogarem, mas a lei proíbe uma criança de entrar numa loja e comprar os jogos mais violentos sem conhecimento dos pais. O governador Arnold Schwarzenegger sancionou a lei.

Mas ela nunca foi aplicada. A indústria dos *videogames*, com o apoio da American Civil Liberties Union (ACLU), imediatamente entrou na Justiça. As indústrias e a ACLU diziam que a lei californiana violava o direito à liberdade de expressão, previsto na Primeira Emenda, das empresas de *videogames*. O caso chegou à Suprema Corte. Numa decisão proferida pelo ministro Antonin Scalia, o tribunal decidiu em favor da indústria de *videogames*, anulando a lei da Califórnia.

Manifestando opinião contrária, o ministro Samuel Alito demonstrou preocupação quanto aos *games* violentos. Ele concordou com os deputados californianos no sentido de que *"a experiência de jogar* videogame *(e os efeitos desses jogos em menores de idade) talvez seja muito diferente de tudo o que já vimos antes"*. Ele expressou horror diante de jogos em que

Vítimas são mortas por instrumentos inimagináveis como metralhadoras, espingardas, tacapes, martelos, machados, espadas e serras-elétricas. Vítimas são desmembradas, decapitadas, têm suas entranhas retiradas, são queimadas e cortadas em pedacinhos. Elas gritam em agonia e imploram por misericórdia. O sangue espirra, se derrama, se acumula em poças. Partes de corpos humanos e de entranhas aparecem explicitamente na tela. Em alguns casos, ganha-se pontos não só pela quantidade de vítimas mortas, mas também pela técnica empregada no assassinato[187].

O ministro Alito entendeu as preocupações dos legisladores e dos pais que fizeram campanha pelo projeto de lei. Mas ele acompanhou o ministro Scalia e decidiu que determinar quais jogos as crianças podem jogar não é função da Assembleia Legislativa da Califórnia. É função dos pais.

Não há lei proibindo crianças de comprar um jogo, por mais violento que ele seja e por mais que ele leve o jogador a ser cruel. Não pode haver uma lei assim, não nos Estados Unidos, como consequência da decisão da Suprema Corte.

Ninguém pode fazer isso por você. *Você tem de saber quais jogos seu filho está jogando.* Não se deve esperar privacidade quando seu filho estiver jogando *videogame*. Você deveria estar olhando por sobre os ombros dele para ter certeza de que os jogos satisfazem os critérios de segurança (falaremos sobre esses critérios daqui a pouco). Se seu filho vai à casa de um amigo, você deve perguntar se eles vão jogar *videogame* e, em caso afirmativo, deve descobrir se os pais da outra criança se preocupam como você com os jogos

---

[187] *Brown v. Entertainment Merchants Association*, 564 U.S. 786 (2011). O texto completo do caso, incluindo o voto vencedor do ministro Alito, está disponível em: <www.supremecourt.gov/opinions/10pdf/08-1448.pdf>, acesso em 22 de julho de 2019. As citações deste parágrafo são das páginas 12 e 14 do voto vencedor.

violentos. Se os pais da outra criança não têm ideia do que você está falando, ou se nem sequer estiverem em casa, você tem de dizer a seu filho *Não, você não pode ir à casa daquele amigo*.

E quanto a preparar seu filho para o mundo real? As exigências da vida real preveem habilidades bem diferentes das necessárias para vencer nos *videogames*. Imagine um pai jovem, de pouco mais de 20 anos, tentando consolar sua bebê que está chorando. Não há botões a apertar, não há torpedos de fótons a disparar. A coisa certa a fazer talvez seja apenas embalar a criança e cantar uma canção de ninar. A principal habilidade exigida talvez não seja o virtuosismo resplandecente com o controle, e sim apenas... paciência. Se você precisar se dar bem com um colega de trabalho beligerante, a principal virtude de que precisa talvez não seja a velocidade, e sim... paciência. Na maioria dos *games*, a melhor forma de lidar com pessoas difíceis é aniquilá-las com lança-granadas. No mundo real, você não precisa de uma arma letal, e sim de paciência.

Os passatempos estereotipados para meninos e homens das gerações anteriores eram bons em ensinar habilidades como a paciência. Há 30 anos, e ainda mais, há 50 anos, era mais comum que os meninos e homens saíssem para caçar e pescar juntos. Meninos que iam pescar com pescadores experientes em pouco tempo aprendiam que um bom pescador era capaz de esperar pacientemente. Esse tipo de paciência talvez seja útil para um jovem pai. Mas os *games* não ensinam esse tipo de paciência.

Então, que regras você deve estabelecer ao seu filho? O professor Anderson criou algumas orientações práticas com base nas pesquisas publicadas[188]. Ele recomenda, antes de mais nada,

---

[188] Você pode ler a versão completa das diretrizes do professor Anderson em: <www.psychology.iastate.edu/faculty/caa/VG_recommendations.html>, acesso em 22 de julho de 2019.

que você jogue o jogo sozinho ou o veja sendo jogado. Depois faça a si mesmo as seguintes perguntas:

- O jogo envolve alguns personagens tentando matar outros?
- Isso acontece com frequência, mais de uma ou duas vezes a cada meia hora?
- Os danos são recompensados de alguma forma?
- O dano é retratado com humor?
- Soluções não violentas estão ausentes ou são menos "divertidas"?
- As consequências realistas da violência estão ausentes do jogo?

Se a resposta for "sim" para duas ou mais dessas perguntas, então o professor Anderson sugere que seu filho não deve ter permissão para jogar. A primeira coisa que você deve levar em consideração não é quantas horas por dia ou semana seu filho poderá jogar tais jogos. A primeira pergunta é que tipo de jogo seu filho vai poder jogar. Jogos violentos que premiam a agressão antissocial – jogos como *Grand Theft Auto* – não devem ser permitidos. Ponto final. "Agressão antissocial" significa ações como matar policiais e prostitutas, uma violência que vai contra todas as formas aceitáveis de comportamento.

Outra reflexão que mencionei anteriormente é quais atividades são deixadas de lado pelo *videogame*. Se seu filho está deixando de lado as amizades com amigos não *gamers* para passar mais tempo diante da tela, então ele está passando tempo demais jogando *videogame*. Se ele se recusa a se sentar para jantar com a família porque está no meio de um jogo, isso não é aceitável. Ele precisa de ajuda para corrigir suas prioridades.

E quanto a meninos adolescentes que se relacionam com meninas? Surpreendentemente, ainda mais aqueles de nós que temos mais de 30 anos, muitos meninos de hoje parecem preferir os *videogames* às meninas. O sr. Welsh, professor da escola T. C. Williams, em Alexandria, Virgínia, já ouviu várias histórias que têm a ver com isso. As meninas da sua escola lhe contaram que, em festas,

> *São geralmente ignoradas enquanto os meninos se reúnem em torno de telas de TV, fascinados por um ou outro game. "As meninas ficam sentadas vendo os meninos jogarem até que se cansam e procuram outra coisa para fazer", me disse a caloura Sarah Kell, para quem os jogos são algo entre o "estúpido e chato" e o "nojento". "Tentamos dizer que eles estão perdendo tempo, mas eles continuam jogando. Alguns caras ficam jogando até as três da manhã nos dias de semana, e depois tentam fazer a lição de casa"[189].*

Os meninos preferem os *games* a meninas? Uma repórter do *New York Times* conversou com alunos de vários *campi* universitários. Ela descobriu muitos jovens que pareciam mais interessados em jogar *videogame* do que em ficar com as namoradas. A repórter entrevistou uma jovem universitária que tinha terminado o namoro com um jovem

> *Em parte frustrada porque ele ficava jogando videogame quatro horas por dia. "Ele dizia que estava tentando diminuir para 15 horas por semana", disse ela. "Eu disse: 'Quinze horas por semana é o que passo no meu estágio, e recebo 1.300 dólares por mês'. Esse é meu limite agora: não namoro ninguém que jogue*

[189] WELSH, Patrick. "It's No Contest: Boys Will Be Men, and They'll Still Choose Video Games". *Washington Post*, December 5, 2004, p. B.

videogame. Isso significa que eles estão optando por fazer algo que os faz perder tempo e que lhes suga a vida"[190].

Um jovem universitário hoje tem oportunidades sexuais sem precedentes. Ao contrário de seu pai e avô, ele provavelmente vai frequentar uma universidade onde as mulheres são maioria. Até mesmo meninos não muito bonitos nem especialmente populares hoje em dia têm chances muito boas de encontrar jovens que aceitarão suas cantadas. Ainda assim, como o *New York Times* mostrou numa reportagem de primeira página, os diretores das universidades estão dizendo que cada vez mais jovens homens não demonstram qualquer interesse em conhecer jovens mulheres (e nem em conhecer outros homens, diga-se a verdade). Eles não querem conhecer ninguém. Eles só querem *"ficar no quarto, sem falar com ninguém, jogando videogame até o amanhecer (...). Alguns faltam às aulas até desistir ou reprovar"[191].*

* * *

Eis aqui orientações para o uso apropriado do *videogame*, com base na obra do professor Craig Anderson, já citada:

- **Conteúdo**: Você não deve deixar seu filho jogar *games* nos quais o jogador é recompensado por matar policiais e civis indefesos. A indústria dos *games* em si fornece um sistema de classificação, na qual "M" significa "maturidade" para esse tipo de violência antissocial. Jogos "M" não

---

[190] LEWIN, Tamar. "At Colleges, Women Are Leaving Men in the Dust". *New York Times*, July 9, 2006, p. A1, A18, A19.
[191] Idem. *Ibidem.*, p. A18, A19.

deveriam ser vendidos ou usados por menores de 18 anos. Mas só porque o jogo é classificado como "T", de *"teen"* [adolescente], isso não significa que ele seja apropriado para seu filho. Conheça os jogos classificados como "T". Até mesmo jogos avaliados como "E", de *"everyone"* [todos], não podem ser considerados seguros em si. Na verdade, a equipe do professor Anderson descobriu que alguns jogos "E" eram mais violentos – e geravam comportamentos mais violentos – do que alguns jogos T[192].

• **Tempo**: Não mais de 40 minutos por noite durante a semana e não mais de uma hora por dia nos fins de semana e feriados – e isso somente depois que as lições de casa e as tarefas do lar estiverem feitas. E os minutos não são cumulativos. Se seu filho passar três semanas sem jogar, isso não quer dizer que ele pode passar as oito horas de um sábado jogando. Isso é jogar até se acabar, o mesmo que beber até se acabar, e isso não é saudável.

• **Outras atividades**: Certifique-se de que seu filho saiba quais são as prioridades da família. A família vem em primeiro lugar; a escola e os deveres de casa em segundo; amigos em terceiro; o *videogame* está nas últimas posições dessa lista. Se sua família é daquelas em que os membros ainda se sentam para jantar juntos, então se sentar para jantar com a família deve ser mais importante do que jogar *videogame*, mais do que conversar com um amigo no telefone, mais até do que terminar a lição de casa. A lição

---

[192] ANDERSON, Craig ; GENTILE, Douglas & BUCKLEY, Katherine. *Violent Video Game Effects on Children and Adolescents.* New York: Oxford University Press, 2007. p. 66.

de casa é mais importante do que falar com os amigos ou jogar. Mas falar ao telefone com um amigo deve ser uma prioridade maior do que jogar *videogame*.

III - "Não vou desistir"

Controlar e orientar o uso que seu filho faz do *videogame* é uma boa ideia, mas é apenas metade do problema. Você vai querer ajudá-lo a encontrar uma alternativa construtiva. Em alguns casos, os esportes competitivos podem ser uma solução. Que tipo de atividade nas horas livres e passatempos seria o melhor para esse tipo de menino? Como esse menino específico pode satisfazer da melhor forma seu desejo de ser testado e de vencer?

Deixe-me contar a experiência de um dos meus pacientes. Aos 12 anos, Aaron Grossman era um ávido jogador de *videogame*. Seu comportamento beirava o vício. Uma característica central do vício, por sinal, é a *perda de controle:* o menino sabe que não deveria passar tanto tempo jogando, e talvez nem queira jogar tanto assim, mas sente que não aguenta ficar longe. Então, Aaron estava passando três ou quatro horas por dia jogando *videogame*, em geral jogos de esportes, como *Madden NFL*. Quando seus pais pediram que ele pelo menos tentasse jogar futebol americano de verdade, porém, ele disse que não. Ele não estava interessado.

Sua mãe e pai, Jennifer e David, acharam melhor matricular Aaron no futebol americano mesmo assim. Eles não perguntaram a Aaron. Eles simplesmente lhe disseram que ele jogaria. Descobri que os pais podem matricular o filho obrigatoriamente se o menino tiver 12 ou 13 anos, mas geralmente não depois disso.

Se você levar um menino de 16 anos para uma atividade que ele não quer fazer, ele pode simplesmente pegar o carro e ir embora ou sair andando. Mas os pais de Aaron concluíram corretamente que o filho deles ainda era novo o bastante para ir ao treino na base da obrigação.

Assim que Aaron se viu cercado por outros meninos que estavam se esforçando ao máximo para correr, chutar, jogar a bola e pegá-la, ele aceitou. Afinal, o formato do primeiro dia da Liga Junior não é muito diferente da aula de educação física na escola. É algo que todos conhecem.

No caminho de volta para casa, naquele primeiro dia, Jennifer sabiamente não perguntou se Aaron tinha se divertido. Ter feito isso seria o equivalente a lhe pedir que admitisse que estava errado e seus pais, certos. Em vez disso, ela disse simplesmente: "O treino amanhã começa às onze, certo"?

Ele fez que sim.

Os treinos eram diários, de segunda a sexta, e às vezes duravam horas. Era difícil. Na segunda semana, os meninos colocavam seus equipamentos: capacetes, ombreiras, a coisa toda. A mamãe engoliu em seco da primeira vez que viu outro menino derrubar Aaron. Mas Aaron se levantou imediatamente e correu em direção ao treinador, que explicava o exercício seguinte.

No dia seguinte houve o primeiro jogo. Aaron foi derrubado várias vezes, numa delas com muita força. Era um dia quente e úmido de agosto. A caminho de casa, Aaron estava visivelmente cansado. Depois de seguirem em silêncio por alguns minutos, a mãe dele finalmente disse: "Aaron, se você quiser desistir, tudo bem. Seu pai e eu admiramos sua força de vontade".

Aaron fez que não com a cabeça. "O técnico pode me expulsar do time, se quiser", disse ele, "mas eu não vou desistir".

As palavras eram tão bregas e lembravam tanto a fala de Richard Gere para Louis Gossett Jr. em *A força do destino* que a mãe quase caiu na gargalhada. Mas então ela percebeu que o filho provavelmente não tinha assistido a *A força do destino*. Ele estava falando sério.

Aaron parou de jogar *videogame* ao longo de toda a temporada. Quando a temporada chegou ao fim, em novembro, sem que o time fosse para as finais, ele disse: "Talvez ano que vem".

Ele voltou a jogar *Madden NFL* depois que a temporada terminou, mas raramente por mais de 30 minutos por dia. "Não é nada em comparação com a vida real", ele disse à mãe espontaneamente um dia. Foi o mais perto que ele chegou de agradecer aos pais por matricularem-no no futebol americano de verdade.

IV - Entenda ou não

Quando os psicólogos dizem que um paciente tem um bom *insight*, eles querem dizer que o paciente entende a situação e percebe o que precisa ser feito. Alguns meninos percebem como é a relação deles com o *videogame*. Outros não.

Jacob não percebia. Jacob Stolzfus tinha 22 anos quando seus pais o trouxeram ao meu consultório. Apesar da inteligência acima da média, ele tinha sido um estudante medíocre no ensino médio. Mal conseguiu se formar. Ele agora trabalhava umas poucas horas semanais ajudando o pai, que trabalhava como empreiteiro independente, fazendo reformas domésticas. Os pais estavam preocupados com a falta de ambição do jovem. Ele não tinha outro trabalho exceto aquele que seu pai às vezes lhe conseguia; não tinha educação para além do ensino médio e nenhum interesse em estudar mais; e nenhum plano para o futuro. Os pais também estavam preocupados com sua falta de vida social. Ele não tinha namorada e nem amigos.

Nós quatro nos reunimos juntos: Jacob, os pais dele e eu. Os pais falaram primeiro: "Andei pesquisando na *Internet* e estou preocupada", disse sua mãe. "Ele não tem ambição. Não tem amigos. E não *se preocupa* com isso. Olhei na *Internet* e mais de um *site* mencionou a possibilidade de esquizofrenia".

Fiz que sim com a cabeça, apesar de esquizofrenia ser um diagnóstico improvável. Depois de ouvir os pais por mais alguns minutos, virei-me para Jacob. "O que você mais gosta de fazer no seu tempo livre"?, perguntei.

Ele bufou. "O que você acha"?, perguntou.

"Não sei. Por isso perguntei", respondi.

"Bom, depende", disse ele. "Bater punheta é a primeira coisa, se passo um ou dois dias sem. Mas não dá para bater punheta o dia todo. Acredite, eu tentei, e mais de uma vez. Então, quando não estou batendo punheta, jogo *videogame*". (Para os leitores desavisados, "bater punheta" significa "se masturbar").

"Quantas horas por dia você passa jogando *videogame*"?, perguntei.

Outra bufada de desprezo. "O máximo possível", disse ele.

"E nos últimos sete dias"?, perguntei. Nós quatro rememoramos os últimos sete dias, falando sobre o que Jacob tinha feito todos os dias, com o máximo de detalhes possível. Concluímos que ele tinha passado pelo menos 40 horas nos últimos sete dias jogando. Era o equivalente a um emprego em tempo integral. Seus preferidos eram jogos violentos como *Halo, World of Warcraft, Grand Theft Auto* e *Assassin's Creed*.

"Percebe o problema"?, perguntei a Jacob.

"Absolutamente nada", disse ele, com um sorriso encantador.

"Quem são seus melhores amigos"?, perguntei.

"Tenho vários. Com quem você quer que eu comece"?, respondeu ele.

"Só me diga os nomes dos seus três melhores amigos".

"Os nomes deles ou os nomes deles nos jogos"?

"De preferência os nomes verdadeiros", eu disse.

"Bom, primeiro tem o Jonathan", disse ele.

"Qual foi a última vez que você viu o Jonathan"?, perguntei.

"Nunca vi o Jonathan", respondeu Jacob. "Ele mora em Cingapura. Ele está na minha guilda em *World of Warcraft*".

"Quando foi a última vez que um amigo seu foi à sua casa"?, perguntei.

"Ah, entendo aonde você quer chegar. O mundo virtual não é tão bom quanto o mundo real, certo? É isso o que você acha, não é"?, perguntou Jacob.

"Sim, é isso", eu respondi. "Realmente acho que as relações no mundo real são mais importantes do que relações que só existem na *Internet* ou no mundo virtual. Então, qual foi a última vez que um amigo seu foi à sua casa"?

Nenhuma resposta de Jacob. "Já faz tempo", a mãe dele disse depois de um silêncio.

"Anos", disse o pai.

Depois de mais 40 minutos de avaliação, eu estava pronto para fazer minha recomendação. "Não vejo sinal de que Jacob tenha esquizofrenia ou qualquer transtorno psiquiátrico grave", disse. "E ele não parece ansioso nem deprimido. Acho que o tempo que ele passa jogando *videogame* e em outras atividades na *Internet* o faz ignorar as atividades do mundo real. Ele está passando tempo demais na frente da tela".

"É o que eu acho", disse seu pai. "Mas o que podemos fazer a respeito disso"?

"Se o Jacob fosse mais novo, se ele tivesse dez, e não 22 anos, então talvez fosse sensato impor alguns limites. Se ele tivesse dez anos, vocês poderiam permitir que ele jogasse por, talvez, 30 ou 40 minutos por dia. Mas isso não vai funcionar na idade dele".

"Por que não"?, perguntou a mãe.

Virei-me para Jacob. "Se seus pais limitassem o *videogame* a 40 minutos por dia, você desligaria depois de 40 minutos"?

Outra bufada de desprezo. "De jeito nenhum", disse ele. "Depois de 40 minutos, aí é que vou começar".

"Foi o que pensei", disse. "E, se vocês tentassem desligar o jogo no meio, um homem de 22 anos pode ficar bastante irritado".

"Você está me menosprezando", disse Jacob, e pela primeira vez todos os três – Jacob e seus pais – riram.

"Certo", eu disse. "A única intervenção neste contexto, com um homem de 22 anos que passa mais de 40 horas por semana jogando *videogame*, é a abstinência total. Vocês têm de eliminar todos os acessos dele ao *videogame*.

Jacob ficou paralisado.

"Você está dizendo que nós temos que tirar o Xbox dele"?, perguntou a mãe.

"Tire o Xbox da casa. Destrua ou o dê para alguém. Elimine todos os acessos dele a *games*, incluindo o celular".

Jacob relaxou e seu rosto se contorceu numa risadinha de raiva. "Isso é completamente inaceitável", disse ele. "Sou um adulto. Tenho mais de 18 anos. Você não pode me dizer o que fazer. Os meus pais não podem me dizer o que fazer".

"Isso é verdade", eu disse. "Você é um adulto. Você pode sair da casa dos seus pais e cuidar da sua vida. Mas, se você sair", e neste momento me virei para os pais dele, "se você sair, seus pais não vão sustentar você. Você vai estar sozinho. Neste momento, você está morando na casa dos seus pais, mas não paga nada. Não paga aluguel. Eles pagam pela comida. Eles pagam pelo acesso à *Internet*. Se você pretende continuar na casa deles, então vai ter que obedecer às regras deles".

Com meu estímulo, os pais de Jacob seguiram minhas instruções. Eles doaram o Xbox e todos os *videogames* que conseguiram encontrar na casa para a Legião da Boa Vontade". Tiraram o celular do filho. Tiraram o computador do quarto dele. Eles passaram a proteger o próprio computador com uma senha e a recusar acesso do filho à máquina sem supervisão.

Quatro semanas mais tarde, eles voltaram, como eu havia pedido.

"A diferença é inacreditável", disse o pai.

"O que está diferente"?, perguntei.

"Tudo está diferente", disse o pai. "No trabalho, por exemplo. Antes eu precisava insistir para o Jacob me ajudar, e tinha que cuidar de tudo o que ele fazia. Mas agora ele está demonstrando iniciativa. E, sendo sincero: ele é mais inteligente do que eu pensava".

"O que você quer dizer"?, perguntei.

"Bom, vamos pegar a última semana como exemplo", disse o pai. Nós estávamos fazendo uma reforma numa casa chique. O dono da casa queria instalar um chuveiro de última geração, com jatos de massagem e tudo, tudo controlado por voz. Eu não queria dizer a verdade ao proprietário, isto é, que eu nunca tinha feito nada parecido. Fiquei num beco sem saída. O Jacob se ofereceu, me mostrou como se faz e instalou quase toda a parte elétrica sozinho. Ele aprendeu tudo só de ler as instruções. O chuveiro funcionou perfeitamente. Foi impressionante".

Jacob estava de cabeça baixa, mas acho que vi um quê de alegria em seu rosto.

"Não foi fácil", disse a mãe dele. "No começo não. O Jacob ficou sem falar com a gente ao longo de toda a primeira semana. Ele preparava o prato e ia para o quarto. Mas daí, depois de uma semana, ele começou a jantar com a gente. E ele pareceu simplesmente *despertar*. Foi como se ele tivesse vivido em meio a uma névoa ao longo de todos esses anos em que ficou jogando *videogame*. Talvez ele simplesmente não estivesse dormindo direito. Agora ele até conversa durante o jantar".

"Ele parece mais inteligente agora. Ele entende tudo melhor. Está mais atento. Está mais paciente", disse o pai.

"Qual é a sua opinião"?, perguntei a Jacob. "Você concorda"?

"Não concordo", disse Jacob. "Não me sinto nada diferente. Não me sinto mais inteligente, com certeza".

"Se você pudesse, voltaria a jogar *videogame* amanhã mesmo"?, perguntei.

"Com certeza", disse Jacob.

Os pais dele soltaram um suspiro.

Jacob demonstrou não ter *entendido nada*. Não percebeu como os jogos tinham deslocado suas atividades no mundo real.

Jacob tinha começado a jogar regularmente aos cinco anos. Os pais ficaram impressionados com sua habilidade manual nos jogos eletrônicos. Eles estavam enganados. Pesquisadores descobriram que, quanto mais novos os meninos começam a jogar *videogame*, maior a probabilidade de ficarem viciados, de sacrificarem atividades do mundo real a fim de jogar *videogame*[193]. À medida que você refletir sobre como aplicar as orientações que expus neste capítulo, você também vai precisar levar em consideração a *idade* do seu filho. Quanto mais novo ele for, menos tempo deveria passar diante da tela e mais tempo deveria passar no mundo real. Isso serve tanto para meninas como para meninos.

Não espere que seu filho demonstre compreender a situação. Vejo muitos pais que esperam que os filhos de 11, 15, 24 anos ajam logicamente, com base em provas científicas. Os pais dizem: *Olhe o quanto o* videogame *consome da sua vida! Veja como seus amigos diminuíram desde que você começou a passar 20 horas por semana na frente da tela. Veja como você está o tempo todo cansado, menos quando está jogando* videogame.

Os pais acham que esses argumentos são convincentes. Eles esperam que o filho *compreenda* e aja com base nessas provas.

Não espere por isso. Você talvez fique esperando meses, anos. Se seu filho é um entre os milhões de meninos e jovens que permitiram que os *games* ocupassem o lugar da vida real, você precisa intervir. Tire os aparelhos, se necessário. Limite o tempo diante da tela.

Se você não fizer isso, quem vai fazer?

[193] GRIFFITHS, Mark & HUNT, Nigel. "Dependence on Computer Games by Adolescents". *Op. cit.*

CAPÍTULO 9

Não conformidade de gênero

I - Martin

Sally percebeu que estava grávida quando estava sentada no escritório do advogado responsável por seu divórcio. Ela tinha ficado casada por quatro anos e estava no fundo do poço. Apesar de trabalhar mais do que Mark e de ganhar mais que o marido, Mark ainda esperava que ela fosse a empregada da casa, que recolhesse as roupas dele, limpasse, cozinhasse. Ele tinha coragem até mesmo de reclamar quando o jantar estava atrasado, sendo que ele havia passado a tarde toda em casa, vendo TV, enquanto ela trabalhava no banco. Ela sugeriu terapia de casal; Mark se recusou. Ele não tinha a menor ideia de quão mal estava seu casamento e aparentemente não tinha o menor interesse em consertá-lo.

Um amigo do trabalho deu a Sally o nome de um bom advogado de família. Na primeira visita, o advogado estava repassando o questionário de sempre.

"Filho"?, perguntou o advogado.

"Não", respondeu Sally.

"Alguma possibilidade de você estar grávida neste momento"?

Sally estava prestes a dizer "Não, claro que não", mas ficou em silêncio. Quando ela tinha ficado menstruada pela última vez? Aliás, quando foi a última vez que ela e Mark...? Daí ela se lembrou daquela noite de sábado, mais de um mês antes, quando ela achou que *talvez* o casamento ainda pudesse ser salvo. Foi naquele instante, no escritório do advogado, que ela percebeu pela primeira vez que a menstruação estava atrasada. "Acho que não", respondeu finalmente Sally.

"Você *acha* que não"?, perguntou o advogado.

Oito meses mais tarde, ela deu à luz Martin. Nesse meio- -tempo, Mark se mudara para Los Angeles e Sally tinha diante de si uma vida de mãe solteira.

Muitos pais imaginam que seus filhos são acima da média, mas Sally *tinha certeza* de que Martin era precoce. E ela tinha razão. Com um ano de idade, Martin tinha um vocabulário de cerca de 20 palavras, entre elas "zebra". Aos dois anos, ele falava frases completas. Aos quatro, soletrava palavras em livros didáticos. Quando entrou no jardim de infância, a professora imediatamente o colocou no grupo daqueles que aprendiam rapidamente a ler. Martin era o único menino no grupo de seis crianças.

Desde o primeiro dia, Martin adorou a escola. Ele sempre se sentou na primeira fila, sempre erguia a mão para responder a todas as perguntas, sempre era educado. Os professores o adora- vam. "Se todos os meninos fossem como o Martin, a vida seria só alegria", disse a srta. Messner, sua professora da primeira série, com melancolia. "Eu só queria que ele saísse na hora do recreio".

"O Martin não sai da sala na hora do recreio"?, perguntou Sally.

"Ultimamente não", respondeu a srta. Messner. "Ele me implorou. Ele disse: 'Srta. Messner, por que eu tenho que perder tempo saindo para ficar andando de um lado para o outro? Por que não posso simplesmente ficar lendo aqui dentro'? Ele simplesmente não gosta do recreio. Todos os outros meninos ficam correndo para lá e para cá feito animais, mas o Martin fica perto de mim ou de outros professores".

"Eu era assim também", disse Sally. "Nunca gostei de recreio".

No fim da terceira série, Martin lia como um aluno da sexta série. Ele começou a escrever poesia, cuidando especialmente da disposição das palavras na página. A fonte preferida dele era French Script. Sua letra cursiva ganhou floreios e ele começou a fazer círculos até mesmo nos pontos sobre os is e os jotas.

Os amigos de Sally começaram a alertá-la de que Martin estava se tornando um rato de biblioteca. Ela deveria matriculá-lo em algum esporte, diziam eles.

Aquilo lhe pareceu uma boa ideia. "O que você gostaria de jogar"?, perguntou ela ao filho. "Futebol? Basquete? Futebol americano"?

"Não gosto de nada disso", disse ele. Silêncio. "Mas gosto de jogar boliche com a Karen e a Samantha", acrescentou, finalmente.

"Boliche não é esporte", disse Sally.

"É, sim", disse Martin. "Fazem torneios de boliche na TV".

Martin finalmente concordou em ter aulas de tênis, mas sem muita empolgação. "Minha agenda é ocupada demais", disse um Martin de nove anos para Sally certo dia, poucas semanas depois de as aulas de tênis terem começado. "Preciso de mais tempo para praticar piano. As lições de tênis são perda de dinheiro e tempo". Martin sabia ser firme, sobretudo quando estava negociando com a mãe.

"Certo", disse Sally. Chega de aulas de tênis. Qual o sentido de continuar gastando em algo de que Martin nem gosta?

Ao menos ele tem amigos, pensava Sally. Ela e Martin relacionaram oito crianças a serem convidadas para a festa de aniversário de dez anos dele: sete eram meninas e um era menino. Martin queria uma festa que tivesse como tema *O Senhor dos Anéis.* Martin dizia que todos os seus amigos adoravam *O Senhor dos Anéis.* Sally perguntou ao filho de que personagem ele mais gostava.

"Frodo, claro", disse Martin.

"Mesmo? Por que 'claro'"?, perguntou Sally. "Por que não Gandalf? Ou Legolas? Ou Aragorn"?

"Aragorn é um personagem muito irreal", disse Martin. "Frodo é muito mais crível".

"Mas Aragorn ao menos é um ser humano", respondeu Sally, determinada a vencer um debate ao menos uma vez. "Frodo é um hobbit de um metro e vinte. Como você pode dizer que Frodo é mais realista do que Aragorn"?

"Aragorn é forte e bom em tudo. Isso não é crível. Ele está sempre vencendo algo do mal – orcs ou Uruk-hai ou Nazgûl, sei lá –, e ele sempre vence fácil quando tudo está contra ele", disse Martin. "Isso simplesmente não é plausível. Frodo é fraco. Ele é pequeno. Ele não luta contra ninguém – exceto contra Gollum no final, e Gollum é ainda menor e mais fraco do que Frodo, e de qualquer forma Frodo basicamente perde aquela luta. Gollum tira o Anel da mão dele".

Sally queria elogiar o filho menor de dez anos por ter usado a palavra "plausível" corretamente numa frase, mas parou e refletiu sobre o que Martin tinha acabado de dizer. Ser forte e talentoso era uma coisa irreal, de acordo com Martin. Vencer contra todas as probabilidades é irreal. Ser *fraco* era realista. Ela precisava esclarecer isso.

A Justiça dera a custódia total de Martin a Sally. Ainda assim, Sally fez questão de convidar o ex-marido, o pai de Martin, para passar algum tempo com ele, sobretudo no verão. Mark tinha amolecido e amadurecido desde o divórcio. Ele tinha dois filhos com a segunda esposa e parecia um bom pai para as crianças. (Sally conteve a vontade de perguntar à segunda mulher de Mark, Jennifer, se ele tinha melhorado e a ajudava nas tarefas de casa). Mark ligou da Califórnia certa noite para perguntar a Sally se Martin podia pescar com ele e com seu filho de seis anos, Jared. "Minha empresa alugou um barco. Umas 12 pessoas vão. Nós vamos sair da ilha Catalina para pescar ali perto e passar a noite em mar aberto. Não tem nada igual, Sally. As estrelas são tão brilhantes que é como se elas estivessem pertinho da sua cabeça".

"Parece divertido", disse Sally, com sinceridade.

Martin, porém, recusou o convite. "Não há nada mais estúpido do que pescar", disse ele, com autoridade. "Você fica sentado no barco, esperando até que um peixe morda a isca, depois você puxa o anzol que estava preso na boca do peixe, arrasta o peixe pelo barco e tira as entranhas dele. Que divertido. Acho que não. Não, obrigado".

"Mas Martin...", tentou Sally.

"Além disso, é no mesmo dia do meu acampamento musical", disse Martin. "Você não está me pedindo para ignorar meu acampamento musical, não é"?

Sally e Mark continuaram conversando depois que Martin saiu do telefone. "O Martin não quer fazer nenhuma coisa de menino", disse Mark. "Ele diz que pescar é estúpido, por mais que nunca tenha tentado. Ele não vai a nenhum jogo de futebol americano comigo, nem mesmo depois que comprei ingressos para aquele jogo dos Redskins quando visitei vocês em novembro. Ele não quer jogar futebol. Deus, ele não quer nem jogar *videogame* comigo quando vamos ao fliperama".

"E que diferença isso faz"?, perguntou Sally na defensiva. "Ele só tira dez. Ele tem amigos. Ele está feliz".

"Mas o que ele faz para se divertir"?, perguntou Mark.

"Ele toca piano. Ele escreve poesia. Ele lê".

"Você chama isso de diversão"?, perguntou Mark, sem acreditar.

"Para ele essas coisas são diversão. O Martin é muito intelectualizado. Ele simplesmente é assim. Além do mais, onde está escrito que todos os meninos têm que gostar de futebol americano? Ou de *videogame*? Ou de pescar"?

"O que é esse acampamento musical"?, perguntou Martin.

"É um ótimo acampamento. O Martin quer dominar o piano durante o verão".

"Que tipo de música ele toca ao piano"?, perguntou Mark.

"Vários tipos", respondeu Sally.

"Ah, é? Ele toca jazz? Fats Waller? Keith Jarrett"?

"Não, claro que não", respondeu Sally. "Ele só toca música clássica. Beethoven. Clementi. Debussy. Você deveria ouvi-lo tocar 'Clair de Lune'".

"Meu Deus! Me poupe", disse Mark.

* * *

Os outros meninos só começaram a provocar Martin no fim do ensino fundamental. Foi quando Sally começou a receber ligações do orientador da escola. Alguém tinha enchido o armário de Martin com absorventes íntimos e um bilhete que dizia "Você precisa disso". Uma semana mais tarde, alguém escreveu "viado" no armário dele. No mês seguinte, dois meninos esbarraram em Martin no corredor, fingiram que foi um acidente e o derrubaram no chão. Sally ficou horrorizada ao ver o ferimento causado pela queda no rosto do filho.

"Você não se incomoda com o fato de os outros meninos o estarem provocando"?, perguntou ela a Martin.

"Na verdade, não", disse ele, dando de ombros. "Eles não me entendem. Eles só querem saber de *videogame* e esportes. Eles têm medo do que não entendem e reagem da única forma que sabem. Com violência. Eu só preciso tomar cuidado e ficar longe deles. Só isso".

"Mas por que nenhum dos seus amigos lhe dá apoio"?, perguntou a mãe.

"Não tenho amigos", disse Martin, com franqueza.

"Por que você diz isso? E a Karen? E a Samantha"?, perguntou Sally.

"Elas não são mais minhas amigas. Desde que os meninos começaram a me provocar. A Karen e a Samantha são amigas dos meninos agora. Principalmente a Karen. Ela sai sempre com eles. Quando elas perceberam que os meninos me odeiam, elas começaram a me evitar".

"Que triste. Você deve se sentir péssimo", disse a mãe.

"Não, não me sinto. Isso não me incomoda. Além do mais, eu tenho, sim, amigos".

"Sério"?, perguntou a mãe, ansiosa. "Quem"?

"Eu diria que meus melhores amigos hoje em dia são Isaac Asimov e Robert Heinlein", disse Martin, calmamente.

A mãe fez silêncio, procurando os nomes na memória. "Mas Isaac Asimov e Robert Heinlein.... Eles estão mortos", disse ela, sentindo um arrepio. "Ambos são escritores de ficção científica".

"Isso mesmo", disse Martin. "Isaac Asimov escreveu a trilogia *Fundação*. É sobre um mutante que tem mais poderes do que todas as outras pessoas normais. Ele parece pequeno e fraco, mas na verdade é mais forte do que todo mundo porque tem poderes especiais. Robert Heinhein escreveu *Um estranho numa terra estranha*".

"Mas você não pode almoçar com eles. Não pode conversar com eles. Você precisa de amigos com os quais possa conversar", disse Sally.

"Não é verdade", disse Martin. "Eles são meus melhores amigos. Tenho muito em comum com eles".

II - O macho anômalo

Há muitas variáveis *dentro* dos sexos. Beyoncé, Angelina Jolie, Serena Williams, Martha Stewart e Hillary Clinton parecem não ter muito em comum uma com a outra. Tampouco Pee-wee Herman, Sylvester Stallone, Lil Wayne, Justin Bieber e Michael Jackson. Mas quão significativas são essas diferenças? E como essas diferenças afetam o que discutimos neste livro?

Vamos começar com um estudo publicado pelos cientistas da NASA. Eles estudavam astronautas do ônibus espacial havia alguns anos. Um dos fatos menos conhecidos sobre o voo espacial é que mulheres que voam no ônibus espacial geralmente ficam muito tontas ao voltar para a Terra. A pressão delas tende a ficar mais baixa do que deveria por vários dias depois do voo. Se se levantam rápido demais, elas ficam tontas, porque a pressão cai muito. O mesmo fenômeno foi relatado em astronautas homens, mas com menos frequência. Wendy Waters e Janice Meck, do Johnson Space Center, em Houston, quiseram estudar o fenômeno. Assim, eles fizeram exames em homens e mulheres astronautas depois que eles voltavam de uma missão no ônibus espacial – 35 astronautas no total.

As descobertas deles confirmaram o que vários relatos já sugeriam. Todas as mulheres examinadas exibiam uma tendência extrema à tontura depois do voo. Poucos homens sentiam a mesma coisa. O estresse do voo espacial tinha efeitos diferentes nos homens em comparação com as mulheres.

A descoberta mais extraordinária da pesquisa dizia respeito aos poucos homens que *se sentiam* tontos depois do voo, homens que demonstravam a queda tipicamente feminina na pressão sanguínea depois do voo. Esses homens geralmente não eram pilotos treinados, e sim especialistas: biólogos, físicos ou engenheiros da computação sem treinamento anterior em aviação, homens que estavam a bordo dos voos apenas para realizar determinados experimentos. Entre os astronautas "de verdade", os homens que *pilotavam* o ônibus espacial, o padrão tipicamente feminino anômalo era raro. Mas um em cada quatro homens especialistas demonstrava esse padrão[194].

[194] WATERS, Wendy ; ZIEGLER, Michael & MECK, Janice. "Postspaceflight Orthostatic Hypotension Occurs Mostly in Women and Is Predicted by Low Vascular Resistance". *Journal of Applied Physiology*, Volume 92, 2002, p. 586-94. Pesquisas mais recentes sugerem que indivíduos propensos à hipotensão ortostática (tanto homens como mulheres) podem ser auxiliados por protocolos de treinamento personalizados. Ver, por exemplo: GOSWAMI, Nandu et alli. "Effects of Individualized Centrifugation Training on Orthostatic Tolerance in

Nenhuma das mulheres exibiu o padrão tipicamente masculino. Poucos dos homens "durões" exibiram o padrão tipicamente feminino. Mas, entre os engenheiros da computação, um em cada quatro exibiu o padrão tipicamente feminino. O que estava acontecendo?

Há indícios cada vez mais aparentes de que um subgrupo de meninos (e homens) têm características que são mais presentes em meninas e mulheres. Isso não quer dizer que eles sejam "transgêneros" – falaremos sobre o assunto no capítulo 11. E isso tampouco significa que eles sejam homossexuais. Pesquisadores diferentes usam termos diferentes para esses meninos, assim como critérios diferentes para defini-los, então é difícil consolidar as descobertas de tantos estudos. Mas há motivos para acreditar que esses meninos têm muitas coisas em comum.

O professor de Harvard Jerome Kagan passou anos estudando esses meninos, que ele chama de "machos anômalos"[195]. Kagan começou analisando meninos com poucas semanas de vida. Ele simplesmente tocava os meninos com cuidado e via como eles reagiam. A maioria dos meninos bebês não se importava, mas alguns reagiam intensamente. Quando tocados, esses meninos começavam a chorar e balançar os braços e pernas. Kagan acompanhou os meninos ao longo de anos, da infância à adolescência: estudou alguns deles ao longo de mais de três décadas. Antes de mais nada, ele descobriu que cerca de metade dos meninos nunca superou a

---

Men and Women". *PLOS One*, May 28, 2015. Disponível em: <http://journals.plos.org/plosone/article?id=10.1371/journal.pone. 0125780>, acesso em 22 de julho de 2019.

[195] Kagan chamou esses meninos de "altamente reativos", mas o termo pode causar confusão porque em algumas circunstâncias esses meninos são tímidos, submissos e arredios, enquanto outros meninos são extrovertidos e assertivos.

rejeição a coisas novas. Quando adolescentes, eles se afastaram de estranhos e de novas aventuras, assim como faziam quando bebês.

Mais impressionante ainda, Kagan descobriu que esses meninos tinham outras características em comum. Sendo mais específico, esses "machos anômalos" têm:

- mais chance de desenvolver alergias, asma ou eczema do que os outros meninos[196];
- mais chance de ter uma face estreita, isto é, uma proporção facial inferior a 0,55[197] (face mais estreita em homens, e não em mulheres, é algo associado ao territorialismo e ao medo maiores[198]; jovens com rostos mais estreitos são menos agressivos e têm uma chance menor de ser bem-sucedidos em artes marciais, em comparação com homens de rostos mais amplos, mesmo depois de se calcular desvios no tamanho)[199];
- menos chance de se envolver em brincadeiras violentas[200].

---

[196] KAGAN, Jerome et alli. "Temperament and Allergic Symptoms". *Psychosomatic Medicine*, Volume 53, 1991, p. 332-40. Ver, também: BELL Iris et alli. "Is Allergic Rhinitis More Frequent in Young Adults with Extreme Shyness". *Psychosomatic Medicine*, Volume 52, 1990, p. 517-25; LILLJEQVIST, Anne-Charlotte : SMØRVIK, Dag & FALEIDE, Asbjørn. "Temperamental Differences Between Healthy, Asthmatic, and Allergic Children Before Onset of Illness". *Journal of Genetic Psychology*, Volume 163, 2002, p. 219-27.

[197] ARCUS, Doreen & KAGAN, Jerome, "Temperament and Craniofacial Variation in the First Two Years". *Child Development*, Volume 66, 1995, p. 1529-40.

[198] GENIOLE, Shawn et alli. "Fearless Dominance Mediates the Relationships Between the Facial Width-to-Height Ratio and Willingness to Cheat". *Personality and Individual Differences*, Volume 57, 2014, p. 59-64.

[199] Ver, por exemplo: TREBICKY, Vit et alli. "Further Evidence for Links Between Facial Width-to-Height Ratio and Fighting Success". *Aggressive Behavior*, Volume 41, 2015, p. 331-34.

[200] KAGAN, Jerome. *Galen's Prophecy: Temperament in Human Nature*. New York: Basic Books, 1994. Especialmente o capítulo 6, "Early Predictors of the Two Types".

A socióloga Patricia Cayo Sexton também estudou esses meninos. Ela descobriu outras características além das identificadas por Kagan. De acordo com Sexton, esses meninos geralmente:

- são precoces, sobretudo nas habilidades linguísticas;
- são geralmente solitários ou têm poucos amigos;
- podem até gostar de esportes, mas geralmente preferem esportes sem contato, como tênis, atletismo, boliche e golfe (eles não gostam de contato físico, por isso não jogam futebol nem futebol americano)[201].

Eu acrescentaria mais uma característica às já mencionadas, com base em minhas observações ao longo dos últimos 20 anos: se você der a um desses meninos um pedaço de papel e uma caixa de giz de cera, ele quase sempre vai desenhar uma pessoa, um bichinho ou uma árvore. Em outras palavras, ele desenha as mesmas coisas que as meninas geralmente desenham. Ele não desenha uma cena de ação, como a maioria dos meninos. (Releia o capítulo 2 se você não percebe a importância disso).

Uma pausa para falar sobre terminologia. Na primeira edição deste livro, publicada em 2005, notei que esses meninos eram às vezes chamados de "afeminados". Eu não gostava do termo na época e ainda não gosto. É ofensivo. Neste livro, estamos tentando *compreender* as crianças, não rir ou tirar sarro delas. Prefiro o termo "macho anômalo" e não "afeminado" porque "anômalo" descreve os fatos: esses meninos não são meninos típicos.

---

[201] SEXTON, Patricia Cayo. *The Feminized Male: Classrooms, White Collars, and the Decline of Manliness.* New York: Random House, 1969.

Recentemente, contudo, um novo termo começou a ser usado neste campo de estudos: "inconformidade de gênero". Embora eu concorde que não devemos usar o termo "afeminado", vejo problemas com o "inconformidade de gênero". Na cultura norte-americana contemporânea, ser um "conformista" é uma coisa ruim. Ser um "inconformista" é uma coisa boa. Dizer que um grupo de crianças é "inconformista" e que outro é "conformista" é ofensivo em relação aos "conformistas". O fato de os conformistas serem maioria não torna o termo menos ofensivo.

Essa questão não é banal. Voltaremos a ela nos próximos dois capítulos. Uma parcialidade sutil e difusa tem se infiltrado nos estudos de gênero nas últimas décadas: uma tendência que permite que se diga coisas ofensivas contra a maioria sob o disfarce de estar defendendo a minoria. Mas acho que parcialidade é parcialidade. O fato de alguém ser parcial em relação a uma minoria – neste caso, o macho anômalo – não é justificativa para a parcialidade. Ainda assim, é algo injusto. Ao longo deste capítulo, vou continuar a usar o termo "macho anômalo" para me referir a meninos que desenham pessoas, bichinhos, flores e árvores; que têm o rosto estreito; que não gostam de brincadeiras violentas etc. Prefiro esse termo ao termo politicamente correto atual, "inconformidade de gênero", porque "anômalo" simplesmente descreve a realidade, enquanto "inconformidade de gênero" sutilmente quer dizer que um não conformista é melhor que um conformista. Não acho que um tipo de menino seja intrinsecamente melhor que o outro. Só estou tentando entender as diferenças.

O macho anômalo, então, parece representar um tipo fisiológico distinto e um desafio real aos pais – que geralmente não reconhecem os tipos de problemas que seus filhos podem enfrentar.

Ao contrário, muitos pais, sobretudo mães, reagem como Sarry e a srta. Messner reagiram. Martin era calmo e comportado e nunca se envolveu em encrenca. Como não gostar disso?

Muitos pais só reconhecem que seu filho anômalo vai enfrentar um tipo especial de problema... na segunda metade do ensino fundamental. Quando chega a puberdade, a vida cuidadosamente organizada que parecia tão estável e tranquila geralmente desaparece. Para muitos desses meninos, seus amigos mais próximos durante a primeira metade do ensino fundamental são meninas. Quando a puberdade chega, sair com os meninos populares se torna algo muito importante para as meninas, e o macho anômalo não é o menino popular com o qual elas querem ser vistas. Então, as meninas desaparecem.

Sexton descobriu que esses meninos ficam ansiosos quanto ao sexo nessa época. Alguns começam a ver pornografia. Outros ficam deprimidos. Os *nerds* podem se sentir solitários, encontrando consolo nos livros e em suas fantasias. "Sou uma rocha, uma ilha", são as palavras da perturbadora música de Paul Simon que retrata com precisão esse tipo de menino.

> *I have my books and my poetry to protect me.*
> [Tenho meus livros e minha poesia para me proteger].
> *I am shielded in my armor.*
> [Estou protegido em minha armadura].
> *Hiding in my room, safe within my womb,*
> [Me escondendo em meu quarto, segundo dentro do meu útero]
> *I touch no one and no one touches me*[202].
> [Não toco ninguém e ninguém me toca].

---

[202] A música é "I Am a Rock", do álbum *Sounds of Silence*, de Simon & Garfunkel, lançado em janeiro de 1966.

Vamos acompanhar o macho anômalo depois que ele entra no ensino médio. Suas notas são boas; sua vida social, nem tanto. Já atendi muitos meninos assim ao longo dos últimos 30 anos. Geralmente eles criam uma máscara de tranquilidade que esconde a mágoa que sentem por dentro. Afinal, eles têm a aprovação do mundo adulto. Por que eles deveriam se importar com o fato de as outras crianças tirarem sarro deles ou escreverem insultos em seus armários? Como observou Sexton:

> *[Esses meninos] relutam em reconhecer a conexão entre as honras acadêmica e a feminização ou em questionar se o sucesso deles pode ser atribuído mais à aceitação das normas femininas do que ao brilhantismo ou superioridade de seus dons intelectuais (...). Poucos deles se sentem vitimizados; eles se sentem mais como heróis e vitoriosos*[203].

Quando um menino desses entra para o ensino médio, não sei se alguém é capaz de mudá-lo ou de ampliar seus horizontes e nem mesmo se alguém deveria tentar fazer isso, já que esse menino não se sente nervoso ou solitário. Ele pode crescer e se tornar um especialista em missões espaciais. Ele provavelmente não vai ser um piloto, mas tudo bem: ele provavelmente prefere mesmo ser um especialista.

Ao longo deste livro, tentei compartilhar minha visão de que o gênero é importante, o gênero é complicado, o gênero tem sentido. Conheça seu filho e celebre o tipo de menino ou menino que ele ou ela está se tornando. Como aplicar essa perspectiva no caso de um menino atípico para seu gênero?

---

[203] SEXTON, Patricia Cayo. *The Feminized Male. Op. cit.*, p. 35.

A resposta que dou aos pais é: você não vai querer que as questões de gênero de seu filho causem problemas, se isso puder ser evitado. O menino atípico para o gênero pode facilmente se tornar uma pessoa ansiosa, solitária e reservada. Mas Jerome Kagan e seus colegas de Harvard demonstram que pais que interferem precocemente podem impedir o filho de ceder à tendência a se tornar uma pessoa isolada. Kagan sugere que o *estilo de educação* é um fator fundamental para determinar se o menino vai vencer suas tendências temerosas ou se vai continuar assim. Os filhos de pais superprotetores que são sensíveis às preferências do filho são os meninos que sofrem as *piores* consequências. Meninos infantilizados que são amedrontados e reservados se tornam ainda mais amedrontados e reservados se seus pais os protegem de problemas e ofensas menores. Descobriu Kagan:

> *[Esses pais] dificultam, e não facilitam, o processo pelo qual a criança controla a vontade inicial de se afastar de estranhos e de acontecimentos a que não está acostumado. Mães compreensivas que fazem exigências apropriadas para a idade [exigem que seus filhos se misturem com os demais], ajudam seus filhos extremamente reativos a domar a timidez (...). Mães que protegem seus filhos tímidos de frustrações e medos, na esperança de encontrar uma solução benéfica, parecem exacerbar a insegurança do filho e causam o efeito contrário[204].*

Na pesquisa de Kagan, quando pais de filhos tímidos acreditam na eficácia de *"serem sensíveis às necessidades da criança" sempre*, o menino tímido infantilizado cresce e se torna um jovem tímido e amedrontado[205].

---

[204] KAGAN, Jerome. *Galen's Prophecy: Temperament in Human Nature*. New York: Basic Books, 1994. p. 205.
[205] Idem. *Ibidem.*, p. 204-07.

III - O menino no espelho

Quando eu estava escrevendo a primeira edição deste livro, em 2003 e 2004, fiquei um tanto quanto surpreso ao ler a obra de Jerome Kagan, Patricia Cayo Sexton e outros autores que descreviam o macho anômalo. Percebi que estava lendo... sobre mim. Eu era um macho anômalo. Quando criança, eu desenhava imagens de pessoas e cachorros parados, e não cenas de ação. Aprendi sozinho a fazer macramé (uma espécie de tear). Não gostava de contato físico com outras pessoas. Fui a um acampamento musical – em Interlochen, perto de Traverse City, Michigan – durante três verões seguidos, quando eu tinha 11, 12 e 13 anos. Ao fim do meu terceiro verão em Interlochen, conhecia várias operetas de Gilbert e Sullivan de cor. Tinha muitos amigos na primeira parte do ensino fundamental – sobretudo meninas. Na parte final do ensino fundamental, os meninos maus começaram a me chamar de "Leo, a mulherzinha". Eu era precoce em inglês e em escrita criativa. Fui um solitário do ensino médio: uma das minhas músicas preferidas era "I Am a Rock", de Paul Simon. Minha mãe se separou do meu pai três meses depois do meu nascimento e nunca mais se casou, então eu não tinha nenhum homem adulto em casa.

Muitos anos mais tarde, quando minha paciente me falou sobre seu filho Martin e seu desejo de não perder o acampamento musical de verão, entendi exatamente como ele se sentia. E, como clínico, também entendia o desejo da mãe de Martin de pressioná-lo a sair da concha que ele construía para si mesmo.

Sexton acreditava que os machos anômalos são criados assim, e não que eles nasceram assim. Ela escreveu que os problemas desses meninos *"vêm de pais superprotetores e podem ser solucionados por meio do relacionamento com um homem adulto normal"*[206]. Adiante neste capítulo, vamos analisar novas provas de que Sexton talvez estivesse enganada. A diferença entre o macho anômalo e os machos típicos pode ser genética, ao menos em parte. Ainda assim, em minha experiência como médico, tenho visto que esses meninos podem se sentir mais à vontade com atividades tipicamente masculinas se sofrerem um empurrãozinho dos pais – ou de si mesmos[207]. E, como resultado, novos horizontes se abrem.

IV - Amy

Amy era a mais velha de duas filhas. Seus pais, Barbara e Howard, só perceberam que ela era uma menina-moleque depois que a filha caçula, Zoe, nasceu. "Amy e Zoe eram como água e óleo", disse Barbara um dia no meu consultório. "Quando Amy tinha seis meses, se um estranho entrasse no quarto dela, ela se arrastava pelo chão e pegava o cadarço do estranho", continuou Barbara. "Zoe era bem diferente. Quando Zoe tinha seis meses, se um estranho entrava no quarto, ela começava a chorar e chorava até

---

[206] SEXTON, Patricia Cayo. *The Feminized Male. Op. cit.*, p. 129.

[207] Quando eu digo "ou de si mesmos", estou pensando no caso extraordinário de Theodore Roosevelt. Quando criança, Teddy Roosevelt era frágil e tímido, ficava dentro de casa e evitava esportes. Ele tinha asma. Mais tarde, na adolescência, ele se reinventou deliberadamente como um guerreiro. Tornou-se um homem que gostava de ficar ao ar livre e um caubói, um "Rough Rider". E ele superou a asma. O revolucionário Che Guevara talvez também se encaixe nesse padrão.

que eu a pegasse no colo. Aí ela simplesmente escondia o rosto no meu peito".

"E depois que ela cresceu"?, perguntei.

"Amy era nossa clássica 'molecona'", disse Barbara. "Ela estava sempre brincando com os meninos, construindo fortalezas, fazendo guerra de bolas de neve, subindo em árvores. Ela adorava construir fortalezas".

"E a Zoe"?, perguntei.

"Zoe gosta de coisas de menininha. Bonecas e vestidinhos e bolos. Meu marido e eu acreditamos em ir contra os estereótipos de gênero, sabe"?

"Entendo", disse. "Sei exatamente o que você está querendo dizer".

"Então, quando a Zoe tinha três anos, compramos para ela um conjunto de carrinhos de brinquedo: um caminhãozinho, uma escavadeira, um carregador. A Amy adorava aquele tipo de coisa, então nós compramos três brinquedos novinhos do tipo para a Zoe".

"Ela gostou"?, perguntei.

"Ela adorou", disse a mãe. "Mas ela não os usava da forma certa. Primeiro ela pôs os três veículos em círculo, um de frente para o outro, e depois colocou lacinhos no caminhãozinho. 'Não é assim que isso funciona, querida', lembro de ter dito a ela. 'Mas é o *aniversário* do caminhãozinho', a Zoe me explicou, pacientemente. 'E esses são os dois *melhores amigos* dele', disse ela, apontando para a escavadeira e o carregador. Mais tarde, entrei no quarto dela e ela me disse bem alto: 'Shhhh! Eles estão dormindo'! Ela tinha colocado com cuidado os brinquedos na cama e os tinha coberto, então só conseguíamos ver os faróis deles".

"Que bonitinho", disse. "E quanto à Amy"?

"Certo. Bom, você sabe", disse a mãe. "A Amy tinha talento para esportes. Esportes competitivos. Nós a inscrevemos na MSI [a liga local de futebol]. Ela era bem corajosa, mesmo que só tivesse seis ou sete anos. Nunca tinha medo da bola. A maioria das outras meninas tinha medo, mas não a Amy. Ela não se importava em tocar as outras meninas e se machucar. E, sabe, ela é mais forte do que a Zoe. Ela é entroncada. A Zoe é mais delicada."

"Talvez isso seja consequência das diferenças entre os interesses delas", sugeri. "Talvez se a Amy brincasse com bonecas e a Zoe jogasse futebol, então Zoe é que seria entroncada".

"Talvez", disse Barbara, em dúvida.

Zoe é ansiosa. Amy não. Amy é fria. Ela sabe o que quer – na escola, dos amigos e dos meninos em sua vida. Ela faz o que for preciso para garantir seus objetivos. Ela é uma aluna nota dez, capitã do time de futebol feminino, tem vários outros passatempos – incluindo, curiosamente, bordado e macramé – e é popular entre os esportistas da escola, tanto meninas como meninos. Mas ela não é a menina típica.

V - Diferenças

Um punhado de estudiosos compara meninos atípicos, como Martin, e meninas atípicas, como Amy. Uma contribuição importante foi dada por, mais uma vez, Patricia Cayo Sexton, que descobriu que, enquanto os meninos anômalos

[...] não eram competitivos, não se interessavam por esportes e tinham medo, as meninas [anômalas] eram destemidas, independentes e competitivas. Meninas que demonstram coragem e ousadia entre os dez e os 14 anos se revelam mulheres mais intelectualizadas quando adultas (...). Entre as meninas, estranhamente, uma inteligência maior está associada a uma masculinidade e feminilidade maiores. Meninas inteligentes têm uma probabilidade maior de serem dominadoras e esforçadas e ao mesmo tempo de terem características mais femininas[208].

Meninos com muitas características femininas tendem a ser menos populares e estão sob um risco maior de sofrer de ansiedade e depressão, sobretudo na última parte do ensino fundamental e no ensino médio. Por outro lado, meninas anômalas parecem ter *uma tendência maior* do que suas amigas a ser populares e bem ajustadas. A menina que é capitã do time de lacrosse tem mais chance de tirar notas boas do que a menina que não pratica esportes. A "moleca" – a menina que prefere algumas atividades tipicamente masculinas – deveria ser estimulada a se envolver nessas atividades atípicas para seu gênero. Meninas que demonstram algumas características tipicamente masculinas – como uma disposição para entrar em confronto aberto com os outros – geralmente se saem *melhor* do que a média na vida social. Por outro lado, meninos que demonstram características tipicamente femininas, como a relutância em se envolver em contato físico, têm uma chance maior de enfrentar problemas de convívio social.

Meninas anômalas têm uma vantagem na escola e na vida; seus horizontes sociais provavelmente serão mais amplos que os das outras meninas. Meninos anômalos têm vantagem na escola,

---

[208] SEXTON, Patricia Cayo. *The Feminized Male. Op. cit.*, p. 93.

mas pagam um preço alto por essa vantagem, e seus horizontes sociais são mais estreitos que os de outros meninos.

VI - Isso é azul ou malva?

No capítulo 2 analisamos as diferenças nos sistemas visuais de meninas e meninos. Mencionei que as meninas podem ter mais recursos no sistema visual dedicados às cores e detalhes, enquanto os meninos podem ter mais recursos no sistema visual dedicados à velocidade e à direção do movimento. (Dou mais informações sobre isso no *Material extra* sobre visão, no fim do livro). Mas essas diferenças se aplicam às meninas e meninos anômalos? Elas se aplicam a meninas como Amy e meninos como Martin?

Um estudo tratando dessa questão foi conduzido por pesquisadores da Universidade Auburn. Ele começou pedindo a universitárias que completassem um "questionário sobre feminilidade" de 59 itens. Você gosta de usar maquiagem? Com que frequência você lê revistas femininas como *Glamour* e *Cosmopolitan*? Algumas das moças tiveram pontuação alta: elas eram as "meninas-menininhas". Outras mulheres tiveram pontuação baixa em feminilidade: vamos chamá-las de "molecas". Os pesquisadores, então, mostraram às estudantes, uma a uma, uma série de cores: digamos, de bege a verde limão. Depois eles pediram às universitárias que organizassem as cores de acordo com as palavras ou expressões corretas: verde limão, verde-oliva, verde-claro, esmeralda. Muitos dos homens que se submeteram ao teste tiveram dificuldade com a tarefa. Mas as meninas-menininhas se saíram bem: elas acertaram quase tudo.

E quanto às molecas? Elas tiveram uma pontuação tão boa quanto as meninas-menininhas? Tiveram pontuação semelhante à dos homens? Ou uma pontuação mediana?

Quando dou palestras, faço essa pergunta e peço que as pessoas levantem as mãos. A maioria acha que as molecas tiveram uma pontuação intermediária entre os homens e as menininhas. Mas isso não é verdade. As molecas têm a mesma pontuação das menininhas.

Se você já leu o material no fim do livro, na seção chamada *Material extra II: Diferenças de sexo na visão*, o resultado não é surpreendente. Para meninas, a diferença entre o verde limão e o verde-esmeralda é óbvia – e isso serve tanto para molecas como para menininhas. Os meninos conseguem aprender a diferença entre o verde limão e o verde-esmeralda, mas a distinção é menos óbvia para o menino médio do que para a menina média[209]. Nesse sentido, as molecas têm mais em comum com as menininhas do que com os meninos.

Vimos que os meninos atípicos compartilham entre si muitas das características que têm em comum e não as compartilham com os meninos típicos: meninos atípicos geralmente não gostam de esportes de contato, como futebol americano; eles geralmente têm o rosto estreito; eles geralmente têm alergias ou asma; e geralmente desenham pessoas, bichinhos e plantas, em comparação com meninos típicos. Essas distinções não se aplicam às

---

[209] GREEN, Katherine & GYNTHER, Malcolm. "Blue Versus Periwinkle: Color Identification and Gender". *Perceptual and Motor Skills*, Volume 80, 1995, p. 27-32. Ver, também: MYLONAS, Dimitris ; PARAMEI, Galina & MACDONALD, Lindsay. "Gender Differences in Colour Naming". *In*: ANDERSON, Wendy et alli (Ed.). *Colour Studies: A Broad Spectrum*. Amsterdam: John Benjamins Publishing, 2014. Section III, p. 225-39.

meninas atípicas. Se você der uma folha de papel e uma caixa de giz de cera para uma moleca, como fiz em várias ocasiões, ela geralmente vai desenhar uma pessoa ou um animalzinho. A pessoa que ela desenha talvez seja um jogador de futebol, mas (a não ser que tenha feito aulas de desenho) o jogador de futebol estará imóvel, segurando a bola, e não envolvido em alguma ação. A menina-moleca usa tantas cores quanto a menina-menininha. A moleca opta por desenhar um atleta, enquanto a menininha opta por desenhar uma bailarina. Então, *o que* elas desenham é diferente, mas *como* elas desenham é bem parecido. Nesse e em outros sentidos, as diferenças entre as molecas e as menininhas parecem bastante superficiais. Por outro lado, as diferenças entre o menino típico para o gênero e o menino anômalo são profundas: eles não apenas desenham coisas completamente diferentes como desenham de forma diferente. O menino típico desenha um foguete colidindo contra um planeta ou um guerreiro matando um alienígena com uma arma a laser. O menino anômalo desenha uma pessoa ou animalzinho imóvel, não envolvido em uma ação.

E as diferenças se aprofundam ainda mais. O menino típico – que odeia jogar futebol americano e que desenha imagens de pessoas com olhos, boca, cabelo e roupas, e não homens-palito – raramente se transforma, em um mês ou um ano, num jogador de futebol americano que desenha homens-palito envolvidos num combate. Talvez haja exceções a essa regra[210]. Mas exceções são raras, provavelmente menores do que um em cada 100 meninos.

Com as meninas é diferente. A moleca que gosta de jogar futebol com os meninos pode, na semana seguinte, ser

---

[210] Veja meus comentários sobre Theodore Roosevelt e Che Guevara na nota 207, acima, na página 268.

a menininha que quer usar um vestido lindo na formatura. Na semana seguinte? Talvez hoje à noite mesmo. De acordo com minha experiência, não é raro que uma mesma menina seja uma moleca que goste de esportes de contato e uma menininha que adora usar maquiagem e se vestir para a formatura. Isso não é a norma, mas tampouco é algo raro. Em minha experiência, tais meninas – que são tanto menininhas como molecas – estão se tornando cada vez mais comuns.

Meninas atípicas talvez sempre tenham sido mais comuns do que meninos atípicos. A proporção de meninas que querem jogar futebol ou subir em árvores é geralmente maior do que a proporção de meninos que querem costurar ou aprender balé. E a proporção de meninas atípicas parece estar aumentando, tanto que não é mais tão incomum que uma menina jogue futebol ou basquete, algo bem diferente do que acontecia há 40 ou 50 anos. Mas ainda é incomum encontrar meninos que queiram costurar e aprender balé.

Por quê? Em breve vou sugerir que meninas e meninos atípicos são como são porque suas características estão programadas; na verdade, a tendência à inconformidade de gênero talvez seja genética. Também já mencionei que a característica da inconformidade de gênero nos meninos é diferente, e algo mais programado, do que a característica da inconformidade de gênero nas meninas. (Mais provas disso daqui a pouco).

Mas, assim como muitas características geneticamente programadas, a expressão dessas características é suscetível a influências culturais. Nos últimos 30 anos, e sobretudo na última década desde a publicação da primeira edição de *Por Que Gênero Importa?*, há uma tendência cultural crescente em favor de crianças atípicas para o gênero – ao menos entre as meninas. Hoje as meninas são estimuladas a praticar esportes de contato, a brincar na lama e se sujar, a se envolver em esportes brutos, a um ponto tal que teria deixado nossos pais boquiabertos. Mas ainda é raro encontrar meninos recebendo o mesmo estímulo para fazer tricô ou macramé ou aprender balé. Isso talvez explique, em parte, por que menininhas que também são molecas sejam mais comuns hoje em dia do que eram há 40 ou 50 anos, enquanto meninos que fazem tricô e também jogam futebol americano não são comuns hoje, assim como não eram no passado.

Mas há mais quanto a isso. Os fatores genéticos exercem um papel maior em meninos do que em meninas.

VII - O receptor andrógino

Andróginos são hormônios como a testosterona, encontrada em concentrações mais altas em homens do que em mulheres. Características sexuais masculinas como pelos faciais, pomo-de--Adão, voz grossa, musculatura e agressividade maiores estão todas ligadas a andróginos como a testosterona.

Mas como os andróginos funcionam? A resposta começa com o receptor andrógino. Andróginos como a testosterona e a di-hidrotestosterona se ligam ao receptor, que fica ativado. O receptor andrógino ativado, então, se liga a certos genes e os aciona, o que resulta na masculinização.

Esse processo tem início no útero. O feto masculino produz testosterona, o que masculiniza o cérebro masculino[211]. As mai-

---

[211] Ver, por exemplo: AUYEUNG, Bonnie et alli. "Prenatal and Postnatal Hormone Effects on the Human Brain and Cognition". *European Journal of Physiology*, Volume 465, 2013, p. 557-71.

res diferenças de sexo no que diz respeito aos genes do cérebro humano ocorrem não na idade adulta, tampouco na puberdade, e sim no período pré-natal antes do nascimento do bebê[212].

Até aqui, tudo bem. Meninas e meninos são diferentes. Mas algumas das descobertas mais incríveis feitas recentemente ajudam os cientistas a compreender melhor as variações *entre* meninas e *entre* meninos. Hoje os pesquisadores entendem que o gene do receptor andrógino varia muito entre os meninos. Todo gene é composto por unidades chamadas *codões;* cada codão normalmente se refere a um aminoácido na proteína que o gene é programado para produzir. Uma extremidade do receptor andrógino tem uma série de codões chamada CAG, porque os codões são uma sequência de citosina (C), adenina (A) e guanina (G). Esses codões eram considerados "codões nulos" porque não codificam diretamente a produção de aminoácidos. Mas ninguém os considera uma nulidade hoje em dia, porque hoje os cientistas reconhecem que os codões CAG ajudam a determinar quão ativo o receptor andrógino será.

A quantidade de sequências CAG no gene do receptor andrógino varia de uma pessoa para outra, de oito a até 31 sequências. Muitos pesquisadores descobriram que, se você é menino e seu gene receptor andrógino tem poucas sequências CAG, então seu receptor andrógino é bastante ativo e você tende a ser mais masculino. Se você é menino e seu receptor andrógino tem muitas sequências CAG, então seu receptor andrógino é menos ativo e você tenderá a ser menos masculino[213]. Essas novas pesquisas

---

[212] KANG, Hyu Jung et alli. "Spatio-temporal Transcriptome of the Human Brain". *Nature*, Volume 478, 2011, p. 483-89.
[213] ALUJA, Anton et alli. "Interactions Among Impulsiveness, Testosterone, Sex Hormone Binding Globulin and Androgen Receptor Gene CAG Repeat Length". *Physiology & Behavior*, Volume 147, 2015, p. 91-96.

ajudam a explicar boa parte da confusão nas pesquisas anteriores sobre os níveis de testosterona. Dois jovens podem ter exatamente o mesmo nível de testosterona, mas um deles é mais masculino – joga futebol americano, é tímido e musculoso –, enquanto o outro odeia futebol americano, é tímido e não muito musculoso. A mesma molécula de testosterona pode causar muita atividade por meio do receptor andrógino no primeiro jovem e muito menos atividade por meio do receptor andrógino no segundo.

Nos anos recentes, houve várias pesquisas associando as variações nas sequências CAG a consequências comportamentais como agressividade, impulsividade e depressão. Essa pesquisa ajuda a ampliar e aprofundar pesquisas anteriores sobre os níveis de testosterona e as consequências comportamentais. Por exemplo, qual a relação entre os níveis de testosterona e a depressão em homens adultos? A resposta depende fundamentalmente da quantidade de sequências CAG no gene receptor andrógino. Se você é homem e tem poucas sequências CAG – o que significa que você é um homem bastante masculino –, então o seu humor depende da testosterona. Um estudo revelou que, entre homens com poucas sequências CAG, a depressão é mais de *cinco vezes* mais comum entre homens com pouca testosterona do que entre homens com muita testosterona. Mas entre homens com uma quantidade alta de sequências CAG – homens que, em média, são menos masculinos – não há diferença na frequência da depressão entre os que têm baixos níveis de testosterona e os que têm altos níveis de testosterona[214].

Ver, também: ZITZMANN, Michael & NIESCHLAG, Eberhard. "The CAG Repeat Polymorphism Within the Androgen Receptor Gene and Maleness". *International Journal of Andrology*, Volume 26, 2003, p. 76-83.
[214] SEIDMAN, Stuart et alli. "Testosterone Level, Androgen Receptor Polymorphism, and Depressive Symptoms in Middle-Aged Men". *Biological Psychiatry*, Volume 50, 2001, p. 371-76.

Pesquisadores apontam hoje várias conexões entre a quantidade de sequências CAG no receptor andrógino e consequências relacionadas ao comportamento e a personalidade. Por exemplo, jovens com poucas sequências CAG são mais impulsivos do que jovens com uma grande quantidade de sequências CAG[215]. E vários estudos sugerem que homens com uma quantidade menor de sequências CAG tendem a ser mais agressivos e se envolver em violência, independentemente de seus níveis de testosterona[216]. Por acaso, essa conexão entre a quantidade de sequências CAG e a agressividade não se restringe aos seres humanos. Nos cachorros também uma quantidade menor de sequências CAG está associada a uma maior agressividade[217].

Para mim, a mensagem de todas essas pesquisas sobre o impacto da quantidade de sequências CAG nas características comportamentais associadas à masculinidade é simples: a tendência de um menino ser bruto é algo em grande medida programado. Isso também significa que a tendência de outro menino *não ser* bruto está programada. Tentar fazer com que um menino tímido

---

[215] ALUJA, Anton et alli. "Interactions Among Impulsiveness, Testosterone, Sex Hormone Binding Globulin and Androgen Receptor Gene CAG Repeat Length". *Op. cit.*

[216] Ver, por exemplo: BUTOVSKAYA, Marina et alli. "Androgen Receptor Gene Polymorphism, Aggression, and Reproduction in Tanzanian Foragers and Pastoralists". *PLOS One*, August 20, 2015, disponível em <http://dx.doi.org/10.1371/journal.pone.0136208>, acesso em 22 de julho de 2019. Ver, também: RAJENDER, Singh et alli. "Reduced CAG Repeats Length in Androgen Receptor Gene Is Associated with Violent Criminal Behavior". *International Journal of Legal Medicine*, Volume 122, 2008, p. 367-72.

[217] KONNO, Akitsugu et alli. "Androgen Receptor Gene Polymorphisms Are Associated with Aggression in Japanese Akita Inu". *Biology Letters*, Volume 7, 2011, p. 658-60. Texto completo disponível em: <http://rsbl.royalsocietypublishing.org/content/roybiolett/7/5/658.full.pdf>, acesso em 22 de julho de 2019.

que não gosta de confronto físico jogue no time de defesa de uma equipe de futebol americano provavelmente não será produtivo.

Como posso conciliar isso com minha citação anterior da obra de Jerome Kagan, na qual o autor recomendava aos pais que interviessem para pressionar o filho tímido a ser mais ousado? A idade do menino faz uma grande diferença. Kagan tinha em mente pais de meninos muito pequenos, alguns ainda aprendendo a andar. Descobri que pais que pressionam o filho de dois anos a ser mais expansivo e brincar com um cachorro grande geralmente têm sucesso em seus esforços, sobretudo se o cachorro não for muito violento. Mas pais que tentam fazer o filho rato de biblioteca de 14 anos se matricular na aula de futebol americano têm uma chance menor de ser bem-sucedidos.

Há exceções. Conheci uma família cujos pais conseguiram convencer o filho de 14 anos a se matricular no futebol entrando em contato com o treinador e perguntando se a criança podia se inscrever apenas para a posição de chutador. O treinador concordou (ele não tinha um chutador). O filho entrou para o time. Ninguém jamais o confundiria com um atleta. Mas ele fez dois ou três amigos na equipe. E sua posição na hierarquia social melhorou, porque agora ele era um jogador de futebol americano. E ele me disse que agora se sentia mais à vontade com outros meninos ao redor. "Eu geralmente ficava nervoso ao passar por um banco de atletas, porque eles me tratavam mal quando eu estava na sétima série", disse ele. "Depois que comecei a ser o chutador da equipe, e eu era muito bom nisso, tudo mudou. Os mesmos caras que me provocavam agora me aplaudiam quando eu convertia um ponto extra". Ele parecia ter ganhado autoestima também.

Se seu filho é um menino atípico que desenha pessoas, animaizinhos e árvores, que não gosta de esportes brutos, que tem mais amigas do que amigos, então talvez seja bom fazer um pouco de pressão. Talvez não com futebol americano. Mas ajude-o a se sentir à vontade perto de outros homens e praticando atividades predominantemente masculinas. A atividade de férias proposta pelo pai de Martin – uma pescaria noturna – é uma ótima ideia. Acampar e esquiar num grupo predominantemente masculino, geralmente com um adulto ao qual você pode confiar a segurança do seu filho, também funciona.

Depois que escrevi a primeira edição deste livro, recebi alguns *e-mails* de leitores que me questionavam nesse sentido. Eles me confrontaram porque eu estimulava os pais a pressionar o filho atípico a se envolver em atividades tipicamente masculinas, mas não aconselhava os pais a pressionar a filha moleca a se envolver em atividades tipicamente femininas. Isso não lhes parecia justo.

Concordo. Não parece justo. Mas faz sentido. Como já expliquei, meninos anômalos para o gênero e que assim permanecem correm um risco maior de sofrer de solidão, ansiedade e depressão à medida que entram na adolescência. Mas meninas anômalas não correm um risco maior de sofrer consequências ruins. Além disso, as meninas não parecem precisar de ajuda para se tornar mais "menininhas" quando querem. Já conheci molecas que adotaram personalidades de menininhas em questão de dias ou horas, por exemplo, durante a temporada de festas de formatura. Depois elas tiram o vestido de noite e voltam ao papel de molecas, usando *jeans* e camiseta e vencendo os meninos em atividades tipicamente masculinas.

Já contei que os meninos da minha escola me chamavam de "mulherzinha" e "bicha". A mãe de Martin me contou que os meninos provocam seu filho incansavelmente, dizendo que ele é *gay*. Da mesma forma, meninas e mulheres anômalas para o gênero me disseram que algumas pessoas acreditam, ou dão a entender, que elas são lésbicas, sobretudo se elas não se dão ao trabalho de se envolver em atividades tipicamente femininas, não usam maquiagem e não gostam de fofocar com as outras meninas. Qual a realidade? Meninos e meninas anômalos para o gênero têm uma probabilidade maior, em relação a meninos e meninas típicos, de serem *gays* ou lésbicas? E quanto à bissexualidade? Estes são alguns dos temas que abordaremos a seguir.

CAPÍTULO 10

Lésbicas, *gays* e bissexuais

I - Daniel

Sabe quando os repórteres entrevistam os vizinhos depois que alguém fez algo de horrível? "Jamais poderíamos imaginar algo assim dele", diz o vizinho. "Ele sempre nos pareceu um cara *normal*".

Eu me senti numa dessas entrevistas ao ouvir Wendy e Paul descrevendo o filho Daniel, que acabara de começar a nona série. "Daniel era um menininho perfeitamente normal", disse Wendy. "Digo, ele era todo meninão. Ele adorava caminhõezinhos e trenzinhos. Ele jogava futebol americano, beisebol, futebol, tudo o que menininhos adoram, sabe? Não havia nada de afeminado nele".

"Agora mesmo ele está na equipe de futebol americano da escola. Ele é *linebacker* na defesa e *tight end* no ataque", acrescentou Paul. "Semana passada o treinador me disse que ele tem chance de continuar jogando na universidade, se se esforçar mais um pouco".

"E daí nós descobrimos *isso*", disse Wendy, me entregando um maço de folhas.

Os pais de Daniel imprimiram uma dezena de folhas com os *e-mails* do filho. Eu os li com cuidado:

Se você se masturba vendo a foto de um cara, isso quer dizer que você é gay? Já tentei me masturbar vendo fotos de meninas, mas continuava imaginando um cara. Eu olho para o pescoço de uma menina e imagino que é de um menino. Continuo querendo que fosse um cara na foto, e não uma menina. Não consigo evitar.

Li a folha seguinte:

Se eu for mesmo gay, vou me matar. Vou me jogar da ponte Bay com o carro. Acho que pode até ser legal. Posso alugar um conversível e simplesmente me lançar no ar. Vou ficar chapado antes. Uma emoção imensa e depois a morte.
Só tenho medo de não morrer. Posso ter sequelas no cérebro, ficar paralisado ou coisa assim. Vou acabar simplesmente ligado a tubos e máquinas. Se pretendo me matar, tenho que ter certeza de estar fazendo a coisa certa, porque talvez não tenha uma segunda chance. Você tem alguma sugestão?

O interlocutor de Daniel respondeu:

Dê um tiro na sua cabeça enquanto o carro estiver no ar. Só para ter certeza de que vai morrer.

Isso ajuda muito, pensei. "Para quem Daniel está enviando esses *e-mails*"?, perguntei.

"Não sabemos. 'Skibum678@hotmail.com'. Não sabemos quem é 'Skibum678'", respondeu Paul.

"O Daniel sabe que vocês leem os *e-mails* dele, que vocês já viram essas mensagens"?

Tanto Wendy como Paul fizeram que não com a cabeça.

"O que os fez procurar os *e-mails* deles"?, perguntei.

"Eu estava vendo as galerias de fotos no celular dele enquanto ele estava na aula e encontrei pornografia", disse Wendy. "Pornografia homossexual. Mostrei para o Paul e..."[218]

"Wendy me perguntou se os meninos normalmente passam por uma fase na qual procuram pornografia *gay*. Eu disse *claro que não!* Nunca tinha visto nada assim. Nem sabia que esse tipo de coisa existia", disse Paul.

"Temos algumas perguntas para você", disse Wendy, olhando para a lista que ela tinha preparado. "Nossa primeira pergunta é: *o senhor acha que o Daniel é mesmo gay ou que é só uma fase?* Nossa segunda pergunta é: *Se o Daniel for gay, o que nós devemos fazer a respeito?* Nossa terceira pergunta é: *Como isso foi acontecer?* O que nós fizemos ou deixamos de fazer para levá-lo a se tornar *gay*"? Wendy lia rápido; ela estava prestes a chorar. "Ele vai superar isso? Procuramos na *Internet*, mas há tantos *sites* falando coisas diferentes. Não sabíamos em quem confiar, entende? Então achamos melhor começar perguntando para o senhor".

"Ele não pode ser *gay*", disse Paul antes que eu pudesse responder. "Digo, olhe só as meninas com as quais ele sai! Ele já

---

[218] Essa é uma atualização da história mostrada na primeira edição de *Por Que Gênero Importa?*. A história original, conforme me contaram os pais do menino em 2000, foi que a mãe encontrou revistas de pornografia *gay* embaixo da cama do filho. Atualmente, porém, rapazes raramente veem pornografia em revistas impressas. É muito mais provável que eles vejam pornografia em seus *smartphones*.

285

namorou meninas lindas. E aquela garota com a qual ele saiu no mês passado. Acho que o nome dela era Ingrid. Ela era linda".

"Ingrid Rasmussen. Que menina incrível", acrescentou Wendy.

"Por que um menino *gay* sairia com uma menina linda"?, perguntou Paul.

"Muitos motivos", respondi. "Eis um deles: muitos meninos *gays* da idade de Daniel não têm certeza de que são mesmo *gays*. Eles ainda se perguntam se podem ser bissexuais ou até mesmo heterossexuais. Eles acham que, se encontrarem a menina certa, uma menina que os excite sexualmente, vão voltar a ser heterossexuais e tudo ficará bem".

"O Daniel e a Ingrid saíram apenas uma vez", disse Wendy. "Perguntei ao Daniel como foi o encontro e ele disse 'tudo bem'. Perguntei se ele a convidaria para sair novamente, e ele só deu de ombros e respondeu: 'talvez sim, talvez não'".

"Mesmo que um menino saiba que *é gay*, ainda assim ele pode sair com meninas porque não quer que *outras pessoas* saibam", eu disse "Ele pode até ter contato íntimo com a menina, fazer sexo com a menina, só para calar quaisquer rumores sobre sua orientação sexual".

"Como um *gay* faz sexo com uma menina"?, perguntou Paul.

"Fácil", eu disse. "Ele imagina que está fazendo sexo com outro menino".

"Isso é nojento", disse Paul.

"É assim que os homens heterossexuais fazem sexo com outros homens na prisão", disse. "Eles imaginam que estão fazendo sexo com uma mulher. A excitação sexual tem mais a ver com o que se passa na sua cabeça do que com o que acontece entre as suas pernas".

Paul e Wendy levaram um tempo para pensar no assunto.

"Muitos adolescentes simplesmente não estão preparados para se assumir como *gays*", eu disse. "Mesmo hoje em dia, eles não querem que sua orientação sexual se torne algo de conhecimento público. Ao mesmo tempo, eles estão desesperados para encontrar alguém com quem conversar, alguém em que possam confiar. E, como a maioria dos adolescentes, eles estão sob o efeito de fortes desejos sexuais. Eles procuram uma válvula de escape".

"Talvez ele seja apenas bissexual, não cem por cento *gay*", disse Wendy, esperançosa.

"Homens bissexuais são uma coisa bem incomum", eu disse. "Alguns adolescentes que se dizem bissexuais são na verdade *gays*, mas não estão preparados para reconhecer sua orientação sexual, nem mesmo para si mesmos. Alguns meninos percebem que o estigma social de ser bi é menor do que o de ser *gay*".

"E quanto à minha outra pergunta? Ele vai superar isso? Pode ser só uma fase"?, perguntou Wendy.

"Eis uma forma de ver a homossexualidade", eu disse. "A diferença entre um homem *gay* e um homem heterossexual é mais ou menos como a diferença entre um canhoto e um destro. Ser canhoto não é só uma fase. Um canhoto não vai se tornar destro de um dia para o outro".

"Algumas pessoas ficam no meio-termo", disse Wendy, cheia de esperança. "Algumas pessoas são ambidestras".

"Algumas pessoas *ficam* no meio-termo", concordei com ela.

"E você está dizendo que não temos culpa", disse Wendy. "Não foi algo que fizemos de errado na criação dele. Acho que isso é um alívio. Mas o que nós fazemos agora? E quanto ao *e--mail*? Ele está pensando em se matar! Devemos ignorar isso"?

"Claro que não", eu disse. "A prioridade de vocês deveria ser se certificar de que seu filho saiba que vocês o amam acima de tudo, seja ele *gay* ou hétero. Depois eu sugiro que vocês entrem em contato com grupos de apoio para adolescentes *gays*. Eu posso lhes passar alguns números. Converse com um dos orientadores dos grupos antes. Eles podem orientar vocês quanto a como proceder e aconselhá-los a fazer o Daniel entrar em contato com os outros".

"Não acredito que o senhor quer mesmo que nós mandemos o nosso filho para uma clínica de *gays*", resmungou Paul. "Ele pode pegar AIDS ou coisa parecida".

Ignorei a fala de Paul. "Eu vou anotar os números. Se vocês tiverem vergonha de ligar, eu mesmo posso ligar, agora mesmo, enquanto estamos aqui todos juntos".

II - Esquerda e direita, e não certo e errado

Nos Estados Unidos de hoje, e na verdade ao redor do mundo, discussões sobre a homossexualidade podem vir acompanhadas de questões políticas[219]. Não é difícil entender por quê. Ainda em 2003, o homossexualismo era crime em 13 estados norte-americanos: dois adultos podiam ser presos por fazer sexo consensualmente um com o outro[220]. Enquanto escrevo este capítulo, relações homossexuais são ilegais em 74 países ao redor

---

[219] BAILEY, J. Michael et alli. "Sexual Orientation, Controversy, and Science". *Psychological Science in the Public Interest*, Volume 17, 2016, p. 45-101.
[220] FADERMAN, Lillian. *The Gay Revolution: The Story of the Struggle*. New York: Simon & Schuster, 2015. p. 546.

do mundo[221]. Quando menciono pesquisas sobre lésbicas, *gays* e bissexuais, as pessoas mais conservadoras às vezes acham que estou defendendo os homossexuais. As pessoas do outro lado do espectro político às vezes acham que estou sendo contido ou conservador demais.

Aprendi (da forma mais difícil) que temos de começar pelo início: com uma discussão sobre o que é normal, sobre o que é uma variação do normal, o que é patológico e o que é moralmente errado; e quem decide isso. São categorias diferentes. Você e eu temos de nos certificar de que estamos na mesma página.

Descobri que é útil começar a conversa com uma discussão não sobre a homossexualidade, e sim sobre canhotos. Há 100 anos, ser canhoto era considerado algo *patológico:* uma anormalidade que exigia intervenção a fim de que o canhoto se tornasse destro. A crença de que os canhotos eram anormais não se restringia àquele tempo. Ao contrário, essa crença foi compartilhada por várias culturas ao longo das décadas, geralmente com a conotação que associava tudo o que estava à esquerda ao mal e à fraqueza. A palavra latina para "esquerda", *sinistra,* é a mesma para nossa palavra "sinistro". Em inglês arcaico, a palavra *lyft* significava "fraco" ou "fraqueza". A palavra francesa *gauche* significa ao mesmo tempo "esquerda" e "atrapalhado", "incapaz".

Há um século, era comum os professores "corrigirem" crianças canhotas, obrigando-as a escrever com a mão direita, e não com a esquerda. O presidente Harry Truman contava que tinha sido obrigado a escrever com a mão direita quando crian-

---

[221] FENTON, Siobhan. "LGBT Relationships Are Illegal in 74 Countries, Research Finds". *Independent*, May 17, 2016.

ça[222]. Tudo isso começou a mudar em meados do século XX, em parte devido ao reconhecimento de que o fato de ser canhoto era *comum* e uma característica *inata*. Hoje se sabe que de 7 a 10% da população mundial é canhota. Da mesma forma, hoje se sabe que ser canhoto é algo inato, apesar de essa característica às vezes só se manifestar claramente no ensino fundamental. Como resultado, o fato de as pessoas serem canhotas é reconhecido como uma *variação da norma:* não é tão comum como as pessoas destras, é algo que está dentro da normalidade.

Vamos comparar, agora, pessoas canhotas com a hipercolesterolemia familiar (HF). A HF é uma condição genética que causa níveis muito altos de colesterol, mesmo que a pessoa só consuma alimentos saudáveis. Não é uma escolha. Ninguém opta por ter HF. Assim como o fato de ser canhoto, a HF é inata: você nasce ou não com isso. Mas, ao contrário de se usar mais a mão esquerda, a HF pode levá-lo a sofrer um derrame, um ataque cardíaco e morte precoce, a não ser que ela seja tratada com agressividade e precocidade a fim de que se diminua o colesterol. Por isso a HF é considerada uma *patologia.* Não se trata de uma variação da norma. Como regra, *condições que requerem intervenção médica não são variações da norma*; elas estão fora do escopo da normalidade. Por outro lado, condições que não requerem intervenção médica provavelmente são variações da norma.

A história do homossexualismo acompanhou o arco da história das pessoas canhotas ao longo do último século. Há 100 anos, a homossexualidade era considerada algo raro e patológico. Até a metade do século XX, era comum que os médicos recomendassem "terapia de conversão" para curar a homossexualidade.

---

[222] MCCULLOUGH, David, *Truman.* New York: Simon & Schuster, 1993, p. 43.

Muitos dos tratamentos empregados até meados do século XX hoje são considerados bárbaros. Pense no caso de Alan Turing.

Hoje Alan Turing é considerado um dos maiores matemáticos dos últimos 500 anos. Ele ajudou a desenvolver uma máquina que decodificou a Enigma alemã na Segunda Guerra Mundial. Ele escreveu alguns dos primeiros artigos fundamentais sobre inteligência artificial muito antes de os computadores modernos terem sido inventados. Mas sua genialidade não foi reconhecida em janeiro de 1952, quando Turing foi preso sob a acusação de ser homossexual, acusação que ele não contestou. Ele pôde escolher entre a prisão e a castração química: injeções de hormônios femininos com o objetivo de conter a libido masculina. Ele optou pelas injeções. Em 7 de junho de 1954, Turing morreu envenenado por cianeto. A morte foi considerada suicídio.

Hoje, a maioria dos pesquisadores concorda que o homossexualismo é uma variação da norma, assim como o fato de uma pessoa ser canhota. E no momento em que digo isso, quando estou dando uma palestra sobre o assunto, é quando alguém – ou várias pessoas – levanta a mão para objetar.

III - Duas objeções

Quando dou essa palestra, é nesse instante que alguém levanta a mão – ou simplesmente interrompe. "Dr. Sax, o homossexualismo é moralmente errado", diz alguém. "Quem é você, dr. Sax, para dizer que o homossexualismo é normal ou uma 'variação da norma'"?

Minha resposta: se um comportamento é considerado moralmente certo ou errado é uma questão completamente distinta da pergunta se uma condição específica está dentro da normalidade. Um comportamento pode ser normal e ainda assim ser considerado moralmente errado. Por exemplo, consumir álcool com moderação é um comportamento normal, mas em muitas culturas e religiões – do islamismo ao mormonismo – é considerado imoral e errado. Não estou elogiando ou criticando o islamismo e o mormonismo. Só estou explicando que um comportamento pode ser perfeitamente *normal* sendo inquestionavelmente *errado* para certos sistemas de crenças. Não vale a pena para os defensores de determinada moralidade ou religião dizer que tudo o que eles consideram errado é necessariamente anormal, associando "errado" a "anormal" como se as duas palavras tivessem o mesmo significado. Elas *não* têm o mesmo significado. Uma coisa pode ser normal a partir de uma perspectiva médica e ainda assim pode ser errada a partir da sua perspectiva: se você é mórmon e está falando sobre o consumo de álcool, por exemplo.

Quando dou meu *workshop* sobre lésbicas/*gays*/bissexuais/transgêneros, pergunto: o que torna alguém homossexual em vez de heterossexual? É algo inato ou adquirido? E quando alguém sempre levanta a mão. "Dr. Sax, acho que sua pergunta é ofensiva", diz algum participante. "Ao perguntar 'o que causa a homossexualidade'?, você está querendo dizer que não há nada de errado em ser homossexual".

Mas isso não é verdade. Podemos perguntar com sensatez "O que provoca a 'canhotice' nas pessoas"? sem querer dizer que há algo de errado no fato de a pessoa ser canhota. Pessoas que usam mais a mão esquerda são menos comuns do que as que usam a mão direita, então não é inapropriado perguntar o que as faz assim. Da mesma forma, pessoas que se identificam como homossexuais são menos comuns do que as que se identificam como heterossexuais, então é perfeitamente sensato perguntar o que faz algumas pessoas serem homossexuais.

Para estabelecer os fatores inatos da homossexualidade, da "canhotice" ou de qualquer outra condição, é útil que se realize um *estudo de gêmeos*. Gêmeos idênticos compartilham o mesmo DNA. Gêmeos dizigóticos compartilham, em média, 50% do DNA, o mesmo que qualquer dupla de irmãos com os mesmos pais. Se uma condição está mais presente em gêmeos idênticos do que em gêmeos dizigóticos, isso é um bom indício de que a condição é, ao menos em parte, genética.

O dr. J. Michael Bailey e seus colegas da Northwestern University conduziram um grande estudo no qual perguntaram a homens homossexuais gêmeos se os irmãos deles também eram homossexuais. Entre os homossexuais com irmãos gêmeos *idênticos*, 52% dos irmãos também eram homossexuais. Entre os homossexuais com irmãos gêmeos *dizigóticos*, apenas 22% dos irmãos também eram homossexuais. E, entre os homossexuais que tinham irmãos *adotados*, apenas 11% dos irmãos também eram homossexuais. A alta prevalência entre gêmeos idênticos é um indício de que a homossexualidade, ao menos nos homens, tem um forte componente genético. Ela está, de certa forma, programada[223].

Consequentemente, o professor Bailey e seus colegas conduziram um grande estudo usando o banco de dados nacional australiano de gêmeos. Desta vez eles analisaram não apenas

---

[223] BAILEY, J. Michael & PILLARD, Richard. "A Genetic Study of Male Sexual Orientation". *Archives of General Psychiatry*, Volume 48, 1991, p. 1089-96.

homens *gays*, mas também lésbicas. Novamente encontraram alta incidência de homossexualismo entre gêmeos idênticos: se o homem era homossexual, havia uma probabilidade maior de o gêmeo idêntico também ser homossexual. A incidência era menor para homens com irmãos gêmeos dizigóticos, e não idênticos. Mas para as mulheres o padrão era diferente: se a mulher lésbica tinha uma irmã gêmea idêntica, a probabilidade de essa irmã gêmea também ser lésbica era só um pouco maior em relação a lésbicas com irmãs gêmeas dizigóticas[224]. Descobertas semelhantes foram anunciadas recentemente num grande estudo envolvendo irmãos gêmeos na Suécia[225]. As provas dos estudos com gêmeos sugerem que os genes exercem um papel maior no homossexualismo masculino do que no feminino.

Bailey e seus colegas recentemente reviram todos os estudos de gêmeos sobre a orientação sexual já publicados. Eles descobriram que, em média, gêmeos idênticos de uma pessoa homossexual tinham 25% de chance de também serem homossexuais, em comparação com uma probabilidade de 13% entre os gêmeos dizigóticos de uma pessoa homossexual[226]. Esses resultados são consistentes com a ideia de alguma influência genética, mas também demonstram que o ambiente é importante. (Se não, todos os gêmeos idênticos de homossexuais também seriam homossexuais). Mas o grupo de Bailey esclarece que o termo "ambiente" é mais

[224] BAILEY, J. Michael et alli. "Genetic and Environmental Influences on Sexual Orientation and Its Correlates in an Australian Twin Sample". *Journal of Personality and Social Psychology*, Volume 78, 2000, p. 524-36.

[225] LÅNGSTRÖM, Niklas et alli. "Genetic and Environmental Effects on Same-Sex Sexual Behavior: A Population Study of Twins in Sweden". *Archives of Sexual Behavior*, Volume 39, 2010, p. 75-80.

[226] BAILEY, J. Michael et alli. "Sexual Orientation, Controversy, and Science". *Op. cit.*

amplo do que "ambiente social" – a forma como nossos pais e semelhantes nos tratam – e inclui fatores biológicos também.

Um fator biológico não estritamente genético é a presença de irmãos mais velhos. Quantos irmãos mais velhos você tem? Se você tem irmãos mais velhos, eles são irmãos ou irmãs? As respostas a essas perguntas nos dão mais provas de que a base para o homossexualismo masculino é diferente da base para o homossexualismo feminino. Há mais de duas décadas, o psicólogo Ray Blanchard notou que homens com irmãos mais velhos tinham mais chance de serem homossexuais do que homens sem irmãos mais velhos; e, quanto mais irmãos mais velhos um homem tem, maior a probabilidade de ele ser homossexual[227]. Irmãs mais velhas não têm influência na probabilidade de um homem se tornar homossexual, nem tampouco irmãos ou irmãos mais novos. Pesquisas mais recentes mostram que esse efeito só se aplica se os irmãos mais velhos são *biológicos,* compartilhando a mesma mãe; irmãos adotivos mais velhos ou meios-irmãos de mães diferentes tampouco influenciam a probabilidade de um menino crescer e se tornar homossexual[228]. Mas Blanchard e seus colegas descobriram que essa influência não se aplica à homossexualidade feminina. Irmãs e irmãos mais velhos, irmãs e irmãos mais novos: nada disso aumenta ou diminui sistematicamente a influência sobre o fato de uma menina se tornar lésbica[229]. Essas descobertas levaram

[227] BLANCHARD, Ray & BOGAERT, Anthony. "Homosexuality in Men and Number of Older Brothers". *American Journal of Psychiatry*, Volume 153, 1996, p. 27-31.
[228] BOGAERT, Anthony. "Biological Versus Nonbiological Older Brothers and Men's Sexual Orientation". *Proceedings of the National Academy of Sciences*, Volume 103, 2006, p. 10771-74.
[229] BLANCHARD, Roy et alli. "The Relation of Birth Order to Sexual Orientation in Men and Women". *Journal of Biosocial Science*, Volume 30, 1998, p. 511-19.

Blanchard a sugerir que o sistema imunológico exerce um papel importante no desenvolvimento da homossexualidade em homens, mas não em mulheres. Especificamente, Blanchard sugeriu que cada filho homem que uma mulher gera pode provocar o desenvolvimento de anticorpos no corpo da mulher que atacam partes do cromossomo Y. A cada filho homem, ela produz mais anticorpos contra o cromossomo Y, e esses anticorpos podem aumentar a chance de o feto masculino crescer e se tornar homossexual[230]. Essa descoberta é hoje chamada de "efeito da ordem fraterna" (EOF). Provas obtidas com base em estudos de gêmeos, assim como estudos sobre o EOF, demonstram que a homossexualidade tem uma base biológica e que a base da homossexualidade em homens é diferente da base da homossexualidade em mulheres.

IV - Lésbicas de batom e outras variações

Hoje há boas provas de que *gays* e lésbicas aparecem em duas variedades, que podemos chamar de "pesada" e "leve", ou "masculina" e "feminina". Alguns homens *gays* projetam uma persona masculina ou até mesmo hipermasculina: pense no homem musculoso usando roupas de couro sobre uma motocicleta. Outros homens *gays* são abertamente afeminados. Da mesma forma, lésbicas falam em *"lady"* e "Joãozinho". A lésbica *lady*,

---

[230] BLANCHARD, Ray. "Fraternal Birth Order and the Maternal Immune Hypothesis of Male Homosexuality". *Hormones and Behavior*, Volume 40, 2001, p. 105-14. Ver, também: BOGAERT, Anthony & SKORSKA, Malvina. "Sexual Orientation, Fraternal Birth Order, and the Maternal Immune Hypothesis". *Frontiers in Neuroendocrinology*, Volume 32, 2011, p. 247-54.

também conhecida como "lésbica de batom", provavelmente se veste com roupas tradicionalmente femininas e se envolve em passatempos e maneirismos tipicamente femininos, como o uso de maquiagem. A lésbica Joãozinho provavelmente usa cabelo bem curto e talvez se interesse menos por maquiagem. Entre *gays* e lésbicas, é comum que os opostos se atraiam: uma lésbica Joãozinho namora uma lésbica de batom, por exemplo. Procure por "casamento de Ellen DeGeneres e Portia de Rossi" no Google para ver isso. Mas, apesar de isso ser comum, não é uma regra. Conheci lésbicas masculinizadas que namoravam outras lésbicas masculinizadas, *gays* afeminados que namoravam outros *gays* afeminados e *gays* masculinos que namoravam *gays* masculinos.

Essas diferenças geralmente aparecem na infância, e têm consequências. O professor Bailey afirma que os meninos *gays* muito afeminados tendem a descobrir que são homossexuais antes dos meninos *gays* masculinos[231]. O menino que gosta de usar roupas de menina e de brincar com bonecas provavelmente será provocado pelos outros meninos, que o chamarão de "*gay*". Quando pergunta a um adulto o que significa a palavra "*gay*" e reflete sobre a resposta, o menininho pode começar a ponderar sobre sua própria orientação sexual. Mas o menino que gosta de jogar futebol americano tem uma chance muito menor de ser provocado pelos outros. Ele sai para se divertir com os outros meninos. Ele pode demorar muito mais para perceber que as meninas não o excitam. Da mesma forma, uma lésbica Joãozinho que gosta de lutar talvez descubra que é lésbica bem antes de uma menina feminina que gosta de se maquiar.

---

[231] BAILEY, J. Michael. "Gay Femininity". *In: The Man Who Would Be Queen: The Science of Gender-Bending and Transexualism*. Washington, DC: National Academies Press, 2003. p. 61-84.

Em minha experiência como médico, já vi *gays* masculinos e femininos e *gays* que se comportam como héteros em todos os sentidos. É uma sequência contínua. Da mesma forma, já vi lésbicas que usam coturnos, lésbicas que usam batom e maquiagem e lésbicas que agem como mulheres heterossexuais.

Entre os homens *gays*, a divisão entre "masculinos" e "afeminados" vária de acordo com a cultura. Em nossa própria cultura, e me refiro à cultura anglófona do século XXI, o estereótipo afeminado do homem *gay* é predominante. No verão de 2003, o canal Bravo lançou a série *Queer Eye for the Straight Guy*, um programa semanal que a publicação *Entertainment Weekly* chamou de o maior sucesso do verão[232]. Todas as semanas os "Cinco Fabulosos" – um grupo de *gays* – entrava na vida de um heterossexual de gosto duvidoso, transformando-o num homem encantador e elegante. A transformação demorava aproximadamente três dias. Os héteros eram retratados como pessoas inicialmente perdidas em matéria de bom gosto. Os *gays* lhes compravam roupas novas, redecoravam seu apartamento e até o ensinavam a se barbear, e assim por diante. Era um programa engraçado. Mas quão precisa era sua mensagem, a de que *gays* são naturalmente mais competentes – e mais "femininos" – do que héteros em se tratando de moda e aparência pessoal?

---

[232] FONSECA, Nicholas, "They're Here! They're Queer! And They Don't Like Your End Tables!" *Entertainment Weekly*, August 8, 2003, p. 24-28. Essa foi a matéria de capa da edição de 8 de agosto da *Entertainment Weekly*. A capa dizia que o programa seria o "sucesso ultrajante do verão". O último episódio da série foi ao ar em outubro de 2007, mas há rumores de que a Netflix pode trazê-la de volta. Ver: <http://ew.com/tv/2017/01/24/netflix-queer-eye-for-the-straight-guy/>, acesso em 22 de julho de 2019.

Louis Bayard, *gay* e confessadamente desleixado, escreveu um artigo de opinião para o *The Washington Post* no qual dizia que o programa tinha se tornado *"um problema para nós da comunidade* gay (...). *O programa está fazendo uma pressão enorme sobre mim e sobre a maioria silenciosa de* gays *que não são 'fabulosos' daquele jeito"*. Bayard depois fez um relato detalhado de quão desleixado ele é. Teias de aranha e carcaças de insetos estavam por todos os lugares em seu apartamento. A areia do gato não tinha sido trocada *"na última década"*. Ele fritava o bacon a ponto de fazer soar o alarme de incêndio (...) e comia. Ele usava camiseta vermelha com calção azul e branco. Ele não engraxava os sapatos fazia anos. E assim por diante. *"O desmazelo não reconhece a orientação sexual"*, escreveu ele[233].

O que isso tem a ver com o capítulo anterior? No capítulo 9, falamos de meninos que são atípicos para o gênero, que não gostam de contato físico, que têm uma probabilidade maior de gostar de passatempos tipicamente associados a meninas. Esses meninos atípicos para o gênero têm mais chance de ser *gays*?

Sim, têm. Meninos atípicos para o gênero têm *alguma* chance maior de ser *gays* em comparação com meninos típicos[234]. E muitos *gays* lembram-se de ser atípicos para o gênero na infância[235].

---

[233] BAYARD, Louis. "Not All of Us Can Accessorize". *Washington Post*, August 10, 2003, p. B2.

[234] D'AUGELLI, Anthony et alli. "Gender Atypicality and Sexual Orientation Development Among Lesbian, Gay, and Bisexual Youth". *Journal of Gay & Lesbian Mental Health*, Volume 12, 2008, p. 121-43. Ver, também: BEM, Daryl. "Is There a Causal Link Between Childhood Gender Nonconformity and Adult Homosexuality?" *Journal of Gay & Lesbian Mental Health*, Volume 12, 2008, p. 61-79.

[235] ZUCKER, Kenneth. "Reflections on the Relation Between Sex-Typed Behavior in Childhood and Sexual Orientation in Adulthood". *Journal of Gay & Lesbian Mental Health*, Volume 12, 2008, p. 29-59. Ver, também: GREEN,

Num estudo, por exemplo, os pesquisadores compararam cerca de mil *gays* e lésbicas e 500 homens e mulheres heterossexuais. Eles descobriram que os *gays* tinham uma probabilidade maior do que os heterossexuais de relatar comportamentos e preferências atípicas para o gênero. *Gays*, por exemplo, tinham mais chance do que héteros de dizer que não gostavam de esportes quando crianças e que gostavam de amarelinha e de brincar de casinha. Nesse mesmo estudo, porém, pouco menos da metade dos *gays* disseram que gostavam de atividades atípicas para o gênero, como brincar de casinha e de amarelinha. A maioria dos *gays* era típica para o gênero[236].

Então, acho que é importante enfatizar que muitos homens *gays* não são afeminados quando meninos e não são afeminados agora. Muitos *gays* me disseram que ficam chateados quando as pessoas dizem "Mas você *não parece* gay!" depois de saberem de sua orientação sexual. Aparentemente, poucas pessoas ainda esperam que os *gays* pareçam e ajam afeminadamente. Muitos *gays* não se enquadram no estereótipo. Muitos *gays* que conheci nos meus mais de 30 anos como médico são praticamente tão típicos para o gênero quanto os homens heterossexuais. Eles preferem assistir a um jogo de futebol americano a uma competição de patinação no gelo. Eles odeiam falar de seus sentimentos. Alguns *gays* são atípicos para o gênero. Mas o fato de um homem ser *gay* não quer dizer que ele seja atípico. Do mesmo modo, um menino atípico não necessariamente vai crescer e se tornar *gay*.

Richard, "Childhood Cross-Gender Behavior and Adult Homosexuality". *Journal of Gay & Lesbian Mental Health*, Volume 12, 2008, p. 17-28.
[236] BELL, Alan; WEINBERG, Martin & HAMMERSMITH, Sue. *Sexual Preference: Its Development in Men and Women*. Bloomington: Indiana University Press, 1981.

Quando analisamos os dados quanto às lésbicas, a relação entre o comportamento atípico para o gênero na infância e a orientação sexual na idade adulta é ainda mais fraca do que essa relação nos homens *gays*. Alguns pesquisadores chegam a dizer que para as mulheres *não há* relação entre o comportamento da menina na infância, típica ou não ao gênero, e sua orientação sexual quando adulta. Os pesquisadores dizem que as mulheres são lésbicas ou heterossexuais por motivos que não têm nada a ver ou que não podem ser previstos com base em qualquer aspecto do seu comportamento infantil[237]. Essa afirmação parece enfática demais. Há indícios de que o comportamento da menina na infância é capaz de prever, até certo ponto, a orientação sexual da menina na idade adulta. Num estudo, por exemplo, os pesquisadores convidaram lésbicas e mulheres heterossexuais a mostrar vídeos de suas infâncias. As lésbicas tinham uma probabilidade maior a ter se envolvido com atividades tipicamente masculinas, como, digamos, brincar de luta de espadas[238].

V - Orientação sexual/identidade de gênero

Superficialmente, a lésbica de batom que se maquia parece ter mais em comum com o "*gay* exagerado" que usa maquiagem do

---

[237] PEPLAU, Letitia Anne & HUPPIN, Mark. "Masculinity, Femininity and the Development of Sexual Orientation in Women". *Journal of Gay & Lesbian Mental Health*, Volume 12, 2008, p. 145-65.

[238] RIEGER, Gerulf et alli. "Sexual Orientation and Childhood Gender Nonconformity: Evidence from Home Videos". *Developmental Psychology*, Volume 44, 2008, p. 46-58.

que com sua parceira, uma lésbica Joãozinho. Mas o sexo biológico – homem ou mulher – parece predominar em relação à orientação sexual – *gay* ou heterossexual. Os *gays*, sejam eles masculinos ou afeminados, têm mais em comum com os homens heterossexuais do que com as mulheres. Quando lhe pediram que descrevesse sua parceira sexual ideal, por exemplo, um homem heterossexual de 30 anos geralmente citava uma mulher jovem, entre 18 e 22 anos. Por outro lado, quando uma mulher heterossexual de 30 anos descrevia seu parceiro sexual ideal, ela mencionava um homem alguns anos mais velho; o mesmo se aplica às lésbicas. Nesse sentido, os *gays* são iguais aos héteros e bem diferentes das mulheres; eles preferem parceiros bem mais jovens. *Gays* e héteros também têm mais chance de concordar que a atração física de um parceiro(a) sexual ideal é de suma importância; mulheres heterossexuais e lésbicas têm uma probabilidade maior de dizer que a atração física, embora interessante, não é a coisa mais importante nem mesmo no parceiro(a) sexual ideal[239].

O mesmo se aplica ao interesse pelo sexo casual. Homens heterossexuais e *gays* dizem que gostariam de passar uma noite com um estranho ou estranha atraente; mulheres heterossexuais e lésbicas demonstram menos interesse numa relação sexual fora de um vínculo romântico. No capítulo 6, falamos que muitas meninas e mulheres buscam principalmente uma *relação amorosa*. A maioria dos meninos e boa parte dos homens estão interessados sobretudo em *sexo*. Muitos adolescentes e jovens homens – tanto *gays* como héteros – se masturbam vendo pornografia, e alguns contratam

---

[239] BAILEY, J. Michael et alli. "Effects of Gender and Sexual Orientation on Evolutionarily Relevant Aspects of Human Mating Psychology". *Journal of Personality and Social Psychology*, Volume 66, 1994, p. 1081-93.

prostitutas (homens e mulheres, de acordo com o caso). Masturbar-se vendo pornografia e contratar prostitutas são atividades bem diferentes de ter uma relação amorosa. Você não pode ter uma relação amorosa com uma imagem na tela. Meninas e mulheres (tanto lésbicas como héteros) têm uma chance menor de contratar prostitutas ou se masturbar vendo pornografia, embora algumas o façam. Meninas e mulheres, sejam elas lésbicas ou héteros, provavelmente procuram uma relação estável, não sexo casual.

Em seu estudo sobre o homossexualismo, William Masters e Virgínia Johnson descobriram que muitos *gays* são "hipermasculinizados", no sentido de que frequentemente se envolvem em sexo por interesse próprio, e não no contexto de uma relação[240]. Masters e Johnson entrevistaram centenas de *gays* ao longo de muitos anos. Muitos *gays* lhes disseram que já tiveram dezenas e até centenas de parceiros sexuais, às vezes mais de um numa única noite. Alguns *gays* disseram ter feito sexo com homens que nem conheciam. Masters e Johnson descobriram que as mulheres, diferentemente, raramente faziam sexo com mulheres que não conheciam.

Alguns pesquisadores acreditam que a quantidade maior de relações sexuais de *gays* em comparação com homens heterossexuais talvez reflita essa "hipermasculinidade" dos *gays*. Mas outros acreditam que essa diferença entre *gays* e héteros surge simplesmente porque os heterossexuais têm de lidar com a relutância das mulheres em se envolver em sexo casual. Como escreveu o antropólogo Donald Symons, "homens heterossexuais provavelmente agiriam como homossexuais para fazer sexo (...)

---

[240] MASTERS, William & JOHNSON, Virginia. *Homosexuality in Perspective*. Philadelphia: Lippincott, Williams & Wilkins, 1979.

com estranhas (...) e parariam em banheiros públicos para cinco minutos de sexo oral a caminho de casa se as mulheres tivessem interesse por isso. Mas as mulheres não estão interessadas"[241]. Os homens – sejam eles *gays* ou héteros – têm uma chance maior do que as mulheres (héteros ou lésbicas) de expressar interesse por uma relação sexual casual com uma estranha atraente.

VI - E quanto à bissexualidade?

Mulheres heterossexuais podem se sentir sexualmente excitadas por mulheres atraentes, e lésbicas podem se excitar com homens atraentes, certo? Então, supostamente, uma mulher que se excite tanto com mulheres como com homens seria algo incomum, uma bissexual, certo?

Talvez não.

Quando pesquisadores perguntam às mulheres quais os seus parceiros sexuais ideais, a maioria delas diz que prefere homens; uma minoria diz que prefere mulheres; e uma minoria menor ainda diz que prefere tanto homens como mulheres. Mulheres heterossexuais são mulheres que preferem fazer sexo com homens. Mas, quando pesquisadores mostram vídeos de homens fazendo sexo com mulheres, mulheres fazendo sexo com mulheres e homens fazendo sexo com homens para mulheres heterossexuais, *não há diferença* na excitação objetiva demonstrada por estas últimas. Com base em medições objetivas de excitação, mulheres hete-

---

[241] SYMONS, Donald. *The Evolution of Human Sexuality.* New York: Oxford University Press, 1979. p. 300.

rossexuais se excitam igualmente com os três vídeos, até mesmo com o vídeo de homens fazendo sexo com outros homens[242].

No entanto, quando pesquisadores perguntam às mulheres heterossexuais qual vídeo é o mais excitante, elas dizem que o vídeo de um homem e uma mulher fazendo sexo é o que mais as excita, seguido pelo vídeo das duas mulheres fazendo sexo e depois o vídeo dos dois homens fazendo sexo. Há uma desconexão entre o que as mulheres heterossexuais *dizem* que é sexualmente excitante e o que acontece lá embaixo[243].

Os pesquisadores há muito sabem que o que alguém *lhe diz* que o excita sexualmente talvez *não seja* realmente o que o excita. Um adolescente *gay* que não está à vontade com sua própria homossexualidade, por exemplo, pode dizer que se excita com imagens de meninas lindas, e não com imagens de meninos bonitos. Ele pode realmente acreditar que está dizendo a verdade. Pesquisadores desenvolveram um instrumento para medir se o pênis está ficando ereto: o aparelho se chama pletismógrafo peniano. O pênis do jovem *gay* vai reagir à imagem de um homem atraente, não à imagem de uma menina bonita. As medições objetivas, que se baseiam no fluxo sanguíneo, nos dão uma imagem precisa do que está acontecendo, enquanto medições subjetivas – o que uma mulher ou homem lhe diz – podem sofrer influência do que uma mulher ou homem quer que você pense dela ou dele e do que a mulher ou homem quer pensar de si mesma ou de si mesmo.

---

[242] CHIVERS, Meredith ; BAILEY, J. Michael et alli. "A Sex Difference in the Specificity of Sexual Arousal". *Psychological Science*, Volume 15, 2004, p. 736-44. Esses comentários são baseados na Figura 2, p. 740.
[243] Idem. *Ibidem.*, figura 2, p. 740.

No exemplo que acabei de dar, quando mulheres heterossexuais são expostas a vários vídeos, é provável que ela pense em si mesma como uma mulher heterossexual. Elas provavelmente acreditavam que mulheres heterossexuais deveriam se excitar mais com imagens de um homem e uma mulher fazendo sexo do que com imagens de duas mulheres fazendo sexo, e foi por esse motivo que elas disseram aos pesquisadores que sentiam isso, e talvez pensassem realmente que se sentiam assim. Há uma longa história de pesquisas demonstrando que, diante de uma pergunta, a maioria das pessoas lhe dará a resposta que se encaixe melhor no que elas pensam de si mesmas. Fazer o contrário implica o risco de se envolver numa situação desagradável que os psicólogos chamam de *dissonância cognitiva*. Na verdade, as medições objetivas da excitação genital mostraram que mulheres heterossexuais se excitam igualmente com vídeos de duas mulheres fazendo sexo e vídeos de um homem e uma mulher fazendo sexo. Esse padrão não se aplica tanto às lésbicas. Lésbicas demonstraram mais excitação genital vendo duas mulheres fazendo sexo do que com vídeos de um homem e uma mulher fazendo sexo, mas a diferença foi pequena.

Isso é diferente do que os pesquisadores descobriram nos homens. Homens heterossexuais se excitam com mulheres e homens *gays* se excitam com homens. Na verdade, o homem heterossexual médio se excita mais com vídeos de duas mulheres fazendo sexo do que com vídeos de um homem fazendo sexo com uma mulher. A presença do homem no vídeo, mesmo que seja um homem fazendo sexo com uma mulher, resulta numa excitação sexual menor para o homem médio. *Gays* exibem um padrão de excitação completamente diferente: eles se excitam com vídeos de *gays* fazendo sexo, não com vídeos de duas mulheres fazendo sexo, e se excitam só um pouco com vídeos de um homem e uma mulher fazendo sexo[244].

As diferenças entre homens e mulheres heterossexuais foram relevantes. Homens heterossexuais se excitavam com mulheres, e não com homens; mulheres heterossexuais – em termos de excitação genital – se excitavam igualmente com os três cenários: mulheres fazendo sexo com mulheres, homens fazendo sexo com homens e homens fazendo sexo com mulheres. Essa diferença levou o dr. Bailey a perguntar: mulheres heterossexuais realmente têm uma orientação sexual[245]? O professor Bailey nota que parte da pergunta tem a ver com a forma como definimos "orientação sexual". Se orientação sexual significa o tipo de sexo que faz os genitais se tornarem sexualmente excitados, então você entende o argumento do dr. Bailey: mulheres heterossexuais se excitam igualmente com os três cenários, então talvez mulheres heterossexuais não tenham uma orientação sexual tão definida como a dos homens (tanto *gays* como héteros). O dr. Bailey reintroduziu o antiquado termo *"preferência sexual"*. Sou velho o bastante para me lembrar daquela época, há 30 anos, quando "orientação sexual" e "preferência sexual" eram sinônimos. O termo "preferência sexual" caiu em desuso nas últimas três décadas. Para os homens o termo não faz muito sentido. Dizer que um *gay* tem "preferência

---

[244] Idem. *Ibidem.*, figura 2, p. 740. Ver, também: CHIVERS, Meredith et alli. "Gender and Sexual Orientation Differences in Sexual Response to Sexual Activities Versus Gender of Actors in Sexual Films". *Journal of Personality and Social Psychology*, Volume 93, 2007, p. 1108-21.

[245] BAILEY, J. Michael. "What Is Sexual Orientation and Do Women Have One?" *In*: HOPE, D. A. (Ed.). *Contemporary Perspectives on Lesbian, Gay, and Bisexual Identities*. New York: Springer, 2009. p. 43-63.

sexual" homossexual às vezes é algo impreciso. Um dos motivos para eu ter começado este capítulo com a conversa que tive com os pais de certo jovem que conheci e a quem chamei de Daniel é que aquele jovem *não preferia* ser *gay*. Ele preferia ser heterossexual. Mas ele não tinha escolha. Sua *orientação* sexual não era, na época, sua *preferência* sexual. (Mais tarde Daniel aceitou e até comemorou o fato de ser *gay*).

Mas o dr. Bailey acha que talvez devêssemos cogitar usar o termo "preferência sexual", ao menos para mulheres heterossexuais. Para as mulheres, tanto héteros como lésbicas, a satisfação sexual tem a ver com algo que vai além da excitação sexual e do orgasmo. É principalmente questão de estar numa relação amorosa. Exploramos essa diferença no capítulo 6. Uma mulher heterossexual pode dizer que prefere fazer sexo com um homem, *e que isso é importante* porque ela tem uma chance maior de se satisfazer e de se sentir amada nesse contexto. O fato de ela demonstrar excitação genital diante de uma imagem de sexo lésbico não quer dizer que ela seja "realmente" lésbica ou bissexual. Só quer dizer que para a experiência sexual da mulher há coisas que vão além da excitação genital. Isso talvez signifique que a excitação sexual não é a parte mais importante da intimidade sexual, ao menos para algumas mulheres.

Esta seção fala de pessoas bissexuais, mas nem mencionei os bissexuais ainda. Eu tinha de começar explicando as diferenças entre a excitação sexual subjetiva e objetiva, assim como as diferenças entre preferência e orientação sexual, a fim de que as pesquisas sobre os bissexuais fizessem algum sentido.

Ninguém jamais questionou o fato de que existem pessoas que são bissexuais. Hoje em dia estamos imersos numa torrente de mulheres que querem que saibamos que elas gostam das duas coisas. Por exemplo, a cantora Ke$ha disse a um entrevistador: *"Não amo apenas os homens. Amo as pessoas"*[246]. A fim de não ficar para trás, Miley Cirus se vangloria de ser "pansexual". Ela disse a um repórter: *"Estou literalmente aberta a tudo o que seja consentido e que não envolva animais e desde que todos tenham idade para isso"*[247]. Drew Barrymore, Lady Gaga, Angelina Jolie, Lindsay Lohan, Nicki Minaj, Anna Paquin, Katy Perry e Rihanna são todas celebridades femininas (listadas em ordem alfabética de sobrenome) que se disseram publicamente bissexuais. Não há uma amostra correspondente entre as jovens celebridades masculinas que queiram que você saiba que eles são bissexuais.

Na verdade, há um debate quanto à existência de homens que sejam realmente bissexuais – e boa parte do debate é alimentada por críticas de homossexuais. *"Você é ou hétero ou gay ou está mentindo"*, diz um aforismo entre homossexuais[248]. Esse ditado reflete a tendência de alguns homens que são *gays* a se dizer bissexuais porque havia – antigamente, pelo menos – menos estigma social sobre os bissexuais do que sobre os *gays*. E há indícios de que pelo menos alguns homens que se identificam como bissexuais quando adolescentes vão, alguns anos mais tarde, se identificar como *gays*[249].

[246] "Ke$ha Bisexual: Pop Star Says She Doesn't 'Love Just Men'". *Huffington Post*, January 2, 2013, disponível em <www.huffingtonpost.com/2013/01/02/kesha-bisexual-pop-star-doesnt-love-just-men_n_2396180.html>, acesso em 22 de julho de 2019.

[247] MILLER, Korin. "Miley Cyrus Identifies as Pansexual. What Does That Mean, Exactly?". *Yahoo! Beauty*, August 28, 2015, disponível em <www.yahoo.com/beauty/miley-cyrus-identifies-as-pansexual-what-does-127797473807.html>, acesso em 22 de julho de 2019.

[248] Ver, por exemplo: CAREY, Benedict, "Straight, Gay or Lying? Bisexuality Revisited". *New York Times*, July 5, 2005.

[249] STOKES, Joe et alli. "Predictors of Movement Toward Homosexuality: A Longitudinal Study of Bisexual Men". *Journal of Sex Research*, Volume 34, 1997, p. 304-12.

Assim, o professor Bailey e seus colegas observaram 30 homens heterossexuais, 33 bissexuais e 38 homossexuais para um estudo. Nesse estudo, a orientação sexual dos homens era determinada por respostas a perguntas sobre o parceiro sexual ideal, assim como pela autoidentificação deles como *gays*, héteros ou bissexuais. Depois os pesquisadores mostravam aos homens vídeos de dois homens fazendo sexo ou de duas mulheres fazendo sexo. A maioria dos homossexuais se excitava mais, tanto subjetiva como objetivamente, com vídeos de *gays* do que com vídeos de lésbicas. A maioria dos heterossexuais se excitava mais, subjetiva e objetivamente, com vídeos de lésbicas do que com vídeos de *gays*.

E quanto aos bissexuais? Se homens bissexuais são realmente bissexuais, então pelo menos alguns dos homens deveriam se excitar igualmente, ou quase igualmente, com os dois vídeos. Mas a análise dos dados "não demonstrou nenhum sinal do efeito esperado", de acordo com Bailey e seus colegas. *"Tanto homossexuais como heterossexuais se excitaram mais com um sexo do que com o outro, e isso também serve para os homens bissexuais"*[250]. Cerca de três quartos dos homens bissexuais exibiram um padrão de excitação que era igual ao dos *gays*; e cerca de um quarto deles exibiram um padrão de excitação compatível com o dos heterossexuais.

O estudo do professor Bailey foi amplamente divulgado pela imprensa. A National Public Radio até transmitiu uma entrevista curta com o professor Bailey. O apresentador começou dizendo:

---

[250] RIEGER, Gerulf ; CHIVERS, Meredith & BAILEY, J. Michael. "Sexual Arousal Patterns of Bisexual Men". *Psychological Science*, Volume 16, 2005, p. 579-84. Cit. p. 582.

"Homens que se dizem bissexuais talvez não estejam falando a verdade"[251]. Recentemente, o dr. Bailey conduziu outro estudo, em mais um esforço para encontrar homens que eram de fato bissexuais. A fim de participar do estudo como bissexual, o homem tinha de declarar ter experimentado pelo menos duas relações sexuais com homens e pelo menos duas relações sexuais com mulheres. Ele também tinha de declarar que vivera uma relação amorosa com uma mulher, relação essa que durou ao menos três meses, e também que vivera uma relação romântica com um homem, com duração mínima de três meses. Os voluntários não ficaram sabendo antecipadamente dos critérios de inclusão. Eles simplesmente responderam: "Você já se envolveu amorosamente com um homem? Se sim, por quanto tempo"? Os pesquisadores também descobriram que alguns adolescentes se identificam como bissexuais e mais tarde "saem do armário" como *gays*. Então, todos os homens tinham de ter ao menos 25 anos de idade para participar da pesquisa.

Dessa vez, o professor Bailey e seus colegas descobriram homens que eram bissexuais "de verdade": eles se excitavam igualmente com homens e mulheres, tanto subjetiva como objetivamente. O dr. Bailey e sua equipe reconhecem que tais homens são incomuns[252]. Mas eles existem. Mas esse relatório mais recente não atraiu tanta atenção da mídia; não houve entrevistas para a rádio pública[253].

---

[251] *National Public Radio*. "Bisexuality Study". *Day to Day*, July 5, 2005, disponível em <www.npr.org/templates/story/story.php?storyId=4730109>, acesso em 22 de julho de 2019.

[252] ROSENTHAL, A. M. ; BAILEY, J. Michael et alli. "The Male Bisexuality Debate Revisited: Some Bisexual Men Have Bisexual Arousal Patterns". *Archives of Sexual Behavior*, Volume 41, 2012, p. 135-47.

[253] O artigo mais recente, porém, foi mencionado na revista de domingo do *New York Times* mais de dois anos depois da publicação. Ver: DENIZET-LEWIS,

Mulheres bissexuais são comuns. Homens bissexuais são menos comuns, mas existem.

VII - Lésbicas

Como discutimos, homens e mulheres vivenciam a sexualidade de formas diferentes, independentemente do fato de serem *gays* ou héteros. Assim como o professor Bailey, a professora Lisa Diamond questionou se as categorias *"gay"* e "hétero" significam a mesma coisa para mulheres e homens. A professora Diamond passou cinco anos conversando com mulheres que tiveram relações sexuais com outras mulheres. Em muitos casos, uma mulher se torna romântica e sexualmente envolvida com outra mulher não tanto por estar buscando conscientemente uma relação lésbica, e sim porque amava tanto a outra mulher que a intimidade sexual lhe parecia uma evolução natural[254]. Algumas dessas mulheres rejeitavam os rótulos de "lésbica", "hétero" ou "bissexual". Elas insistiam que se relacionavam com a outra pessoa como indivíduo. Se elas amavam a pessoa, se queriam estar próximas dela, abraçá-la e beijá-la, então a intimidade sexual era algo que surgia naturalmente.

Qual a conexão entre sexo e amor? Mencionamos isso no capítulo 6, mas a professora Diamond investiga como essa per-

Benoit. "The Scientific Quest to Prove Bisexuality Exists". March 20, 2014, disponível em <www.nytimes.com/2014/03/23/magazine/the-scientific-quest-to-prove-bisexuality-exists.html>, acesso em 22 de julho de 2019.
[254] DIAMOND, Lisa. "Was It a Phase? Young Women's Relinquishment of Lesbian/Bisexual Identities over a 5-Year Period". *Journal of Personality and Social Psychology*, Volume 84, 2003, p. 352-64.

gunta se relaciona aos temas do lesbianismo e heterossexualismo. A maioria das pessoas, e até muitos psicólogos, acreditam que o amor romântico geralmente surge no contexto do desejo sexual. Na verdade, durante boa parte do século XX os psicólogos acreditaram que o amor romântico nada mais era do que uma sublimação do desejo sexual. *"What's Love Got to Do with It"*? [O que o amor tem a ver com isso] era o título de uma música de sucesso em 1984. "O que é o amor senão uma emoção de segunda mão"? Essa ideia, que parecia tão moderna e ousada em 1984, talvez não seja precisa, ao menos para as mulheres. Diamond e outros psicólogos hoje sugerem que o amor romântico pode surgir a partir de fontes completamente distintas do desejo sexual – pelo menos nas mulheres, pelo menos em *algumas* mulheres. Esses psicólogos dizem que relações românticas duradouras têm em comum algumas características da relação entre pais e filhos[255]. Talvez não seja por acaso que namorados às vezes se chamam de "meu bebê". Talvez o amor e o afeto venham de uma parte diferente do cérebro em relação ao desejo sexual (pelo menos em algumas mulheres). Talvez as relações românticas se manifestem na mesma parte do cérebro responsável pelo amor parental. Essa ideia tem relação com uma área da psicologia chamada *teoria do apego*.

Se a explicação da teoria do apego para a base do amor romântico em (algumas) mulheres está correta, então talvez tenhamos de repensar algumas das coisas que supomos sobre as relações entre pessoas do mesmo sexo. *"Crianças não se*

---

[255] Ver, por exemplo: HAZAN, Cindy & SHAVER, Phillip. "Romantic Love Conceptualized as an Attachment Process". *Journal of Personality and Social Psychology*, Volume 52, 1987, p. 511-24, 1987; HAZAN, Cindy & SHAVER, Phillip. "Love and Work: An Attachment-Theoretical Perspective". *Journal of Personality and Social Psychology*, Volume 59, 1990, p. 270-80.

apegam seletivamente a cuidadores do sexo oposto em relação aos cuidadores do mesmo sexo", diz Diamond[256]. O amor parental não está programado para se manifestar como apego ao sexo oposto. As mães não se relacionam melhor com os filhos e os pais não se relacionam melhor com as filhas. Porém, se o apego parental não tende em favor ao sexo oposto e se o apego parental compõe ao menos em parte a base do apego romântico na idade adulta, pelo menos para (algumas) mulheres, então talvez seja possível que uma mulher heterossexual expresse sentimentos românticos por outra mulher sem necessariamente querer ter relações sexuais com ela.

A professora Diamond descobriu que os relacionamentos lésbicos geralmente surgem a partir de uma amizade. Duas mulheres podem desenvolver uma amizade apaixonada, podem querer passar muito tempo juntas, podem até ficar abraçadinhas. Mas, se essas mulheres se consideram "heterossexuais", talvez a elas não ocorra a ideia de explorar sua intimidade sexual. Ainda assim, a relação uma com a outra talvez seja espiritualmente mais íntima e mais emocionalmente satisfatória do que as relações *sexuais* que elas tiveram com namorados e maridos. Que sentido faz, então, classificar essas mulheres como lésbicas ou heterossexuais? "O que a orientação sexual orienta"?, pergunta Diamond. Ela sugere que, talvez, nossas categorias rígidas de *gays* e heterossexuais não têm limites tão claros quando se trata de mulheres.

Onde estabelecer a fronteira entre *gays* e héteros? O mesmo limite serve para todas as mulheres? Você perceberá que o

---

[256] DIAMOND, Lisa. "What Does Sexual Orientation Orient? A Biobehavioral Model Distinguishing Romantic Love and Sexual Desire". *Psychological Review*, Volume 110, 2003, p. 173-92. Cit. p. 175.

argumento da dra. Diamond se sobrepõe à ideia do dr. Bailey de que mulheres heterossexuais não têm orientação sexual. A obra da dra. Diamond sugere que muitas mulheres que se consideram heterossexuais talvez sejam bissexuais se a mulher certa surgir em suas vidas. E, se isso é mesmo verdade, então também é verdade que algumas mulheres que se consideram lésbicas talvez se revelem como bissexuais se o *homem* certo aparecer em suas vidas. Nem todas. Não a maioria. Mas algumas.

VIII - O que você precisa saber se...

Este livro é voltado sobretudo para pais, professores e pessoas que trabalham com crianças. O material que até aqui apresentei neste capítulo é tão somente a base para algo mais importante: o que você precisa saber e fazer se sua filha ou filho vierem até você dizendo que não é heterossexual.

Você precisa saber disso: meninas e meninos que não são heterossexuais correm um risco maior de desenvolver depressão, em comparação com as crianças heterossexuais[257]. Num estudo, mais de 20% dos adolescentes que não são heterossexuais declararam ter tentado o suicídio nos últimos 12 meses[258]. E crianças que

---

[257] MARSHAL, Michael et alli. "Suicidality and Depression Disparities Between Sexual Minority and Heterosexual Youth: A Meta-analytic Review". *Journal of Adolescent Health*, Volume 49, 2011, p. 115-23. Ver, também: MARTIN-STOREY, Alexa & CROSNOE, Robert. "Sexual Minority Status, Peer Harassment and Adolescent Depression". *Journal of Adolescence*, Volume 35, 2012, p. 1001-11.

[258] HATZENBUEHLER, Mark. "The Social Environment and Suicide Attempts in Lesbian, Gay, and Bisexual Youth". *Pediatrics*, Volume 127, 2011, p. 896-903.

não são heterossexuais têm quase três vezes mais chance de usar drogas e álcool, em comparação com crianças heterossexuais[259]. Mas tudo isso pode ser evitado. Meninas lésbicas e meninos *gays* que disseram contar com o apoio dos pais têm muito menos chance de enfrentar tais problemas[260].

O que "apoio" significa?

Significa dizer ao seu filho ou filha: "Eu sempre vou amar você, independentemente de você ser hétero ou *gay*".

Significa que, quando sua filha trouxer a namorada para casa a fim de que vocês a conheçam, você vai receber a namorada com o mesmo respeito com que receberia um namorado.

Significa que você tem de conversar com o orientador da escola para ter certeza de que a escola tem programas e diretrizes voltados à prevenção do *bullying* contra crianças não heterossexuais. Nesse sentido houve bastante avanço nos últimos 30 anos. Quando eu era um médico recém-formado, na década de 1980, lembro-me de um menino *gay* sendo vítima de *bullying* no ensino médio. Os pais entraram em contato com a escola para dizer o que estava acontecendo. Eles se depararam com um dar de ombros e comentários como "O que você espera que

---

[259] MARSHAL, Michael et alli. "Sexual Orientation and Adolescent Substance Use: A Meta-analysis and Methodological Review". *Addiction*, Volume 103, 2008, p. 546-56.

[260] MCCONNELL, Elizabeth et alli. "Typologies of Social Support and Associations with Mental Health Outcomes Among LGBT Youth". *LGBT Health*, Volume 2, 2015, p. 55-61. Ver, também: ESPELAGE, Dorothy et alli. "Homophobic Teasing, Psychological Outcomes, and Sexual Orientation Among High School Students: What Influence Do Parents and Schools Have?" *School Psychology Review*, Volume 37, 2008, p. 202-16; RYAN, Caitlin et alli. "Family Acceptance in Adolescence and the Health of LGBT Young Adults". *Journal of Child and Adolescent Psychiatric Nursing*, Volume 23, 2010, p. 205-13.

façamos? Ele é homossexual". Hoje em dia esse tipo de reação é bastante raro. Ainda acontece – você encontra várias histórias na *Internet* –, mas tais incidentes são muito menos comuns do que há vinte ou trinta anos.

A pergunta mais comum que ouço de pais de meninos e meninas que não são heterossexuais é *"Ele (ou ela) vai superar isso"*? A resposta a essa pergunta varia e depende se você está falando de uma menina ou menino. Se seu filho lhe diz que é *gay*, então a resposta é: não, é muito provável que ele não vá superar isso. Quase todos os meninos *gays* crescem e se tornam homens *gays* que permanecem *gays*.

Se sua filha lhe diz que é lésbica ou que está apaixonada por outra menina e quer ter relações íntimas com ela, a resposta é mais complicada. Nenhuma versão é predominante. Há mulheres lésbicas que lhe dirão "Eu sempre soube que era lésbica", assim como há homens *gays* que lhe dirão "Eu sempre soube que era *gay*". Mas conheci uma menina – vamos chamá-la de Vanessa – que, aos 15 anos, estava completamente apaixonada por um menino de 17 anos – vamos chamá-lo de Caleb – e o namorou por vários meses até que Caleb terminasse com ela. Depois, um ano mais tarde, ela se apaixonou por uma menina. "Sempre achei que fosse hétero – até conhecer a Gretchen", me disse Vanessa. Gretchen era a melhor amiga de Vanessa. Elas ficavam deitadas juntas embaixo do cobertor para assistir a filmes em casa. Elas se abraçavam. Gretchen já tinha namorado outra menina antes, mas Vanessa não. Um dia Gretchen tocou Vanessa de um jeito diferente. Vanessa quis afastar a mão de Gretchen, mas Gretchen disse: "Você não gosta quando faço isso"? Vanessa me disse que teve que pensar por um instante antes de perceber que sim, gostava.

Algumas semanas mais tarde, Vanessa contou à mãe que era lésbica. A mãe disse: "Mas e o Caleb? Você disse que estava apaixonada pelo Caleb"! A mãe tentou convencer Vanessa de que ela na verdade era bissexual ou que estava confusa com a própria sexualidade. *Isso é um erro.* Eu entendia as intenções da mãe, claro. E é possível que Vanessa fosse mesmo bissexual. A professora Diamond descobriu certas mulheres que conseguem namorar uma mulher num ano e um homem noutro. Quando a mulher está namorando outra mulher, pode se ver como lésbica. Quando está namorando um homem, pode se ver como heterossexual. Não se ganha nada discutindo qual termo usar. Na maioria dos casos, você não vai ganhar nada discutindo com sua filha qual palavra usar.

Mas eis um conselho: se você tem uma filha como Vanessa e depois de um ano ela terminar com Gretchen e começar a namorar um homem, *não diga* "Eu sempre soube que aquela coisa de lesbianismo era só uma fase". Esse é outro erro, por vários motivos. Primeiro, não é "só uma fase". Depois, você está sendo desrespeitoso com sua filha e com o relacionamento dela. Se você tem uma filha como Vanessa, há uma boa chance de ela ser bissexual. Ela talvez esteja com um homem neste ano e com uma mulher no ano seguinte. Se você desprezar os relacionamentos homossexuais dela, não vai estar diminuindo as chances de ela ter mais relacionamentos do tipo; você vai estar aumentando as chances de ela *não falar nada* para você sobre os relacionamentos homossexuais dela. E a distância entre você e sua filha vai aumentar. Depois de alguns anos, ela vai dizer que está se casando com uma mulher, e você vai ser a última a saber.

Você não quer isso. Você quer continuar sendo uma parte importante da vida da sua filha, como deveria. E você não alcança esse objetivo fingindo que sua filha é uma coisa que não é.

Uma pergunta que ouço com menos frequência do que há 30 ou 20 anos é *"Há algum tipo de programa educacional capaz de melhorar meu filho/filha"*? A resposta para essa pergunta é não. Não existe nenhum programa que tenha se provado eficiente para mudar a orientação de alguém em determinada direção. Há muitos programas que *se diziam* capazes de mudar a orientação sexual de alguém. Mas essas afirmações geralmente se revelaram mentirosas ou sem base. Na verdade, vários estados, como a Califórnia e Nova Jersey, proibiram "terapias de reparação" que se dizem capazes de alterar a orientação sexual de uma criança ou adolescente[261].

Há ainda muitas perguntas a serem respondidas sobre a orientação sexual, e algumas delas parecem precisar (para mim) de respostas urgentes. Um exemplo: pesquisadores holandeses descobriram que um homem *gay* que esteja namorando outro homem *gay* tem oito vezes mais chance de cometer suicídio do que um homem heterossexual casado com uma mulher. Por outro lado, uma lésbica num relacionamento com outra lésbica não está mais suscetível ao suicídio do que uma mulher heterossexual casada com um homem. Os pesquisadores enfatizaram que a Holanda é um dos países mais tolerantes e acolhedores do mundo para *gays* e tem se tornado ainda mais tolerante e acolhedor, mas nesse estudo os jovens correm os mesmos riscos dos mais velhos[262]. Há poucas pesquisas direcionadas ao estudo dos motivos por trás dessa descoberta. Acho que é importante descobrirmos quais são esses motivos e o que podemos fazer quanto a eles.

---

[261] MOSS, Ian. "Ending Reparative Therapy in Minors: An Appropriate Legislative Response". *Family Court Review*, Volume 52, 2014, p. 316-29.
[262] GRAAF, Ron de et alli. "Suicidality and Sexual Orientation: Differences Between Men and Women in a General Population-Based Sample from the Netherlands". *Archives of Sexual Behavior*, Volume 35, 2006, p. 253-62.

A maioria dos pais, assim como a maioria dos adultos, é de heterossexuais. Se você é um pai heterossexual e sua filha ou filho lhe diz que ela ou ele é *gay*, não há nada de errado em ficar confuso. É normal se sentir desnorteado. Não há nada de errado nem existe motivo para ficar com raiva, mas eu o aconselho a não deixar que seu filho o veja chorando na cama. É difícil para seu filho reconciliar o discurso de "eu o amo mesmo você sendo *gay*" com a imagem de você chorando histericamente. Seu filho talvez se pergunte se suas palavras são mesmo sinceras.

Não há nada de errado em buscar ajuda. Não necessariamente ajuda profissional: não há nada de errado com você ou com seu filho (a não ser que ele esteja ansioso, deprimido ou tenha algum outro transtorno psiquiátrico). Mas talvez seja uma boa ideia conversar com pessoas experientes em orientar pais heterossexuais nessas ocasiões: outros pais, famílias e amigos de lésbicas e *gays*. Na verdade, há um grupo que recomendo: Parents and Friends of Lesbians and Gays [Pais, Famílias e Amigos de Lésbicas e *Gays*][263]. O nome é um tanto quanto extenso, por isso em 2014 eles mudaram para a sigla PFLAG, em inglês. Se você visitar o *site www.pflag.org* e clicar em "procurar uma seccional", poderá entrar em contato com uma sede local em todos os 50 estados norte-americanos, no Distrito de Columbia e em Porto Rico. Se estiver no Canadá, procure o *www.pflagcanada.ca*. No Reino Unido, visite *www.pflag.co.uk*. Na Austrália, *www.pflagaustralia. org.au*. (Não tenho nenhuma ligação comercial ou de qualquer outro tipo com a PFLAG).

---

[263] No Brasil existe a Associação Brasileira de Famílias Homotransafetivas [ABRAFH], cujo site é: <http://www.abrafh.org.br/>. (N. E.)

Meninas lésbicas enfrentam desafios especiais, como vimos, assim como meninos *gays*. Mas, no final das contas, uma menina lésbica ainda é uma menina e um menino *gay* ainda é um menino. Mas e quanto ao menino que diz que na verdade é uma menina presa ao corpo de um menino – ou a menina que diz que na verdade é um menino preso ao corpo de uma menina? Esse é nosso próximo assunto.

CAPÍTULO 11

Intersexuais e transgêneros

I - Intersexuais

Eis o que é normal para a nossa espécie: a mãe contribui com o óvulo, que tem o cromossomo X. O pai contribui com o esperma, que tem o cromossomo X ou Y. Se o óvulo é fertilizado por um espermatozoide com o cromossomo X, o resultado é uma mulher com cromossomos XX, e o bebê nasce com uma vagina e dois ovários. Se o óvulo é fertilizado por um espermatozoide com o cromossomo Y, o resultado é um homem com cromossomos XY, e o bebê nascerá com um pênis e dois testículos. Isso serve para meninas e meninos heterossexuais. E também para meninas lésbicas e meninos *gays*.

Mas, às vezes, as coisas não acontecem assim.

Por exemplo, às vezes, bem raramente, dois espermatozoides diferentes – um com o cromossomo X e o outro com o cromossomo Y – alcançam o óvulo no mesmo instante, e os dois fertilizam o mesmo óvulo. Isso se chama *fertilização dupla,* e o resultado pode ser um indivíduo com células XX (feminino) e XY (masculino). Os cientistas chamam esse indivíduo de *mosaico XX/XY*[264]. Tais indivíduos podem ter ovários e testículos. Eles são chamados de *intersexuais*. O termo "intersexual" se refere a indivíduos que são ao mesmo tempo homens e mulheres[265]. (Um termo fora de moda para esse indivíduo é "hermafrodita").

Indivíduos intersexuais são raros. Revisei um texto acadêmico sobre indivíduos intersexuais para um artigo que publiquei no *Journal of Sex Research*. Calculando as ocorrências de indivíduos intersexuais sob todas as condições, cheguei ao resultado que dois em cada dez mil nascimentos são de indivíduos intersexuais[266]. Se você é professor e trabalha com 100 alunos por ano, você teria de trabalhar durante 35 anos para ter uma chance maior do que 50% de se deparar com uma criança intersexual.

Apesar de o termo "intersexual" ainda ser muito usado, "transtornos do desenvolvimento sexual", ou TDS, tem se tornado o termo preferido entre médicos que lidam com esses indivíduos. Isso se deve, em parte, ao fato de alguns indivíduos que têm problemas característicos dos indivíduos intersexuais na verdade não serem intersexuais. Um exemplo é a extrofia cloacal.

[264] Ver, por exemplo: COREY, Margaret et alli. "A Case of XX/XY Mosaicism". *American Journal of Human Genetics*, Volume 19, 1967, p. 378-87. Ver, também: JOSSO, Natalie et alli. "True Hermaphroditism with XX/XY Mosaicism, Probably Due to Double Fertilization of the Ovum". *Journal of Clinical Endocrinology & Metabolism*, Volume 25, 1965, p. 114-26.

[265] Mais precisamente, um indivíduo intersexual é aquele em que o gênero cromossômico é inconsistente com o gênero fenotípico – por exemplo, um indivíduo XY que parece ser mulher devido à insensibilidade andrógina completa – ou no qual o fenótipo não é classificado nem como macho, nem como fêmea – por exemplo, um indivíduo XX/XY que tem ovário e testículo. Essa definição foi tirada do meu artigo: SAX, Leonard. "How Common is Intersex: A Response to Anne Fausto-Sterling". *Journal of Sex Research*, Volume 39, 2002, p. 174-78.

[266] O número exato era 0,018%, ou 1,8 de cada 10 mil nascidos vivos. Ver meu artigo: SAX, Leonard. "How Common is Intersex". *Op. cit.*

Transtornos do desenvolvimento sexual, como a intersexuali-
dade, são muito raros, e a extrofia cloacal não é exceção. Somente
um bebê a cada 400 mil nascimentos tem extrofia cloacal. A extrofia
cloacal é um defeito congênito no qual a bexiga e o intestino são
deformados e entrelaçados. Em homens XY com extrofia cloacal,
o pênis é pequeno, malformado ou completamente ausente.

Que tipo de conselho os pais recebem quando seu filho
nasce com extrofia cloacal?

John Money era considerado um dos maiores cientistas no
ramo dos estudos de gênero nos anos 1960 e 1970. Ele defendia
a ideia – novidade para a época – de que o gênero é apenas uma
construção social. Crianças *não nascem* meninas e meninos, Money
acreditava. Elas *se tornavam* meninas e meninos de acordo como os
pais as criavam. Quando um menino teve o pênis acidentalmente
cortado numa circuncisão malfeita, os pais do menino viajaram de
Manitoba para a Universidade Johns Hopkins, em Baltimore, para
ouvir os conselhos do dr. Money. O dr. Money aconselhou os pais
a criar o filho como menina. Afinal, o gênero é tão somente uma
construção social, algo que a sociedade simplesmente inventa,
então você pode pôr um vestido num menino e criá-lo como menina
e tudo ficará bem. O dr. Money também recomendou que os pais
castrassem (removessem os testículos) do filho e o submetessem
a suplementos com hormônios femininos quando ele alcançasse a
puberdade. O gênero é apenas uma invenção da sociedade, dizia
o dr. Money, mas um pênis – *isso* é algo de que você não pode se
livrar se pretende se considerar um menino!

O dr. Money publicou relatos do "menino que foi criado como menina". De acordo com o cientista, a criança está
crescendo feliz no papel feminino, brincando alegremente com

325

bonecas e ajudando a mãe na cozinha. Enquanto isso, o gêmeo idêntico da criança – sim, havia um gêmeo idêntico que não foi circuncidado – era todo masculino: ele adorava rolar na lama e fingir atirar nas pessoas com uma arminha de brinquedo. Eu me lembro de ter lido esses relatos quando era aluno de doutorado em psicologia na Universidade da Pensilvânia, nos anos 1980. Eles eram extremamente persuasivos, não apenas para mim, mas para todos que eu conhecia e que os tinha lido.

Os relatos do "menino criado como menina" e o prestígio da Faculdade de Medicina da Universidade Johns Hopkins eram tamanhos que, por cerca de duas décadas, de 1977 até 1997, a maioria dos especialistas concordava que o gênero era mesmo somente uma construção social, uma invenção da sociedade. Aplicar esse conceito a meninos nascidos com extrofia cloacal significava criar o menino como menina. Um pênis rudimentar estava presente, ele era removido, e um canal vaginal era cirurgicamente criado. A maioria desses meninos também era castrada, de modo que não tivessem hormônios masculinos circulando por seu corpo.

Em 1997, o dr. Milton Diamond publicou um incrível trabalho de investigação médica. Ele tinha entrado em contato com o dr. Money anos antes para perguntar o que acontecera ao "menino criado como menina". O dr. Diamond se perguntava por que não havia mais relatos sobre esse indivíduo. Como foi a puberdade? O dr. Money respondeu que tinha perdido contato com a família. Sem se deixar abalar, o dr. Diamond encontrou a criança, agora adolescente, e descobriu que o dr. Money tinha mentido. "O menino criado como menina" não tinha adotado alegremente o papel feminino. Brenda Reimer, como se chamava a menina, era xingada de "menina gorila" e "mulher das cavernas" pelos colegas de classe por causa de seu jeito masculino. Ela odiava bonecas e vestidos. Ela gostava de lutar e adorava carros. Ela era a pessoa mais triste do mundo como menina e tinha tentado o suicídio duas vezes. Depois da segunda tentativa de suicídio, os pais dela finalmente lhe contaram a verdade: ela tinha nascido menino mas eles a criaram como menina sob os conselhos do dr. Money. Brenda imediatamente exigiu ser submetida à transição para o papel masculino, a despeito de não ter pênis ou testículos e a despeito de ter recebido hormônios femininos durante anos[267]. Brenda optou pelo nome "David", porque sentia que sua vida era uma batalha de Davi contra Golias.

David Reimer podia ter optado por permanecer anônimo, mas optou por ganhar notoriedade, explicando que não queria que ninguém mais fosse torturado como ele tinha sido. Em 2004, David Reimer cometeu suicídio. (Dediquei a primeira edição de *Por Que Gênero Importa?* a esse rapaz, em respeito à sua coragem de dar publicidade à sua história).

As consequências da invenção do dr. Money foram graves. O fato de ele ter mentido a fim de mostrar provas de sua teoria levou várias pessoas a duvidar dela. Talvez o gênero não fosse uma invenção social. Talvez um macho XY *nascesse* como menino. Afinal, o fato de Brenda Reimer ter sido criada como menina não a ajudou a viver como menina: apesar dos vestidi-

---

[267] DIAMOND, Milton & SIGMUNDSON, H. K. "Sex Reassignment at Birth: Long-Term Review and Clinical Implications". *Archives of Pediatrics and Adolescent Medicine*, Volume 151, 1997, p. 298-304. Mais informações sobre "o menino que foi criado como menina" podem ser encontradas no livro: COLAPINTO, John. *As Nature Made Him: The Boy Who Was Raised as a Girl.* New York: Harper, 2006.

nhos, das Barbies e dos hormônios, e apesar de não terem lhe dito a verdade sobre ter nascido menino, Brenda agia como um ser masculino, com interesses masculinos, e rejeitava tudo o que se referia ao papel feminino.

Mas outros achavam que a revelação das mentiras do dr. Money não tinha qualquer consequência para a teoria dele. Eles continuavam a defender a ideia do dr. Money de que o gênero é tão somente uma invenção da sociedade. Eles consideravam o caso Brenda/David um caso isolado. Eles diziam: *Que conclusões se pode tirar de apenas um caso?* E diziam que os pais de Reimer só passaram a tratá-lo como menina depois dos 17 meses de idade, quando a criança começava a andar. Talvez tenha sido tarde demais. Talvez o experimento tivesse funcionado melhor se os pais tivessem feito a transição da criança para o papel feminino antes.

Então, em 2004, o urologista da Johns Hopkins William Reiner publicou um artigo sobre 16 meninos com extrofia cloacal. Apesar de ser colega do dr. Money na universidade, o dr. Reiner acreditava que aquele estudioso estava errado quanto à afirmação de que o gênero é apenas uma construção social. Os pais de todos os 16 meninos foram aconselhados a criar os filhos como meninas, de acordo com o conselho do dr. Money e com o que era consenso entre os médicos nas décadas de 1980 e 1990. Os pais de dois dos meninos se recusaram a seguir o conselho e criaram os filhos como meninos. (Um terceiro casal, hesitando em aceitar a recomendação de criar o filho como menina, sofreu ameaças do Serviço de Proteção à Criança – possivelmente a perda da guarda – se não aceitassem as recomendações dos especialistas). Os pais dos outros 14 meninos aceitaram as recomendações, criando os filhos como meninas e alterando legalmente o nome deles. Todos os 14 meninos foram castrados e cirurgiões plásticos criaram vaginas artificiais para eles.

Ainda assim, na adolescência, oito desses 14 meninos viviam como meninos. Todos os 14 meninos tinham interesses tipicamente masculinos, a despeito de terem sido criados como meninas. Dos seis que ainda viviam como meninas, "um tinha querido se tornar menino, mas aceitou o papel de menina. Mais tarde, os pais lhe contaram sobre seu passado e ela se tornou uma pessoa raivosa e recolhida, se recusando a falar sobre o assunto. Os pais dos demais estavam determinados a impedir que as meninas descobrissem que tinham nascido meninos. Três delas se tornaram pessoas isoladas e uma quarta não tinha amigos[268].

Na página 325, perguntei: o que os pais deveriam ser aconselhados a fazer se seu filho nascesse com extrofia cloacal? Com base na pesquisa do dr. Reiner, a resposta parece clara: eles deveriam criar o filho como menino, mesmo que os cirurgiões não fossem capazes de reconstruir um pênis. Se todas as células do seu corpo são XY, então você é homem, mesmo que não tenha um pênis.

A maioria de nós sente que é ou mulher ou homem. Não pensamos muito nisso. Desprezamos esse fato. Mas é difícil ler histórias como as de Brenda/David e dos 16 meninos com extrofia cloacal sem chegar à conclusão de que a identidade de gênero é algo real. É algo com o que você nasce, algo programado em seus cromossomos. E problemas graves podem surgir quando a identi-

---

[268] Essa citação é encontrada no artigo científico de Reiner, mas foi tirada de: BAILEY, J. Michael. *The Man Who Would Be Queen: The Science of Gender-Bending and Transsexualis*. Washington, DC: National Academies Press, 2003. p. 49.

dade de gênero imposta à criança não combina com a identidade de gênero nela programada. Hoje a maioria dos médicos concorda que, quando um bebê intersexual nasce, qualquer cirurgia genital deve ser adiada até que a criança tenha idade suficiente para expressar sua verdadeira identidade de gênero.

II - Transgêneros: Mike → Christine

Mike Penner tinha o emprego com o qual muitas pessoas sonham: ele era repórter esportivo em um importante jornal. Ele chegou ao *Los Angeles Times* em 1983. Cobria a Major League Baseball, a NFL e o circuito profissional de tênis. Cobrindo o Aberto dos Estados Unidos de tênis, em 1984, Penner conheceu outra jornalista de esportes, Lisa Dillman. Eles se apaixonaram. Em 1986, se casaram.

A família e os amigos concordavam que Mike sempre fora louco por esportes. Ele foi jogador de futebol. Mas Mike tinha um lado que não era muito conhecido: ele gostava de usar roupas de mulher. Quando menino, ele ia ao quarto da mãe e usava as roupas dela. Quando homem, continuou a usar roupas de mulher. Não se sabe ao certo como e quando sua esposa, Lisa, descobriu que o marido gostava de usar trajes femininos. Claire Winter, amiga de Penner, disse: "Tenho certeza de que a Lisa sabia o que ele [o marido] estava fazendo". Lisa Dillman nunca deu entrevistas sobre seu relacionamento com o marido, então não sabemos quando ela descobriu que ele usava roupas de mulher[269].

---

[269] FRIESS, Steve. "Mike Penner, Christine Daniels: A Tragic Love Story". *LA Weekly*, August 19, 2010.

Sabemos que, quando Mike anunciou que queria iniciar a transição para se tornar mulher, Lisa não ficou nada feliz. Mike se aproximou da família de Lisa, mas houve "argumentos acalorados" depois que Mike anunciou que queria viver como mulher. "Como você pôde fazer isso com ela"?, perguntaram os pais de Lisa.

Apesar de Mike não ter conseguido o apoio da esposa quanto ao seu desejo de fazer a transição, teve muito apoio da empresa onde trabalhava, a editora do *Los Angeles Times*. Mike tentou pedir demissão de seu emprego como jornalista esportivo, mas seu chefe, Randy Harvey, o encorajou a ficar. Harvey também pediu a Mike que escrevesse uma coluna explicando sua decisão. Em 26 de abril de 2007, o *Los Angeles Times* publicou o texto de Mike, intitulado "Old Mike, New Christine" [O antigo Mike e a nova Christine]. "Meu cérebro estava programado como mulher", explicou Penner[270]. Ele sentia que havia uma mulher presa em seu corpo de homem. Por isso ele ia deixar Mike Penner para trás. Christine Daniels assumiu seu lugar. O *Los Angeles Times* publicou o *blog* de Daniels sobre o seu processo de transição, intitulado *Uma Mulher em Transformação*.

Christine Daniels, antes chamada Mike Penner, se tornou uma sensação na imprensa da noite para o dia. Um amigo do mundo dos esportes, Rick Reilly, escreveu uma brilhante coluna na *Sports Illustrated* intitulada "Extreme Makeover" [Transformação extrema]. Reilly descrevia a nova Christine como "incrível" e "nada feia. Melhor do que ela jamais foi como homem, digamos assim"[271]. Ativistas transgêneros promoveram Daniels como seu

---

[270] PENNER, Mike. "Old Mike, New Christine". *Los Angeles Times*, April 26, 2007.
[271] REILLY, Rick. "Extreme Makeover". *Sports Illustrated*, July 2, 2007.

mais recente mascote, com destaque especial para a liderança esclarecida demonstrada pelo *Los Angeles Times*. A revista *Vanity Fair* conseguiu que o fotógrafo Robert Maxwell posasse para um ensaio, publicado com destaque. O ensaio seria publicado juntamente com uma entrevista feita pelo repórter Evan Wright, da *Vanity Fair*.

O que aconteceu em seguida é alvo de debate, embora todos os lados concordem que o projeto da *Vanity Fair* foi uma catástrofe. Mais tarde, o fotógrafo Maxwell perguntou: "Como você diz a alguém que parece um homem 'Você é uma mulher bonita'"? O colega de Maxwell, Evan Wright, disse que Daniels parecia "suicida" e que ele não sabia como falar de Daniels sem prejudicar sua "ideia fantasiosa (...) de quem ela é". Wright e Maxwell disseram que eles decidiram cancelar a matéria. Mas Daniels e seus amigos disseram que a *Vanity Fair* quis continuar com a história depois do ensaio fotográfico e que Daniels teve de exigir que a matéria fosse cancelada. Daniels disse que Maxwell estava determinado a retratá-la como *"um homem usando vestido"*[272].

Na mesma época, Daniels começou a se sentir hostilizado na comunidade dos transgêneros, dizendo que se sentia "usada" pelos ativistas para promover uma pauta que não era a sua. Ela cancelou o discurso que estava marcado numa conferência sobre transgêneros em Denver. Ela não apareceu ao ser indicada a um prêmio concedido pelo GLAAD, um grupo em defesa de LGBTs.

Sua esposa, Lisa Dillman, não apoiou a decisão do marido de fazer a transição para mulher. Em 23 de maio de 2007, só quatro semanas depois da publicação de "Old Mike, New Christine",

---

[272] Todas as citações desse parágrafo são do artigo de Steve Friess para o *LA Times*, "Mike Penner, Christine Daniels: A Tragic Love Story".

Dillman pediu o divórcio. Ela teria dito: *"Não quero nem vê-lo por perto, a não ser que seja absolutamente necessário* (...). *Não quero vê-lo assim"*[273]. Todos que conheciam Daniels disseram que ele ficou "arrasado" com a falta de apoio de Dillman[274].

Em abril de 2008, Daniel pediu licença médica do *Los Angeles Times*, reclamando de uma grave dor abdominal. Em junho de 2008, ela foi hospitalizada. Os médicos concluíram que a dor se devia ao estresse e à depressão. Eles prescreveram um antipsicótico, Zyprexa, juntamente com um antidepressivo, Elavil. Daniels cancelou seus planos de fazer uma cirurgia de mudança de sexo (que hoje em dia é também chamada de "cirurgia de confirmação do gênero"). *"Não aguento mais"*, disse Daniels à sua amiga Amy LaCoe. *"O que você não aguenta mais"*?, perguntou LaCoe. Depois de um longo silêncio, Daniels respondeu: *"Eu tinha a vida perfeita com Lisa e joguei tudo fora"*[275].

No verão de 2008, Daniels parou de tomar os hormônios femininos e, também, parou com o tratamento para remover os pelos. Christine Daniels lentamente voltou a ser Mike Penner. Penner abandonou as roupas femininas e as joias e começou a se apresentar novamente como homem. Seus amigos concordavam que um dos motivos para isso era a esperança que Penner tinha de reconquistar a esposa. *"Ele esperava que, voltando a ser Mike, isso levasse a uma reconciliação com Lisa"*, disse seu pastor. *"Ele amava Lisa, sem dúvida nenhuma"*[276].

Penner foi hospitalizado duas vezes em 2009. Uma internação ocorreu depois que o irmão demonstrou preocupação quanto ao que

---

[273] PENNER, Mike. "Old Mike, New Christine". *Op. cit.*
[274] Idem. *Ibidem.*
[275] Idem. *Ibidem.*
[276] Idem. *Ibidem.*

Penner tinha dito sobre tentar se suicidar. Em 27 de novembro de 2009 – exatamente um ano depois da conclusão de seu divórcio –, Mike Penner vestiu uma camisa azul de manga comprida, uma calça *jeans* escura e tênis Adidas brancos e pretos, entrou no seu Toyota Camry na garagem fechada embaixo de seu apartamento, prendeu uma mangueira no escapamento do carro e respirou monóxido de carbono até morrer[277]. De acordo com o relatório do legista, no bilhete de suicida Penner expressa seu amor pela ex-mulher.

III - Transgêneros: Wyatt → Nicole

Wyatt e Jonas Maines nasceram gêmeos idênticos. Eles foram criados pelos pais adotivos, Kelly e Wayne Maines, primeiro no norte do estado de Nova York e depois no Maine.

Jones adorava tudo relacionado à saga *Star Wars* e aos Power Rangers. Wyatt gostava de tudo relacionado à Barbie. Jonas era o "menino" e Wyatt a "menina". Alguns dos personagens preferidos de Wyatt eram Dorothy, do *O Mágico de Oz*, e Ariel, de *A Pequena Sereia*. Aos três anos, Wyatt corria pela casa com uma camiseta vermelha sobre a cabeça, tentando imitar os cabelos esvoaçantes de Ariel. Aos quatro anos, ele disse aos pais que queria ser menina. Ele começou a se chamar de "menino-menina" e a fazer perguntas aos pais como "Quando vou me tornar menina"? e "Quando meu pênis vai cair"?

Quando a família saía para fazer compras, Wyatt ia diretamente para a seção de roupas de meninas e pedia que lhe

---

[277] Idem. *Ibidem.*

comprassem vestidos. Na quarta série, quando a professora pediu aos alunos que fizessem um autorretrato, Wyatt desenhou uma menina com cabelos encaracolados, sombra roxa sobre os olhos e joias. No quinto ano, com a aprovação dos pais, Wyatt oficialmente mudou o nome para Nicole e começou a sua vida como menina. Pouco depois, no verão anterior ao quinto ano, Nicole começou a reclamar de dores de estômago. "Ela não consegue sair da cama de manhã", disse a mãe ao pediatra. O médico lhe receitou Prozac.

Nicole queria usar o banheiro feminino, mas o avô de um aluno da escola reclamou, então a escola exigiu que ela usasse o banheiro dos professores, que era um banheiro de uma só cabine. Nicole e os pais não gostaram disso, porque Nicole se sentia excluída por ser diferente. Os pais também não ficaram nada felizes com a falta de apoio do distrito educacional. Depois do sexto ano, a família se mudou para o sul de Portland e entraram com uma ação contra a antiga escola no distrito de Orono.

Nicole viveu "disfarçada" pelos dois anos seguintes numa escola pública de Portland. Ninguém lá sabia que Nicole Maines tinha nascido menino e que ainda tinha pênis e testículos. O estresse de guardar o segredo era um peso para Nicole, seu irmão e seus pais. No nono ano, Nicole se matriculou numa escola particular, e ela e os pais decidiram revelar o segredo. Na verdade, Nicole e os pais começaram a fazer pressão para que o Poder Legislativo do Maine defendesse os direitos dos trânsgeneros. O *Boston Globe* publicou uma reportagem de capa sobre ela, e Nicole Maines de repente percebeu que tinha se tornado uma celebridade. Ela foi convidada a conhecer a Casa Branca juntamente com outros ativistas LGBT. Lá, ela e os demais convidados foram recebidos pelo presidente Obama.

A família teve de enfrentar um obstáculo em setembro de 2012, quando o juiz decidiu contra eles e a favor da antiga escola pública do Maine. Apesar de o juiz se dizer solidário ao sofrimento de Nicole, ele concluiu que a exigência feita pela escola de ela usar o banheiro dos professores não era "assédio moral deliberado", pressuposto da lei estadual para que eles ganhassem a ação. Os Maines apelaram à Suprema Corte do estado.

Em janeiro de 2014, a Suprema Corte estadual decidiu em favor dos Maine e obrigou a escola a lhes pagar 75 mil dólares em indenizações. Depois de pagar os advogados, os Maine levaram 44 mil para casa. A família achou melhor usar o dinheiro para pagar a cirurgia de redefinição de sexo de Nicole: a retirada do pênis e dos testículos e a criação de um canal de 15 centímetros no períneo, como se fosse a vagina. Nicole se submeteu à cirurgia em julho de 2015. Naquele mesmo mês, por acaso, a administração Obama retirou a proibição de transgêneros de servirem às Forças Armadas dos Estados Unidos.

Enquanto escrevo, em maio de 2017, Nicole Maines está saudável e feliz, estudando teatro na Universidade do Maine.

IV - Transgêneros: Anna → ?

Os pais de Anna se lembram dela como uma criança carinhosa, tranquila e doce. Ela conseguia passar horas concentrada numa tarefa, sem desviar a atenção. Ela ia bem na escola e era a queridinha dos professores. Não pedia ajuda nas lições de casa, praticava piano e treinava futebol. Na adolescência, ela se vestia com as mesmas roupas que as demais meninas da escola, com uma aparência casual, sem maquiagem. Quando a ocasião permitia, usava vestido e usava maquiagem. No nono ano, ela revelou ser lésbica e em certo momento cortou o cabelo bem curto. Ela depois deixou o cabelo crescer novamente e parecia feminina – não uma menininha delicada, mas tampouco uma moleca. A mãe a descrevia como "cem por cento menina".

Depois, em seu primeiro ano no ensino médio, alguma coisa mudou. Ela parou de falar com todos da família: não só com os pais, mas também com os irmãos e até com os animaizinhos de estimação da casa. Isso se prolongou por semanas. Com a ajuda de um mediador, ela voltou a falar com a família, mas geralmente com uma hostilidade ressentida que seus pais não compreendiam.

Anna entrou em uma concorrida universidade longe de casa. No primeiro ano, tudo correu bem. Mas quando ela voltou para casa, no verão seguinte, estava diferente. Sua mãe encontrou seu diário. A letra era minúscula, uma fonte aproximadamente tamanho 5, e a caligrafia era estranha. O conteúdo era confuso e quase ininteligível. Seu comportamento era diferente. Seus pais chamaram esse tipo de atitude de "a máscara sombria".

No primeiro semestre do segundo ano de faculdade, ela parecia perdida. Ficava acordada quase que a noite toda, sem precisar dormir. Ela trocava de curso rapidamente, quase que ao acaso, de história para astrofísica até estudos femininos. Quando seus pais a encontraram de novo, no outono, ela parecia desleixada. Anna sempre cuidara da aparência, mas agora ela parecia não se importar. Ela admitiu que não penteava os cabelos havia meses. Ela também tinha um bigodinho visível, algo que não tinha antes, além de acne. Ela sempre esteve em

337

boa forma e adorava ir à academia e fazer aula de ioga. Agora, vivia largada pela casa olhando para o telefone e para o computador. Ela não queria nem mesmo passear com o cachorro.

Um dia ela simplesmente desapareceu. Depois de muitas mensagens de texto e ligações, seus pais descobriram que ela tinha deixado a casa sem levar muita coisa e que tinha pegado um Uber até o aeroporto para embarcar num voo de volta até a cidade distante onde ficava sua universidade. Ela se recusava a conversar com os pais ou revê-los.

Quando os pais entraram em contato com o reitor, foram informados de que "sua filha está num *lugar seguro*". Dias mais tarde, Anna mandou um *e-mail* notificando os pais de que fora diagnosticada como bipolar e que estava com pessoas que entendiam o transtorno – ela se referia a seus semelhantes. Os pais foram até a universidade. Anna se recusou a vê-los. Um psicólogo do setor de aconselhamento estudantil concordou em se reunir com os pais dela. Quando perguntado diretamente sobre a filha, o bigodinho e a acne, o psicólogo disse que a fluidez de gênero era comum no *campus* e que era possível conseguir hormônios de troca de sexo na clínica para os alunos. A mãe, horrorizada, perguntou se era possível que alguém diagnosticado como bipolar conseguisse hormônios do tipo. Sim, respondeu o psicólogo. Era a política da faculdade apoiar alunos transgêneros.

Os pais receberam um *e-mail* curto da filha depois de um mês: *Oi. Agora sou trans. Espero que vocês estejam bem.*

* * *

Transgêneros podem ser muitas coisas. Mas, se vamos falar sério sobre eles, temos de reconhecer que alguns transtornos psiquiátricos – como transtorno bipolar e esquizofrenia – incluem a ideia ilusória de que se pertence ao sexo oposto. Num caso, um homem esquizofrênico de 39 anos que estava usando LSD se convenceu completamente de que era uma mulher presa no corpo de um homem. Ele queria se submeter a uma cirurgia de mudança de sexo: ser castrado, ter o pênis removido e ter uma vagina artificial criada. Assim que ele parou de tomar LSD, porém, e que sua esquizofrenia foi tratada com uma dose baixa de medicação antipsicótica, o delírio transgênero desapareceu[278].

Nesse momento simplesmente não sabemos quantos transgêneros são transgêneros como resultado de transtorno psiquiátrico, mas a proporção é certamente maior do que zero. Casos como o do homem de 39 anos sugerem que um padrão de tratamento mínimo para qualquer indivíduo que acredite ser transgênero deveria incluir ao menos uma avaliação para determinar se o indivíduo não é bipolar ou esquizofrênico.

Há bons médicos por aí que seguem esse tipo de abordagem. Eles avaliam cuidadosamente cada indivíduo transgênero a fim de identificar qualquer diagnóstico psiquiátrico subjacente que possa ser relevante. Vamos conhecer um desses médicos, o dr. Kenneth Zucker, mais para o fim do capítulo. Também vamos ficar sabendo que o dr. Zucker foi obrigado a pedir demissão em parte por pressão de ativistas transgêneros que o consideravam "transfóbico" porque o dr. Zucker apontou e relatou casos de

---

[278] SCHWARZ, Karine et alli. "Neural Correlates of Psychosis and Gender Dysphoria in an Adult Male". *Archives of Sexual Behavior*, Volume 45, 2016, p. 761-65.

pacientes cuja identidade como transgêneros era sintoma de um transtorno psiquiátrico subjacente[279].

Os ativistas transgêneros parecem motivados não por dados ou pesquisas, e sim por uma crença: a de que o *transgênero é uma variação normal.* Se isso é verdade – se ser transgênero é uma variação normal, assim como ser canhoto –, então qualquer esforço de alinhar a identidade de gênero do paciente ao seu sexo biológico seria claramente um erro, assim como tentar obrigar o canhoto a escrever com a mão direita.

Mas o transgênero não é uma variação normal. Como discutimos no capítulo 10, pessoas com variações normais como o predomínio da mão esquerda não precisam de intervenção profissional. Mas um transgênero precisa de tratamentos com hormônios sexuais e talvez até cirurgia de mudança de sexo para viver de acordo com o papel do sexo oposto. Os canhotos não precisam de medicamentos controlados nem de intervenção cirúrgica para viver como canhotos. Mas um indivíduo transgênero precisa de tratamento por toda a vida com hormônios sexuais a fim de ser visto como membro do sexo oposto.

Antes de 1942, não era possível prescrever hormônios femininos. E, sem hormônios prescritos, um homem adulto que esteja usando um vestido parece apenas... um homem usando vestido. A ideia contemporânea de transgêneros – a ideia de que uma criança que nasceu como homem pode, depois de adulto, parecer e "se passar" por mulher – se baseia na disponibilidade

---

[279] Para mais sobre os ativistas transgêneros que fizeram pressão para que o dr. Zucker fosse demitido, ver: SINGAL, Jesse. "How the Fight over Transgender Kids Got a Leading Sex Researcher Fired". *New York Magazine*, February 7, 2016, <http://nymag.com/scienceofus/2016/02/fight-over-trans-kids-got-a-researcher-fired.html>, acesso em 22 de julho 2019.

de intervenções como eletrólise, cirurgia plástica e hormônios controlados. Isso é, em grande medida, uma criação do mundo moderno, assim como o telefone e o computador.

V - O que é melhor para as crianças

Sou médico. Recebo pacientes no consultório. Quando vejo um paciente pela primeira vez, tento responder a perguntas como estas: o paciente tem um problema médico ou psiquiátrico ou isso é só uma variação do normal que não requer qualquer intervenção? Se o paciente tem um problema médico ou psiquiátrico, qual exatamente é o problema? Quais as opções disponíveis de tratamento? Que opção tem mais chance de ajudar o paciente a alcançar seu potencial?

Às vezes chego à conclusão de que o paciente não tem qualquer problema médico ou psiquiátrico. Um exemplo é o de uma mãe e um pai que me pediram para avaliar seu filho de cinco anos. A escola tinha enviado um bilhete dizendo que o menino era disperso, não prestava atenção. Avaliando-o, descobri que o jardim de infância dessa escola consistia em sessões de 90 minutos dedicadas ao aprendizado dos fonemas, durante as quais as crianças tinham de ficar sentadas, imóveis e silenciosas, concentradas. A escola tinha abolido o recreio a fim de reservar mais tempo para o ensino em sala de aula. Quando avaliei o menino presencialmente, concluí que ele não tinha TDAH nem qualquer outra anormalidade. A patologia real, nesse caso, não estava no menino, e sim na escola e em suas expectativas irreais de que um menino de cinco anos ficaria sentado, imóvel e em

341

silêncio, prestando atenção durante 90 minutos a uma aula sobre ditongos e dígrafos.

E se os pais me trazem um menino de cinco anos, dizendo que o menino gosta de se vestir como menina? E se o menino diz que é mesmo menina? Ele também disse que meninas se divertem mais do que os meninos. Ele disse que os meninos só querem lutar ou fingir que estão lutando.

Esse menino não é comum. Então, a pergunta a ser feita em seguida é: *O que sabemos sobre meninos assim?* Sabemos que a maioria dos meninos que dizem que são meninas cresce e se torna homens que não se consideram mulheres e que não querem ser mulheres. Hoje temos vários estudos nos quais os pesquisadores acompanharam meninos assim por 15 ou 20 anos, até a idade adulta. Em todos os estudos, a maioria dos meninos cresceu como homens sem qualquer interesse em se tornar mulheres[280]. Num dos maiores estudos do tipo, de 139 meninos que na infância insistiam que eram meninas presas ao corpo de meninos, apenas 12% ainda se sentiam assim na adolescência ou na idade adulta.

---

[280] Por exemplo, ver: DRUMMOND, Kelley et alli. "A Follow-up Study of Girls with Gender Identity Disorder". *Developmental Psychology*, Volume 44, 2008, p. 34-45. Ver, também: SINGH, Devita. *A Follow-Up Study of Boys with Gender Identity Disorder*. Tese de PhD. Toronto: University of Toronto, 2012. Disponível em: <http://images.nymag.com/images/2/daily/2016/01/SINGH-DISSERTATION.pdf>, acesso em 22 de julho 2019. Ver, também: WALLIEN, Madeleine & KETTENIS, Peggy Cohen. "Psychosexual Outcome of Gender-Dysphoric Children". *Journal of the American Academy of Child and Adolescent Psychiatry*, Volume 47, 2008, p. 1413-23. Para uma análise cuidadosa de quais fatores preveem se a criança persistirá na crença de que é transgênero ("persistência") em contraposição a quais crianças não persistirão ("desistência"), ver: STEENSMA, Thomas et alli. "Factors Associated with Desistence and Persistence of Childhood Gender Dysphoria: a Quantitative Follow-Up Study". *Journal of the American Academy of Child & Adolescent Psychiatry*, Volume 52, 2013, p. 582-90.

Em outras palavras, 88% dos meninos superaram isso[281]. Muitos desses meninos cresceram e se revelaram *gays*. Outros cresceram como héteros. Mas são todos homens. Eles não precisam de suplementos hormonais ou de cirurgia. Eles são capazes de gerar filhos.

Em outras palavras, para a maioria dos meninos que dizem que na verdade são meninas, o desejo de ser menina é apenas uma fase. Para tais meninos, permitir que eles se apresentem como meninas será um obstáculo imenso em seu caminho para se tornar homens (sejam eles *gays* ou heterossexuais). Uma intervenção sensata no caso que acabei de descrever – o menino de cinco anos que queria se vestir como menina – seria conectar o menino a uma comunidade mais diversa de meninos. Esse menino disse que "os meninos só querem lutar ou fingir que estão lutando". Esse menino específico gosta de dançar e de artesanato. (Eu mesmo adorava macramé quando criança, como já disse no capítulo 9; e fiz sapateado durante anos). Amplie o significado que ele tem do que é ser um menino. Os meninos podem ser ótimos dançarinos. Podem ser ótimos artistas. Eles não têm de lutar ou fingir que estão lutando.

Acho que é útil se ater *ao que é melhor para a criança*. E o que é o melhor para a criança? Se você tiver dúvida, *tenda à variação do normal*. Se, depois de uma avaliação cuidadosa, eu ainda não tiver certeza se a criança é realmente transgênero, tenderei à variação do normal. Se avançarmos de acordo com a ideia de que esse menino, como a maioria dos meninos que se dizem meninas, está passando por uma fase, não serão necessárias intervenções médicas ou cirúrgicas. Tampouco injeções de

---

[281] BAILEY, J. Michael. *The Man Who Would Be Queen. Op. cit.*, p. 32.

hormônios. Nada de cirurgias. Nada de cartas para os outros pais da escola explicando que Wyatt agora se chama Nicole. Se, mais adiante, parecer que o menino é mesmo transgênero, podemos reavaliar a situação.

Por outro lado, se concluirmos que a criança é transgênero e permitirmos que ela comece a se vestir como menina e a assumir um papel feminino, a criança precisará de injeções de hormônios. O tratamento de uma criança transgênero começa com injeções de hormônio liberador de gonadotrofina (GnRH) como Lupron, para retardar a puberdade. Depois, na idade em que se atinge a puberdade, a criança começará a receber hormônios femininos. Uma cirurgia de mudança de sexo também terá de ser considerada. Cada uma dessas etapas é uma intervenção médica de grande porte, com consequências graves e riscos. Se a criança mais tarde decidir que é mesmo menino, não teremos feito nenhum bem a ele permitindo a concretização de um capricho infantil.

A consequência mais comum para o menino de cinco ou oito anos que diz que na verdade é menina, depois de 20 anos, é um menino que cresce e se torna um homem *gay*. Mas uma minoria desses meninos insistirá na identidade transgênero e se tornará mulheres trans. Como dizer quem é quem aos cinco ou oito anos? Não é fácil. A maioria dos meninos de cinco anos e até de oito anos de idade não tem muita ideia de sua própria orientação sexual antes da puberdade. Muitas crianças dessa faixa etária, quando apresentadas às questões sexuais, simplesmente dizem que tudo isso é "eca". A intimidade heterossexual e a ho-mossexual parecem igualmente estranhas e repulsivas a muitas crianças pré-pubescentes. Então, é muito difícil para o menino de oito anos que adora se vestir de princesa e que acredita ser menina saber se vai crescer e se tornar *gay* e se sentir bem com isso. Ser menina pode parecer mais real e mais compreensível. Ele sabe o que são as meninas. Ele conheceu meninas. Ele tem amigas meninas. Ele talvez não entenda direito, aos cinco ou oito anos, o que significa ser *gay*. Ele talvez não conheça nenhum *gay*. Essa abordagem – errar tendendo à variação do normal em vez de se apressar e classificar a criança como transgênero – me parece a prática mais adequada ao bom senso quando há dúvidas em relação à criança, sobretudo se ela é muito pequena – com menos de nove anos de idade. Terei mais a explicar no fim deste capítulo sobre o que dizer a um menino que se afirma como menina ou uma menina que se afirma como menino.

VI - Dois tipos de homens que se tornaram mulheres

Já contei as histórias de Mike Penner/Christine Daniels e Wyatt/Nicole Maines. Ambos nasceram como homens XY. Ambos se convenceram de que seriam mais felizes vivendo como mulheres. Ambos se submeteram a tratamentos médicos, incluindo hormônios femininos, para ajudá-los a fazer a transição. Mike Penner não estava feliz vivendo como Christine: ele voltou a viver como homem e acabou cometendo suicídio. Nicole Maines parece feliz vivendo como Nicole e não tem qualquer interesse em voltar a exercer o papel masculino.

Para além das diferenças óbvias, há outras diferenças importantes para entender os transexuais homens que se tornam mulheres (geralmente abreviados como "MtF", em inglês).

Lembre-se que Mike Penner era um atleta que depois virou jornalista esportivo. Wyatt Maines, por outro lado, nunca gostou de atividades tipicamente masculinas, como futebol americano. Mike Penner ainda sempre gostou de mulheres; ele nunca teve interesse em se relacionar sexualmente com homens. Por outro lado, Nicole Maines gosta de homens; ela diz não ter qualquer interesse em intimidade sexual com mulheres.

Pesquisadores que estudam transexuais MtF descobriram que essa diferença é importante. Transexuais MtF são de dois tipos, com poucas características se sobrepondo. Transexuais MtF como Wyatt/Nicole Maines são chamados de transexuais *homossexuais,* porque a orientação sexual deles é homossexual em relação ao sexo de acordo com o qual nasceram: Wyatt Maines nasceu como homem XY e tem orientação sexual de atração por homens, daí o termo "homossexual". Transexuais MtF como Mike Penner/ Christine Daniels são chamados de transexuais *heterossexuais* porque a orientação sexual deles é heterossexual em relação ao sexo de acordo com o qual nasceram: Mike Penner nasceu como homem XY e tinha orientação sexual de atração por mulheres, daí o termo "heterossexual".

Pesquisadores descobriram que transexuais MtF heteros- sexuais como Mike Penner geralmente têm interesses associados aos homens quando meninos e homens. Eles geralmente gostam de esportes e talvez sejam até ótimos atletas: eles podem ser atletas campeões e ganhar medalhas de ouro. Ou podem entrar para o serviço militar, no qual podem servir como fuzileiros navais ou as forças de paz. Por outro lado, transexuais MtF homossexuais como Nicole Maines geralmente têm interesses hiperfemininos: eles são mais femininos do que a maioria das meninas. Adoram princesas, *glitter* e salto alto. Eles geralmente são mais exagerados e melodramáticos[282].

Hoje em dia é politicamente correto fingir que *identidade de gênero* e *orientação sexual* são dois entes completamente distintos. O mantra geralmente ouvido é o de que a "orientação sexual" se refere ao *gênero do parceiro* com o qual você dorme, enquanto "identidade de gênero" se refere ao *seu próprio gênero* quando você dorme. Embora isso possa ser politicamente correto, as provas contrariam essa ideia. Na verdade, a orientação sexual está intrinsecamente atrelada à identidade sexual. Quanto aos transexuais MtF, a orientação sexual influencia tudo na forma como esses indivíduos lidam com sua identidade de gênero. O transexual MtF homossexual quer atrair homens. Então, esse indivíduo provavelmente se submeterá a eletrólise, implante de seios, hormônios femininos e cirurgia, num esforço para se apresentar ao mundo, da forma mais convincente possível, como mulher. Não é incomum que um transexual MtF homossexual faça aulas para aprender a andar como mulher e falar como mulher. (Sim, mulheres falam diferente dos homens, em média, e não se trata apenas do tom de voz mais agudo das mulheres e mais grave dos homens; as mulheres articulam as palavras de um jeito diferente dos homens, em média)[283].

O transexual MtF homossexual geralmente se mostra ainda na infância que é o menino que gosta de coisas de meninas, como fazia Wyatt/Nicole Maines. O transexual MtF heterossexual geralmente só procura ajuda para fazer a transição de homem para mulher na idade adulta, às vezes depois dos 40 anos (o campeão

---

[282] Idem. *Ibidem.*, Part III, "Whomen Who Once Were Boys".
[283] Idem. *Ibidem.*, p. 197-198.

olímpico Bruce Jenner tinha mais de 60 anos quando decidiu se tornar Caitlyn). Pesquisadores se referem a esses tipos de transexuais MtF como "precoces" e "tardios".

VII - "Uma mulher presa ao corpo de um homem"

Transexuais MtF como Nicole Maines dizem que são meninas presas a corpos de meninos ou mulheres presas a corpos de homens. O que mostram as pesquisas?

Comecemos pelo interesse sexual. No capítulo anterior, conhecemos o professor J. Michael Bailey e ficamos sabendo de algumas de suas pesquisas sobre homens *gays* e heterossexuais. Ele descobriu, por exemplo, que homens – tanto *gays* como heterossexuais – se interessam mais por sexo casual, sexo fora do contexto de uma relação amorosa, do que as mulheres, tanto heterossexuais como lésbicas. Depois o professor Bailey e sua equipe pediram que transexuais MtF – homossexuais (precoces e tardios) e heterossexuais (precoces e tardios) – falassem de seu interesse em sexo casual. O resultado: transexuais *"responderam praticamente como homens* gays *e heterossexuais"*[284]. Eles gostam da ideia do sexo casual.

E quanto à excitação sexual? Como vimos no capítulo anterior, as mulheres, em média, ficam igualmente excitadas diante de imagens sexuais de homens e mulheres. Mas transexuais MtF homossexuais ficam excitados apenas diante de imagens sexuais de homens; eles não se excitam com imagens sexuais de mulheres.

[284] Idem. *Ibidem.*, p. 185.

Da mesma forma, transexuais MtF heterossexuais ficam excitados apenas diante de imagens sexuais de mulheres; eles não se excitam com imagens sexuais de homens. Esses dados contradizem o dogma atual de que tais indivíduos são "mulheres presas a corpos de homens". Em termos de interesse e excitação sexual, eles são semelhantes a outros homens, não mulheres.

Um padrão semelhante emergiu no que diz respeito ao crime. Depois da transição de transexuais MtF para o papel feminino, eles mantiveram a chance de cometer crimes, incluindo crimes violentos, em relação a outros homens. Apesar de viver como mulheres, eles têm uma chance seis vezes maior de ser condenados por um crime do que mulheres que nasceram como tais. Mas, quando uma mulher faz a transição para se tornar homem, a chance de ela cometer um crime aumenta[285]. Indivíduos que nascem mulheres, mas fazem a transição para serem homens – transexuais FtM –, recebem testosterona para manter a *persona* masculina; transexuais MtF recebem estrogênio para manter a *persona* feminina. Podemos, sensatamente, concluir com base nessas descobertas que a testosterona extra pode torná-los criminosos, enquanto o estrogênio extra não reprime essas tendências criminosas.

Dois capítulos atrás, aprendemos que meninos atípicos para o gênero – meninos feminilizados – têm uma diferença no gene receptor andrógino em comparação a meninos tipicamente masculinos. Os pesquisadores encontraram diferenças semelhan-

---

[285] Dados tirados de: DHEJNE, Cecilia et alli. "Long-Term Follow-Up of Transsexual Persons Undergoing Sex Reassignment Surgery: Cohort Study from Sweden", *PLOS One*, 2011, o texto completo está disponível em <http://journals.plos.org/plosone/article/asset?id=10.1371/journal.pone.0016885.PDF>, acesso em 22 de julho de 2019.

tes no mesmo gene em transgêneros MtF homossexuais[286]. Essa descoberta sugere que o transexual MtF homossexual pode ser apenas uma versão extremada de um menino atípico para o gênero. Essa é a conclusão do professor J. Michael Bailey, que escreve: *"Somente uma minoria de homens* gays *se torna transgênero, mas transexuais homossexuais são um tipo de homem* gay*"*[287].

No capítulo anterior, mencionei pesquisas mostrando que, quanto mais irmãos mais velhos o menino tem, maior a probabilidade de ele se tornar homossexual. Isso se chama efeito da ordem fraterna (EOF). Pesquisadores descobriram algo semelhante em transexuais MtF precoces e tardios, mas não em transexuais FtM. Quanto mais irmãos mais velhos o menino tem, maior a probabilidade de ele se tornar um transexual precoce ou tardio[288]. Juntas, essas descobertas sugerem que transexuais MtF precoces e tardios têm mais em comum com outros homens, sobretudo com homens *gays*, do que com mulheres.

VIII - E quanto aos FtM?

Há menos pesquisas publicadas sobre meninas que querem ser meninos do que sobre meninos que querem ser meninas. Mas, assim como no caso de meninos que dizem que são meninas,

---

[286] HARE, Lauren et alli. "Androgen Receptor Repeat Lengh Polymorphism Associated with Male-to-Female Transsexualism". *Biological Psychiatry*, Volume 65, 2009, p. 93-96.
[287] BAILEY, J. Michael. *The Man Who Would Be Queen. Op. cit.*, p. 178.
[288] SCHAGEN, Sebastian ; BLANCHARD, Ray et alli. "Sibling Sex Ratio and Birth Order in Early-Onset Gender Dysphoric Adolescents". *Archives of Sexual Behavior*, Volume 41, 2012, p. 541-49.

muitas meninas que dizem que são meninos acabam por se tornarem mulheres que não pensam que são homens e que não querem ser homens. Pesquisadores estudam a *persistência* e a *desistência* entre transexuais. "Persistência" significa que a criança que diz ser transgênero insiste, depois de adulta, que é transgênero. Se uma menina que acredita que é um menino preso ao corpo de uma menina cresce e se torna uma mulher que acredita que é um homem preso ao corpo de uma mulher, esse é um exemplo de *persistência*. Se essa menina prefere viver como mulher e se sente à vontade assim, diz-se que esse é um exemplo de *desistência*. Pesquisadores holandeses estudaram 127 crianças que disseram, na infância, que eram transgêneros: meninos presos ao corpo de meninas ou meninas presas a corpos de meninos. Os pesquisadores, então, acompanharam as crianças até a adolescência. A idade média das crianças era de nove anos durante a primeira avaliação e pouco mais de 16 anos na segunda avaliação. Entre os meninos, 29% disseram que ainda eram transgêneros e que queriam fazer a transição para o papel feminino. Entre as meninas, 50% disseram que ainda eram transgêneros e que queriam fazem a transição para o papel masculino[289]. Ao menos nesse estudo, a persistência parecia mais comum entre indivíduos FtM – indivíduos nascidos mulheres que dizem ser homens – do que entre indivíduos MtF – indivíduos nascidos homens que dizem que são mulheres.

---

[289] STEENSMA, Thomas et alli. "Factors Associated with Desistence and Persistence of Childhood Gender Dysphoria: A Quantitative Follow-Up Study". *Journal of the American Academy of Child & Adolescent Psychiatry*, Volume 52, 2013, p. 582-90. A tabela 1 deste artigo indica que, de 79 meninos, 23 eram persistentes e 56 eram desistentes. 23/79 = 29%. De 48 meninas, 24 eram persistentes e 24, desistentes.

Uma equipe de pesquisadores canadenses também acompanhou meninas com transtorno da identidade de gênero, mas com um acompanhamento mais longo, até a idade adulta. Na pesquisa canadense, apenas 12% das meninas que tinham algum tipo de transtorno da identidade de gênero na infância persistiram: na segunda avaliação, 88% das mulheres no estudo canadense não queriam mais ser homens e tampouco se sentiam homens[290]. (Em 2013, a Associação Psiquiátrica Norte-Americana acabou com o diagnóstico de "transtorno da identidade de gênero" porque os pesquisadores canadenses usaram a expressão – o trabalho deles foi publicado em 2008). Não se sabe ao certo por que o resultado da pesquisa holandesa – persistência de 50% – foi tão diferente do resultado da pesquisa canadense: 12% de persistência. Uma possibilidade é a de que os canadenses acompanharam muitas das meninas até a idade adulta – uma delas já estava com 36 anos quando foi reavaliada –, enquanto a menina mais velha no estudo feito em Amsterdã tinha 19 anos quando da reavaliação. Talvez algumas das persistentes no estudo holandês se tornassem desistentes numa terceira avaliação posterior. Outra possibilidade é a de que o estudo canadense tenha incluído meninas que não eram transgêneros. E outra possibilidade é a existência de algo na cultura canadense que desencoraje a desistência; ou, ao contrário, algo na cultura holandesa que estimule a persistência; ou ainda uma combinação das duas coisas.

Os pesquisadores descobriram uma grande diferença entre indivíduos transgêneros MtF, como já discutimos: indivíduos

---

[290] DRUMMOND, Kelley et alli. "A Follow-up Study of Girls with Gender Identity Disorder". *Developmental Psychology*, Volume 44, 2008, p. 34-45.

MtF homossexuais precoces e tardios e indivíduos MtF hete-rossexuais precoces e tardios. A pesquisa sugere que há uma divisão semelhante entre indivíduos transexuais FtM. Apesar de muitos indivíduos FtM assim se mostrarem precocemente e serem homossexuais em relação ao sexo de nascimento – o que significa que querem intimidade sexual com mulheres e não com homens –, uma parcela pequena de indivíduos FtM é tardia e heterossexual em relação ao sexo de nascimento, o que significa que querem intimidade sexual com homens, não com mulheres[291].

IX - Transgêneros e doenças mentais

Indivíduos que se identificam como transgêneros – seja MtF ou FtM – correm um risco muito maior de desenvolver transtornos psiquiátricos como ansiedade e depressão do que indivíduos que não são transgêneros. Na biografia que escreveu de Nicole Maines, *Becoming Nicole* [Tornando-se Nicole], Amy Ellis Nutt reconhece essa realidade. Depois ela diz: "A disfunção nasce não apenas da confusão, mas também por se sentirem como aberrações ou marginais"[292]. É uma hipótese interessante, mas que provavelmente não está correta. O mais provável é que o transtorno surja *tanto* da confusão deles *como* pelo fato de eles se sentirem como aberrações.

---

[291] NIEDER, Timo et alli. "Age of Onset and Sexual Orientation in Transsexual Male-to-Females". *Journal of Sexual Medicine*, Volume 8, 2011, p. 783-91.
[292] NUTTS, Amy Ellis. *Becoming Nicole: the Transformation of an American Family.* New York: Random House, 2015. p. 29.

Nutt chega a dizer que "não há como conciliar esse conflito por meio de orientação psicológica ou condicionamento comportamental. Só há uma saída para essa sensação de alienação"[293]. E essa saída é a transição para o outro sexo e a cirurgia de mudança de sexo. Nutt está perpetuando uma ideia comum quanto aos indivíduos transgêneros: a de que a cirurgia de mudança de sexo alivia o transtorno mental associado ao fato de se ser transgênero. Mas os pesquisadores que de fato estudaram indivíduos transgêneros pós-cirurgia chegaram a uma conclusão diferente. Como disse um dos pesquisadores, "mesmo depois de ter se submetido à cirurgia de mudança de sexo, a ideia de estar preso ao corpo errado, de estar no invólucro errado, continua a surgir"[294].

Adultos transgêneros que começam a receber terapia hormonal geralmente tiram proveito da terapia: um ano depois de começar com a terapia hormonal para realizar a transição para o gênero desejado, a taxa de ansiedade, depressão e outros problemas entre os indivíduos transgêneros é significativamente reduzida[295]. Apesar disso, mesmo depois da cirurgia de mudança de sexo e do tratamento hormonal, a taxa de doenças mentais como ansiedade, depressão e transtorno bipolar entre os transgêneros

---

[293] Idem. *Ibidem.*, p. 95.

[294] PROSSER, Jay, *Second Skins: The Body Narratives of Transsexuality.* New York: Columbia University Press, 1998. p. 69.

[295] COLIZZI, Marco et alli. "Transsexual Patients' Psychiatric Comorbidity and Positive Effect of Cross-Hormonal Treatment on Mental Health: Results from a Longitudinal Study". *Psychoneuroendocrinology*, Volume 39, 2014, p. 65-73. Ver, também: HYELENS, Gunter et alli. "Effects of Different Steps in Gender Reassignment Therapy on Psychopathology: A Prospective Study of Persons with a Gender Identity Disorder". *Journal of Sexual Medicine*, Volume 11, 2014, p. 119-26.

permanece muito mais alta do que entre a população em geral. "A mudança de sexo é associada a sequelas psicológicas mais graves e a um arrependimento mais persistente do que antes se supunha", concluíram outros pesquisadores[296]. No maior e mais prolongado acompanhamento disponível, pesquisadores estudaram todos os que passaram por cirurgia de mudança de sexo na Suécia entre 1973 e 2003: 191 indivíduos MtF e 131 indivíduos FtM. Esses pesquisadores descobriram que 19% dos MtF e 17% dos FtM tinham sido hospitalizados por causa de problemas psiquiátricos anteriores à cirurgia, em comparação com 4% no grupo de controle. Depois da cirurgia de mudança de sexo, transexuais ainda tinham uma chance quase três vezes maior do que o grupo de controle de serem hospitalizados por problemas psiquiátricos que não a disforia de gênero, mesmo depois de ajustes referentes a problemas psiquiátricos anteriores. A cirurgia de mudança de sexo traz alguns benefícios, claro. Transexuais que se submeteram à cirurgia de mudança de sexo disseram sentir menos disforia de gênero – a sensação de estar preso ao corpo errado –, e tinham uma chance ligeiramente menor de serem hospitalizados do que antes da cirurgia.

Mas apenas ligeiramente menor. Mesmo depois da cirurgia de mudança de sexo, pacientes transexuais ainda tinham quase cinco vezes mais chance de tentar o suicídio e 19 vezes mais chances de realmente se suicidar em relação aos grupos de controle, novamente depois de ajustes para problemas psiquiátricos anteriores. Os pesquisadores não encontraram dife-

---

[296] ZUCKER, Kenneth ; LAWRENCE, Anne & KREUKELS, B. P. C. "Gender Dysphoria in Adults". *Annual Review of Clinical Psychology*, Volume 12, 2016, p. 217-47. Cit. p. 237.

renças significativas entre indivíduos MtF e FtM em nenhum desses aspectos. Ser transgênero, mesmo na Suécia e depois de passar por uma cirurgia de mudança de sexo, expõe o indivíduo a um risco muito maior de ter graves problemas psiquiátricos, incluindo suicídio. Essa descoberta é consistente com vários outros estudos[297].

Ser transgênero também expõe o indivíduo a um risco maior de morte por causas naturais. Pessoas que se submetem a uma cirurgia de mudança de sexo têm uma expectativa de vida menor, mesmo depois de as marcas da cirurgia terem cicatrizado. O gráfico da página 358 mostra a curva de sobrevivência de transexuais MtF e FtM que se submeterem à cirurgia, em comparação com homens e mulheres de meia-idade do grupo de controle. A cada morte, a curva do grupo cai um pouco. Quanto mais baixa a curva, maior o risco de morte. Mulheres no grupo de controle (não transgêneros) tiveram a melhor expectativa de vida, sendo que mais de 90% delas ainda estavam vivas na segunda avaliação, 30 anos mais tarde. Homens no grupo de controle (não transgêneros) ficaram em segundo lugar, sendo que pouco menos de 90% deles ainda estavam vivos na segun-

---

[297] ELDH, J. et alli. "Long-Term Follow-Up After Sex Reassignment Surgery". *Scandinavian Journal of Plastic and Reconstructive Surgery*, Volume 31, 1997, p. 39-45; SORENSEN, T. & HERTOFT, P., "Male and Female Transsexualism: The Danish Experiences with 37 Patients". *Archives of Sexual Behavior*, Volume 11, 1982, p. 133-55; KESTEREN, P. J. van et alli. "Mortality with Cross-Sex Hormones". *Clinical Endocrinology*, Volume 47, 1997, p. 337-42; GOOREN, L. J. et alli. "Long-Term Treatment of Transsexuals with Cross-Sex Hormones". *Journal of Clinic Endocrinology and Metabolism*, Volume 93, 2008, p. 19-25. Ver, ainda: GROSSMAN, Arnold & D'AUGELLI, Anthony. "Transgender Youth and Life-Threatening Behavior". *Suicide and Life-Threatening Behavior*, Volume 37, 2007, p. 527-37.

da avaliação, 30 anos mais tarde. Mulheres FtM que passaram por uma cirurgia de mudança de sexo vinham em seguida: ao longo de boa parte do período de acompanhamento, esses indivíduos FtM – que viviam como homens – continuavam a gozar da vantagem tipicamente feminina da expectativa de vida em relação aos transexuais MtF que viviam como mulheres. Trinta anos mais tarde, porém, tanto transexuais FtM como MtF tinham uma chance maior de morrer do que homens e mulheres que não eram transexuais[298].

Hoje há uma ideia disseminada de que, se um menino diz que é menina ou se uma menina diz que é menino, a criança será mais feliz, saudável e realizada se os adultos facilitarem sua transição para o sexo oposto. *Não há estudo de longo prazo que sirva de base para essa ideia. Nenhum.* E há indícios fortes de que essa ideia geralmente é equivocada. Recentemente, troquei e-mails com a mãe de Anna: ela me disse que Anna ainda é transgênero, mas que recentemente foi hospitalizada numa clínica psiquiátrica. Claro que Anna também sofre de transtorno bipolar. Ela foi ajudada ou prejudicada pelos médicos que lhe prescreveram hormônios masculinos, a pedido dela, pouco depois do diagnóstico de transtorno bipolar?

Ser transgênero está associado a um alto risco de problemas graves: ansiedade, depressão e morte prematura. Terapia hormonal e cirurgia de mudança de sexo diminuem o risco, mas pouco. O que você deve fazer se seu filho insistir que é na verdade menina ou se sua filha insistir que é na verdade menino?

---

[298] DHEJNE et alli. "Long-Term Follow-Up of Transsexual Persons Undergoing Sex Reassignment Surgery". *Op. cit.*, figura 1.

A cirurgia de mudança de sexo está associada a um risco maior de morte anos mais tarde

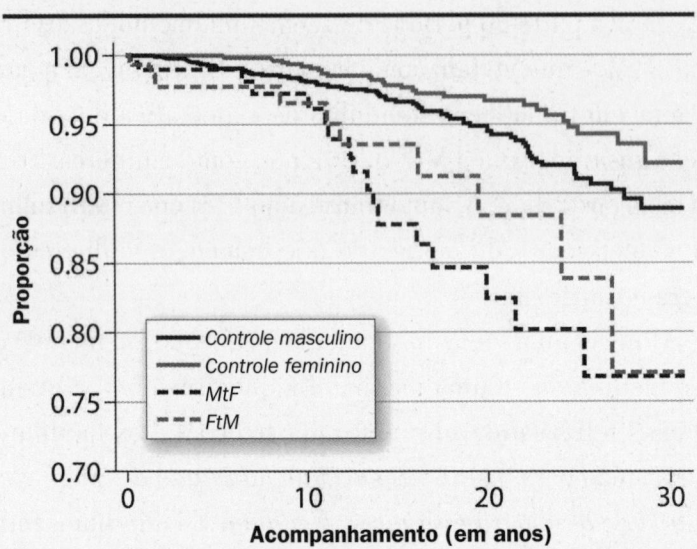

A taxa de morte é maior para indivíduos que se submeteram à cirurgia de mudança de sexo em relação a controles de mesma idade; e a diferença aumenta, não diminui, com o passar dos anos.

Fonte: DHEJNE, Cecilia et alii. "Long-term Follow-up of Transsexual Persons Undergoing Sex Reassignment Surgery: Cohort Study from Sweden", *PLOS One*, 2011, figura 1.

X - A paixão do dr. Kenneth Zucker

O dr. Kenneth Zucker é um dos principais especialistas em crianças com disforia de gênero: meninos que dizem que são meninas e meninas que dizem que são meninos. Ao longo de mais de três décadas, ele dirigiu a Clínica de Identidade de Gênero de Toronto, especializada em ajudar tais crianças. Ele também é o atual diretor do *Archives of Sexual Behavior,* um dos principais periódicos científicos sobre sexo e identidade sexual, cargo que ocupa desde 2001. Foi presidente de um comitê nomeado pela Associação Psiquiátrica Norte-americana para criar novos critérios de diagnósticos para disforia de gênero, e ajudou a escrever o mais recente manual de avaliação e gerenciamento de pessoas com disforia de gênero. Ele é um dos especialistas mais citados em artigos científicos sobre disforia de gênero em crianças.

A abordagem do dr. Zucker em relação a essas crianças é cuidadosa e se baseia em provas científicas. Ele começa conhecendo cada uma das crianças e suas famílias. O dr. Zucker descreve um menino, que vamos chamar de Frank, que tinha um irmão mais velho que o estava provocando e batendo nele. Aos sete anos, os pais de Frank o levaram à clínica porque Frank dizia que na verdade era menina. Frank dizia que "todos os meninos são maus". O dr. Zucker sugere que a intervenção mais eficiente naquele caso

> *[...] se ateria a ajudar Frank a reconhecer que há várias formas de agir como menino e que provavelmente há meninos no ambiente social que não são maus ou agressivos. Expor Frank a outros meninos cujo temperamento seja mais ou menos semelhante ao seu poderia, em teoria, ajudá-lo a desenvolver uma compreensão mais flexível do gênero: que há diferentes formas de ser menino, que não é preciso ser menina como solução fantasiosa para lidar com suas dificuldades com o irmão agressivo[299].*

O dr. Zucker aconselhava cuidadosamente as crianças a serem afastadas de atividades típicas do gênero oposto. Se seu

---

[299] ZUCKER, Kenneth et alli. "A Developmental, Biopsychosocial Model for the Treatment of Children with Gender Identity Disorder". *Journal of Homosexuality*, Volume 59, 2012, p. 369-97.

filho quer brincar com Barbies, ofereça-lhe um bichinho de pelúcia. Foque no desenvolvimento das habilidades sociais: inscreva seu filho numa atividade de grupo, como num clube de ciências. Jamais pressione seu filho a praticar atividades típicas de seu sexo biológico: não obrigue seu filho a jogar futebol americano ou sua filha a brincar com Barbies. Má ideia. E, se você por acaso permitir que seu filho use uma fantasia de princesa, mantenha isso em segredo. "Não deixe que a escola o use para propaganda", certa mãe se lembra de ouvir o dr. Zucker lhe dizer. *"Não deixe que seu filho desfile usando roupas cor-de-rosa. Essa é uma jornada pessoal, e não sabemos onde ela vai terminar"*[300]. Ninguém sabe se esse menino específico vai crescer e se tornar um homem heterossexual ou *gay*; ou se ele vai persistir em sua identidade como transgênero e se tornar uma mulher trans. Mas se, como a maioria dos meninos, ele acabar se tornando um homem adulto que não quer ser mulher, você não terá ajudado em nada ao permitir que ele usasse vestido em público aos seis anos.

A consequência mais comum para meninos que dizem que são meninas é que eles crescem e se tornam homens *gays*. Assim, outro foco importante na obra do dr. Zucker era ajudar os pais a darem apoio ao filho (ou filha) seja qual for o caminho por ele escolhido. Ele conheceu muitos pais que eram homofóbicos. Se um menino ouve seu pai dizendo "prefiro ter um filho morto a um filho *gay*"!, talvez seja mais fácil para o menino dizer (e acreditar) que é na verdade uma menina presa ao corpo de um

---

[300] Citado em: ANDERSEN, Eric, "Gender Identity Debate Swirls over CAMH Psychologist, Transgender Program". *Globe and Mail*, February 18, 2016.

menino em vez de se dizer *gay* e se reconhecer assim. Mas, como eu disse antes, é muito incomum encontrar meninos de seis anos de idade que realmente entendam o que significa ser *gay*. Se ele se sente mais à vontade com meninas do que com homens *gays* – como a maioria das crianças se sente –, então será mais fácil para ele se imaginar como menina do que como um homem *gay*.

O dr. Zucker conhece todas as pesquisas apresentadas neste capítulo, claro. Ele as viu em primeira mão. Ele sabe bem do risco maior de ansiedade, depressão, prejuízo social e uso de drogas entre adultos transgêneros porque acompanhou alguns de seus pacientes por 30 anos ou mais. Ele também sabe, por experiência própria, que a identidade de gênero na infância nem sempre é algo fixo: ao contrário, na maioria dos casos o dr. Zucker descobriu que *a identidade de gênero pode mudar* na criança com disforia de gênero. A mulher XX que insiste que é menino pode se sentir mais à vontade num corpo de menina: talvez de uma lésbica, mas ainda assim uma menina. O homem XY que insiste que é menina pode se sentir mais à vontade com seu próprio corpo, o corpo de um menino: talvez de um menino *gay*, mas ainda assim um menino. A disforia de gênero desaparece.

Em relação a crianças com disforia de gênero, o dr. Zucker descobriu que, quanto mais nova a criança, menos fixada a disforia de gênero. Por isso ele se opõe firmemente à "transição" de crianças com idades de seis ou nove anos. Ele tem 30 anos de pesquisas e experiência clínica e centenas de casos demonstrando que muitas dessas crianças superarão essa fase. Por outro lado, o dr. Zucker está preparado para ajudar o adolescente que insiste em fazer a transição para o sexo oposto. Na verdade, o dr. Zucker tinha acabado de receber um milhão de dólares para realizar ressonâncias magnéticas a fim de estudar o cérebro de adolescentes que estão sendo submetidos a tratamentos com hormônios sexuais – até ser demitido.

Na manhã do dia 15 de dezembro de 2015, o dr. Zucker foi chamado à administração da CAMH – Centro de Saúde Mental e Adição, a principal instalação psiquiátrica do Canadá e a instituição que o contratava. Ele disse que estava tendo seu contrato imediatamente rescindido, sem aviso prévio. Nem pôde nem voltar ao consultório para pegar o casaco e as chaves do carro: essas coisas lhe foram entregues e ele saiu acompanhado por seguranças.

A CAMH explicou, numa nota à imprensa, que o dr. Zucker fora demitido porque sua abordagem "não estava mais em consonância com o pensamento moderno"[301]. O "pensamento moderno" se refere ao que hoje é chamado de "afirmação de gênero", abordagem da disforia de gênero que pode ser descrita como "o cliente sempre tem razão". Se um menino de seis anos lhe diz que na verdade é menina, a "afirmação de gênero" diz que você deve mudar o nome dele para um nome feminino e mandá--lo para a escola usando vestido sem pesquisar cuidadosamente os fatores que podem estar por trás da disforia de gênero. A "afirmação de gênero" representa um triunfo da ideologia sobre a realidade. No próximo e último capítulo, vamos refletir sobre a ideologia envolvida e falar sobre o que você precisa fazer, seja seu filho heterossexual, *gay*, lésbica, bissexual ou trans.

---

[301] Idem. *Ibidem.*

XI - Moral da história

Como vimos no capítulo anterior, lésbicas e *gays* são variações do normal, assim como ser canhoto é uma variação do normal. Mas ser transgênero não é uma variação do normal; é uma condição médica que exige medicamentos prescritos, cirurgia e outras intervenções a fim de que o indivíduo alcance seu objetivo de viver como o sexo oposto. E, mesmo depois de fazer a transição, o risco de doenças mentais e morte prematura continua muito mais alto em comparação com indivíduos transgêneros.

Como vimos acima, a grande maioria dos meninos que se dizem meninas crescerá para se tornar homens que não querem ser mulheres. Muitas meninas que dizem que são meninos crescerão para se tornar mulheres que não querem ser homens. Como consequência, se você tem um filho que se diz menina ou uma filha que se diz menino, deveria cuidadosamente direcionar seu filho ou filha para encontrar outras formas que não a cirurgia ou os hormônios de satisfazer as necessidades especiais da criança. Quando seu filho de oito anos de idade lhe diz "Sou na verdade menina", diga a ele: "Sempre vou amá-lo, não importa quem você seja. Mas, por enquanto, não vamos mudar seu nome e você não vai usar vestido para ir à escola. Você pode fazer aula de balé, se quiser, mas vai fazer balé como menino, não como menina, pelo menos por enquanto". Se seu filho acha que ser menino significa que você tem que gostar de futebol americano e de jogos violentos, encontre uma comunidade maior de meninos que compartilhem dos interesses de seu filho, sejam eles dança, pintura ou *scrapbooking*. Se sua filha acha que ser menina significa ter de gostar das princesas da Disney e de maquiagem porque ela só conhece meninas assim, então encontre uma comunidade maior de meninas que compartilhem dos interesses dela, sejam eles artes marciais ou programação.

Se você tem um filho que se diz menina ou uma filha que se diz menino, procure ajuda profissional, esteja atento. Perceba que até mesmo especialistas internacionalmente renomados como o dr. Zucker podem ser demitidos sem aviso prévio por violar as ideias recentes sobre gênero, sem respeito às provas científicas. Por isso, seu médico também pode se sentir vulnerável e agir de acordo com essa vulnerabilidade. Reserve algum tempo para ler o artigo do dr. Zucker no qual ele explica sua abordagem com detalhes. O artigo se chama "Um modelo desenvolvimental e biopsicossocial para o tratamento de crianças com transtorno da identidade de gênero"[302].

Há mais de uma forma de ser mulher. Há mais de uma forma de ser homem. Ajude seu filho a se tornar o homem que ele quer ser. Ajude sua filha se tornar a mulher que ela quer ser. Esse conselho, que talvez parecesse trivial e óbvio há 20 anos, é hoje controverso, porque nossa cultura mergulhou numa confusão peculiar que chamo de "o equívoco masculino/feminino".

---

[302] ZUCKER, "Developmental, Byopsychosocial Model" (citado acima).

CAPÍTULO 12

O equívoco masculino/feminino

I - Damas e cavalheiros, vadias e proxenetas

Há alguns anos, dois adolescentes de Steubenville, Ohio, foram condenados por estuprar uma menina de 16 anos enquanto ela estava bêbada e inconsciente. O crime foi documentado por um amigo deles, Evan Westlake. Os vídeos de Westlake circularam entre amigos e foram publicados no *Instagram* e no *YouTube*. Os meninos se declararam inocentes, mas os vídeos foram usados como prova para condená-los. O sr. Westlake recebeu imunidade por cooperar como testemunha de acusação.

Infelizmente, não há nada de novo em adolescentes atacando sexualmente meninas embriagadas. O bizarro neste caso é que, em relação aos envolvidos – nenhum dos dois meninos, seus amigos que republicaram as fotos e vídeos ou os treinadores que defenderam os meninos –, quase ninguém achava que os meninos tinham feito algo de errado. O procurador-geral de Ohio, Mike DeWine, disse ter se deparado com uma *"inacreditável normali-*

dade diante do estupro e do sexo (...) a crença de que, de alguma forma, não há nada de errado nisso tudo"[303].

Como isso foi acontecer?

Na época do julgamento de Steubenville, por acaso, o *New York Times* publicou uma coluna de Lynn Messina, colaboradora regular, no qual ela reclamava de uma professora de seu filho de quatro anos de idade que ensinou ao menino algo sobre o que significa ser um cavalheiro. A sra. Messina ficou com raiva porque a professora do menino ousou usar a palavra "cavalheiro". Na opinião da sra. Messina, ensinar meninas e meninos a serem damas e cavalheiros é "a primeira lição de sexismo". Ela admitiu que, ao conversar sobre o assunto com os outros pais, nem todos concordaram. "Que mal há em ensinar menininhos a respeitar as menininhas"?, perguntaram eles. Eu faria a mesma pergunta. Se você não consegue ensinar menininhos a respeitar menininhas, alguns anos mais tarde você provavelmente terá moços que não respeitam as moças.

Mas Messina não tinha dúvidas sobre a correção de sua posição. A própria ideia dos termos "dama" e "cavalheiro", para ela, implica um padrão de comportamento duplo que "me ofende como mãe", mas "isso não é nada em comparação com a maneira como isso me irrita enquanto feminista"[304]. Realmente. Descobri que a visão de Messina é hoje o senso comum em muitas das principais universidades norte-americanas, onde você não encontrará ninguém sugerindo que os professores ensinem os alunos

---

[303] SUSMAN, Tina. "Steubenville Rape: More Charges Possible with Grand Jury Probe". *Los Angeles Times*, March 27, 2013.
[304] MESSINA, Lynn. "I Don't Want My Preeschooler to Be a 'Gentleman'". *New York Times*, January 10, 2013.

a serem damas e cavalheiros. Essas universidades geralmente aconselham os alunos a obter o consentimento verbal explícito antes de qualquer ato íntimo ou sexual. Essas políticas se baseiam na ideia legalista de direitos e deveres, não numa visão moral[305].

Em minhas visitas a escolas, às vezes conduzo debates de grupos com adolescentes sobre esse assunto. Em certa ocasião, perguntei aos alunos: "O que significa ser um cavalheiro"? Um adolescente respondeu: "Um cavalheiro é um negócio que vai a casas de homens ver as mulheres tirarem a roupa". Ele estava tentando arrancar risadas dos colegas, mas embaixo desse humor só se encontra ignorância. Eles realmente não sabem dar qualquer resposta que tenha conteúdo. Quando os pressiono em busca de uma resposta séria, eles geralmente fazem descrições meramente superficiais. "Um cavalheiro usa um terno de três peças".

Não culpo esses meninos. Como eles poderiam ter uma resposta com conteúdo se não foram ensinados? Nenhum menino nasce cavalheiro. Meninos têm de ser ensinados. Antes, nós os ensinávamos. Não fazemos mais isso. O resultado é, previsivelmente, meninos que não têm ideia do que significa ser um cavalheiro; meninos cuja noção de certo e errado tem mais a ver com o que é certo *para mim* e o que é prejudicial *para mim*. Quando os dois meninos de Ohio ouviram o juiz considerá-los culpados, um deles, Ma'lik Richmond, chorou: "Minha vida acabou"[306]. Talvez, mas

---

[305] Para entender a controvérsia envolvendo a diretriz de consentimento afirmativo, você pode começar lendo: FRIEDERSDORF, Conor. "Why One Male College Student Abandoned Affirmantive Consent". *The Atlantic*, October 20, 2014. Ver, também: KEENAN, Sandy. "Affirmative Consent: Are Students Really Asking". *New York Times*, July 28, 2015.
[306] OPPEL, Richard, "Ohio Teenagers Guilty in Rape that Social Media Brought to Light". *New York Times*, March 17, 2013.

e quanto à vítima? Richmond ainda não se arrepende do que fez com ela? Ou ele se arrepende de ter sido pego? A mensagem que alguns meninos receberam do veredito no caso de Ohio talvez seja apenas *"Não tire fotos nem faça vídeos de nada que você faça com uma menina, nem envie mensagens de texto sobre isso"*. Eles não estão aprendendo a serem cavalheiros. Estão aprendendo a esconder as provas.

Meu alerta a Messina e outras pessoas que criticam professores que ensinam meninas e meninos a serem Damas e Cavalheiros: tome cuidado com o que você deseja. A cultura popular dos jovens norte-americanos de hoje está se transformando rapidamente numa cultura na qual não há mais Damas e Cavalheiros. Mas o que substituiu as Damas e os Cavalheiros não foram os Cidadãos Virtuosos que Messina supõe serem o resultado da educação alheia às diferenças de gênero, e sim uma cultura de Vadias e Proxenetas: meninas que acham que têm de beber para serem legais e meninos que acham que a melhor coisa a fazer com uma menina inconsciente é molestá-la.

Não estou recomendando uma volta aos anos 1950. Aquela época era racista e sexista. Precisamos criar um novo conceito sobre o que significa ser uma dama e um cavalheiro. Uma dama se respeita e respeita seu próprio corpo. Isso significa que ela não publica fotos nuas e seminuas de si mesma no *Instagram* para que estranhos vejam. Um cavalheiro nunca tira vantagem de uma mulher bêbada. Essas regras são específicas para os gêneros porque homens e mulheres sofrem tentações diferentes. Alguns homens podem se sentir tentados a tocar uma mulher bêbada e inconsciente, deitada numa poça do próprio vômito. (Muitos *sites* de pornografia oferecem justamente esse tipo de imagem – procure por "menina *sexy* bêbada vômito" no Google, se tiver coragem, e você terá um milhão de resultados.) A maioria das mulheres não se sente tentada a mexer nos genitais de um homem bêbado e inconsciente, deitado numa poça do próprio vômito. Não fazemos bem a ninguém fingindo que essas diferenças masculinas/femininas não existem. Ignorar a realidade é algo que sempre cobra um preço.

A fim de afirmar que um cavalheiro tem obrigações diferentes de uma dama, você também deve afirmar que o gênero importa e que o gênero existe: que 99,98% dos humanos são homens ou mulheres. Essa realidade está hoje sob ataque.

II - A guerra aos homens e mulheres

Judith Butler é professora da Universidade da Califórnia, em Berkeley. Ela acredita que deveríamos questionar a divisão "tradicional" da raça humana em homens e mulheres. Em nome da liberdade individual, a professora Butler encoraja indivíduos a construir sua própria identidade de gênero, independentemente do sexo biológico. De acordo com Butler, conceitos como "menino" e "menina", "homem" e "mulher", "pai" e "mãe são invenções de uma sociedade sexista, criadas para servir de base para o patriarcado e a "heteronormatividade" – a preferência por pessoas heterossexuais em detrimento de *gays* e lésbicas (a própria Butler é lésbica). Butler foi agraciada com as bolsas de estudo Guggenheim e Rockefeller e recebeu o Prêmio Andrew W. Mellon (um milhão e meio de dólares), entre outras honrarias[307].

[307] Esse resumo da carreira de Judith Butler foi tirado de: KUBY, Gabriele. *The Global Sexual Revolution*. Trad. James Kirchner. Kettering: Angelico, 2015. p. 47-48.

Butler e seus seguidores – e eles são hoje uma legião – não reconhecem nenhuma diferença de gênero na visão, audição, na tendência a correr riscos ou no sexo em si. Uma conferência internacional recente concluiu que todas as ideias de diferenças pré-programadas em homens e mulheres se baseiam "em preconceitos e papéis estereotipados de homens e mulheres"[308]. Eles não tentaram refutar nenhuma das pesquisas que documentam as diferenças inatas entre homens e mulheres na audição, visão, tendência a correr riscos etc. As elites da conferência não demonstraram qualquer interesse pelas pesquisas e nem mesmo as reconheceram. A teoria deles é motivada quase completamente pela ideologia. Mas a teoria deles agora é a visão dominante em muitas das principais universidades do mundo desenvolvido.

Butler não foi a primeira a argumentar que a diferença entre homens e mulheres é prejudicial. Uma das pioneiras nisso foi Sandra Bem, que atuou como professora de psicologia em Cornell por mais de 30 anos. A dra. Bem se convenceu de que meninos masculinos e meninas femininas estão propensos a toda sorte de problemas porque estão presos a conceitos tradicionais de homem e mulher. Essa especialista acredita que meninos se beneficiariam se agissem de forma mais feminina e meninas se beneficiariam se agissem de forma mais masculina. As crenças da dra. Bem foram muito influentes nos anos 1980 e 1990 e continuam sendo aceitas hoje em dia.

---

[308] Essa citação foi tirada do preâmbulo dos Princípios de Yogyakarta, redigido numa conferência internacional na Indonésia em novembro de 2006, citado em: KUBY, Gabriele. *The Global Sexual Revolution. Op. cit.*, p. 67.

Mas alguns pesquisadores tiveram a coragem de questionar as crenças da dra. Bem. Eles pesquisaram um grupo enorme de crianças a fim de determinar quão típicas ou atípicas para o gênero elas eram. Eles também mediram quão satisfeitos os meninos e meninas estavam com seu gênero, independentemente de serem típicos ou atípicos. Depois eles acompanharam as crianças durante um ano para ver se uma criança típica para o gênero se tornaria uma pessoa mais ansiosa ou desenvolveria uma autoestima menor, como a dra. Bem previa.

Os resultados foram o contrário do que as teorias da dra. Bem levariam a esperar. Crianças típicas para o gênero, tanto meninas como meninos, tinham uma probabilidade *menor* de se tornar pessoas ansiosas e tinham uma autoestima maior em comparação com crianças atípicas para o gênero. Separadamente, crianças que estavam felizes com o próprio gênero também desenvolveram uma autoestima maior e tinham mais chance de se tornar populares entre os colegas, em comparação com as crianças que não estavam contentes com seu gênero. Os autores concluíram que os resultados "questionam seriamente a conceitualização da autoidentificação de gênero que tem dominado esse campo de estudos nos últimos 25 anos – conceito criado pela dra. Bem"[309]. Esses pesquisadores descobriram que *estar feliz* com o próprio gênero é um indicador de consequências boas, independentemente de a pessoa ser *típica para o gênero*. Da mesma forma, os pesquisadores descobriram que crianças que relataram sofrer pressão para se adequar aos estereótipos de gêneros têm mais chance de se tornar pessoas ansiosas.

---

[309] YUNGER, Jennifer et alli. "Does Gender Identity Influence Children's Psychological Well-being?" *Developmental Psychology*, Volume 40, 2004, p. 572-82. Ver, sobretudo. a tabela 4.

A partir dessa pesquisa, podemos com sensatez concluir que uma abordagem razoável, com base em provas, de educação parental ajuda sua filha ou filho a se sentir à vontade sendo menina ou menino, respectivamente. Mas não pressione sua filha ou filho a se adequar aos estereótipos de gênero. Se seu filho quer fazer aula de balé ou aprender macramé (como eu), estimule-o. Se sua filha quer aprender artes marciais ou programação, matricule-a nessas atividades. Ensine seu filho que há vários tipos de homens no mundo, incluindo homens que se destacam no balé e no macramé. Ensine sua filha que há vários tipos de mulheres no mundo, incluindo mulheres que são mestres no karatê e na programação.

Infelizmente, não é isso o que tem acontecido. Por todo o mundo desenvolvido, há hoje uma tendência cada vez maior a sugerir que o menino que adora balé ou a menina que gosta de lutas violentas possam ser na verdade *transgêneros*. Em vez de aconselhar essas crianças e ajudá-las a se sentir à vontade com seus gêneros, cada vez mais escolas e universidades promovem o que chamam de "a revolução trans", a aceitação de tudo o que seja transgênero[310]. O escritor e crítico cultural Lionel Shriver diz que muitas escolas fundamentais hoje em dia promovem o "Dia do Transgênero", da mesma forma que antes as escolas costumavam promover vendas de bolos[311].

---

[310] Para mais sobre a "revolução trans", ver, por exemplo: BAIRD, Vanessa. "The Trans Revolution". *New Internationalist*, October 2015, <http://newint. org/features/2015/10/01/the-trans-revolution-keynote/>, acesso em 22 de julho de 2019.

[311] SHRIVER, Lionel. "Gender – Good for Nothing". *Prospect*, April 21, 2016. A citação exata do texto de Shriver é: *"Nessa era supostamente esclarecida, na qual as escolas primárias organizam o 'Dia do Transgênero' assim como antigamente organizavam vendas de bolos, estimulamos as crianças a verem seu gênero como algo fluido e a escolherem ser meninas ou meninos ou algo no meio-termo".*

Recentemente, recebi um *e-mail* de uma funcionária de uma universidade extremamente concorrida (estávamos negociando um evento no qual eu falaria). No fim do *e-mail*, embaixo do nome dela e de seu cargo na universidade, estava escrito: "Prefiro os pronomes ela/sua". Essa prática tem sido disseminada. Liz Reis é professora de estudos de gênero na Universidade de Nova York. Ela escreve que, em algumas instituições de ensino superior, *"hoje é comum que os alunos se apresentem, na aula ou em reuniões de alunos, pelo nome e por uma sequência de pronomes. 'Sou a Lizzie; ela/sua', por exemplo"*[312].

Isso pode parecer um *insight* (para alguns). Mas não é. É danoso. Isso torna o gênero um problema. Isso transforma o masculino e o feminino em uma opção conformista e chata, enquanto o transgênero se torna a opção criativa e iluminada. Isso estimula os jovens a questionar sua identidade de gênero, a não se sentir tão à vontade com o próprio gênero – ainda que haja provas de que jovens que não se sentem à vontade com o próprio gênero têm uma probabilidade maior de se sentir ansiosos ou deprimidos. Isso gera confusão quanto ao que significa ser homem ou mulher.

As construções tradicionais da feminilidade e da masculinidade estão hoje sob ataque. Numa sala de aula na Califórnia, um professor estava reunido com um grupo de meninos, compartilhando com eles suas ideias sobre o que significa ser um homem bom. O professor disse:

Falamos de força, falamos de autocontrole e de ser capaz de controlar suas emoções e fazer sacrifícios pelos outros. Falamos que,

---

[312] REIS, Elizabeth. "Pronoun Privilege". *New York Times*, September 25, 2016.

se você tem uma família e só tem dinheiro para dois sanduíches, você não vai comer (...). Você sabe que vai alimentar sua esposa e filhos e que você vai ter de esperar[313].

Infelizmente para esse professor, três estudiosos contratados pela Ford Foundation estavam observando a aula. Os estudiosos condenaram o professor por ousar reforçar ideias tradicionais de gênero. Eles não gostaram de ver que os meninos *"ouviram que deveriam aprender a ser homens fortes e cuidar de suas esposas. Na maioria dos casos, estereótipos de gêneros foram reforçados e o gênero foi retratado de forma reducionista"*[314].

Esse professor estava tentando criar para os meninos uma imagem saudável de como um homem deveria ser. Ele lhes disse que o marido, o pai, deveria esperar para comer até que tivesse cuidado da esposa e dos filhos. Ele estava fazendo o seu melhor para dar aos meninos alguma orientação, alguma ideia do que significa ser um homem.

Nem todos os papéis tradicionais de gênero merecem ser condenados como estereótipos de gênero. Há papéis de gênero que são um testemunho de vida e há estereótipos de gênero que são prejudiciais e destrutivos. A "loira burra" é um estereótipo de gênero negativo e destrutivo, assim como o "atleta burrão". Ninguém deveria condenar o ideal de um marido e pai que se sacrifica pelo bem da esposa e dos filhos. Ao contrário, esse ideal deveria servir de modelo de conduta, um entre muitos.

"Desconstruir" todas as imagens do marido e pai ideal provavelmente não resultará num pai que insista que a esposa

---

[313] DATNOW, Amanda ; HUBBARD, Lea & WOODY, Elisabeth. *Is Single Gender Schooling Viable in the Public Sector?* New York: Ford Foundation, 2001. p. 51.
[314] Idem. *Ibidem.*, p. 7.

compartilhe com ele todos os sacrifícios. O resultado provavelmente será um jovem egoísta que não se sente obrigado a cuidar dos próprios filhos. Nos Estados Unidos, mais de 40% dos bebês são filhos de mães solteiras[315]. A crescente tendência ao fim dos casais com filhos prevalece em quase todos os estratos demográficos. Casais com um ou mais filhos hoje compõem menos de 20% dos lares norte-americanos[316].

O que considero problemático na reprimenda dos estudiosos ao professor na Califórnia é a disposição deles para rejeitar o papel tradicional de pai como o provedor que se submete ao autossacrifício sem substituí-lo por *nada*. Essa elite educacional não tem nenhuma sugestão para o que os meninos *deveriam* aprender sobre se tornar homens. As sugestões deles são sempre negativas: os meninos *não deveriam* aprender a ser maridos e pais tradicionais.

Mas a natureza abomina o vácuo. Se os adultos não dão uma instrução positiva aos meninos, os meninos recorrerão à *Internet*

---

[315] Em 2014 – último ano com dados disponíveis –, 40,2% dos nascimentos nos Estados Unidos eram de mães solteiras. Ver: HAMILTON, Brady et alli. "Briths: Final Data for 2014". *National Vital Statistics Reports*, Volume 64, Number 12, December 2015, <www.cdc.gov/nchs/data/nvsr/nvsr64/nvsr64_12.pdf>, acesso em 22 de julho de 2019.

[316] Em 2016, de acordo com o Departamento de Censo dos Estados Unidos, havia aproximadamente 125.819.000 lares nos país (Ver: "America's Families and Living Arrangements: 2016: Households". Tabela H1. <http://www2.census.gov/programs-surveys/demo/tables/families/2016/cps-2016/tabh1-all.xls>). Desses 125.819.000 lares, aproximadamente 23.772.000 eram de casais com filhos com menos de 18 anos (Ver: "America's Families and Living Arrangements: 2016: Households". Tabela H1. <http://www2.census.gov/programs-surveys/demo/tables/families/2016/cps-2016/tabh1-all.xls>). Se você dividir 125.819.000 por 23.772.000, o resultado é 18,9%, isto é, menos de 20%. Ambos os acessos em 22 de julho de 2019.

e às redes sociais atrás de orientação. E o que eles encontram lá é uma cultura de desrespeito, uma cultura na qual é legal que os meninos disputem jogos violentos e procurem pornografia[317].

O gênero é uma realidade. O gênero importa. Você pode ignorar a realidade, se quiser, mas ignorá-la não vai fazê-la desaparecer. Quando meninas e meninos ficam sem orientação, o resultado geralmente são meninas que se apresentam como objetos sexuais e meninos que se envolvem irresponsavelmente em atividades de risco. Como vimos no capítulo sobre o risco, essa característica específica – meninos que irresponsavelmente correm riscos – parece programada em várias espécies de primatas, incluindo a nossa. Falar sobre os perigos de assumir riscos para as crianças provou trazer poucos benefícios entre os meninos mais suscetíveis. O segredo para resultados melhores não é ignorar o gênero, e sim orientar e informar o desenvolvimento do seu filho por meio de canais construtivos, não autodestrutivos.

Ignorar o gênero ou fingir que o gênero não importa tem gerado uma cultura utópica de cidadãos virtuosos. Em vez disso, tais atitudes têm gerado uma cultura na qual meninas e meninos estão tentando descobrir sozinhos, sem a orientação de um adulto, o que significa ser um homem ou mulher de verdade. Uma consequência comum disso são meninos disputando jogos violentos e meninas que trocam fotos sensuais pelo *Snapchat*.

O gênero é mais frágil do que imaginávamos. Talvez tivéssemos de ter percebido isso antes. A maioria das culturas se preocupa em ensinar as normas de gênero. Nós não. Ao contrário,

---

[317] Os comentários sobre o professor da Califórnia que tentou ensinar os meninos a serem homens foram tirados da minha discussão no capítulo 8 do livro: SAX, Leonard. *Boys Adrift*. New York: Basic Books, Ed. rev., 2015.

nossos professores mais instruídos hoje desconstroem e destroem todos os marcos de gênero em nome da liberdade individual, sem se preocupar com os custos disso. Precisamos tomar cuidado quanto às normas que ensinamos, claro. Não queremos perpetuar estereótipos como o do atleta burrão ou o da loira burra. Precisamos criar novos ideais de masculinidade e feminilidade que façam sentido no século XXI. Mas a "personalidade neutra" não funciona. Meninos não querem ser "pessoas". Tampouco as meninas. Meninos querem ser homens. Meninas querem ser mulheres. Temos de ensinar a eles o que significa isso.

III - O gênero é uma construção social?

Simone de Beauvoir, a famosa autora feminista, escreveu que uma mulher não nasce assim; ela é feita assim[318]. Em outras palavras: o gênero é tão somente uma construção social, uma invenção da sociedade, algo completamente maleável. Essa afirmação serve de base para o movimento feminista e para os estudos de gênero. Mas, nos últimos anos, o consenso acrescentou uma nota de rodapé: o gênero é apenas uma construção social, completamente maleável – *a não ser* que você seja *transgênero*, e nesse caso sua

---

[318] O original em francês era *"on ne naît pas femme: on le devient"*. Na primeira tradução de *O Segundo Sexo* para o inglês, o tradutor, HM Parshley, traduziu isso como *"Uma mulher não nasce mulher; ela se torna mulher"*. Como a tradutora Constance Borde observou, não há artigo indefinido no original em francês, então uma tradução mais precisa talvez fosse *"a mulher não nasce mulher; ela se torna mulher"*. Para mais sobre isso, ver: BEAUVOIR, Simone de. *The Second Sex*. Trad. Constance Borde. New York: Vintage, 2011. p. xviii.

identidade de gênero é inviolável, programada e inalterável. Essa ideia, assim como a afirmação original de De Beauvoir, se baseia menos na ciência e mais na ideologia.

A contradição entre essas duas posições tem contribuído para uma tensão cada vez maior entre as feministas tradicionais e a comunidade transgênero. Ativistas transgêneros têm expressado a ideia de que um homem XY que faça a transição para o papel feminino é tão mulher como aquela que nasce como mulher XX. "Mulheres trans são mulheres, ponto final" é um dos *slogans* usados pelos ativistas. A ativista trans Mari Brighe diz que todos os que descrevem uma mulher trans – um transexual MtF – como um "homem biológico" são preconceituosos[319]. Para Brighe e outros ativistas, o fato de ter cromossomos masculinos (XX), pênis e testículos é algo irrelevante. Uma mulher trans é uma variação do normal, somente outra forma de se ser mulher. Para os ativistas transgêneros, o gênero tem a ver com como você se sente. Se você se sente uma mulher, então você é uma mulher.

Ativistas transgêneros usam o acrônimo TERF – em inglês, feminista radical que exclui trans – para descrever feministas que não concordam com a ideia deles de que uma mulher trans é somente outra forma de ser uma mulher normal[320]. Os ativistas transgêneros têm feito pressão para que universidades femininas aceitem mulheres trans[321]. Eles impediram a produção da peça *Os*

---

[319] Essa citação é do artigo: ALLEN, Charlotte. "The Transgender Triumph". *Weekly Standard*, March 2, 2015.

[320] Para uma análise feminista dos problemas com a palavra "TERF", ver: REILLY-COOPER, Rebecca. "The World 'TERF'". November 1, 2016. Disponível em: <https://rebeccarc.com/2016/11/01/the-word-terf/>, acesso em 22 de julho de 2019.

[321] Pelo menos quatro faculdades só para mulheres agora aceitam mulheres transgêneros, isto é, homens que fizeram a transição de gênero para o papel

Monólogos da Vagina em algumas universidades femininas, dizendo que uma peça sobre mulheres que têm vaginas exclui mulheres trans, que não têm vagina. A Mount Holyoke College, instituição só para mulheres em Massachusetts, concordou em não exibir a peça. O grupo de teatro da faculdade explicou que uma peça com o título *Os Monólogos da Vagina* *"é inerentemente reducionista e excludente"*[322]. Erin Murphy, presidente do grupo, escreveu que a peça criava *"uma perspectiva extremamente estreita do que significa ser mulher"*. A jornalista feminista Elinor Burkett reagiu:

> *Deixe-me esclarecer: a palavra "vagina" é excludente e cria uma perspectiva extremamente estreita sobre a feminilidade, então as 3,5 bilhões de nós que temos vaginas, juntamente com as transexuais que as desejam, devemos descrever as nossas usando a terminologia politicamente correta que os ativistas trans estão nos impondo: "buraco frontal" ou "genitália interna"?*[323]

Feministas tradicionais argumentam que indivíduos que passaram parte da vida vivendo como homens simplesmente não passaram por muitas das experiências que definem o que significa ser mulher. Por exemplo, mulheres trans não podem menstruar nem engravidar. Em artigo para o *New York Times* intitulado "O que o torna uma mulher"?, Burkett escreveu: *"As pessoas que não viveram o tempo todo como mulheres (...) não deveriam se atrever a nos definir. Isso é algo que os homens fazem há muito tempo. A verdade deles não é a minha verdade"*[324].

---

feminino: Mount Holyoke, Mills College, Simmons College e Bryn Mawr. Ver: ALLEN, Charlotte. "The Transgender Triumph". *Op. cit.*

[322] Citado em: ALLEN, Charlotte. "The Transgender Triumph". *Op. cit.*

[323] BURKETT, Elinor. "What Makes a Woman?" *New York Times*, June 6, 2015.

[324] BURKETT, Elinor. "What Makes a Woman?" *Op. cit.*

Eis o que há de curioso no debate entre feministas tradicionais e ativistas transgêneros: os dois lados estão errados quanto a alguns fatos básicos. As feministas erram ao afirmar que o gênero é uma construção social, uma invenção da sociedade. Na realidade, o gênero não é uma construção social. É um fato biológico da nossa espécie, assim como nos gorilas e chimpanzés e todos os outros primatas. Isso não quer dizer que todas as meninas sejam iguais, assim como nem todos os chimpanzés fêmeas são iguais. Alguns chimpanzés fêmeas matam e comem macacos, mas outros não[325]. Um primatologista que ignorasse essas diferenças seria um pesquisador ruim. Mas um pesquisador que estude os seres humanos e que ouse ressaltar diferenças semelhantes entre os humanos e sugerir que essas diferenças talvez sejam programadas – como elas claramente são nos chimpanzés – hoje provavelmente seria chamado de um instrumento reacionário do patriarcado.

Hoje é comum ouvir pessoas instruídas dizerem que o sexo biológico, masculino e feminino, é algo "determinado" no nascimento. Por exemplo, escolas e universidades se referem a indivíduos transgêneros como pessoas que se identificam como

---

[325] Ver, novamente, o artigo: GOODALL, Jane et ali. "Patterns of Predation by Chimpanzees on Red Colobus Monkeys in Gombe National Park, 1982-1991". *American Journal of Physical Anthropology*, Volume 94, 1994, p. 213-28. (Citei esse artigo no capítulo 4). Eles descobriram que adolescentes e adultos machos de chimpanzé frequentemente matam macacos colobos. Goodall e outros nunca viram uma fêmea *adolescente* de chimpanzé matar um macaco, e mesmo fêmeas adultas raramente o faziam. Os antropólogos identificaram 15 machos de chimpanzé que mataram, cada um, três ou mais macacos, e nove machos de chimpanzé que mataram mais de dez macacos cada. Um macho matou 76 macacos. Por outro lado, apenas duas fêmeas de chimpanzé mataram mais do que dois macacos: uma matou quatro e a outra (uma fêmea que nunca teve um parceiro ou engravidou) matou dez macacos. Ver a Tabela 3, p. 220.

pertencentes a um gênero diferente daquele "determinado" quando de seu nascimento. Mas o gênero – masculino ou feminino – não é "determinado" no nascimento. É mais certo dizer que o gênero é "reconhecido" no nascimento[326]. Quando um obstetra faz um parto, vê um pênis e anuncia "é um menino"!, não se trata de uma determinação arbitrária, e sim do reconhecimento de um fato. (Nos casos caros em que uma criança intersexual nasce com uma genitália ambígua, pode ser difícil reconhecer o sexo da criança. Como expliquei no capítulo sobre intersexuais, o padrão contemporâneo para esse tipo de caso é esperar até que o gênero correto possa ser reconhecido. Tais casos são, como já expliquei, extremamente raros, menos de dois em cada dez mil nascimentos).

Os ativistas transgêneros erram ao dizer que ser transgênero é uma variação do normal, assim como ser canhoto. Um menino, macho XY, que se convença de que é uma menina presa ao corpo de um menino tem um sério problema. A ideia de que você pode resolver esse problema fingindo que ele é mesmo uma menina XX em vez de um menino XY contradiz as provas que expusemos nos capítulos anteriores. Para muitos desses meninos, ceder às suas crenças pode não ser o melhor e pode até aumentar o risco de problemas futuros, como aconteceu com Mike Penner. (Lembre-se do capítulo anterior: Mike Penner era um jornalista esportivo que fez a transição para se tornar mulher, depois se arrependeu e acabou cometendo suicídio).

---

[326] Nesse aspecto – o gênero não é "atribuído" no nascimento, ele é *reconhecido* no nascimento –, agradeço o artigo: KERSTEN, Katherine. "Transgender Conformity". *First Things*, December 2016. Disponível em: <www.firstthings.com/article/2016/12/transgender-conformity>, acesso em 22 sw julho de 2019.

O gênero não é algo alheio à natureza humana, tampouco acidental, muito menos uma invenção arbitrária da sociedade. É algo próximo da essência humana. O gênero importa. Como escreveu G. K. Chesterton, *"você é capaz de libertar as coisas de leis estranhas ou acidentais, mas não das leis da natureza (...). Você não vai conseguir libertar um camelo do peso de sua corcova; você pode acabar impedindo-o de ser um camelo. Não saia por aí como um demagogo, encorajando triângulos a fugir da prisão de seus três lados. Se um triângulo romper com seus três lados, sua vida chega a um fim melancólico"*[327]. Se você encoraja um menino a romper com a prisão de ser um menino e a fazer a transição para se tornar menina, pode não conseguir criar uma menina feliz e bem ajustada. Como vimos no capítulo anterior, as consequências de longo prazo para indivíduos que se submetem a cirurgias de mudança de sexo não são uniformemente positivas. Você tem uma chance maior de sucesso, de acordo com as provas disponíveis, se ajudar o menino a se sentir mais à vontade como menino, o que talvez exija que você amplie seu conhecimento do que significa "ser um menino". Ser um menino não significa gostar de futebol americano ou de brincadeiras brutas. Pode significar também gostar de balé, tricô ou *scrapbooking*. A ideia contemporânea de que todos os meninos se sentirão melhor no longo prazo se os fizermos usar vestido e se lhe dermos hormônios femininos não tem uma base sólida em provas científicas.

---

[327] Citado em: KUBY, Gabriele. *The Global Sexual Revolution. Op. cit.*, p. 94.

IV - Algumas dicas

Tenha paciência com os outros adultos. Percebo que muitas pessoas, não só as crianças, hoje em dia estão confusas quanto ao gênero. Se você se deparar com um professor de educação física ou um orientador que acha que todos os meninos devem gostar de brincar de sabre de luz com os outros meninos, mesmo seu filho não gostando de contato físico, converse com o professor e explique que há tipos diferentes de meninos, e que não há nada de mau nisso. Empreste ao professor uma cópia deste livro, com instruções para que ele leia o capítulo 9.

Não dê lições de moral. Se seus vizinhos têm um menino de quatro anos que insiste que é menina, decidirem começar a vesti-lo com roupas de meninas e insistirem que você deve chamá-lo de Emily, e não de Jason, não dê conselhos não solicitados. A não ser que peçam sua opinião, não fale sobre os estudos de que tratamos no capítulo anterior, mostrando que a maioria dos meninos que se dizem meninas crescem e se tornam homens que não querem ser mulheres. Seus vizinhos provavelmente não lhe darão ouvidos, e é bem provável que você crie uma tensão no lugar onde antes havia uma amizade.

Atenha-se ao seu filho ou filha. Neste caso, você pode ser um defensor mais destemido. Não cabe a você educar outros pais quanto à nova ciência das diferenças de gênero. Se você insistir em dar conselhos sem que peçam, é improvável que consiga muita coisa.

Quanto aos gêneros e ao significado disso: nossa cultura está indo na direção errada e as mudanças são provocadas não pela ciência, e sim pela ideologia. Novamente citando Lionel Shriver:

Estamos no processo de dar um enorme passo para trás em termos de cultura. O movimento de liberação das mulheres, na minha adolescência, defendia a libertação dos papéis de gênero, e hoje os estamos entrincheirando – nos compartimentando com precisão insignificante numa série infinita de identidades de gênero, como se a adequação ao clichê fosse o mesmo que chegar ao autoconhecimento.

Shrives escreve que, quando menina, se

(...) jogava na lama com meus irmãos brincando com carrinhos e fazendo trens de brinquedo caírem espetacularmente do alto. Eu odiava Barbies e bonecas bebê. Eu desprezava vestidos, rendas e adorava calças jeans e camisas de flanela. Aos 15 anos, mudei meu nome de Margaret para Lionel. Se eu tivesse sido criado 50, 60 anos mais tarde, é bem possível que meus pais tivessem me levado a um terapeuta e tivessem me obrigado a me submeter a uma terapia hormonal[328].

Até mesmo na literatura acadêmica, "não conformidade de gênero" tem se tornado quase um sinônimo de "transgênero". A menina que gosta de brincar de sabre de luz e de "se jogar na lama" hoje provavelmente terá de dizer se prefere ser menino em vez de menina[329].

Tem havido um aumento absurdo na proporção de pessoas que se identificam como transgêneros. A quarta edição do DSM – *Manual Diagnóstico e Estatístico de Transtornos Mentais da Associação Norte-americana da Psiquiatria –*, publicada em

---

[328] SHRIVER, Lionel. "Gender – Good for Nothing". *Op. cit.*
[329] Ver, por exemplo: DAVIS, Lisa Selin. "My Daughter Is Not Transgender. She's a Tomboy". *New York Times*, April 18, 2017.

1994, dizia que "não há estudos epidemiológicos recentes com dados" sobre a quantidade de indivíduos transgêneros nos Estados Unidos, mas que estudos realizados na Europa mostraram que *"1 em cada 30 mil homens adultos e 1 em cada 100 mil mulheres adultas buscam cirurgia de mudança de sexo"*[330]. Hoje temos um estudo holandês publicado em 1993, no qual os pesquisadores estimavam a ocorrência de 1 em cada 11.900 homens buscando a transição para o sexo feminino e 1 em cada 30.400 mulheres buscando a transição para o sexo masculino, prevalência que os próprios autores descrevem como "relativamente alta" em comparação com outros países[331].

Uma prevalência de 1 em 10 mil equivale a 0,01%. As coisas mudaram muito desde os anos 1990. Em 2011, estimava-se que a ocorrência de indivíduos transgêneros nos Estados Unidos era de 0,3%; em 2016, cinco anos mais tarde, essa proporção mais do que dobrou, para mais de 0,7%. Acabei de receber um periódico médico pelo correio; um artigo no jornal sugeria que a verdadeira incidência de transgêneros talvez chegue aos 5%[332]. Se o número correto for mesmo 5%, isso representa um aumento de 500 vezes em menos de 30 anos. (Cinco por cento é 0,01% vezes 500).

Alguns têm sugerido que esse aumento rápido e impressionante reflete uma diminuição no estigma antes associado aos

[330] American Psychiatric Association. *Diagnostic and Statistical Manual of Mental Disorders*. Washington, DC: American Psychiatric Association, 4ª ed., 1994. p. 535.
[331] BAKKER, A. et alli. "Prevalence of Transsexualism in the Netherlands". *Acta Psychiatrica Scandinavica*, Volume 87, 1993, p. 237-38.
[332] HYDERI, Abbas et alli. "Transgender Patients: Providing Sensitive Care". *Journal of Family Practice*, Volume 65, 2016, p. 450-61. A estimativa de prevalência de "0,3% a 5%" está na página 450.

transgêneros. Eles defendem que muitos transgêneros sempre estiveram ao nosso redor, mas que agora eles se sentem livres para sair do armário. Como alguém que tem trabalhado como médico há mais de 30 anos, não estou convencido disso. Ao longo de 18 anos administrei um consultório de cuidados primários num subúrbio de Maryland que foi de zero a mais de sete mil pacientes. Me encontrei pessoalmente com a maioria deles, muitos dos quais em várias ocasiões. Tínhamos muitos pacientes *gays* e lésbicas, alguns dos quais confidenciaram sua orientação sexual apenas para mim, nem mesmo para o parceiro ou parceira hétero. Se os transgêneros fossem mesmo 0,7% da população, então aproximadamente 49 dos nossos pacientes (0,7% de sete mil) teriam de ser transgêneros. Mas não havia nenhum.

Se o aumento na proporção de pessoas que se identificam como transgêneros se deve a pessoas que sempre foram transgêneros e que agora estão saindo do armário, como explicar isso? Parte da resposta pode estar simplesmente na confusão que cerca a palavra "transgênero". Lindsay Collin e seus colegas recentemente analisaram 27 estudos sobre a prevalência de indivíduos transgêneros. Eles descobriram que, se você definir "transgênero" apenas como "indivíduos que desejam se tornar membros do sexo oposto – mulheres que querem se tornar homens e homens que querem se tornar mulheres" –, a melhor estimativa de ocorrência é de 9 em cada 100 mil casos, o que equivale a pouco menos de 0,01%. Mas, se você tem uma definição mais ampla de "transgênero", sendo transgêneros indivíduos que *sentem fazer parte* do sexo oposto, sem que você esteja necessariamente planejando uma *transição* para o sexo oposto, então a prevalência aumenta para 871 em cada 100 mil, o que equivale a 0,87%[333]. Ao menos em parte, o aumento da prevalência de indivíduos que dizem que são transgêneros pode se dar por uma mudança, ao longo da última década, em como as pessoas entendem o significado do termo "transgênero". Há 10 anos, "transgênero" talvez quisesse dizer que você planejava uma transição para se apresentar como membro do sexo oposto. Hoje, para muitas pessoas, "transgênero" talvez só signifique que você *se sente* como membro do sexo oposto – o que quer que seja isso.

V - O erro masculino/feminino

Você se sente um membro do sexo oposto?

Não me sinto à vontade com o termo "sexo oposto". Ao longo deste livro, compartilhei com vocês muitas provas de que um menino médio é diferente de uma menina média de várias formas. Porém, em relação a vários desses parâmetros, o menino médio não é o oposto da menina média, só diferente. E há muitas variações entre meninos e entre meninas, como vimos sobretudo no capítulo 9.

Opostos?! Maçãs e laranjas são diferentes uma da outra, mas não são coisas opostas. Ambas são frutas. Ambas são nutritivas e boas para a saúde, embora de formas diferentes: laranjas são uma fonte melhor de vitamina C e ácido fólico; maçãs são uma fonte melhor de catequina e pectina. Elas não são a mesma coisa.

---

[333] COLLIN, Lindsay et alli. "Prevalence of Transgender Depends on the 'Case' Definition: A Systematic Review". *Journal of Sexual Medicine*, Volume 13, 2016, p. 613-26.

Se você tentar preparar uma torta de maçã usando laranjas, vai se decepcionar com o resultado. A ideia de "sexo oposto" supõe que você é masculino ou feminino. Ela supõe um *continuum* unidimensional:

Feminino ⟷ Masculino

Mas os pesquisadores sabem há mais de 40 anos que essa ideia não é precisa[334]. O gênero não é unidimensional. É bidimensional.

Feminino	Andrógino
Indiferenciado	**MASCULINO**

Um ser humano específico pode ser muito feminino ou não, muito masculino ou não, tanto feminino como feminino –

---

[334] O artigo revolucionário a esse respeito – aquele que realmente mudou a forma como as pessoas pensavam sobre gênero, cristalizando a nascente compreensão do gênero como algo bidimensional, e não unidimensional – foi o seguinte: HEILBRUN, Alfred. "Measurement of Masculine and Feminine Sex Identities as Independent Dimensions". *Journal of Consulting and Clinical Psychology*, Volume 44, 1976, p. 183-90.

este é o andrógino – e nem feminino nem masculino – este é o indiferenciado. Na verdade, a maioria de nós está espalhada em algum ponto deste plano bidimensional[335]. Somos todos uma mistura. Uma menina específica pode ser mais masculina do que feminina, enquanto um menino específico pode ser mais feminino do que masculino. As diferenças não implicam uma hierarquia. Uma menina feminina não é melhor nem pior do que uma menina masculina (uma moleca). Elas só são diferentes.

Deveríamos celebrar essas diferenças. Elas ampliam o horizonte da experiência humana e nos tornam mais tridimensionais, mais reais. Em meu próprio casamento, minha esposa conserta o cortador de grama e é responsável pela maior parte das tarefas fora de casa, enquanto eu faço compras. Gosto de fazer compras e ela não. Ela gosta de consertar o cortador de grama, enquanto eu não saberia nem por onde começar. Mas ela tem um olho melhor para cores do que eu, e eu sou melhor para identificar objetos em movimento do que ela. As pessoas são uma mistura.

Se você tem filhos, vai querer ajudá-los a encontrar seu lugar no plano bidimensional. A professora Sandra Bem acreditava que deveríamos estimular todas as crianças a serem andróginas, uma mistura igual de masculino e feminino. Como já vimos, a ideia da dra. Bem quanto à androginia ser a melhor opção para todas as crianças não se sustenta em bases empíricas. Algumas crianças são felizes sendo andróginas, mas a maioria é mais feliz em algum ponto do plano bidimensional. Alguns meninos são

---

[335] As figuras dessas páginas – unidimensional e bidimensional –, assim como a maior parte da discussão que acompanha essas figuras, foram tiradas do capítulo 7 do meu livro: SAX, Leonard. *Girls on the Edge*. New York: Basic Books, 2010.

mais felizes sendo mais femininos do que masculinos, embora ainda tenham elementos masculinos. Algumas meninas são mais felizes sendo mais masculinas do que femininas, embora ainda tenham elementos femininos.

O aumento na proporção de pessoas que acreditam serem transgêneros pode representar um fracasso da ideia de que o gênero é bi, não unidimensional. Se você é homem e tem algumas (ou muitas) características femininas, ou se você é mulher e tem algumas (ou muitas) características masculinas, isso não quer dizer que você seja transgênero. Isso significa que você é um ser humano.

Ainda que muitos aspectos do gênero sejam pré-programados, a identidade de gênero em si é mais frágil do que imaginávamos. Um homem pode parecer homem, ouvir como homem e sentir desejos sexuais como homem (*gay* ou heterossexual); mas, se ele se perceber numa cultura que promove uma construção excludente de gênero – ou você é um homem que gosta de futebol americano e luta livre ou é uma menina que gosta de maquiagem e vestidinhos –, talvez ele conclua que é transgênero. Ele está enganado. Ele está confuso por causa da cultura na qual está imerso, uma cultura que defende uma noção pobre, binária, excludente do gênero. Podemos chamar isso de "o erro masculino/feminino": a ideia de que você tem de ser ou um homem durão que adora lutas e corridas de carro ou uma menininha que chora assistindo a comédias românticas e usa maquiagem demais. A melhor intervenção que você pode oferecer a esse homem é não castrá-lo nem vesti-lo com roupas de mulher, e sim ampliar a ideia que ele faz de gênero.

VI - O pai dono de casa

Quando falo sobre a importância de reconhecer e celebrar as diferenças de gênero, alguns críticos dizem que estou tentando dar as costas para a passagem do tempo e que estou querendo voltar aos anos 1950. Mas não. Os desafios de hoje são diferentes. Precisamos ajudar os jovens homens a serem donos de casa melhores, se essa é a melhor opção para a família deles. Há uma diferença de gênero cada vez maior nos resultados acadêmicos, como já mencionei no capítulo 5 e expus extensivamente no livro *Boys Adrift*. Há cada vez mais casais nos quais a mulher tem um salário maior que o do homem. Criar filhos em muitas regiões dos Estados Unidos é exorbitantemente caro, geralmente mais caro do que um pai de baixa renda pode pagar. Se o casal pretende criar seus filhos, talvez faça mais sentido que o homem jovem fique em casa e seja pai em tempo integral, e não que continue num trabalho que talvez não cubra os custos de criação dos filhos. No caso, esse jovem precisa entender que um pai dono de casa tem de assumir a responsabilidade por trocar fraldas, passar o aspirador de pó, lavar roupa, preparar as refeições etc.

Não estamos nos saindo bem ao prepararmos os jovens homens para serem pais donos de casa. Em parte, isso se dá porque muitos jovens querem ser homens e não veem muitos exemplos de conduta – nos *videogames*, no material pornográfico ou nas redes sociais – de homens jovens que sejam pais donos de casa. As necessidades dos jovens homens de hoje são diferentes das necessidades dos homens de 1955. Poucos reconhecem que o gênero importa hoje em dia, assim como poucos reconheciam em

1955, mas hoje se diz que a cultura deve reagir de forma diferente do que reagiu naquela época. Em vez disso, contudo, as principais universidades tentam "desconstruir" o gênero, e o resultado é que muitos jovens homens passam o tempo livre jogando *videogame* e vendo pornografia. Eles estão à deriva, sem quem os coloque no caminho da masculinidade produtiva.

Testemunhei em primeira mão as consequências de se negligenciar o gênero assim. Ao longo de mais de 30 anos como médico, já vi muitos casamentos terminarem. Se você acha que o mundo é o que está na TV, nos filmes, no *Instagram* e na vida da Beyoncé, talvez ache que o adultério é o motivo mais comum por trás dos divórcios. Mas, de acordo com a minha experiência, muitos casais estão ocupados demais para esse tipo de coisa. Eis o cenário mais comum.

Um casal tem dois filhos, sendo que um deles ainda usa fraldas. A mãe é executiva num banco e trabalha mais de 60 horas por semana. O pai está desempregado, então está agindo como pai dono de casa, apesar de este não ter sido o plano quando eles se casaram. Mas o pai não quer cuidar dos filhos, então as crianças ficam na creche. A mãe pega as crianças todos os dias na creche, no caminho do trabalho para casa. Ela chega e encontra a casa toda bagunçada, e o jantar não está pronto. O bebê está chorando por causa da fralda suja. O pai está no sofá, vendo TV. A mãe fica irritada, mas não explode, não ainda. Ela diz: "A fralda da Caitlyn precisa ser trocada. Você pode trocar enquanto eu preparo o jantar"?

O pai não sabe trocar fraldas, mas há algo no tom de voz da esposa que o impede de reclamar. Ele sai do sofá e coloca o bebê no trocador. Ele começa a trocar a fralda, mas suja toda a roupa do bebê de cocô.

Agora a mãe explode: "Você não sabe nem trocar uma fralda? Você sabe fazer alguma coisa?! Você só está me dando mais trabalho. Caia fora daqui"! Não demora muito para a mãe começar a se perguntar se estaria melhor sem o marido, se ela estaria menos estressada e menos histérica se mandasse o marido desmotivado embora e contratasse uma babá.

Em defesa do pai: como você vai aprender a trocar fraldas se nunca lhe ensinaram? Ninguém nasce sabendo trocar fraldas. Alguém tem de lhe ensinar. As meninas aprendem com as mães, cuidando de crianças menores, perguntando às amigas ou assistindo a um vídeo no *YouTube*. Os meninos têm uma chance menor de terem trabalhado como babá e talvez menor ainda de assistir a um vídeo no *YouTube* sobre como trocar fraldas, talvez porque achem que não se trata de algo que um homem de verdade faça, talvez porque não considerem trocar fraldas algo difícil, que precise ser levado a sério.

Como podemos mudar isso? Como podemos aumentar a chance de os meninos crescerem sabendo trocar fraldas? O que seria uma abordagem de esclarecimento? Uma abordagem que aceitasse as diferenças de gênero em vez de tentar fingir que elas não existem?

Para entender a resposta – e com uma boa estratégia para evitar o erro masculino/feminino –, é útil pensar no que os psicólogos chamam de *efeito contraste*[336]. Efeito contraste significa que, quando membros de dois grupos são colocados juntos, os

---

[336] Se você não está familiarizado com o efeito contraste de grupo, pode encontrar uma boa introdução ao assunto no livro: HARRIS, Judith Rich. *The Nurture Assumption: Why Children Turn Out the Way They Do*. New York: Simon & Schuster, 2ª ed., 2009. Capítulo 7, "Us and Them", p. 115-35.

membros de cada grupo tendem a exagerar as diferenças entre eles. Os meninos e meninas se classificam como "meninos" e "meninas", ainda que talvez não seja politicamente correto agir assim. Quando há meninas por perto, os meninos estão menos dispostos a exibir comportamentos que possam ser considerados femininos. Quando os meninos estão por perto, as meninas se sentem relutantes em exibir comportamentos que possam ser considerados masculinos[337].

Deixe-me dar um exemplo de uma escola que visitei em três ocasiões, a Stonewall Jackson Middle School, em Charleston, Virgínia Ocidental. Uma professora do sexto ano me disse que levou um coelho para a sala de aula, só para que as crianças vissem o animal de perto por um dia, como parte da aula de biologia sobre mamíferos. Assim que ela entrou na sala com o coelho, uma das meninas disse: "Ah, que bonitinho! Posso fazer carinho nele"? Daí um dos meninos disse: "Eu queria explodir a cabeça dele com uma bazuca". Assim que o menino fez esse comentário, ninguém mais na sala demonstrou interesse em acariciar o coelhinho. Os limites de gênero foram estabelecidos. As meninas fazem carinho em coelhos. Os meninos explodem as cabeças deles com bazucas (pelo menos é o que eles dizem que querem fazer). Nenhum menino se aproximou para acariciar o coelho, a despeito das palavras de incentivo da professora.

Depois a mesma professora pode lecionar para turmas divididas por sexo. Novamente ela levou um coelhinho para a sala de aula dos meninos do sexto ano; mas dessa vez não havia

[337] Para a discussão de algumas pesquisas acadêmicas sobre o efeito contraste de grupo, em comparação com grupos de meninas/meninos, veja o que escrevi sobre o assunto no meu livro: SAX, Leonard. *Girls on the Edge*. New York: Basic Books, 2010. p. 174-77.

meninas presentes. Dessa vez, cerca de metade dos meninos quis acariciar o coelho, quantidade que a professora me disse ter sido muito diferente do que aconteceu na sala só de meninas, onde cerca de metade das meninas quis acariciar o bichinho.

Não acho que haja grandes diferenças programadas nos meninos e meninas quanto à preferência deles por acariciar coelhos. Mas vivemos numa sociedade sexista. Apesar dos esforços de alguns professores para desconstruir o gênero, alguns meninos ainda querem ser vistos como homens e muitas meninas ainda querem ser vistas como mulheres. Como não lhes damos muita orientação, os meninos hoje geralmente constroem a masculinidade de forma *negativa*. Na falta de uma orientação positiva, ser homem de verdade acaba por significar não fazer aquilo que as meninas querem fazer. Se as meninas gostam de acariciar bichinhos, então eu não faço isso. Se as meninas tomam cuidado para não assumir riscos demasiados, então vou pular de *skate* de um lugar alto para que todos vejam. Se as meninas se importam em entregar a lição de casa no prazo, vou teimar em jogar *videogame* em vez de fazer o dever.

Como aplicar isso ao problema de fazer os meninos aprenderem a trocar fraldas e a fazer outras coisas que os pais donos de asa precisam saber?

Se você oferecer uma aula opcional para depois do horário letivo sobre como cuidar de bebês, incluindo nela uma seção sobre trocar fraldas, não vai conseguir que muito meninos se matriculem. A maioria dos meninos considera o trabalho de babá e de trocar fraldas algo que só as meninas fazem. O efeito contraste se manifesta: a maioria dos meninos não se matricularia nem se quisesse. Poucos meninos querem ser o único a fazer aula de babá juntamente com 12 meninas.

Aprendi uma abordagem melhor ao visitar a University School, uma escola particular só para meninos no nordeste de Ohio. Lá me falaram sobre a aula de babá, eletiva e só para meninos, que era muito popular, até mesmo entre os atletas durões. Eles ensinam os meninos a trocar fraldas em jogos com três objetivos:

1. Não deixe que o bebê caia no chão;
2. Não espalhe cocô no pênis ou vagina da criança, para evitar o risco de infecção urinária;
3. Não suje as roupas do bebê de cocô.

A aula é dada por pais de verdade, primeiro usando bonecos em tamanho real e depois com bebês reais (veja a foto nesta página).

Os meninos adoram. A verdade é que pode ser muito divertido brincar com um bebê e ensiná-lo. Os meninos podem ter tanto prazer nisso como as meninas. Mas a melhor forma de envolver os meninos nessa atividade é diferente da melhor forma de envolver as meninas na atividade. Se você não entende isso – se você finge que o gênero não importa –, se vê às voltas com meninos que acham que trocar fraldas é coisa de menina. E, por consequência, se vê às voltas com pais que não sabem como trocar uma fralda.

Os mesmos princípios se aplicam à ajuda às meninas para que elas rompam com os estereótipos de gênero. Como mencionei no capítulo 5, as estratégias mais eficientes para motivar as meninas a gostar de programação são diferentes das estratégias usadas com meninos. Numa aula de computação só para meninas, você pode empregar essas estratégias sem se preocupar com o efeito contraste. Nos Estados Unidos, a quantidade de meninos que fazem aula de programação é mais de três vezes maior do que as meninas, como falamos no capítulo 5. Se há três meninas numa sala com 11 meninos, talvez essas três meninas sintam que não pertencem àquele lugar, e não há palavras sobre igualdade de gênero capazes de mudar isso. Mas, se a aula é só para meninas, talvez você consiga que mais delas se matriculem, e essas meninas se sentirão mais à vontade e provavelmente terão mais autoconfiança. Já existem vários projetos que usam esses princípios, como o Girls Who Code. A dra. Sally Ride dedicou boa parte da vida profissional ao Acampamento de Ciência Sally Ride, só para meninas, porque ela – a primeira mulher norte-americana a ir para o espaço – entendia esse conceito. Mas projetos desse tipo são raros.

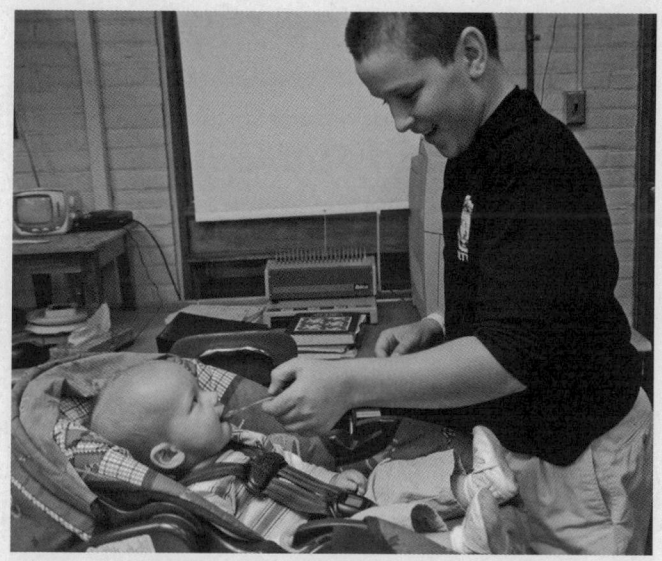

Se você quer que meninos aprendam a trabalhar como babás, tente uma aula só para meninos. Foto: cortesia da University School, Hunting Valley, Ohio.

Não estou aqui defendendo a educação diferenciada de acordo com o sexo para todas as matérias. Estou defendendo que, diante do que sabemos sobre o efeito contraste em grupos e a confusão sobre o gênero na sociedade norte-americana contemporânea, se você quer fazer que meninas e meninos se envolverem especificamente em áreas que a cultura contemporânea considera atípicas para o gênero – trabalhar como babá para os meninos e programar computadores para meninas –, então você tiraria proveito se oferecesse esses programas em formatos específicos para os gêneros, como uma turma só de meninos para que eles aprendam a cuidar de crianças e uma turma de programação só de meninas, ensinando esses assuntos usando estratégias voltadas para cada gênero. Se você pretende romper com os estereótipos de gênero, precisa começar entendendo as diferenças de gênero e usando essas diferenças, não as ignorando ou fingindo que elas não existem.

VII - Evitando o abuso e o assédio sexual

Comecei este capítulo com a história de dois meninos do ensino médio que foram condenados por estuprar uma menina que estava bêbada e inconsciente. Qual a melhor forma de evitar os abusos sexuais e também o assédio? Na maioria das escolas de ensino médio e universidades, os alunos ouvem sermões sobre tratar todos com respeito, e também alertas sobre as consequências horríveis que aguardam os que não obedecem às regras, geralmente com detalhes a respeito da dificuldade de entrar em uma boa universidade ou encontrar um bom emprego se você foi condenado por um crime sexual. Pelo que observei em mais de 400 escolas, a consequência mais comum de tais pregações é uma quantidade maior de adolescentes meninos que ficam no quarto se masturbando e vendo pornografia. Muitos meninos me contaram que o orientador da aula de educação sexual na escola os estimula abertamente a optar pela masturbação em vez das relações sexuais, explicando que, quando você se masturba, não tem de se preocupar em obter o consentimento afirmativo.

Há uma saída melhor. Pelo que observei, as escolas mais eficientes no que diz respeito a evitar os ataques e o assédio sexual sem assustar os meninos e afastá-los da intimidade sexual são as que ensinam as meninas a serem damas e os meninos a serem cavalheiros. Um cavalheiro não assedia uma dama e uma dama não tolera assédio. Como, então, ensinar os meninos a serem cavalheiros? Ou, sendo mais preciso: como inspirar os meninos a quererem se comportar como cavalheiros numa cultura que celebra o desrespeito, as *selfies* de meninas seminuas e a pornografia?

Fiz esse discurso de formatura na Avon Old Farms, uma escola só para meninos em Connecticut. Notei que havia muitas adolescentes na plateia – muito mais do que os meninos. "Vocês, meninos, parecem ter todos quatro irmãs cada", disse para alguns deles.

"Não são nossas irmãs, dr. Sax", um deles me disse. "São nossas amigas".

"Namoradas?"

"Algumas são namoradas; a maioria são apenas amigas", disse ele.

Isso chamou minha atenção. Conversei com algumas das meninas. Algumas eram da Miss Porter's School, uma escola só para meninas a cerca de sete quilômetros dali, mas a maioria era de Westminster, uma escola mista próxima.

"Uma escola mista"?, perguntei. "E o que vocês, meninas, estão fazendo aqui? Por que vocês preferem vir aqui, uma escola só para meninos, sendo que vocês têm meninos na sua escola"?

Uma das meninas revirou os olhos. "Os meninos da nossa escola são uns perdedores", disse ela. "Estar perto deles é como estar perto do meu irmão caçula. Eles falam alto, são arrogantes e irritantes. E eles acham que são durões. É... nojento". As outras meninas riram e fizeram que sim com a cabeça.

"E os meninos daqui são bem diferentes"?, perguntei.

Todas fizeram que sim novamente. "Claro", disse outra menina. "Os meninos daqui são, tipo, cavalheiros. Eu sei que parece estranho e antiquado, mas é assim. Tipo, eles se levantam quando você entra na sala. Eles abrem a porta para você".

"E eles não te interrompem", disse outra menina, interrompendo. "Odeio tentar conversar com os caras da nossa escola porque eles estão sempre interrompendo".

"O senhor deveria vir aqui num final de semana, dr. Sax", disse outra menina. "Provavelmente tem mais meninas do que meninos aqui no final de semana. Nós simplesmente ocupamos todo o lugar. Não é preciso nem ficar perto dos meninos. Na semana passada, um monte de meninas foi até o ringue de hóquei aqui da escola para patinar no gelo. Só as meninas".

"Mas por que se dar ao trabalho de vir a esta escola? Vocês bem que podiam simplesmente ter ido a um ringue público de patinação no gelo", provoquei.

Ela fez que não com a cabeça. "Não seria a mesma coisa. É bom vir aqui, porque..."

"Porque aqui é como se nós fôssemos uma família", outra menina disse.

"Porque aqui a gente se sente segura", completou outra.

Essa escola não é a única. Ouvi comentários semelhantes de outras meninas que gostam de se reunir em escolas só para meninos, por exemplo, na Georgetown Prep de Bethesda, em Maryland. Tenho de acrescentar que ouvi comentários bem diferentes em outras escolas só para meninas: ouvi meninas dizerem que jamais, nem em um milhão de anos, iriam a certas escolas só para meninos. Abrir uma escola só para meninos não faz dela um lugar onde as meninas querem se reunir. Ao contrário, quando você junta meninos adolescentes em grupo, sem a liderança correta de um adulto, eles podem se transformar rapidamente numa gangue de valentões e bandidinhos que acham o abuso sexual um passatempo divertido.

A liderança por parte de adultos responsáveis faz a diferença entre escolas onde as meninas se sentem seguras e bem-vindas e escolas onde as meninas se sentem inseguras (porque estão de fato inseguras). Escolas como a de Connecticut não deixam isso para o acaso. Elas fazem questão de ensinar os meninos a serem cavalheiros. Nessa escola específica, os meninos aprendem os oito "valores essenciais" da escola, que são:

- Estudo
- Integridade
- Civilidade
- Tolerância

- Altruísmo
- Espírito esportivo
- Responsabilidade
- Autodisciplina

"Não basta que o menino se torne um homem. Queremos que ele se torne um *cavalheiro*", me explicou o diretor Kenneth LaRocque. Nessa escola, LaRocque e seus colegas explicitamente ensinam as regras que eles acreditam ser capazes de definir um cavalheiro: um cavalheiro não finge soltar pum para divertir os amigos. Um cavalheiro não assedia meninas e mulheres. Um cavalheiro não interrompe uma menina quando ela está falando. Um cavalheiro defende uma pessoa fraca ou introvertida contra um valentão. Um cavalheiro se levanta quando uma menina ou mulher entra na sala. Nesta escola, tudo isso é explicitamente ensinado aos meninos. "Não se pode supor que os meninos de hoje saibam esse tipo de coisa. Muitos deles não sabem. Mas eles podem aprender", disse o sr. LaRocque. "Um menino não se torna um cavalheiro naturalmente. Você precisa de uma comunidade masculina para mostrar como os meninos devem se comportar. E é isso o que fazemos aqui"[338].

Não estou sugerindo que o sr. LaRocque seja um guru. Não estou sugerindo que ele tenha todas as respostas. Mas ele tem *uma* resposta: ele e seus colegas desenvolveram uma forma específica de ensinar meninos a se tornar cavalheiros. Há outros valores essenciais pelos quais você pode optar e outras formas de ensinar esses valores. Heather Haupt, mãe de três meninos,

---

[338] Essa história da Avon Old Farms foi adaptada do capítulo 7 do meu livro *Boys Adrift*, 2ª edição. New York: Basic Books, 2016.

me enviou o manuscrito de seu livro *Knights in Training: Ten Principles for Raising Honorable, Courageous, and Compassionate Boys* [*Cavalheiros em Treinamento: Dez Princípios para Criar Meninos Honrados, Corajosos e Compassivos*]. Entre os princípios dela, estão: proteger os mais fracos; respeitar as mulheres; e falar a verdade. Não necessariamente concordo com todos os dez princípios dela, e nem todos são específicos para o gênero. Todas as crianças, tanto meninas como meninos, deveriam aprender a falar a verdade. Mas Haupt inclui um capítulo extenso explicando por que "respeitar as mulheres" quer dizer que um cavalheiro não vê pornografia[339]. Isso é algo que os meninos precisam aprender. É menos importante ensinar isso às meninas, porque elas têm uma probabilidade menor que a dos meninos de querer passar horas por dia vendo pornografia. (Releia o capítulo 6 se você não tem certeza disso). Sobre o lado feminino da história, recomendo o livro *Girls Gone Mild: Young Women Reclaim Self-Respect and Find It's Not Bad to Be Good* [*Meninas Contidas: Jovens Recuperam o Amor-próprio e Percebem que Não Há Nada de Mau em Ser Bom*], de Wendy Shalit, e *Strong Fathers, Strong Daughters* [*Pais Fortes, Filhas Fortes*], do meu amigo Meg Meeker.

Quase todas as culturas que conhecemos em detalhes cuidá orientação a meninas e meninos ao longo da transição até a idade adulta como mulheres e homens, respectivamente. Um exemplo: os primitivos !Kung, do sudoeste da África, que se fazem chamar de "o povo inofensivo". A cultura desse povo é pacífica: eles não conhecem a guerra. Não têm guerreiros e nenhuma tradição de combate. *"Ainda assim"*, de acordo com o antropólogo David Gilmore

---

[339] HAUPT, Heather. *Knighst in Training: Ten Principles for Raising Honorable, Courageous, and Compassionate Boys*. New York: Tarcher Perigee, 2017.

> *Numa cultura que valoriza a gentileza e a cooperação acima*
> *de todas as coisas, os meninos precisam conquistar o direito de*
> *serem chamados de homens por meio de um teste de habilidade e*
> *resistência. Eles têm de, sozinhos, encontrar e matar um antílope*
> *de tamanho considerável, um ato que requer coragem e perseve-*
> *rança. Somente depois de caçar um antílope pela primeira vez*
> *é que eles são considerados homens plenos e recebem permissão*
> *para se casar[340].*

O professor Gilmore dedicou vários anos à pesquisa da transição para o mundo adulto masculino em culturas ao redor do mundo, incluindo os !Kung. *"Há muitas sociedades nas quais a caça agressiva jamais exerceu papel importante"*, escreve Gilmore, *"nas quais homens não se unem para fins econômicos, nas quais a violência e a guerra são desvalorizadas ou desconhecidas, mas nas quais ainda hoje os homens se preocupam em exibir sua masculinidade"[341].*

O que acontece quando uma cultura – como a nossa – negligencia essa transição, fingindo que, para se tornar bons homens, os meninos precisam do mesmo que as meninas precisam para se tornar boas mulheres? Por uma ou duas décadas, talvez até três, a cultura permanece a mesma. Mas depois de uma geração, depois de mais de 30 anos negligenciando essa transição, os problemas começam a surgir. Se não conseguimos oferecer modelos de conduta para a transição para a idade adulta, os mais jovens vão se inspirar nas pessoas de mesma idade e vão construir sua própria forma de transição, que talvez não seja positiva nem construtiva.

---

[340] GILMORE, David. *Manhood in the Making: Cultural Concepts of Masculinity*. New Haven: Yale University Press, 1990. p. 14-15.
[341] Idem. *Ibidem.*, p. 25.

VIII - Herói ou criminoso?

Uma abordagem realmente inteligente e baseada em provas do gênero significa entender as diferenças entre meninas e meninos e se certificar de que tais diferenças não se tornem desvantagens.

Sabemos que as "fêmeas humanas", assim como as fêmeas de outros primatas, têm uma chance menor do que os machos de assumir riscos (veja o capítulo 3). Então, trabalhe junto com as meninas para estimulá-las a assumir riscos. Aprenda com projetos como o da St. Michael's Collegiate School, na Tasmânia (sobre o qual falei no capítulo 3), que culmina com meninas felizes e confiantes descendo de rapel por um paredão com vista para o Oceano Pacífico em Freycinet.

Sabemos que "machos humanos", assim como machos de outras espécies de primatas, têm mais chance do que as fêmeas de se envolver em atividades arriscadas e agressivas (veja os capítulos 3 e 4). Então, trabalhe junto com meninos para canalizar a agressão deles e transformá-la em comportamento construtivo.

Vou contar uma história para ilustrar o que quero dizer.

Thunder Bay é uma cidadezinha no litoral norte do Lago Superior. Um adolescente de lá – vamos chamá-lo de David – se envolveu com um grupo de jovens problemáticos, com uma gangue. Para se tornar membro da gangue, um menino tinha de cometer um crime. Por isso, David invadiu a casa de uma senhora enquanto ela estava no hospital e roubou todas as joias dela. David, então, vendeu as joias para uma loja de penhores local. Quando a mulher denunciou o crime à polícia, os detetives não demoraram muito para associar os itens roubados a David. Ele foi imediatamente preso e condenado. Foi enviado para uma instituição de delinquentes juvenis.

O carcereiro da instituição tinha um amigo que era dono de uma madeireira. O amigo disse ao carcereiro que tinha um monte de madeira torta que não podia ser vendida para a construção, embora rendesse uma bela fogueira. O carcereiro conhecia uma organização sem fins lucrativos que ajudava os idosos. O presidente da organização tinha dito que os idosos de Thunder Bay ainda aqueciam as casas usando madeira, mas lenha era um item caro, então as casas de alguns deles ficavam mais frias do que deveriam. O carcereiro perguntou ao amigo da madeireira se ele estaria disposto a cortar e doar a madeira torta de graça, e ele respondeu que sim.

Agora só era preciso descobrir uma forma de entregar a madeira nas casas dos idosos que dela precisavam. O carcereiro perguntou se havia voluntários. Três adolescentes se voluntariaram, incluindo David. Era um dia muito frio, com vento de meados de dezembro. (Se você já passou algum tempo no litoral norte do Lago Superior, sabe do que estou falando). Numa cidadezinha como Thunder Bay, o carcereiro fazia muitas coisas sozinho, por isso ele estava dirigindo a caminhonete para entregar a madeira, e os três meninos estavam com ele. Eles tinham feito apenas duas entregas quando o carcereiro disse: "Ei, caras, está frio demais hoje. Isso é ridículo. O vento está soprando forte. Está congelando lá fora. Se ficarmos aqui, vamos morrer. Vamos voltar e entrar. Podemos terminar outro dia, quando não estiver tão frio assim".

Mas David disse: "De jeito nenhum! Ainda temos que fazer algumas entregas! Os velhinhos estão nos esperando hoje. Não podemos decepcioná-los"! O carcereiro ficou impressionado com o entusiasmo de David. Por isso eles continuaram.

A casa seguinte na lista era a mesma que David tinha invadido. Então ali estava David, empilhando lenha no frio, sob o vento, para a mulher cuja casa ele tinha invadido alguns meses antes[342].

Os meninos querem ser homens. Se conseguirmos canalizar sua vontade heroica/agressiva/arriscada de forma boa, o resultado pode ser um menino corajosamente empilhando lenha para uma senhora num dia de inverno. Se não conseguirmos canalizar esse ímpeto, se fingirmos que o gênero não importa, o resultado pode ser um menino invadindo a casa de uma senhora para provar a si mesmo e aos demais que ele é um homem de verdade.

IX - Para além do rosa e do azul

Em 2003, um grupo de notáveis se reuniu na Dartmouth Medical School para discutir, entre outros temas, que o fato de nossa sociedade negligenciar as diferenças de gênero tem provocado muitos danos. Os adultos precisam falar sério sobre as questões

---

[342] Essa história aconteceu em Thunder Bay, em 2001, antes da reforma das leis juvenis do Canadá. Hoje em dia um menino canadense normalmente não seria enviado para uma instituição de segurança devido a um crime não violento (sem ferimentos na vítima), sendo ele réu primário. O Youth Criminal Justice Act (YCJA) é a lei canadense que agora se aplica a crianças entre 12 e 17 anos. Antes da YCJA, o Young Offenders Act (YOA) era a lei que regia o sistema de justiça juvenil do Canadá. Sob o YOA, o Canadá tinha uma das taxas de encarceramento juvenil mais altas do Ocidente, mais alta até que a dos Estados Unidos. Em 1º de abril de 2003, o YCJA substituiu o YOA. Esses comentários são baseados parcialmente na apresentação "Transforming Ontario's Youth Justice System to Improve Outcomes for Youth", feita por JoAnn Miller-Reid, na conferência de 2015 do Institute os Public Administration of Canada.

de gênero, concluíram os estudiosos. "A necessidade de atrelar importância social e sentido ao gênero parece ser universal", escreveram eles, e essa necessidade "influencia profundamente o bem-estar"[343].

Os pesquisadores reconheciam que muitas pessoas viam o gênero não como uma característica biológica inata, e sim como um papel socialmente construído. Depois de analisar as provas, esses especialistas concluíram que tal perspectiva é *"gravemente incompleta"*.

> *O gênero é algo profundo, que se manifesta próximo à essência da identidade humana e do sentido social – em parte porque é algo biologicamente determinado e ligado a diferenças nas estruturas cerebrais e em parte porque é algo que tem implicações profundas na transição para a idade adulta*[344].

A transição para a idade adulta. Mais do que em qualquer outro reino, é neste ponto que nossa sociedade hoje decepciona os jovens. Damos pouca orientação para nossos filhos e filhas quanto ao que significa se tornar um homem ou uma mulher. Nas sociedades tradicionais, a transição para a idade adulta é uma questão de grande importância, observada em cerimônias e

---

[343] O livro que resultou dessa conferência, *Hardwired to Connect*, foi patrocinado em conjunto pela YMCA dos EUA, Darthmouth Medical School e Institute for American Values. Os autores incluem a psiquiatra infantil Elizabeth Berger, o célebre pediatra T. Berry Brazelton, o professor de Harvard Robert Coles e Stephen Suomi, do National Institutes of Health, entre outros. Os principais autores são Kathleen Kovner e Arthur Maerlender, ambos da Darthmouth Medical School. Para a citação, ver: The Commission on Children at Risk. *Hardwired to Connect: The New Scientific Case for Authoritative Communities*. New York: Broadway Publications, 2003. p. 24.

[344] The Commission on Children at Risk. *Hardwired to Connect. Op. cit.*, p. 24.

rituais que são notadamente diferentes para meninas e meninos – observaram os estudiosos reunidos na Dartmouth.

> *[Os ritos de passagem femininos] tendem a celebrar a entrada na feminilidade (...). Para as jovens, muitos rituais ao redor do mundo sugerem que, com a menarca, obtêm-se poderes introspectivos maiores, um maior acesso à espiritualidade e uma vida interior mais exuberante (...). Os rituais de passagem masculinos são geralmente mais punitivos e quase sempre envolvem sofrimento e resistência. Tais rituais buscam ajudar o menino a se conectar com o sentido espiritual e místico e a garantia totêmica a partir dos quais ele conseguirá controlar sua própria agressividade, e direcioná-la para objetivos socialmente benéficos para sua comunidade[345].*

* * *

Daqui a cem anos, os estudiosos talvez olhem para a desintegração cultural manifestada na primeira metade do século XXI e concluam que um dos principais motivos para a destruição do nosso tecido social foi a negligência do gênero quando da educação de nossos filhos. Eu me pergunto o que esses futuros historiadores dirão sobre o tempo que demoramos para perceber nosso erro, perceber que meninas precisam de coisas diferente dos meninos, perceber que o gênero importa.

Espero que as cortinas finalmente estejam se abrindo. Em 2017, o *Journal of Neuroscience* dedicou uma edição inteira às diferenças de sexo em vários aspectos da função cerebral, da visão ao aprendizado, passando pelas doenças mentais. A edição

---

[345] Idem. *Ibidem.*, p. 24 e 57.

tinha 791 páginas, com 73 artigos científicos diferentes[346]. Larry Cahill, professor de neurociência da Universidade da Califórnia que trabalhou como editor do número especial, escreveu:

> *Devido a uma ideia profundamente entranhada e implícita (mas falsa) de que "igual" significa "o mesmo", muitos neurocientistas sabiam e até temiam que dizer que homens e mulheres não são a mesma coisa em alguns aspectos da função cerebral significava dizer que eles não eram iguais. Essa ideia é falsa e profundamente danosa, sobretudo para a saúde das mulheres, mas ainda assim continua causando impacto.*
>
> *Nos últimos 15 ou 20 anos houve uma explosão de pesquisas (apesar da tendenciosidade no assunto) documentando influências de gênero em todos os níveis da função cerebral. A onda de estudos sobre o assunto é tão poderosa que a forma padrão de desprezar as influências sexuais (isto é, "elas são pequenas e não confiáveis", "Elas se devem aos hormônios", "Elas se devem à cultura humana" e "Elas não existem no nível molecular") foi completamente refutada, ao menos para os que reconhecem o valor das pesquisas.*
>
> *[Os 73 artigos deste volume] documentam enfaticamente que as influências sexuais nas funções cerebrais são onipresentes, remoldando constantemente nossas descobertas – portanto, conclusões – em todos os níveis do nosso campo de estudo, e demonstrando o quanto o "sexo importa".*
>
> *Chegou a hora de reconhecer a ideia de que o gênero importa fundamental, enfática e constantemente para toda a neurociência (e não apenas para a reprodução)[347].*

---

[346] Você pode acessar todos os artigos da edição especial, gratuitamente, em <http://onlinelibrary.wiley.com/doi/10.1002/jnr.v95.1-2/issuetoc>. Acesso em 22 de julho de 2019.

[347] CAHILL, Larry. "An Idea Whose Time Has Come". *Journal of Neuroscience Research*, Volume 95, 2017, p. 12-13.

Então, talvez os neurocientistas, ou ao menos alguns deles, estão reunindo coragem para aceitar a realidade em vez de deixar que a ideologia oriente as pesquisas.

Você e eu não somos neurocientistas. Temos um trabalho ainda mais importante. Nosso trabalho agora é criar uma sociedade que tenha coragem e sabedoria para celebrar as diferenças inatas entre os sexos, ao mesmo tempo permitindo oportunidades iguais para todas as crianças.

O gênero é fundamental para a experiência humana. Mas, como em tudo, meninas e meninos precisam de orientação dos adultos, a fim de que eles cresçam e se tornem as mulheres e homens que desejam ser. Ajude sua filha a se tornar uma mulher autêntica e confiante: uma dama. Ajude seu filho a se tornar um homem cortês e respeitoso: um cavalheiro. Isso não será fácil. Nunca foi fácil. E a cultura contemporânea – com sua cegueira em relação ao gênero demonstrada pelas elites, juntamente com as caricaturas estereotipadas de meninos durões e meninas sensuais nas redes sociais – dificulta ainda mais o trabalho dos pais.

Não afirmo ter todas as respostas. Mas acho que estou fazendo as perguntas certas.

Vivemos uma era com novos desafios. As respostas dos anos 1950 não funcionam. Não queremos levar as meninas e meninos de volta aos cantinhos rosa e azul dos anos 1950, e não poderíamos fazer isso nem se quiséssemos. Como sociedade e como pais, enfrentamos desafios sem precedentes. Temos de ajudar as meninas e os meninos a fazer a transição para a idade adulta como mulheres e homens, numa cultura na qual as mulheres podem fazer qualquer coisa – incluindo se tornar cientistas aeroespaciais –, e os homens podem fazer qualquer coisa – incluindo ficar em casa criando um bebê. Temos de encontrar formas de valorizar e celebrar as diferenças de gênero sem restringir a liberdade de oportunidade. Temos de reconhecer que o gênero importa sem permitir que o gênero limite o horizonte das nossas crianças.

Não vai ser fácil. Mas acho que é possível.

Diferenças de sexo na audição

Os pesquisadores aprenderam que meninas e meninos, mulheres e homens, são muito diferentes (na média) no que diz respeito à audição. Um pesquisador comentou isso sobre essas diferenças de sexo:

> *A intuição lida bem com a ideia de que comportamento e estruturas – funções de ordem elevada – podem ser diferentes entre os sexos, mas ela se depara com a existência de diferenças de sexo no que se consideram estruturas e funções simples, de ordem menor. Por que isso acontece? Talvez porque a diferença de sexo em habilidades simples queira dizer que elas – as diferenças de sexo e as habilidades – são há muito mais importantes do que se aceitava considerá-las[348].*

I - O *n* de Stevens

Qual o volume da voz dessa professora? Parece uma pergunta simples, de resposta fácil. A amplitude, ou volume, de um som é

---

[348] MCFADDEN, Dennis. "Sex Differences in the Auditory System". *Developmental Neuropsychology*, Volume 14, 1998, p. 261-98. Cit. p. 262.

geralmente medida em decibéis (dB). Vá a uma loja de produtos eletrônicos e compre um decibelímetro. Sente-se numa sala de aula com ele ligado (como fiz em várias ocasiões em que visitei salas de aula) e, no fundo da classe, grave o volume da voz do professor. Descobri que um professor de voz baixa alcança 54 dB no meu decibelímetro. Outro professor de voz mais alta chega a 64 dB no aparelho. Assim, registrei uma diferença de aproximadamente 10 dB no volume de voz desses dois professores. Mas quão relevante é uma diferença de 10 dB?

A amplitude física de 64 dB é dez vezes maior do que a amplitude física de 54 dB. Uma diferença de 10 dB sempre representa uma diferença de dez vezes na amplitude. Uma diferença de 20 dB representa uma diferença de 100 vezes na amplitude. Uma diferença de 30 dB representa uma diferença de mil vezes na amplitude.

Mas um aluno é um ser humano, não um decibelímetro. A experiência subjetiva do aluno não é uma função linear da amplitude objetiva. Nenhum ser humano ouve um som de 85 dB como um som mil vezes maior do que um som de 55 dB. Um som de 85 dB é mais alto, claro, mas não mil vezes mais alto. Quão mais alto é esse som, então?

Para explicar como um aumento na amplitude de um som se traduz no volume subjetivo do som, descobri que é útil fazer uma analogia com a visão. Imagine uma sala sem janelas. Ela está totalmente escura. Agora você acende a luz, uma única lâmpada. Uau, que diferença! Agora você enxerga!

Vamos supor que você acenda uma segunda lâmpada, idêntica à primeira. A sala fica mais iluminada. Você acende uma terceira. A luminosidade aumenta. E uma quarta. Uma quinta.

Ao acender a quinta lâmpada, o aumento na luminosidade pode parecer pequeno. Objetivamente, contudo, a diferença de luminosidade entre a quarta e a quinta lâmpada, em comparação com a sala escura e a primeira lâmpada, é a mesma: nos dois casos, a diferença é de uma lâmpada mais clara, ou cerca de 800 lúmens, se você está usando uma lâmpada incandescente padrão de 60 watts. Em linguagem técnica: a experiência subjetiva da luminosidade não é uma função linear do estímulo objetivo.

A *psicofísica* é a parte da psicologia que estuda a relação entre um estímulo objetivo – neste caso, a luz da lâmpada ou o som da voz do professor – e a experiência subjetiva – neste caso, a luminosidade percebida da lâmpada ou a altura percebida da voz do professor.

J. J. Stevens, professor de Harvard, dizia há 50 anos que, para a maioria dos estímulos visuais e auditivos, pode-se estabelecer a relação entre a experiência subjetiva e objetiva por uma função hoje conhecida como "Lei de Stevens"[349]. No caso do som, a Lei de Stevens estabelece uma relação entre a altura do som de um tom L à amplitude do tom φ:

$$L = k\varphi^n,$$

na qual k é uma constante e o *n* é maior do que um. O valor de *n* varia de um indivíduo para outro e, portanto, pode ser medido individualmente. O *n* de Stevens mede quão sensível a pessoa é em relação ao som. Quanto maior o valor de *n*, mais sensível a pessoa.

---

[349] STEVENS, Stanley. "Neural Events and the Psychophysical Law". *Science*, Volume 170, 1970, p. 1043-50.

Num estudo, os pesquisadores mediram a variabilidade da identificação das cobaias em relação à altura de tons de intensidades diferentes e, assim, foram capazes de estimar o *n* das cobaias. Usando várias frequências e intensidades, eles descobriram que o valor médio do *n* de Stevens para as mulheres era quase 38% maior do que o valor do *n* de Stevens para os homens. Essa diferença entre mulheres e homens era muito importante[350]. Em outro estudo, os pesquisadores usaram uma abordagem diferente para medir o *n* de Stevens. Nesse segundo estudo, o valor médio do *n* das mulheres ficava entre 44 e 49% maior do que o *n* dos homens, dependendo da amplitude do som testado. Novamente, eram diferenças extremamente significativas[351].

Os pesquisadores perceberam que o valor maior do *n* das mulheres em comparação com o *n* dos homens *"significa que mulheres são mais sensíveis a certa extensão de tons do que os homens"*[352]. Um estudo anterior de Stanford dá suporte a essa

---

[350] SAGI, Elad et alli. "Identification Variability as a Measure of Loudness: An Application to Gender Differences". *Canadian Journal of Experimental Psychology*, Volume 61, 2007, p. 64-70. Para ser preciso: a proporção entre o valor dos homens e o das mulheres era 0,3053 para 0,2218. A proporção 0,3053/0,2218 = 1,376, então o valor dos homens era 37,6% mais alto, ou aproximadamente 38% mais alto, que o valor das mulheres. Agradeço ao dr. Norwich pelos esclarecimentos dados pessoalmente a mim em 2 de janeiro de 2017.

[351] D'ALESSANDRO, Lisa & NORWICH, Kenneth. "Loudness Adaptation Measured by the Simultaneous Dichotic Loudness Balance Technique Differs Between Genders". *Hearing Research*, Volume 247, 2009, p. 122-27. Para ser preciso: a 50 dB, a proporção entre o valor dos homens e o das mulheres era 52/36, ou 1,444, então o valor dos homens era 44% mais alto do que o valor das mulheres. A 60 dB, a proporção entre o valor dos homens e o das mulheres era 49/33, ou 1,485, ou aproximadamente 49% mais alto do que o valor das mulheres. Novamente, agradeço ao dr. Norwich pelos esclarecimentos dados pessoalmente a mim em 2 de janeiro de 2017.

[352] SAGI, Elad et alli. "Identification Variability as a Measure of Loudness". *Op. cit.*, p. 69.

afirmação. A pesquisadora Diane McGuinness mediu a sensibilidade das mulheres e dos homens a tons mais altos. Ao longo de certa faixa de frequências, de 250 Hz a 8 kHz, ela descobriu que o nível de conforto máximo médio das mulheres era cerca de 8 dB menor que o dos homens (veja o gráfico a seguir)[353]. Um pesquisador britânico, Colin Elliott, relatou diferenças semelhantes entre meninas e meninos de cinco anos de idade[354].

A maioria dos meninos precisa de volumes mais altos

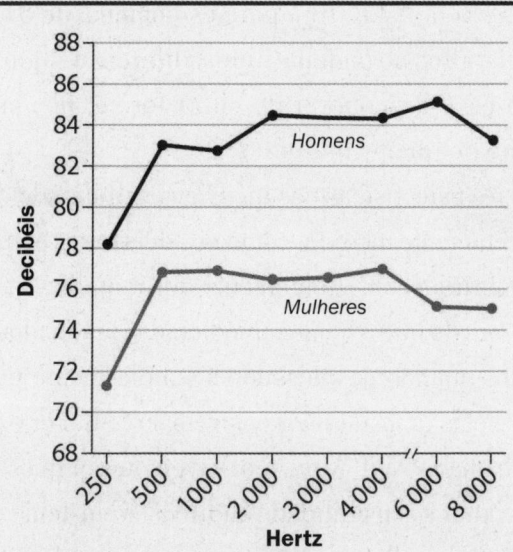

Curvas de volume para homens e mulheres ao longo do espectro de frequência.

Fonte: McGUINNESS, Diane. "Equating Individual Differences for Auditory Input". *Psychophysiology*, Volume 11, 1974, p. 115-20.

---

[353] McGUINESS, Diane. "Equating Individual Differences for Auditory Input". *Psychophysiology*, Volume 11, 1974, p. 115-20.
[354] ELLIOTT, Colin. "Noise Tolerance and Extraversion in Children". *British Journal of Psychology*, Volume 62, 1971, p. 375-80.

Outro grupo mediu o nível de audição mais confortável para as cobaias e o nível aceitável de barulho de fundo. As cobaias eram 25 mulheres e homens, todos entre 19 e 25 anos, e todos com audição normal. O nível de audição mais confortável para as mulheres era de 36,2 dB; para os homens era de 42,1 dB; isto é, 6 dB mais alto, uma diferença significativa. Em outras palavras, os homens preferem falar cerca de 6 dB mais alto, em média, do que o nível mais alto preferido pelas mulheres. Da mesma forma, o nível de barulho de fundo aceitável para as mulheres era de 24,8 dB e para os homens, de 31,7 dB; isto é, 7 dB mais alto; novamente, uma diferença significativa[355]. Explicando essa descoberta de outra forma: homens toleram mais barulho do que as mulheres.

Análises psicofísicas nas quais a sensibilidade das cobaias ao som é diretamente medida, como nos dois casos acima mencionados, descobriram consistentemente que a mulher média é mais sensível ao som do que o homem médio. Mas resultados diferentes foram obtidos quando pesquisadores simplesmente perguntaram às cobaias se elas eram ou não sensíveis ao som. Por exemplo, um psicólogo chamado Neil Weinstein inventou um questionário em 1978 para avaliar a sensibilidade auditiva. Weinstein consideraria você sensível ao barulho se você concordasse com afirmações como "não me importaria em viver numa rua barulhenta se o apartamento que eu tivesse fosse legal", "Ninguém deveria reclamar se uma pessoa ligasse o aparelho de som no máximo de vez em quando" ou "Na biblioteca, não me importo se alguém conversar, desde que

---

[355] ROGERS, Deanna et alli. "The Influence of Listener's Gender on the Acceptance of Backgtound Noise". *Journal of the American Academy of Audiology*, Volume 14, 2003, p. 372-82.

seja baixinho". Por outro lado, Weinstein o consideraria "sensível ao barulho" se você concordasse com afirmações como "Fico furioso quando pessoas fazem barulho que me impede de dormir ou de trabalhar" ou "Fico irritado quando meus vizinhos fazem barulho". Weinstein não demonstrou reconhecer que a construção social do gênero poderia influenciar as respostas das cobaias ao seu questionário[356]. Nos anos 1970, quando Weinstein criou o questionário, as jovens mulheres tinham uma probabilidade menor do que os homens de concordar com qualquer afirmação que começasse como "Eu fico furioso com pessoas que...". Ficar furiosa com as pessoas não era uma característica desejável para as jovens mulheres nos anos 1970. Da mesma forma, mulheres nos anos 1970 teriam mais chance do que os homens de concordar com afirmativas que começassem como "Não me importaria se..." ou "Ninguém deveria se importar se...". Ceder, não se importar ou deixar que as outras pessoas fizessem o que bem entendessem são características da feminilidade tradicional em culturas patriarcais, categoria que supostamente inclui a cultura norte-americana dos anos 1970. Não é de admirar que as mulheres no estudo de Weinstein não tinham mais chance de se identificar como sensíveis ao barulho. Havia outras hipóteses de que o gênero não importa no que diz respeito à sensibilidade ao barulho, e essas hipóteses não convencem pelos mesmos motivos[357].

---

[356] WEINSTEIN, Neil. "Individual Differences in Reaction to Noise: A Longitudinal Study in a College Dormitory". *Journal of Applied Psychology*, Volume 63, 1978, p. 458-66.

[357] A dra. Lise Elliot publicou um artigo intitulado "Single-Sex Education and the Brain" (*Sex Roles*, Volume 69, 2013, p. 363-81) em que ataca vigorosamente a minha afirmação, feita na primeira edição de *Por Que Gênero Importa?*, de que meninas e meninos têm diferenças de audição. Em seu

esforço de refutar minha afirmação a respeito das diferenças de gênero na audição, a dra. Elliot citou uma publicação de 2008 num *blog* feita por um linguista da Universidade da Pensilvânia, dr. Mark Liberman, "Liberman on Sax on Liberman on Sax on Hearing" (*Language Log*, May 19, 2008), em: <http://languagelog.ldc.upenn.edu/nll/?p=171>. Em seu *post*, o dr. Libermann deu grande peso aos questionários propostos em dois estudos pelos pesquisadores alemães Karin Zimmer, Wolfgang Ellemeier, e Monika Eigenstetter. Esses pesquisadores, por sua vez, basearam o questionário em alemão no questionário em inglês de Neil Weinstein, de 1978, que já descrevi no texto. Ellermeier, Eigenstetter e Zimmer administraram o questionário para avaliar a sensibilidade auditiva de 61 alunos. Eles ficaram surpresos ao descobrir que a maioria dos que se disseram sensíveis ao barulho era formada por mulheres, enquanto a maioria dos que se disseram insensíveis ao barulho era formada por homens. Eles disseram que a descoberta das diferenças de gênero no que diz respeito à sensitividade ao barulho era "atípica". Para apoiar essa afirmação, eles mencionaram suas próprias experiências anteriores, assim como estudos anteriores de outros autores, sendo que nenhum deles tinha encontrado qualquer diferença na sensibilidade ao barulho. Um desses estudos era o de Weinstein, publicado em 1978, cujos problemas já notei no texto. O segundo estudo citado por Ellermeier, Eigenstetter e Zimmer é o de Naomi Moreira e M. Bryan, publicado em 1972. Apesar de Moreira e Bryan não terem mesmo encontrado diferenças de sexo na sensibilidade auditiva, Ellermeier e outros não perceberam que Moreira e Bryan fizeram seu estudo com apenas cinco mulheres. Moreira e Bryan reconheceram que, *"com apenas cinco das 34 cobaias sendo mulheres, qualquer correlação é improvável já que a amostragem é pequena demais"* (p. 455).

O terceiro estudo citado por Ellermeier, Eigenstetter e Zimmer é "A Path Model of Aircraft Noise Annoyance", de S. M. Taylor, publicado em 1984. Mas o artigo de Taylor não é uma pesquisa originalmente empírica; é uma reanálise de dados publicados ao longo das duas décadas anteriores, remontando a 1963 (londrinos incomodados com o barulho dos aviões sobre suas cabeças). A análise de Taylor se baseia na suposição de que a sensibilidade ao barulho não tem relação e independe do gênero da pessoa. Taylor descobre que a sensibilidade ao barulho é um indicador extremamente importante para saber se a pessoa fica irritada com o barulho dos aviões. Sem dúvida é exata, mas Taylor, então, exclui a variação do modelo estatístico, descobrindo que o sexo das pessoas não é responsável por qualquer variação *adicional* nos dados. A análise de Taylor é consistente com a possibilidade de que a sensibilidade ao barulho varia em paralelo com o sexo feminino. De qualquer forma, Taylor não dá informações suficientes para permitir ao leitor recriar sua análise dos dados da Londres de 1963 juntamente com dados mais recentes (da década de 1970) obtidos nos Estados Unidos.

Então os três trabalhos mencionados por Ellermeier, Eigenstetter e Zimmer para dar suporte à afirmação deles de que diferenças de sexo na sensibilidade auditiva são "atípicas" na verdade dão um suporte bem fraco para essa afirmação. Ellermeier, Eigenstetter e Zimmer, também, citam sua própria experiência anterior com seu próprio questionário – um questionário em alemão feito em 1998 por Zimmer e Ellermeier que se inspira no modelo em inglês criado por Weinstein em 1978. Por exemplo, um dos itens do questionário deles é *"Se há barulho onde trabalho, isso me torna uma pessoa agressiva"* (*"Geräusche an meinem Arbeitsplatz machen mich agressiv"*). Uma pessoa teria de concordar com a afirmação para ser classificada como "sensível ao barulho".

Como já disse, questionários introspectivos como esses podem refletir a construção social do gênero – como a relutância da mulher em admitir que fica com raiva ou se torna "agressiva" quando outras pessoas fazem barulho – e, portanto, podem ocultar ou confundir o problema subjacente da sensibilidade ao barulho. Uma mulher pode ter uma chance menor do que o homem, em média, de concordar com qualquer afirmação no formato "se x acontece, isso me torna agressiva". Zimmer e Ellermeier, assim como Weinstein antes deles, não demonstram perceber que seu questionário é poluído pela construção social do gênero e pelas diferenças de sexo correspondentes no que diz respeito à disponibilidade das cobaias para admitir que o barulho as torna "agressivas".

Esses são os estudos usados pelo dr. Libermann em seu post citado pela dra. Elliot. Devemos aceitar essas pesquisas subjetivas em favor de medições psicofísicas mais objetivas, como as empregadas pelos pesquisadores que citei aqui? Em caso afirmativo, por quê? Essas são algumas das perguntas a que Elliot deveria ter respondido, mas não respondeu.

Olhando para trás, podemos entender por que Ellermeier, Eigenstetter e Zimmer ficaram surpresos ao descobrir que as mulheres pesquisadas apresentaram uma sensibilidade ao barulho maior do que os homens. Levando em conta que Ellermeier, Eigenstetter e Zimmer estavam usando um questionário tendencioso, no qual uma pessoa tinha de admitir ser "agressiva" para ser classificada como sensível ao barulho", é mesmo surpreendente que mais mulheres do que homens tenham sido consideradas sensíveis ao barulho. É possível que as mulheres de 2001 estivessem mais dispostas a se descrever como "agressivas" do que as mulheres de décadas antes. Simplesmente não sabemos. A mensagem dos pesquisadores parece ser a de que você não deveria confiar na introspecção das cobaias quanto

II - Aplicações

No capítulo 2, apontei que diferenças de sexo na audição podiam ter impacto na sala de aula. As diferenças de sexo aqui mencionadas sugerem que *o menino médio precisa que a professora fale mais alto* – cerca de seis a oito decibéis mais alto – *para que ele possa ouvi-la tão bem quando a menina média.*

Se uma sala de aula específica é organizada com as crianças sentadas no mesmo lugar todos os dias e a professora fica na parte da frente da sala, então mudar o menino que não presta atenção de lugar, para a parte da frente, talvez seja benéfico. Eu me envolvi pessoalmente na avaliação e supervisão contínua de meninos cujo desempenho acadêmico melhorou consideravelmente depois que eles saíram do fundo da sala e passaram a se sentar na primeira fila. Mas, até onde entendo, essa medida só é eficiente com os meninos mais novos, no jardim de infância ou na primeira série. Ela tem menos chance de ser eficiente com meninos mais velhos e pode ser até contraproducente em meninos na última parte do ensino fundamental e no ensino médio. Por quê?

---

ao que as faz se sentir "agressivas" se pretende medir a sensibilidade ao barulho. Ao contrário, use medições psicofísicas que avaliem a sensibilidade ao barulho de forma mais direta.

Eis aqui as referências citadas nessa nota: ELLEMEIER, Wolfgang ; EIGENSTETTER, Monika & ZIMMER, Karin. "Psychoacoustic Correlates of Individual Noise Sensitivity". *Journal of the Acoustical Society of America*, Volume 109, 2001, p. 1464-73; MOREIRA, Naomi & BRYAN, M. "Noise Annoyance Susceptibility". *Journal of Sound and Vibration*, Volume 21, 1972, p. 449-62; TAYLOR, S. M. "A Path Model of Aircraft Noise Annoyance". *Journal of Sound and Vibration*, Volume 96, 1984, p. 243-60; ZIMMER, Karin & ELLEMEIER, Wolfgang. "Konstrucktion und Evaluation eines Fragebogens zur Erfassung der individuellen Lärmempfindlichkeit". *Diagnostica*, Volume 44, 1998, p. 11-20.

Se meninas e meninos podem se sentar onde quiserem na sala de aula, geralmente haverá um ou dois meninos estudiosos na primeira fila, com as meninas sentadas na maioria entre a primeira fila e as filas intermediárias; os meninos típicos para o gênero provavelmente se sentarão nos fundos da sala de aula, com os meninos mais machões geralmente ocupando a última fileira. Se uma professora numa sala do oitavo ano muda de lugar um menino que não presta atenção, da última para a primeira fileira, a primeira prioridade do menino geralmente será provar a seus amigos da última fila que ele não é o queridinho da professora. Como resultado, ele pode se tornar uma criança desafiadora e pode deixar de prestar atenção mesmo lá na frente. Então, essa estratégia simples não funciona bem para meninos mais velhos. Mudar seu filho para uma sala diferente, com uma pessoa que caminha pela sala e fala mais alto, talvez seja uma estratégia melhor.

Todos os estudos anteriormente citados para demonstrar as diferenças no *n* de Stevens também relataram variações significativas entre homens e mulheres. Alguns homens são muito sensíveis aos sons, incluindo o barulho de fundo; e algumas mulheres são menos sensíveis do que alguns homens. Nem todos os meninos tiram proveito de professores que falam mais alto. Alguns meninos são realmente sensíveis ao som. Esses meninos podem ter um transtorno do processamento auditivo, também chamado de déficit de processamento auditivo[358]. Tal menino pode ser prejudicado se o colocarem numa sala de aula com uma professora que fale mais alto. Esse menino provavelmente se sairá melhor com uma professora de voz amena.

---

[358] DEBONIS, David & MONCRIEFF, Deborah. "Auditory Processing Disorders: An Update for Speech-Language Pathologists". *American Journal of Speech-Language Pathology*, Volume 17, 2008, p. 4-18.

Outra aplicação das diferenças de sexo na audição aqui mencionada é que *os meninos geralmente toleram um nível maior de ruído na sala em relação às meninas*: cerca de seis a oito decibéis mais alto. O barulho do ventilador ou de dedos tamborilando na mesa pode irritar muito uma menina ou a professora, mas provavelmente não irritará um menino.

Se a professora do seu filho lhe diz que ele está sempre batendo com o lápis na mesa e isso a distrai, você talvez possa compartilhar este livro com ela. Sugira que a professora leia parte intitulada: *Material extra I: Diferenças de sexo na audição* (o texto que você está lendo agora). A professora talvez não saiba que realmente há diferenças de sexo na quantidade de barulho que o menino médio tolerará em comparação com a menina média. Quando a professora manda seu filho parar de bater com o lápis na carteira e ele para, depois recomeça cinco minutos mais tarde, ele não está necessariamente a desafiando nem sendo desrespeitoso. Ele só não está ouvindo as batidas da mesma forma que a professora e as meninas. Ofereça uma sugestão: hastes de chenile usadas para limpar a tubulação. Hastes desse tipo darão ao seu filho algo com o que bater na carteira sem fazer qualquer barulho.

Não ignore as diferenças de sexo. Use-as. Os benefícios podem ser significativos. O menino de seis anos que lhe disse que odeia a escola semana passada agora diz que ama a escola. Já vi isso acontecer.

Diferenças de sexo na visão

Você prefere brincar com um caminhãozinho ou com uma boneca?

Se você cursou psicologia do desenvolvimento em quase todas as universidades nos últimos 50 anos, há uma boa chance de você ter aprendido vários experimentos clássicos feitos nos anos 1960 até os anos 1990. Todos são uma variação do seguinte: o pesquisador oferece a uma criança bem novinha, de três ou quatro anos, a opção entre brincar com uma boneca ou outro brinquedo "de menina" e brincar com um caminhãozinho ou outro brinquedo "de menino". As meninas geralmente demonstram uma preferência ligeiramente maior pela boneca. Os meninos geralmente demonstram uma grande preferência por caminhõezinhos[359].

---

[359] Em alguns casos os pesquisadores permitiram que as crianças escolhessem o brinquedo. Ver, por exemplo: BERENBAUM, Sheri & HINES, Melissa. "Early Androgens Are Related to Childhood Sex-Typed Toy Preferences". *Psychological Science*, Volume 3, 1992, p. 203-06. Em outros casos, pesquisadores entrevistaram crianças e/ou pais e perguntaram a eles que tipo de brinquedos preferiam. Ver, por exemplo, em ordem cronológica, os seguintes estudos: SUTTON-SMITH, Brian & ROSENBERG, Benjamin. "Development of Sex Differences in Play Choices During Preadolescence". *Child Development*, Volume 34, 1963, p. 119-26; CONNOR, Jane & SERBIN,

O gráfico a seguir mostra um resultado típico de um desses estudos. A barra mais escura indica quanto tempo a criança passa brincando com um brinquedo "masculino", como um caminhãozinho. A barra cinza indica quanto tempo a criança passa brincando com um brinquedo "feminino", como uma boneca. Meninas passam ligeiramente mais tempo brincando com a boneca do que com o caminhãozinho. Meninos, por outro lado, geralmente passam muito mais tempo brincando com caminhõezinhos do que com bonecas. Poucos meninos chegam a passar um minuto brincando com a boneca. Os meninos preferem muito mais o caminhãozinho; as meninas preferem um pouco mais a boneca[360].

O que aprendi com esses estudos há 37 anos, como universitário cursando meu PhD em psicologia pela Universidade da Pensilvânia, é que aprendemos que "a construção social do gênero" é o contexto perfeito no qual compreendemos esses resultados. Meu professor na Penn, Justin Aronfreed, me explicou isso da seguinte forma: "Transmitimos às meninas uma mensagem bastante consistente de que elas devem

Lisa. "Behaviorally-Based Masculine-and-Feminine-Activity Preference Scales for Preschoolers". *Child Development*, Volume 48, 1977, p. 1411-16; SMITH, Peter & DAGLISH, Linda. "Sex Differences in Parent and Infant Behavior in the Home". *Child Development*, Volume 48, 1977, p. 1250-54; PERRY, David ; WHITE, Adam & PERRY, Louise. "Does Early Sex Typing Result from Children's Attempts do Match Their Behavior to Sex Roles Stereotypes?" *Child Development*, Volume 55, 1984, p. 2114-21; CARTER, D. Bruce & LEVY, Gary. "Cognitive Aspects of Early Sex-Role Development: The Influence of Gender Schemas on Preschoolers' Memories and Preferences for Sex-Typed Toys and Activities". *Child Development*, Volume 59, 1988, p. 785-92.

[360] Ambas as figuras foram tiradas do artigo: HASSETT, Janice ; SIEBERT, Erin & WALLEN, Kim. "Sex Differences in Rhesus Monkey Toy Preferences Parallel Those of Children". *Hormones and Behavior*, Volume 54, 2008, p. 359-64. Para a figura que descreve os brinquedos preferidos das crianças, Hassett, Siebert e Wallen basearam-se em dados publicados originalmente em: BERENBAUM, Sheri & HINES, Melissa. "Early Androgens Are Related to Childhood Sex-Typed Toy Preferences". *Psychological Science*, Volume 3, 1992, p. 203-06.

brincar com bonecas, e não com caminhõezinhos. Assim, quando lhes damos a chance de escolher, elas provavelmente escolherão a boneca, não o caminhãozinho. Mas, se a menina pega o caminhãozinho, não é uma catástrofe". Já com os meninos, explicou o professor Aronfreed, há mais coisas em jogo. "Transmitimos aos meninos uma mensagem muito mais forte sobre o que ele deve ou não fazer. Meninos não devem brincar com bonecas. Os meninos entendem muito bem essa mensagem. Assim, os meninos têm uma probabilidade muito maior de brincar com caminhõezinhos do que com bonecas".

Meninas preferem brincar com bonecos e não comcaminhõezinhos; meninos preferem brincar com caminhõezinhos e não com bonecas

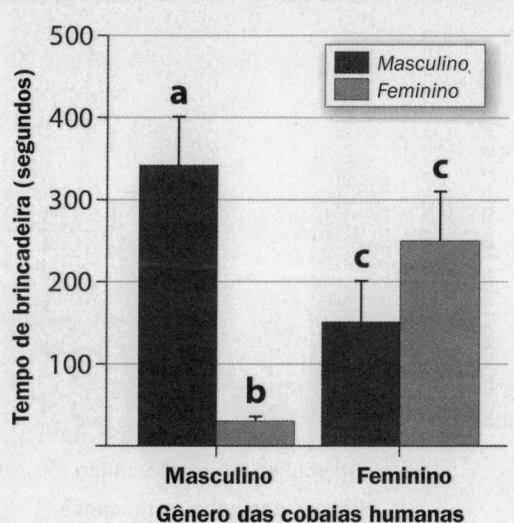

Meninas passam um pouco mais de tempo, em média, brincando com brinquedos "femininos", como bonecas, enquanto meninos passam muito mais tempo, em média, brincando com brinquedos "masculinos", como caminhõezinhos.

Fonte: HASSETT, Janice ; SIEBERT, Erin & WALLEN, Kim. "Sex Differences in Rhesus Monkey Toy Preferences Parallel Those of Children". *Hormones and Behavior*, Volume 54, 2008, p. 359-64.

Quando o professor Aronfreed me explicou isso, não o questionei. Parecia ser o senso comum.

Em 2008, Kim Wallen e seus colegas do Yerkes National Primate Research Center de Atlanta decidiram realizar esse estudo conhecido novamente, com uma pequena mudança: em vez de oferecer a crianças humanas a opção de brincar com bonecas ou caminhõezinhos, eles deram essa opção a macacos. Eles ofereceram aos macacos a oportunidade de brincar com um "brinquedo de menino", como um caminhãozinho, e um "brinquedo de menina", como uma boneca. Os resultados são os mostrados no gráfico a seguir.

Diferenças de sexo semelhantes são vistas em macacos

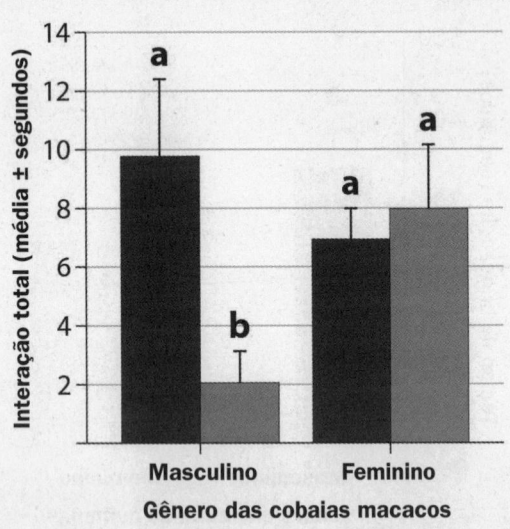

Macacos machos passam mais tempo brincando com brinquedos "masculinos", como caminhõezinhos, do que com brinquedos "femininos", como bonecas.

Fonte: HASSETT, Janice ; SIEBERT, Erin & WALLEN, Kim. "Sex Differences in Rhesus Monkey Toy Preferences Parallel Those of Children". *Hormones and Behavior*, Volume 54, 2008, p. 359-64.

Como você pode notar, o padrão básico dos resultados foi bastante semelhante ao padrão encontrado nas crianças humanas[361]. Os macacos fêmeas demonstram ligeira preferência pelas bonecas em relação aos caminhõezinhos. Os machos preferem muito mais os caminhõezinhos às bonecas.

É difícil invocar a construção social do gênero para acomodar essa descoberta. Você teria de dizer que um macaco de autoridade, talvez um pai, está falando ao jovem macaco: Não quero ver você brincando com bonecas! Mas na verdade nada desse tipo acontece. Os macacos não parecem se importar se outros macacos, machos ou fêmeas, brincam com caminhõezinhos ou bonecas. Ainda assim, o efeito principal – a preferência dos machos por caminhõezinhos – está claramente presente nos macacos, assim como nas crianças humanas. E a construção social do gênero não pode ser usada para explicar esse efeito nos seres humanos, já que um efeito semelhante está presente nos macacos[362].

A construção social do gênero pode ser usada para explicar diferenças nas espécies. O efeito principal é mais notável

---

[361] HASSETT, Janice ; SIEBERT, Erin & WALLEN, Kim. "Sex Differences in Rhesus Monkey Toy Preferences Parallel Those of Children". *Hormones and Behavior*, Volume 54, 2008, p. 359-64.

[362] Existe um princípio lógico chamado "Navalha de Occam", descrito da seguinte forma por Isaac Newton em *Principia Mathematica* (1687): *"Para os mesmos resultados naturais nós devemos, tanto quanto possível, atribuir as mesmas causas"*. Qualquer explicação que alguém use para justificar o fato de que macacos machos preferem caminhões a bonecas deveria ser usada de forma lógica para explicar o mesmo resultado principal em crianças humanas. Como a construção social do gênero não pode ser usada para explicar essa preferência nos macacos, ela não pode (sem violar o princípio da "Navalha de Occam") ser utilizada como a principal explicação da preferência em humanos.

em nossa espécie do que em macacos, como se pode ver nos gráficos. Então, a construção social do gênero pode ajudar a explicar as diferenças entre a nossa espécie – na qual a cultura exerce um papel significativo na construção do gênero – e a dos macacos, na qual a cultura exerce um papel menor ou nulo. Os macacos não têm "cultura", no sentido humano, isto é, costumes e comportamentos que não são geneticamente programados e que podem ser bastantes diferentes de um lugar para outro.

O dr. Melvin Konner resume isso em apenas três palavras: *"a cultura* expande *a biologia"*[363]. O efeito principal – a preferência dos machos por brincar com um caminhãozinho cinza e não com uma boneca colorida – tem de ser programado, porque se mantém em várias espécies. Mas esse efeito tem mais destaque em nossa espécie porque a cultura expande a biologia, porque a cultura humana e a construção social do gênero exageram e exacerbam a diferença programada.

Certo. Então talvez tenhamos explicado a diferença nas descobertas entre humanos e macacos. Mas ainda não explicamos o efeito principal encontrado nas duas espécies, tanto em humanos como em macacos: por que os machos jovens, sejam eles humanos ou macacos, preferem brincar com um caminhãozinho cinza e não com uma boneca colorida?

---

[363] KONNER, Melvin. *The Evolution of Childhood: Relationships, Emotion, Mind.* Cambridge: Harvard University Press, 2010. p. 675.

I - Macacos, meninas, meninos e brinquedos[364]

A psicóloga do desenvolvimento Gerianne Alexander acha que pode saber a resposta. Ela na verdade foi a primeira a oferecer aos macacos a oportunidade de brincar com brinquedos "de menino" ou "de menina". Assim como o grupo do dr. Wallen, a professora Alexander encontrou diferenças de sexo entre macacos semelhantes às diferenças de sexo que encontramos entre as crianças humanas[365]. Em 2003, um ano depois de ter publicado seu estudo com macacos, a professora Alexander publicou sua teoria explicando por que macacos machos e fêmeas – assim como humanos machos e fêmeas – talvez prefiram brincar com brinquedos diferentes[366].

Os cientistas sabem há mais de 30 anos que nosso sistema visual é na verdade dois sistemas distintos funcionando paralelamente, começando nas células ganglionares na retina até o córtex visual[367]. Um sistema se dedica a responder à pergunta: o

---

[364] Tomei o título desta seção emprestado da carta sobre o assunto escrita em: HINES, Melissa & ALEXANDER, Gerianne. "Monkeys, Girls, Boys and Toys". *Hormones and Behavior*, Volume 54, 2008, p. 478-79.

[365] ALEXANDER, Gerianne & HINES, Melissa. "Sex Differences in Response to Children's Toys in Nonhuman Primates". *Evolution and Human Behavior*, Volume 23, 2002, p. 467-79.

[366] ALEXANDER, Gerianne. "An Evolutionary Perspective of Sex-Typed Toy Preferences: Pink, Blue, and the Brain". *Archives of Sexual Behavior*, Volume 32, 2003, p. 7-14.

[367] Leslie Ungerleider e Mortimer Mishkin são os neurocientistas citados com mais frequência como sendo os primeiros – no início da década de 1980 – a reconhecer abertamente a distinção anatômica entre o sistema "o quê" e o sistema "onde". Ver, por exemplo, o artigo: UNGERLEIDER, Leslie ; MISHKIN, Mortimer & MACKO, Kathleen. "Object Vision and Spatial Vision: Two Cortical Pathways". *Trends in Neuroscience*, Volume 6, 1983, p. 414-17.

que é isso? Que cor é essa? Que textura é essa? O outro sistema se dedica a responder à pergunta: Para onde isso vai? E qual a velocidade disso? Esses dois sistemas no cérebro são geralmente chamados de sistema "o quê" e sistema "onde"[368].

A professora Alexander foi a primeira a sugerir que há diferenças de sexo programadas no sistema visual que talvez expliquem as descobertas que ela fez das diferenças de sexo nas preferências por brinquedos em crianças (e também em macacos). Ela cogitava que talvez as meninas tivessem mais recursos no sistema "o quê", enquanto os meninos talvez tivessem mais recursos no sistema "onde". As meninas têm mais chance de brincar com uma boneca em vez de um caminhãozinho cinza porque a boneca tem cores e texturas mais interessantes. Os meninos têm mais chance de brincar com um caminhãozinho cinza porque ele tem rodinhas. Ele se move.

A hipótese da professora Alexander ajuda a entender muitas descobertas que de outra forma são difíceis de serem entendidas. Por exemplo, meninas de três a oito meses de idade, e não meninos da mesma idade, preferem olhar para bonecas e não para caminhõezinhos[369]. Quando os pesquisadores mostram cores diferentes para meninos e meninas e pedem que eles digam os

---

[368] Para uma revisão dessa literatura, ver o artigo: GGODALE, Melvyn & WESTWOOD, David. "An Evolving View of Duplex Vision: Separate But Interacting Cortical Pathways for Perception and Action". *Current Opinion in Neurology*, Volume 14, 2004, p. 203-11.

[369] ALEXANDER, Gerianne ; WILCOX, Teresa & WOODS, Rebecca. "Sex Differences in Infants' Visual Interest in Toys". *Archives of Sexual Behavior*, Volume 38, 2009, p. 427-33. Para mais informações sobre diferenças de gênero na visão de bebês, ver o artigo: HORWOOD, Anna & RIDELL, Patricia. "Gender Differences in Early Accomodation and Vergence Development". *Ophtalmic and Physiological Optics*, Volume 28, 2009, p. 115-26.

nomes das cores, *"mulheres respondem com mais rapidez e precisão do que os homens"*[370]. Quando pesquisadores examinaram homens e mulheres para saber quão precisamente eles acertam um objeto em movimento, os homens são significativamente mais precisos do que as mulheres[371]. Alguns podem dizer que as diferenças homem/mulher no que diz respeito a objetivos em movimento afetam somente os passatempos preferidos de cada gênero: meninos gostam mais do que as meninas de brincadeiras nas quais têm de jogar coisas em objetivos em movimento; meninos têm mais prática nisso, por isso são melhores. Mas há uma condição intersexual chamada hiperplasia adrenal congênita (HAC), na qual o bebê menina é exposto a hormônios masculinos quando está no útero da mãe. Esses hormônios masculinos masculinizam o cérebro da menina no útero. Meninas com HAC são melhores do que as meninas normais no que diz respeito a apontar objetos em movimento; na verdade, as meninas HAC são tão precisas nisso como os meninos[372]. Por fim, pesquisadores alemães relataram diferenças de sexo significativas no córtex visual de adultos, com

---

[370] HANDA, Roberta & MCGIVERN, Robert. "Steroid Hormones, Receptors, and Perceptual and Cognitive Sex Differences in the Visual System". *Current Eye Current Eye Research*, Volume 40, 2015, p. 110-27. A citação é da página 116. Os autores citam sete estudos diferentes para sustentar essa afirmação (referências 82 a 88).

[371] MCGIVERN, Robert et alli. "Men and Women Exhibit a Differential Bias for Processing Movement Versus Objects". *PLOS One*, March 14, 2012, DOI: <10.1371/journal.pone. 0032238>, disponível em <www.plosone.org/article/info%3Adoi%2F10.1371%2Fjournal.pone.0032238>, acesso em 22 de julho de 2019.

[372] HINES, Melissa et alli. "Spatial Abilities Following Prenatal Androgen Abnormality: Targeting and Mental Rotations Performance in Individuals with Congenital Adrenal Hyperplasia". *Psychoneuroendocrinology*, Volume 28, 2003, p. 1010-26.

muito mais recursos dedicados ao sistema "onde" nos homens do que nas mulheres, mesmo depois de ajustes feitos para diferenças gerais no tamanho do cérebro[373].

Todas essas descobertas se encaixam na hipótese da professora Alexander. Pesquisadores que recentemente analisaram esse estudo concluíram que hoje *"há provas indicando que as diferenças de sexo na percepção visual têm base neural e dão apoio à crença popular de que homens e mulheres realmente veem o mundo de um jeito diferente, mesmo que até certo ponto"*[374].

Mas por que você deve se importar com isso?

Descobri que a hipótese da professora Alexander me ajuda a entender as diferenças de sexo que vi em primeira mão, em escolas de Edimburgo a Toronto, passando por Dallas e Auckland, no que diz respeito às melhores práticas específicas para cada gênero no ensino de matérias diversas como física, escrita criativa, artes visuais e até línguas modernas. A melhor forma de ensinar física para os meninos é como ensinamos física aos meninos: mantendo o foco na ação – carros acelerando, jogadores de futebol americano colidindo etc. A ação aciona o sistema "onde", o sistema que parece predominante nos homens. A melhor forma de ensinar física para as meninas é se concentrando em respostas para perguntas como "O que é isso?" Do que a luz é feita? Do que é feita a matéria? Que leis governam o Universo? Por que essas leis e não outras"? (Por favor, veja o capítulo 5 deste livro para aplicações práticas dessa abordagem).

---

[373] AMUNTS, Katrin et alli. "Gender-Specific Left-Right Asymmetries in Human Visual Cortex". *Journal of Neuroscience*, Volume 27, 2007, p. 1356-64, texto completo disponível gratuitamente em <www.jneurosci.org/cgi/content/full/27 6/1356>, acesso em 22 de julho de 2019.

[374] VANSTON, John & STROTHER, Lars. "Sex Differences in the Human Visual System". *Journal of Neuroscience Research*, Volume 95, 2017, p. 617-625.

A maneira como vemos influencia o modo como percebemos o mundo. A visão influencia o que gostamos de ler e como preferimos escrever, sobretudo quando somos jovens. No livro *Boys Adrift*, discuti como a ignorância nesse sentido aliena meninos em matérias como redação criativa e artes visuais. Alguns meninos querem escrever histórias com ênfase na ação, mas perdem o entusiasmo quando a professora diz: "Fale mais sobre os personagens, Justin: Como eles são? Que tipo de roupa usam"? A professora quer que Justin dê ênfase a características que acionam o sistema "o quê", mas Justin quer contar uma história que aciona o sistema "onde".

A maioria dos professores não sabe nada sobre as diferenças de sexo no sistema visual. Como poderiam saber? Poucas escolas dão alguma instrução sobre isso ou sobre qualquer coisa relacionada às diferenças de sexo quanto às melhores práticas para lecionar várias matérias[375]. A ignorância geral das diferenças de sexo prejudica meninas e meninos, mas os prejudica de formas diferentes. Quando os professores não entendem essas diferenças de gênero, o resultado geralmente é uma escola na qual os meninos acham que escrita criativa é coisa de menina e as meninas pensam que física é coisa de menino. Quando os professores entendem as diferenças de gênero, eles rompem com os estereótipos de gênero. Eu vi isso em primeira mão.

---

[375] Na maioria das escolas de educação, é politicamente incorreto até sugerir que melhores práticas de ensino das áreas temáticas sejam diferentes para meninas e meninos. Duas exceções notáveis a essa regra infeliz são a Stetson University, em DeLand, na Flórida, e a University de Nevada, em Reno.

AGRADECIMENTOS

Minha primeira dívida é para com os pais e filhos que me escolheram como médico da família em Poolesville, Maryland, ao longo dos mais de 18 anos em que mantenho meu consultório lá. É um privilégio ser médico da família: é uma intimidade incrível acompanhar a criança da maternidade até quando ela começa a andar, da infância à adolescência. Como vivo e trabalho na mesma cidadezinha há mais de 18 anos, algumas das crianças que conheci quando bebês eram adolescentes quando minha família e eu nos mudamos para a Pensilvânia. Vi o resultado de diferentes estilos de criação em mais de dois mil meninos e meninas.

Tenho uma dívida também para com os diretores que me convidaram para visitar mais de 400 escolas entre 2001 e 2017. Conversando com os alunos, conhecendo pais e professores e ouvindo os líderes educacionais, aprendi diferentes abordagens das questões de gênero em todos os ambientes possíveis: escolas só para meninos ou meninas, mistas, urbanas, suburbanas, rurais, ricas, pobres, norte-americanas e internacionais.

Sou grato aos estudiosos que gastaram seu tempo analisando porções relevantes do manuscrito, fazendo correções e dando sugestões. J. Michael Bailey foi gentil o bastante para ler os capítulos 10 e 11, fazendo uma crítica detalhada que foi extremamente útil. Pamela Dalton leu e corrigiu minha discussão sobre as diferenças de sexo no olfato. Kenneth Norwich deu opiniões importantes à minha discussão sobre as diferenças de sexo na audição. Meu colega de faculdade, dr. Marc Rosen, hoje professor em Yale, me atualizou com as pesquisas mais recentes sobre o gene receptor andrógino. O juiz John Romero revisou e corrigiu minhas lembranças de sua fala na conferência em Albuquerque. Jerome Kagan e Pat Sexton revisaram o capítulo 9 para a primeira edição. Agradeço ao professor de Cornell John Bishop por me fornecer dados inéditos de seu estudo sobre o que é "popular" entre meninas e meninos da parte final do ensino fundamental. Meu irmão, dr. Steven Sax, fez vários comentários e correções úteis. Também agradeço a Murray Savar por suas ideias inteligentes. Quaisquer erros são de minha responsabilidade.

Em 2002, enviei uma proposta de livro a uma agente literária chamada Felicia Eth. Ela deu uma chance ao acaso com um médico da família desconhecido e que nunca tinha escrito nada. Já fizemos quatro livros juntos. Sou grato a sua opinião, experiência e paciência.

Meu editor da primeira edição na Doubleday, Adam Bellow, fez uma leitura cuidadosa do manuscrito e deu várias sugestões úteis em questões literárias maiores e menores. A editora da segunda edição, Donna Loffredo, também leu o novo manuscrito com carinho, fez várias críticas inteligentes e deu sugestões.

Minha mãe, dra. Jane Sax, me inspirou a estudar as diferenças de gênero quando criança, com histórias à mesa de jantar sobre seu consultório pediátrico e as diferenças que ela observava entre meninas e meninos quanto ao desenvolvimento, comportamento e motivação. Meu pai, Harry Sax, me encorajou em todas as etapas deste projeto.

Quando a primeira edição deste livro foi publicada, em 2005, minha esposa, Katie, e eu éramos casados havia 15 anos e não tínhamos filhos. Achávamos que éramos inférteis. Mas então nossa única filha nasceu, em 2006. A experiência como pai me transformou, como acho que transforma todos os homens. Ela me tornou um homem mais humilde e me abriu para áreas do conhecimento das quais eu antes era completamente ignorante: como trocar fraldas, como embalar um bebê até ele dormir, como vestir uma boneca. Ver minha esposa se tornar uma mãe incrível foi uma alegria. Ver minha filha, Sarah, crescer e se tornar uma jovem mulher, e ajudá-la de alguma forma em sua jornada, tem sido a experiência mais recompensadora da minha vida.

Quando oriento pacientes deprimidos, eles às vezes dizem coisas como: "A vida é uma série de decepções entremeada pelo tédio. E daí você morre. Então, qual o sentido? Por que se dar ao trabalho? Por que se levantar da cama pela manhã"?

Uma pergunta importante. Pessoalmente, a resposta que me dou para ela começa com: por causa da Katie e da Sarah. Por isso.

PERMISSÕES

CAPÍTULO 2:

"Poema de casamento de Schele e Phil", em *Playing the Black Piano: Poems*, de Bill Holm. Minneapolis: Wilkweed Editions, 2004. Copyright © 2004 Bill Holm. Reproduzido com permissão da Milkweed Editions, www.milweed.org A história de Andrew Phillips e seu desenho do dragão sendo morto (ou não) por um laser foi reproduzida com permissão dele.

CAPÍTULO 3:

A fotografia da menina descendo o penhasco de rapel em Freycinet foi reproduzida por cortesia da St. Michael Collegiate School, na Tasmânia, com permissão da menina e seus pais.

CAPÍTULO 4:

A fotografia de "Jeffrey" segurando a lança Ndebele numa das mãos e o pássaro morto na outra foi reproduzida com sua permissão.

CAPÍTULO 5:

O gráfico mostrando o desenvolvimento cerebral em meninas e meninos em função da idade foi reproduzido de LENROOT, Rhoshel et alli. "Sexual Dimorphism of Brain Developmental Trajectories During Childhood and Adolescence", *NeuroImage*, Volume 36, figura 2(a), p. 1065-1073. © 2007, com permissão da Elsevier.

A foto do dr. Edgerton, "Fazendo molho de maçã no MIT", foi reproduzida com permissão da Fundação Harold e Esther Edgerton.

CAPÍTULO 6:

O gráfico mostrando a proporção de adolescentes meninas e meninos que já tiveram relações sexuais é a Figura 1 de ARTINEZ, Gladys et alli. "Teenagers in the United States: Sexual Activity, Contraceptive Use, and Childbearing, 2006-2010 National Survey of Family Growth". Hyattsville, Maryland: National Center for Health Statistics, *Vital Health Statistics*, Volume 23, Number 31, 2011. Esse gráfico, bem como todas as publicações da National Center for Health Statistics, é de domínio público.

CAPÍTULO 11:

O gráfico mostrando as mortes por qualquer motivo depois da cirurgia de mudança de sexo é a Figura 1 de DHEJNE, Cecilia et alli. "Long-Term Follow-Up of Transsexual Persons Undergoing Sex Reassignment Surgery: Cohort Study from Sweden". *PLOS One*, 2011. O texto completo está disponível em <http://journals.plos.org/plosone/article/asset?id=10.1371/journal.pone.0016885.PDF>. É um artigo de acesso livre, distribuído de acordo com os termos da Creative Commons Attribution License, que permite o uso irrestrito, a distribuição e a distribuição em qualquer meio, desde que o autor e a fonte sejam citados.

CAPÍTULO 12:

A fotografia do menino e do bebê foi reproduzida com permissão da University School em Hunting Valley, Ohio, e com permissão do menino, que hoje é um jovem.

MATERIAL EXTRA I:

O gráfico intitulado "Comfortable Laudness Hearing Level" foi reproduzido a partir do artigo: MCGUINNESS, Diane. "Equating Individual Diferences for Auditory Input". *Psychophysiology*, Volume 11, 1974, p. 115-20. Copyright © 1974 da Society for Psychophysiological Research. A permissão de reprodução do gráfico foi dada por John Wiley e Filhos.

MATERIAL EXTRA II:

Os gráficos mostrando diferenças de sexo nas preferências de brinquedos de macacos e seres humanos foram reproduzidos de HASSETT, Janice ; SIEBERT, Erin & WALLEN, Kim. "Sex Differences in Rhesus Monkey Toy Preferences Parallel Those of Children". *Hormones and Behavior*, Volume 54, p. 359-64, Figure 1. © 2008, com permissão da Elsevier.

ÍNDICE REMISSÍVO E ONOMÁSTICO

B

C

E

F

L

K

M

S

Uma Breve História do Homem: Progresso e Declínio de Hans-Hermann Hoppe, em um primeiro momento, narra as origens e os desenvolvimentos da propriedade privada e da família, desde o início da Revolução Agrícola, há aproximadamente onze mil anos, até o final do século XIX. O surgimento da Revolução Industrial há duzentos anos e análise de como esta libertou a humanidade ao possibilitar que o crescimento populacional não ameaçasse mais os meios de subsistência disponíveis são os objetos da segunda parte. Por fim, no terceiro e último capítulo, o autor desvenda a gênese e a evolução do Estado moderno como uma instituição com o poder monopolístico de legislar e de cobrar impostos em determinado território, relatando a transformação do Estado monárquico, com os reis "absolutos", no Estado democrático, com o povo "absoluto".

O padre Robert A. Sirico, em *O Chamado do Empreendedor*, mostra que virtude, fé, caráter e demais temáticas morais, estão longe de contradizerem o empreendedorismo. Com um cuidado primoroso em não macular os ensinamentos da doutrina católica, Sirico não deixa, todavia, de explanar que o livre mercado pode ser uma via de virtudes, sabedorias e autoconhecimentos. O livro em questão se transforma em uma enorme distopia clerical ante os purpurados que abraçam o socialismo como modelo sacrossanto de sociedade; ter um padre defendendo o livre mercado com tamanha capacidade e competência, nos fará repensar o que realmente é caridade e o que é tão somente assistencialismo e idolatria ao fracasso econômico e social. Além do prefácio original de William E. LaMothe, a presente edição inclui uma apresentação de Adolpho Lindenberg e um posfácio de Antonio Cabrera. Os três autores são cristãos e empreendedores cujos testemunhos corroboram a análise do padre Robert Sirico.

ACOMPANHE A LVM EDITORA NAS REDES SOCIAIS

 https://www.facebook.com/LVMeditora/

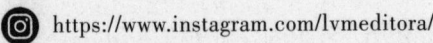 https://www.instagram.com/lvmeditora/

Esta obra foi composta pelo Sr. Aranda Estúdio em Bodoni Std (texto)
e ITC Franklin Gothic Std (título) e impressa em Polen Natural 70 g.
pela Gráfica Rettec para a LVM Editora em Outubro de 2022